民企产权保护政策汇编与解读

云亭法律实务书系

李 舒 唐青林 ◎编著

MIN QI CHAN QUAN BAO HU ZHENG CE HUI BIAN YU JIE DU

中国法制出版社
CHINA LEGAL PUBLISHING HOUSE

编者前言：涉产权案件如何得到重视和纠正？

一

党的十八大以来，尤其是十八届四中全会以来，随着依法治国方略的推进和深化落实，以中共中央全面深化改革领导小组（2018年3月改为中国共产党中央全面深化改革委员会）于2016年8月30日召开的第二十七次专题会议通过的《关于完善产权保护制度依法保护产权的意见》为分界，中共中央、国务院以及中央政法委和最高司法机关先后出台了一系列有利于民企稳定发展、民营企业家产权保护及涉财产冤案和纠纷解决的政策和司法文件。

中共中央、国务院《关于完善产权保护制度依法保护产权的意见》是我国首次以中央名义出台的产权保护的顶层设计。其核心原则在于以平等、全面、依法且标本兼治的方式真正让各类主体的产权均能在依法治国的基本方略和社会主义市场经济建设中得到保护。具体而言，包括加强各种所有制经济产权保护；完善平等保护产权的法律制度；妥善处理历史形成的产权案件；严格规范涉案财产处置的法律程序；审慎把握处理产权和经济纠纷的司法政策；完善政府守信践诺机制；完善财产征收征用制度；加大知识产权保护力度等十个方面的措施和政策。

二

这些文件和政策旨在重点解决地方政府和政法机关以刑事手段插手经济纠纷、滥用司法权查封冻结资产、违法处置涉案财产以及随时以刑事和行政手段打击威胁企业和企业家等严重问题以及由此产生的历史积案，进而辅以通过司法改革强化司法机关司法人员责任等政策工具，以改善民营企业和企业家们生存、投资和发展的法治环境。

随着司法改革的力度加大，尤其是严禁党政领导干部过问个案、干预司法，以及司法人员待遇的提高和责任终身制的建立，把权力关进笼子里的措施、政策和制度在逐渐完善，这有利于涉民营企业和企业家财产案件的解决和民营企业发展的司法环境逐渐形成。只有公安机关依法立案侦查、检察院严格审查起诉、法院依法裁判，对党政领导和司法人员严格追责，民营企业和企业家对党和国家的社会治理规则才会有预期，有了好的预期才可能有持续发展的信心。否则，企业家们战战兢兢且短期行为，这样最终受害的不仅是民企、企业家及其名下的资产，也更因投资环境和法治环境的不良影响最广大人民群众的根本利益。我们有理由相信，中央系列文件的出台，也正是因为看到了改革开放四十年来的沉疴顽疾和问题所在，以及由此产生的负面影响，而愿意正视问题，以壮士断腕的决心全面深化改革和纠偏，并以深化改革统领政治、经济、司法等各方面的改革，为实现依法治国的战略目标、法治环境的优化和民企信心的恢复以及中国社会的稳定转型提供整体解决方案。

三

正是由于上述政策背景，在党的十九大以来，一批典型案例（包括大量涉财产的刑事、民事产权冤错案件）陆陆续续被各级司法机关重新启动审理和审查程序，给广大民营企业家们带来了信心和希望。就我们近年来大量接触这类案件的经验，我们认为，除审时度势、在合法框架下持续且执着的申诉外，还需要真正深刻洞悉和理解我国现行法律制度、司法体制和权力运行规则基础上的专业的处理案件的方式、方法，需要有在精准把握政策和法律适用逻辑基础上的整体策略和解决方案。这样的工作，更需要熟悉办理这类案件的专业人士的指导和参与。否则，如我们在办案过程中见过的大量案例那样，即使企业家真相在手、真理在握，如果企业家对政策不熟悉或者理解不准确、不全面或者方法策略失当，也会四处碰壁、无人理睬、求告无门，最终只能成为这个伟大时代洪流中的一粒微不足道的尘埃！如果没有真正全面熟悉和掌握政策文件的内容，进而准确领会和理解政策形成、变动、延续和落实的思路，很多涉财产问题的产权案件的纠正，恐怕都将遥遥无期。

更具体地来说，一方面，我们已经感受到中央政策的力度和诚意；另一方面，也应该明白，这些政策的出台和落地执行，可能在一些地方遇到了阻力，尤其是一部分参与干预民企经营，滥用刑事手段插手经济纠纷、滥用职权乱抓人、乱判刑的人，并未随着相关腐败干部的倒台得到彻底清算。要彻底解决历史产权纠纷遗留案件和财产案件，必定需要一个漫长的过程。

在这个过程中，我们除了保持耐心外，更重要的是，要深刻理解政策的来龙去脉、真正掌握目前司法体制和权力的运行规则，真正厘清司法政策文件形成和执行落地的过程、内在机理和逻辑，真正熟悉司法机关和司法人员对案件和政策法规的运用思路，进而结合自身案件情况，拿出行之有效的申请文件、策略分析文件和有效的整体解决方案。在法律制度越来越健全、司法分工越来越专业化的今天，那种希望单独靠一纸告状文书、希望某个领导垂注并大笔一挥一个批示或者通过上访就能够纠正案件的想法已经不切实际。总之，只有真正熟知法律政策规定，才能有好的方法、专业的方法。

2018 年 11 月 1 日，中共中央总书记、国家主席、中央军委主席习近平专门主持召开民营企业家座谈会并发表重要讲话，反响热烈。我们有理由相信和乐观地期待：随着民营企业家产权保护的法律、法规和司法政策体系日渐成熟完善，在各地区各部门各级司法机关积极响应和大力推进执行后，将会迎来民营企业和企业家产权平等保护的新阶段、新时代。

四

我们长期关注民营企业和企业家投资与发展的相关法律问题。在办理各类案件中，尤其是在企业家经济犯罪案件、财产保全与执行类案件、涉土地矿产房地产等资源类案件、公司股权控制争夺案件、破产类案件中，都或多或少地遇到过民营企业和企业家产权遭受不法侵害的问题。有些案件特别典型，甚至我们在了解案件详细情况后，往往不禁感叹：中央出台的这一系列产权保护法律政策文件是有明确针对性的，简直就是针对这些案件专门出台的。

应该可以说，到目前为止，我国在法律法规和政策层面（含司法政策）已经基本形成体系，下一步则需要不断细化、完善、落实与执行。我们对产权保护相关政策、法规和司法文件进行了长期跟踪、系统梳理、深入研究，陆续在各类媒体上进行刊载并被广泛传播。在获得大量好评的同时，也有不少企业家朋友和法律同仁希望能将相关文章汇编成册以便更系统地学习研究，并作为随时查阅使用的政策工具书。因本书的编撰旨在为与产权保护有关的刑事案件以及与财产保护有关的企业和企业家们提供帮助，因此在内容取舍时会有所侧重。同时，限于篇幅且大多地方的政策文件新意不足，因此我们仅选编了部分地方党政机关和司法机关出台的文件。

这部汇编历经多次修订，逐渐形成以时间为线索的编排体例。与企业家朋友们关心的话题一样，本书主要包括以下几个方面的内容（也是我们接触和办理的大量同类案件的最典型情形）：(1) 涉及产权的刑事案件的财物处置规范；(2) 民企投资和产权平等保护问题；(3) 滥用刑事手段干预经济纠纷问题；(4) 滥用司法措施乱查封、乱执行问题；(5) 对企业家滥用拘留、逮捕等刑事强制措施问题；(6) 民企和企业家产权取得的“原罪”问题；(7) 规范公检法司人员行为的有关规定；(8) 禁止党政领导干预司法的政策文件；(9) 冤假错案的查处办理和纠错恢复问题；(10) 相关责任人员的追究和损害赔偿有关问题。

五

由于处于转型时期的特殊国情，这些政策文件都对目前的司法实践产生影响，因此本书在对政策文件进行摘选时，虽整体涵盖但并未在规范意义上严格区分党的政策、国家的政策、法律、行政法规、司法解释、司法政策文件、地方政府政策文件等。由于精力有限、视野局限以及关注领域不同等原因，本册汇编的完整性以及解读的准确性均难免挂一漏万。若有任何缺漏和不足，欢迎与我们联系，以便修订完善，让更多读者受益。

李舒

2018 年 11 月于北京

目　录

第一章　中共中央、国务院有关政策和文件

---

* 标题中带有“发文机关+冒号+文件名（带书名号）”的文件中，在文前对文件予以解读。——编者注

第二章　最高人民法院有关司法政策和文件

第三章 最高人民检察院有关司法政策和文件

第四章 公安部、司法部有关司法政策和文件

第五章　全国部分省市有关政策文件选编

第六章 典型案例选编

第一章　中共中央、国务院有关政策和文件

中共中央办公厅、国务院办公厅领导干部干预司法活动、插手具体案件处理的记录、通报和责任追究规定

（2015 年 3 月 30 日）

第一条　为贯彻落实《中共中央关于全面推进依法治国若干重大问题的决定》有关要求，防止领导干部干预司法活动、插手具体案件处理，确保司法机关依法独立公正行使职权，根据宪法法律规定，结合司法工作实际，制定本规定。

第二条　各级领导干部应当带头遵守宪法法律，维护司法权威，支持司法机关依法独立公正行使职权。任何领导干部都不得要求司法机关违反法定职责或法定程序处理案件，都不得要求司法机关做有碍司法公正的事情。

第三条　对司法工作负有领导职责的机关，因履行职责需要，可以依照工作程序了解案件情况，组织研究司法政策，统筹协调依法处理工作，督促司法机关依法履行职责，为司法机关创造公正司法的环境，但不得对案件的证据采信、事实认定、司法裁判等作出具体决定。

第四条　司法机关依法独立公正行使职权，不得执行任何领导干部违反法定职责或法定程序、有碍司法公正的要求。

第五条　对领导干部干预司法活动、插手具体案件处理的情况，司法人员应当全面、如实记录，做到全程留痕，有据可查。

以组织名义向司法机关发文发函对案件处理提出要求的，或者领导干部身边工作人员、亲属干预司法活动、插手具体案件处理的，司法人员均应当如实记录并留存相关材料。

第六条　司法人员如实记录领导干部干预司法活动、插手具体案件处理情况的行为，受法律和组织保护。领导干部不得对司法人员打击报复。非因法定事由，非经法定程序，不得将司法人员免职、调离、辞退或者作出降级、撤职、开除等处分。

第七条　司法机关应当每季度对领导干部干预司法活动、插手具体案件处理情况进行汇总分析，报送同级党委政法委和上级司法机关。必要时，可以立即报告。

党委政法委应当及时研究领导干部干预司法活动、插手具体案件处理的情况，报告同级党委，同时抄送纪检监察机关、党委组织部门。干预司法活动、插手具体案件处理的领导干部属于上级党委或者其他党组织管理的，应当向上级党委报告或者向其他党组织通报情况。

第八条　领导干部有下列行为之一的，属于违法干预司法活动，党委政法委按程序报经批准后予以通报，必要时可以向社会公开：

（一）在线索核查、立案、侦查、审查起诉、审判、执行等环节为案件当事人请托说情的；

（二）要求办案人员或办案单位负责人私下会见案件当事人或其辩护人、诉讼代理人、近亲属以及其他与案件有利害关系的人的；

（三）授意、纵容身边工作人员或者亲属为案件当事人请托说情的；

（四）为了地方利益或者部门利益，以听取汇报、开协调会、发文件等形式，超越职权对案件处理提出倾向性意见或者具体要求的；

（五）其他违法干预司法活动、妨碍司法公正的行为。

第九条　领导干部有本规定第八条所列行为之一，造成后果或者恶劣影响的，依照《中国共产党纪律处分条例》、《行政机关公务员处分条例》、《检察人员纪律处分条例（试行）》、《人民法院工作人员处分条例》、《中国人民解放军纪律条令》等规定给予纪律处分；造成冤假错案或者其他严重后果，构成犯罪的，依法追究刑事责任。

领导干部对司法人员进行打击报复的，依照《中国共产党纪律处分条例》、《行政机关公务员处分条例》、《检察人员纪律处分条例（试行）》、《人民法院工作人员处分条例》、《中国人民解放军纪律条令》等规定给予纪律处分；构成犯罪的，依法追究刑事责任。

第十条　司法人员不记录或者不如实记录领导干部干预司法活动、插手具体案件处理情况的，予以警告、通报批评；有两次以上不记录或者不如实记录情形的，依照《中国共产党纪律处分条例》、《行政机关公务员处分条例》、《检察人员纪律处分条例（试行）》、《人民法院工作人员处分条例》、《中国人民解放军纪律条令》等规定给予纪律处分。主管领导授意不记录或者不如实记录的，依纪依法追究主管领导责任。

第十一条　领导干部干预司法活动、插手具体案件处理的情况，应当纳入党风廉政建设责任制和政绩考核体系，作为考核干部是否遵守法律、依法办事、廉洁自律的重要依据。

第十二条　本规定所称领导干部，是指在各级党的机关、人大机关、行政机关、政协机关、审判机关、检察机关、军事机关以及公司、企业、事业单位、社会团体中具有国家工作人员身份的领导干部。

第十三条　本规定自2015年3月18日起施行。

中共中央办公厅、国务院办公厅关于印发《保护司法人员依法履行法定职责规定》的通知

（2016年7月21日）

各省、自治区、直辖市党委和人民政府，中央和国家机关各部委，解放军各大单位、中央军委机关各部门党委，各人民团体：

《保护司法人员依法履行法定职责规定》已经中央领导同志同意，现印发给你们，请遵照执行。

保护司法人员依法履行法定职责规定

第一条　为了贯彻落实《中共中央关于全面推进依法治国若干重大问题的决定》有关要求，建立健全司法人员依法履行法定职责保护机制，根据国家有关法律法规和中央有关规定，结合司法工作实际，制定本规定。

第二条　法官、检察官依法办理案件不受行政机关、社会团体和个人的干涉，有权拒绝任何单位或者个人违反法定职责或者法定程序、有碍司法公正的要求。对任何单位或者个人干预司法活动、插手具体案件处理的情况，司法人员应当全面、如实记录。有关机关应当根据相关规定对干预司法活动和插手具体案件处理的相关责任人予以通报直至追究责任。

第三条　任何单位或者个人不得要求法官、检察官从事超出法定职责范围的事务。人民法院、人民检察院有权拒绝任何单位或者个人安排法官、检察官从事超出法定职责范围事务的要求。

第四条　法官、检察官依法履行法定职责受法律保护。非因法定事由，非经法定程序，不得将法官、检察官调离、免职、辞退或者作出降级、撤职等处分。

第五条　只有具备下列情形之一的，方可将法官、检察官调离：

（一）按规定需要任职回避的；

（二）因干部培养需要，按规定实行干部交流的；

（三）因机构调整或者缩减编制员额需要调整工作的；

（四）受到免职、降级等处分，不适合在司法办案岗位工作的；

（五）违反法律、党纪处分条例和审判、检察纪律规定，不适合在司法办案岗位工作的其他情形。

第六条　只有具备下列情形之一的，方可将法官、检察官免职：

（一）丧失中华人民共和国国籍的；

（二）调出本法院、检察院的；

（三）职务变动不需要保留原职务的；

（四）经考核确定为不称职的；

（五）因健康原因超过一年不能正常履行工作职责的；

（六）按规定应当退休的；

（七）辞职或者被辞退的；

（八）因违纪违法犯罪不能继续任职的；

（九）违反法律、党纪处分条例和审判、检察纪律规定，不适合继续担任法官、检察官职务的其他情形。

第七条　只有具备下列情形之一的，方可将法官、检察官辞退：

（一）在年度考核中，连续两年被确定为不称职的；

（二）不胜任现职工作，又不接受另行安排的；

（三）因机构调整或者缩减员额编制需要调整工作，本人拒绝合理安排的；

（四）旷工或者无正当理由逾假不归连续超过十五天，或者一年内累计超过三十天的；

（五）不履行法官、检察官法定义务，经教育仍不改正的；

（六）违反法律、党纪处分条例和审判、检察纪律规定，不适合继续担任公职的其他情形。

第八条　只有具备下列情形之一的，方可对法官、检察官作出降级、撤职处分：

（一）违犯党纪，受到撤销党内职务及以上处分的；

（二）违反审判、检察纪律，情节较重的；

（三）存在失职行为，造成严重后果的；

（四）违反法律、党纪处分条例和审判、检察纪律规定，应当予以降级、撤职的其他情形。

第九条　将法官、检察官调离、免职、辞退或者作出降级、撤职等处分的，应当按照法律规定的程序和管理权限进行。决定应当以书面形式通知法官、检察官，并列明作出决定的理由和依据。

法官、检察官不服调离、免职、辞退或者降职、撤职等决定的，可以依法申请复议、复核，提出申诉、再申诉。法官、检察官不因申请复议、复核或者提出申诉、再申诉而被加重处罚。

第十条　考核法官、检察官办案质量，评价工作业绩，应当客观公正、符合司法规律。对法官、检察官的德、能、勤、绩、廉进行年度考核，不得超出其法定职责与职业伦理的要求。考核的办法和标准由中央政法单位统一制定，地方可以结合实际进行适当调整。不得以办案数量排名、末位淘汰、接待信访不力等方法和理由调整法官、检察官工作岗位。

第十一条　法官、检察官非因故意违反法律、法规或者有重大过失导致错案并造成严重后果的，不承担错案责任。

第十二条　案件办理及相关审批、管理、指导、监督工作实行全程留痕。法官、检察官依照司法责任制，对履行审判、检察职责中认定的事实证据、发表的意见、作出的决定负责。上级机关、单位负责人、审判委员会或者检察委员会等依职权改变法官、检察官决定的，法官、检察官对后果不承担责任，但法官、检察官故意隐瞒或者因有重大过失而致遗漏重要证据、重要情节，或者提供其他虚假情况导致该决定错误的除外。

第十三条　调查核实对法官、检察官履职的举报、控告和申诉过程中，当事法官、检察官享有知情、申辩和举证的权利。人民法院、人民检察院纪检监察机构应当将当事法官、检察官的陈述、申辩和举证如实记录，并对是否采纳作出说明。

第十四条　法官、检察官履行法定职责的行为，非经法官、检察官惩戒委员会审议不受错案责任追究。法官、检察官因违反党纪，审判、检察纪律，治安及刑事法律，应当追究错案责任之外的其他责任的，依照相关规定办理。

法官、检察官惩戒委员会审议法官、检察官错案责任案件，应当进行听证。人民法院、人民检察院相关机构应当派员向法官、检察官惩戒委员会通报当事法官、检察官违纪违法事实以及拟处理意见、依据。当事法官、检察官有权陈述、申辩。法官、检察官惩戒委员会根据查明的事实和法律规定，作出无责、免责或者给予惩戒处分的建议。

第十五条　法官、检察官因依法履职遭受不实举报、诬告陷害、利用信息网络等方式侮辱诽谤，致使名誉受到损害的，人民法院、人民检察院、公安机关应当会同有关部门及时澄清事实，消除不良影响，维护法官、检察官良好声誉，并依法追究相关单位或者个人的责任。

第十六条　有关机关对法官、检察官作出错误处理的，应当恢复被处理人的职务和名誉、消除不良影响，对造成的经济损失给予赔偿，并依法追究诬告陷害者的责任。法官、检察官因接受调查暂缓晋级，经有关部门认定不应追究法律或者纪律责任的，晋级时间从暂缓之日起计算。

第十七条　对干扰阻碍司法活动，威胁、报复陷害、侮辱诽谤、暴力伤害司法人员及其近亲属的行为，应当依法从严惩处。

对以恐吓威胁、滋事骚扰、跟踪尾随、攻击辱骂、损毁财物及其他方式妨害司法人员及其近亲属人身自由和正常生活的，公安机关接警后应当快速出警、有效制止；对正在实施违法犯罪行为的，应当依法果断处置、从严惩处。行为人是精神病人的，在人民法院决定强制医疗之前，经县级以上公安机关负责人批准，公安机关可以采取临时保护性约束措施，必要时可以将其送精神病医院接受治疗。

第十八条　人民法院、人民检察院办理恐怖活动犯罪、黑社会性质组织犯罪、重大毒品犯罪、邪教组织犯罪等危险性高的案件，应当对法官、检察官及其近亲属采取出庭保护、禁止特定人员接触以及其他必要的保护措施。对法官、检察官近亲属还可以采取隐匿身份的保护措施。

办理危险性较高的其他案件，经司法人员本人申请，可以对司法人员及其近亲属采取上述保护措施。

第十九条　司法人员的个人信息受法律保护。侵犯司法人员人格尊严，泄露依法不应公开的司法人员及其近亲属信息的，依照法律和相关规定追究有关人员责任。

第二十条　依法保障法官、检察官的休息权和休假权。法官、检察官在法定工作日之外加班的，应当补休；不能补休的，应当在绩效考核奖金分配时予以平衡。

第二十一条　国家完善医疗保障制度和抚恤优待办法，为法官、检察官的人身、财产、医疗等权益提供与其职业风险相匹配的保障。

第二十二条　人民法院、人民检察院、公安机关领导干部或者直接责任者因玩忽职守、敷衍推诿、故意拖延或者滥用职权，导致依法履职的司法人员或者其近亲属的人身、财产权益受到重大损害的，应当给予纪律处分；构成犯罪的，依法追究刑事责任。

第二十三条　国家机关及其工作人员有下列行为之一的，司法人员有权提出控告，对直接责任者和领导责任者，应当给予纪律处分；构成犯罪的，依法追究刑事责任：

（一）干预司法活动妨碍司法公正的；

（二）要求法官、检察官从事超出法定职责范围事务的；

（三）违反本规定，将法官、检察官调离、免职、辞退或者作出降级、撤职等处分的；

（四）对司法人员的依法履职保障诉求不作为的；

（五）侵犯司法人员控告或者申诉权利的；

（六）其他严重侵犯法官、检察官法定权利的行为。

第二十四条　本规定所称司法人员，是指在人民法院、人民检察院承担办案职责的法官、检察官和司法辅助人员。

第二十五条　军事司法人员依法履行法定职责的保护，军事法规有规定的，从其规定。

第二十六条　本规定由中央政法委会同最高人民法院、最高人民检察院解释。

第二十七条　本规定自2016年7月21日起施行。

中共中央、国务院关于完善产权保护制度依法保护产权的意见

（2016年11月4日）

产权制度是社会主义市场经济的基石，保护产权是坚持社会主义基本经济制度的必然要求。有恒产者有恒心，经济主体财产权的有效保障和实现是经济社会持续健康发展的基础。改革开放以来，通过大力推进产权制度改革，我国基本形成了归属清晰、权责明确、保护严格、流转顺畅的现代产权制度和产权保护法律框架，全社会产权保护意识不断增强，保护力度不断加大。同时也要看到，我国产权保护仍然存在一些薄弱环节和问题：国有产权由于所有者和代理人关系不够清晰，存在内部人控制、关联交易等导致国有资产流失的问题；利用公权力侵害私有产权、违法查封扣押冻结民营企业财产等现象时有发生；知识产权保护不力，侵权易发多发。解决这些问题，必须加快完善产权保护制度，依法有效保护各种所有制经济组织和公民财产权，增强人民群众财产财富安全感，增强社会信心，形成良好预期，增强各类经济主体创业创新动力，维护社会公平正义，保持经济社会持续健康发展和国家长治久安。现就完善产权保护制度、依法保护产权提出以下意见。

一、总体要求

加强产权保护，根本之策是全面推进依法治国。要全面贯彻党的十八大和十八届三中、四中、五中、六中全会精神，深入学习贯彻习近平总书记系列重要讲话精神，按照党中央、国务院决策部署，紧紧围绕统筹推进“五位一体”总体布局和协调推进“四个全面”战略布局，牢固树立和贯彻落实新发展理念，着力推进供给侧结构性改革，进一步完善现代产权制度，推进产权保护法治化，在事关产权保护的立法、执法、司法、守法等各方面各环节体现法治理念。要坚持以下原则：

——坚持平等保护。健全以公平为核心原则的产权保护制度，毫不动摇巩固和发展公有制经济，毫不动摇鼓励、支持、引导非公有制经济发展，公有制经济财产权不可侵犯，非公有制经济财产权同样不可侵犯。

——坚持全面保护。保护产权不仅包括保护物权、债权、股权，也包括保护知识产权及其他各种无形财产权。

——坚持依法保护。不断完善社会主义市场经济法律制度，强化法律实施，确保有法可依、有法必依。

——坚持共同参与。做到政府诚信和公众参与相结合，建设法治政府、责任政府、诚信政府，增强公民产权保护观念和契约意识，强化社会监督。

——坚持标本兼治。着眼长远，着力当下，抓紧解决产权保护方面存在的突出

问题，提高产权保护精准度，加快建立产权保护长效机制，激发各类经济主体的活力和创造力。

二、加强各种所有制经济产权保护

深化国有企业和国有资产监督管理体制改革，进一步明晰国有产权所有者和代理人关系，推动实现国有企业股权多元化和公司治理现代化，健全涉及财务、采购、营销、投资等方面的内部监督制度和内控机制，强化董事会规范运作和对经理层的监督，完善国有资产交易方式，严格规范国有资产登记、转让、清算、退出等程序和交易行为，以制度化保障促进国有产权保护，防止内部人任意支配国有资产，切实防止国有资产流失。建立健全归属清晰、权责明确、监管有效的自然资源资产产权制度，完善自然资源有偿使用制度，逐步实现各类市场主体按照市场规则和市场价格依法平等使用土地等自然资源。完善农村集体产权确权和保护制度，分类建立健全集体资产清产核资、登记、保管、使用、处置制度和财务管理监督制度，规范农村产权流转交易，切实防止集体经济组织内部少数人侵占、非法处置集体资产，防止外部资本侵吞、非法控制集体资产。坚持权利平等、机会平等、规则平等，废除对非公有制经济各种形式的不合理规定，消除各种隐性壁垒，保证各种所有制经济依法平等使用生产要素、公开公平公正参与市场竞争、同等受到法律保护、共同履行社会责任。

三、完善平等保护产权的法律制度

加快推进民法典编纂工作，完善物权、合同、知识产权相关法律制度，清理有违公平的法律法规条款，将平等保护作为规范财产关系的基本原则。健全以企业组织形式和出资人承担责任方式为主的市场主体法律制度，统筹研究清理、废止按照所有制不同类型制定的市场主体法律和行政法规，开展部门规章和规范性文件专项清理，平等保护各类市场主体。加大对非公有财产的刑法保护力度。

四、妥善处理历史形成的产权案件

坚持有错必纠，抓紧甄别纠正一批社会反映强烈的产权纠纷申诉案件，剖析一批侵害产权的案例。对涉及重大财产处置的产权纠纷申诉案件、民营企业和投资人违法申诉案件依法甄别，确属事实不清、证据不足、适用法律错误的错案冤案，要依法予以纠正并赔偿当事人的损失。完善办案质量终身负责制和错案责任倒查问责制，从源头上有效预防错案冤案的发生。严格遵循法不溯及既往、罪刑法定、在新旧法之间从旧兼从轻等原则，以发展眼光客观看待和依法妥善处理改革开放以来各类企业特别是民营企业经营过程中存在的不规范问题。

五、严格规范涉案财产处置的法律程序

进一步细化涉嫌违法的企业和人员财产处置规则，依法慎重决定是否采取相关强制措施。确需采取查封、扣押、冻结等措施的，要严格按照法定程序进行，除依法需责令关闭企业的情形外，在条件允许情况下可以为企业预留必要的流动资金和往来账户，最大限度降低对企业正常生产经营活动的不利影响。采取查封、扣押、冻结措施和处置涉案财物时，要依法严格区分个人财产和企业法人财产。对股东、企业经营管理者等自然人违法，在处置其个人财产时不任意牵连企业法人财产；对企业违法，在处置企业法人财产时不任意牵连股东、企业经营管理者个人合法财产。严格区分违法所得和合法财产，区分涉案人员个人财产和家庭成员财产，在处置违法所得时不牵连合法财产。完善涉案财物保管、鉴定、估价、拍卖、变卖制度，做到公开公正和规范高效，充分尊重和依法保护当事人及其近亲属、股东、债权人等相关方的合法权益。

六、审慎把握处理产权和经济纠纷的司法政策

充分考虑非公有制经济特点，严格区分经济纠纷与经济犯罪的界限、企业正当融资与非法集资的界限、民营企业参与国有企业兼并重组中涉及的经济纠纷与恶意侵占国有资产的界限，准确把握经济违法行为入刑标准，准确认定经济纠纷和经济犯罪的性质，防范刑事执法介入经济纠纷，防止选择性司法。对于法律界限不明、罪与非罪不清的，司法机关应严格遵循罪刑法定、疑罪从无、严禁有罪推定的原则，防止把经济纠纷当作犯罪处理。严禁党政干部干预司法活动、介入司法纠纷、插手具体案件处理。对民营企业在生产、经营、融资活动中的经济行为，除法律、行政法规明确禁止外，不以违法犯罪对待。对涉及犯罪的民营企业投资人，在当事人服刑期间依法保障其行使财产权利等民事权利。

七、完善政府守信践诺机制

大力推进法治政府和政务诚信建设，地方各级政府及有关部门要严格兑现向社会及行政相对人依法作出的政策承诺，认真履行在招商引资、政府与社会资本合作等活动中与投资主体依法签订的各类合同，不得以政府换届、领导人员更替等理由违约毁约，因违约毁约侵犯合法权益的，要承担法律和经济责任。因国家利益、公共利益或者其他法定事由需要改变政府承诺和合同约定的，要严格依照法定权限和程序进行，并对企业和投资人因此而受到的财产损失依法予以补偿。对因政府违约等导致企业和公民财产权受到损害等情形，进一步完善赔偿、投诉和救济机制，畅通投诉和救济渠道。将政务履约和守诺服务纳入政府绩效评价体系，建立政务失信记录，建立健全政府失信责任追究制度及责任倒查机制，加大对政务失信行为惩戒力度。

八、完善财产征收征用制度

完善土地、房屋等财产征收征用法律制度，合理界定征收征用适用的公共利益范围，不将公共利益扩大化，细化规范征收征用法定权限和程序。遵循及时合理补偿原则，完善国家补偿制度，进一步明确补偿的范围、形式和标准，给予被征收征用者公平合理补偿。

九、加大知识产权保护力度

加大知识产权侵权行为惩治力度，提高知识产权侵权法定赔偿上限，探索建立对专利权、著作权等知识产权侵权惩罚性赔偿制度，对情节严重的恶意侵权行为实施惩罚性赔偿，并由侵权人承担权利人为制止侵权行为所支付的合理开支，提高知识产权侵权成本。建立收集假冒产品来源地信息工作机制，将故意侵犯知识产权行为情况纳入企业和个人信用记录，进一步推进侵犯知识产权行政处罚案件信息公开。完善知识产权审判工作机制，积极发挥知识产权法院作用，推进知识产权民事、刑事、行政案件审判“三审合一”，加强知识产权行政执法与刑事司法的衔接，加大知识产权司法保护力度。完善涉外知识产权执法机制，加强刑事执法国际合作，加大涉外知识产权犯罪案件侦办力度。严厉打击不正当竞争行为，加强品牌商誉保护。将知识产权保护和运用相结合，加强机制和平台建设，加快知识产权转移转化。

十、健全增加城乡居民财产性收入的各项制度

研究住宅建设用地等土地使用权到期后续期的法律安排，推动形成全社会对公民财产长久受保护的良好和稳定预期。在国有企业混合所有制改革中，依照相关规定支持有条件的混合所有制企业实行员工持股，坚持同股同权、同股同利，着力避免大股东凭借优势地位侵害中小股东权益的行为，建立员工利益和企业利益、国家利益激励相容机制。深化金融改革，推动金融创新，鼓励创造更多支持实体经济发展、使民众分享增值收益的金融产品，增加民众投资渠道。深化农村土地制度改革，坚持土地公有制性质不改变、耕地红线不突破、粮食生产能力不减弱、农民利益不受损的底线，从实际出发，因地制宜，落实承包地、宅基地、集体经营性建设用地的用益物权，赋予农民更多财产权利，增加农民财产收益。

十一、营造全社会重视和支持产权保护的良好环境

大力宣传党和国家平等保护各种所有制经济产权的方针政策和法律法规，使平等保护、全面保护、依法保护观念深入人心，营造公平、公正、透明、稳定的法治环境。在坚持以经济建设为中心、提倡勤劳致富、保护产权、弘扬企业家精神等方面加强舆论引导，总结宣传一批依法有效保护产权的好做法、好经验、好案例，推动形成保护产权的良好社会氛围。完善法律援助制度，健全司法救助体系，确保人民群众在产权受到侵害时获得及时有效的法律帮助。有效发挥工商业联合会、行业协会商会在保护非公有制经济和民营企业产权、维护企业合法权益方面的作用，建立对涉及产权纠纷的中小企业维权援助机制。更好发挥调解、仲裁的积极作用，完善产权纠纷多元化解机制。

各地区各部门要充分认识完善产权保护制度、依法保护产权的重要性和紧迫性，统一思想，形成共识和合力，狠抓工作落实。各地区要建立党委牵头，人大、政府、司法机关共同参加的产权保护协调工作机制，加强对产权保护工作的组织领导和统筹协调。各有关部门和单位要按照本意见要求，抓紧制定具体实施方案，启动基础性、标志性、关键性工作，加强协调配合，确保各项举措落到实处、见到实效。

中共中央办公厅 国务院办公厅：《党政主要负责人履行推进法治建设第一责任人职责规定》

概要及解读

党政主要负责人是法治环境和投资环境的直接责任人。

不少企业家总是感叹某些地区的投资环境糟糕。就笔者了解的情况来看，投资环境的决定因素主要涉及以下几个方面：

1. 政府是不是依法行政？如果政府的行政行为违法，那投资环境自然不好。

2. 政府是不是信守承诺？如果政府签过的协议，许下的诺言为一纸空文，等企业和企业家进来后再逐渐反悔，那投资环境自然不好。

3. 司法机关是不是依法办案？如果企业和企业家在当地发生经济纠纷，提起诉讼甚至与政府发生诉讼，司法机关不能公正司法、秉公执法，那当地的投资环境也不好。

4. 党政领导有没有干预司法？如果政府领导影响侦查、审查和审判，那当地的投资环境也不好。

……

涉及的因素还有很多。通过以上几个问题，我们可以看出，投资环境好不好，其实就是法治环境好不好。如果法治环境不好，则投资环境必然不好。如果一个地方法治建设不到位、党政机关和司法机关不依法行事，那一定是当地的党政主要负责人的责任，且应作为第一责任人承担责任。一个区县的投资环境不好，一定是这个区县的区县长和书记的责任。如果一个市投资环境不好，那一定是市长和市委书记的责任。如果一个地方法治环境有问题，那就是那个地方的党委书记和政府主要负责人的责任。

《党政主要负责人履行推进法治建设第一责任人职责规定》的第五条和第六条列举了以下12种情形：

第五条　党委主要负责人在推进法治建设中应当履行以下主要职责：

（一）充分发挥党委在推进本地区法治建设中的领导核心作用，定期听取有关工作汇报，及时研究解决有关重大问题，将法治建设纳入地区发展总体规划和年度工作计划，与经济社会发展同部署、同推进、同督促、同考核、同奖惩；

（二）坚持全面从严治党、依规治党，加强党内法规制度建设，提高党内法规制度执行力；

（三）严格依法依规决策，落实党委法律顾问制度、公职律师制度，加强对党委文件、重大决策的合法合规性审查；

（四）支持本级人大、政府、政协、法院、检察院依法依章程履行职能、开展工作，督促领导班子其他成员和下级党政主要负责人依法办事，不得违规干预司法活动、插手具体案件处理；

（五）坚持重视法治素养和法治能力的用人导向，加强法治工作队伍建设和政法机关领导班子建设；

（六）深入推进法治宣传教育，推动全社会形成浓厚法治氛围。

第六条　政府主要负责人在推进法治建设中应当履行以下主要职责：

（一）加强对本地区法治政府建设的组织领导，制定工作规划和年度工作计划，及时研究解决法治政府建设有关重大问题，为推进法治建设提供保障、创造条件；

（二）严格执行重大行政决策法定程序，建立健全政府法律顾问制度、公职律师制度，依法制定规章和规范性文件，全面推进政务公开；

（三）依法全面履行政府职能，推进行政执法责任制落实，推动严格规范公正文明执法；

（四）督促领导班子其他成员和政府部门主要负责人依法行政，推动完善政府内部层级监督和专门监督，纠正行政不作为、乱作为；

（五）自觉维护司法权威，认真落实行政机关出庭应诉、支持法院受理行政案件、尊重并执行法院生效裁判的制度；

（六）完善行政机关工作人员学法用法制度，组织实施普法规划，推动落实“谁执法谁普法”责任。

全文如下。

中共中央办公厅 国务院办公厅印发《党政主要负责人履行推进法治建设第一责任人职责规定》

（2016 年 12 月 4 日）

第一条　为贯彻落实党中央关于全面依法治国的部署要求，推动党政主要负责人切实履行推进法治建设第一责任人职责，根据有关党内法规和国家法律法规，制定本规定。

第二条　本规定适用于县级以上地方党委和政府主要负责人。

第三条　党政主要负责人履行推进法治建设第一责任人职责，必须坚持党的领导、人民当家作主、依法治国有机统一；坚持宪法法律至上，反对以言代法、以权压法、徇私枉法；坚持统筹协调，做到依法治国、依法执政、依法行政共同推进，法治国家、法治政府、法治社会一体建设；坚持权责一致，确保有权必有责、有责要担当、失责必追究；坚持以身作则、以上率下，带头尊法学法守法用法。

第四条　党政主要负责人作为推进法治建设第一责任人，应当切实履行依法治国重要组织者、推动者和实践者的职责，贯彻落实党中央关于法治建设的重大决策部署，统筹推进科学立法、严格执法、公正司法、全民守法，自觉运用法治思维和法治方式深化改革、推动发展、化解矛盾、维护稳定，对法治建设重要工作亲自部署、重大问题亲自过问、重点环节亲自协调、重要任务亲自督办，把本地区各项工作纳入法治化轨道。

第五条　党委主要负责人在推进法治建设中应当履行以下主要职责：

（一）充分发挥党委在推进本地区法治建设中的领导核心作用，定期听取有关工作汇报，及时研究解决有关重大问题，将法治建设纳入地区发展总体规划和年度工作计划，与经济社会发展同部署、同推进、同督促、同考核、同奖惩；

（二）坚持全面从严治党、依规治党，加强党内法规制度建设，提高党内法规制度执行力；

（三）严格依法依规决策，落实党委法律顾问制度、公职律师制度，加强对党委文件、重大决策的合法合规性审查；

（四）支持本级人大、政府、政协、法院、检察院依法依章程履行职能、开展工作，督促领导班子其他成员和下级党政主要负责人依法办事，不得违规干预司法活动、插手具体案件处理；

（五）坚持重视法治素养和法治能力的用人导向，加强法治工作队伍建设和政法机关领导班子建设；

（六）深入推进法治宣传教育，推动全社会形成浓厚法治氛围。

第六条　政府主要负责人在推进法治建设中应当履行以下主要职责：

（一）加强对本地区法治政府建设的组织领导，制定工作规划和年度工作计划，及时研究解决法治政府建设有关重大问题，为推进法治建设提供保障、创造条件；

（二）严格执行重大行政决策法定程序，建立健全政府法律顾问制度、公职律师制度，依法制定规章和规范性文件，全面推进政务公开；

（三）依法全面履行政府职能，推进行政执法责任制落实，推动严格规范公正文明执法；

（四）督促领导班子其他成员和政府部门主要负责人依法行政，推动完善政府内部层级监督和专门监督，纠正行政不作为、乱作为；

（五）自觉维护司法权威，认真落实行政机关出庭应诉、支持法院受理行政案件、尊重并执行法院生效裁判的制度；

（六）完善行政机关工作人员学法用法制度，组织实施普法规划，推动落实“谁执法谁普法”责任。

第七条　党政主要负责人应当将履行推进法治建设第一责任人职责情况列入年

终述职内容，上级党委应当对下级党政主要负责人履行推进法治建设第一责任人职责情况开展定期检查、专项督查。

第八条　上级党委应当将下级党政主要负责人履行推进法治建设第一责任人职责情况纳入政绩考核指标体系，作为考察使用干部、推进干部能上能下的重要依据。

第九条　党政主要负责人不履行或者不正确履行推进法治建设第一责任人职责的，应当依照《中国共产党问责条例》等有关党内法规和国家法律法规予以问责。

第十条　中共中央、国务院工作部门的主要负责人，县级以上地方党委和政府工作部门的主要负责人，乡（镇、街道）党政主要负责人，参照本规定执行。

第十一条　本规定由中央办公厅、国务院办公厅负责解释。

第十二条　本规定自 2016 年 11 月 30 日起施行。

国务院办公厅关于进一步激发民间有效投资活力促进经济持续健康发展的指导意见

（2017年9月1日　国办发〔2017〕79号）

各省、自治区、直辖市人民政府、国务院各部委、各直属机构：

党中央、国务院高度重视民间投资工作，近年来部署出台了一系列有针对性的政策措施并开展了专项督查，民间投资增速企稳回升。但是，当前民间投资增长仍面临着不少困难和障碍，部分鼓励民间投资的政策尚未落实到位，营商环境有待进一步改善，一些垄断行业市场开放度不够，融资难、融资贵问题仍然存在，民间投资活力不强的局面尚未根本改观。为进一步激发民间有效投资活力，促进经济持续健康发展，经国务院同意，现提出以下意见。

一、深入推进“放管服”改革，不断优化营商环境

各地区、各部门要深入贯彻落实国务院关于深化“放管服”改革的各项要求，确保取消下放国务院部门行政许可事项、取消中央指定地方实施行政审批事项、清理规范国务院部门行政审批中介服务事项等重点任务落实到位。坚决落实清理规范投资项目报建审批事项有关要求，精简合并投资项目报建审批事项，不得擅自增加行政审批事项，不得擅自增加审批环节，切实防范权力复归和边减边增。充分发挥全国投资项目在线审批监管平台作用，实现项目网上申报、并联审批、信息公开、协同监管，不断提高审批效率和服务质量。

二、开展民间投资项目报建审批情况清理核查，提高审批服务水平

各地区、各部门要对民间投资项目报建审批情况开展一次全面细致的清理核查，逐项梳理已报审的民间投资项目，清查各类审批事项办理情况，明确办理时限。能够办理的，要尽快办理；暂不具备办理条件的，要帮助民营企业尽快落实有关条件；依法依规确实不能办理的，要主动做好解释工作。对无正当理由拖延不办的，要加大问责力度，通过约谈、通报、督办等方式督促限期整改，必要时对相关责任人给予处分。要针对清理核查中发现的问题，进一步改进工作，提高效率，优化民间投资项目报建审批服务。

三、推动产业转型升级，支持民间投资创新发展

鼓励民营企业进入轨道交通装备、“互联网+”、大数据和工业机器人等产业链长、带动效应显著的行业领域，在创建“中国制造2025”国家级示范区时积极吸引民营企业参与。发挥财政性资金带动作用，通过投资补助、资本金注入、设立基金等多种方式，广泛吸纳各类社会资本，支持企业加大技术改造力度，加大对集成电路等关键领域和薄弱环节重点项目的投入。支持双创示范基地、产业园区公共服务平台建设，提高为民营企业投资新兴产业服务的能力和水平。推进创新技术市场交易，缩短科技成果转化周期，提高科技型企业投资回报水平。鼓励民间资本开展多元化农业投资，支持农村新产业新业态发展，推动民间资本与农户建立股份合作等紧密利益联结机制，对带动农户较多的市场主体加大支持力度。

四、鼓励民间资本参与政府和社会资本合作（PPP）项目，促进基础设施和公用事业建设

加大基础设施和公用事业领域开放力度，禁止排斥、限制或歧视民间资本的行为，为民营企业创造平等竞争机会，支持民间资本股权占比高的社会资本方参与PPP项目，调动民间资本积极性。积极采取多种PPP运作方式，规范有序盘活存量资产，丰富民营企业投资机会，回收的资金主要用于补短板项目建设，形成新的优质资产，实现投资良性循环。合理确定基础设施和公用事业价格和收费标准，完善PPP项目价格和收费适时调整机制，通过适当延长合作期限、积极创新运营模式、充分挖掘项目商业价值等，建立PPP项目合理回报机制，吸引民间资本参与。努力提高民营企业融资能力，有效降低融资成本，推动PPP项目资产证券化，鼓励民间资本采取混合所有制、设立基金、组建联合体等多种方式，参与投资规模较大的PPP项目。

五、降低企业经营成本，增强民间投资动力

落实和完善全面推开营改增试点政策，落实好研发费用税前加计扣除政策，加强涉企经营服务性收费和中介服务收费监管。允许失业保险总费率为1.5%的地方将总费率阶段性降至1%，落实适当降低企业住房公积金缴存比例政策，推动各地出台或完善户口迁移政策和配套措施。深化输配电价格改革，推进电力市场化交易等，实行工业用地弹性出让制度，用好用足标准厂房、科技孵化器用地支持政策，降低企业用能用地成本。科学合理确定车辆通行费标准，规范铁路港口收费，开展物流领域收费专项检查，着力解决“乱收费、乱罚款”等问题。督促银行业金融机构依法合规收费，降低贷款中间环节费用，严禁各种不规范收费和不合理的贷款附加条件。

六、努力破解融资难题，为民间资本提供多样化融资服务

发挥各类金融机构优势，优化授信管理和服务流程，完善特许经营权、收费权等权利的确权、登记、抵押、流转等配套制度，发展和丰富循环贷款等金融产品，加快建设普惠金融体系，实施小微企业应收账款融资专项行动，着力解决对企业抽贷、压贷、断贷等融资难题。完善民营企业信用评级制度，客观评价民营企业实力，引导金融机构加大对民营企业的融资支持力度。充分发挥各级政府网站与全国信用信息共享平台作用，鼓励地方推进“银税互动”、银行业金融机构和全国信用信息共享平台之间的合作等，化解银企信息不对称问题，促进中小企业融资。发展政府支持的融资担保和再担保机构，鼓励各地设立信贷风险补偿基金、过桥转贷资金池等，加大对中小微企业、科技创新企业的支持。

七、加强政务诚信建设，确保政府诚信履约

地方各级政府向民营企业作出政策承诺要严格依法依规，并严格兑现合法合规的政策承诺，不得违法违规承诺优惠条件。要认真履行与民营企业签订的合法合规协议或合同，不得以政府换届、相关责任人更替等理由拒不执行，不得随意改变约定，不得出现“新官不理旧账”等情况。开展政务失信专项治理，对地方政府拒不履行政府所作的合法合规承诺，特别是严重损害民营企业合法权益、破坏民间投资良好环境等行为，加大查处力度。对造成政府严重失信违约行为的主要负责人和直接责任人要依法依规追究责任，惩戒到人。

八、加强政策统筹协调，稳定市场预期和投资信心

加强部门间协调配合，科学审慎研判拟出台政策的预期效果和市场反应，统筹把握好政策出台时机和力度。有关部门要在加强监管的同时，明确政策导向，提出符合法律法规和政策规定的具体要求，正确引导投资预期。围绕经济运行态势和宏观政策取向，加大政策解读力度，主动解疑释惑，帮助民营企业准确理解政策意图。建立健全政务舆情收集、研判、处置和回应机制，及时准确发布权威信息，切实做好民营企业关切事项的回应工作。完善公平、开放、透明的市场规则，稳定市场预期、增强市场活力，帮助民营企业充分利用好国内大市场，加大对适应国内消费升级和产业转型需要项目的投资力度，支持劳动密集型产业向内陆沿边地区梯度转移。

九、构建“亲”“清”新型政商关系，增强政府服务意识和能力

建立健全政府与民营企业常态化沟通机制，进一步发挥工商联和协会商会在企业与政府沟通中的桥梁纽带作用，倾听民营企业呼声，帮助解决实际困难。因地制宜明确政商交往“正面清单”和“负面清单”，着力破解“亲”而不“清”、“清”而不“亲”等问题。坚决贯彻落实《中共中央　国务院关于完善产权保护制度依法保护产权的意见》，尽快出台相关配套文件和实施方案，加强各种所有制经济产权保护，加大知识产权保护力度，激发和保护企业家精神。组织开展民营企业家专业化、精准化培训，提升民营企业经营管理水平。

十、狠抓各项政策措施落地见效，增强民营企业获得感

各地区、各部门要全面梳理党中央、国务院已出台的鼓励民间投资政策措施，逐项检查各项政策措施在本地区、本领域落实情况，对尚未有效落实的政策措施，要认真分析原因，抓紧研究解决办法，确保政策尽快落地。充分发挥中央和地方两个积极性，鼓励各地以改革的办法、创新的思维进一步实化、细化、深化鼓励民间投资的具体措施，努力解决制约民间投资增长的深层次问题，进一步激发民间有效投资活力。

各省（区、市）人民政府、各有关部门要按照本意见要求，切实抓好贯彻落实，进一步做好民间投资各项工作。国家发展改革委要加强统筹协调，会同有关部门对本意见落实情况进行督促检查和跟踪分析，重大事项及时向国务院报告。

中共中央、国务院关于营造企业家健康成长环境弘扬优秀企业家精神更好发挥企业家作用的意见

（2017年9月8日）

企业家是经济活动的重要主体。改革开放以来，一大批优秀企业家在市场竞争中迅速成长，一大批具有核心竞争力的企业不断涌现，为积累社会财富、创造就业岗位、促进经济社会发展、增强综合国力作出了重要贡献。营造企业家健康成长环境，弘扬优秀企业家精神，更好发挥企业家作用，对深化供给侧结构性改革、激发市场活力、实现经济社会持续健康发展具有重要意义。为此，提出以下意见。

一、总体要求

1. 指导思想

全面贯彻党的十八大和十八届三中、四中、五中、六中全会精神，深入贯彻习近平总书记系列重要讲话精神和治国理政新理念新思想新战略，着力营造依法保护企业家合法权益的法治环境、促进企业家公平竞争诚信经营的市场环境、尊重和激励企业家干事创业的社会氛围，引导企业家爱国敬业、遵纪守法、创业创新、服务社会，调动广大企业家积极性、主动性、创造性，发挥企业家作用，为促进经济持续健康发展和社会和谐稳定、实现全面建成小康社会奋斗目标和中华民族伟大复兴的中国梦作出更大贡献。

2. 基本原则

——模范遵纪守法、强化责任担当。依法保护企业家合法权益，更好发挥企业家遵纪守法、恪尽责任的示范作用，推动企业家带头依法经营，自觉履行社会责任，为建立良好的政治生态、净化社会风气、营造风清气正环境多作贡献。

——创新体制机制、激发生机活力。营造“亲”“清”新型政商关系，创新政企互动机制，完善企业家正向激励机制，完善产权保护制度，增强企业家创新活力、创业动力。

——遵循发展规律、优化发展环境。坚持党管人才，遵循市场规律和企业家成长规律，完善精准支持政策，推动政策落地实施，坚定企业家信心，稳定企业家预期，营造法治、透明、公平的政策环境和舆论环境。

——注重示范带动、着力弘扬传承。树立和宣传企业家先进典型，弘扬优秀企业家精神，造就优秀企业家队伍，强化年轻一代企业家的培育，让优秀企业家精神代代传承。

二、营造依法保护企业家合法权益的法治环境

3. 依法保护企业家财产权。全面落实党中央、国务院关于完善产权保护制度依法保护产权的意见，认真解决产权保护方面的突出问题，及时甄别纠正社会反映强烈的产权纠纷申诉案件，剖析侵害产权案例，总结宣传依法有效保护产权的好做法、好经验、好案例。在立法、执法、司法、守法等各方面各环节，加快建立依法平等保护各种所有制经济产权的长效机制。研究建立因政府规划调整、政策变化造成企业合法权益受损的依法依规补偿救济机制。

4. 依法保护企业家创新权益。探索在现有法律法规框架下以知识产权的市场价值为参照确定损害赔偿额度，完善诉讼证据规则、证据披露以及证据妨碍排除规则。探索建立非诉行政强制执行绿色通道。研究制定商业模式、文化创意等创新成果的知识产权保护办法。

5. 依法保护企业家自主经营权。企业家依法进行自主经营活动，各级政府、部门及其工作人员不得干预。建立完善涉企收费、监督检查等清单制度，清理涉企收费、摊派事项和各类达标评比活动，细化、规范行政执法条件，最大程度减轻企业负担、减少自由裁量权。依法保障企业自主加入和退出行业协会商会的权利。研究设立全国统一的企业维权服务平台。

三、营造促进企业家公平竞争诚信经营的市场环境

6. 强化企业家公平竞争权益保障。落实公平竞争审查制度，确立竞争政策基础性地位。全面实施市场准入负面清单制度，保障各类市场主体依法平等进入负面清单以外的行业、领域和业务。反对垄断和不正当竞争，反对地方保护，依法清理废除妨碍统一市场公平竞争的各种规定和做法，完善权利平等、机会平等、规则平等的市场环境，促进各种所有制经济依法依规平等使用生产要素、公开公平公正参与市场竞争、同等受到法律保护。

7. 健全企业家诚信经营激励约束机制。坚守契约精神，强化企业家信用宣传，实施企业诚信承诺制度，督促企业家自觉诚信守法、以信立业，依法依规生产经营。利用全国信用信息共享平台和国家企业信用信息公示系统，整合在工商、财税、金融、司法、环保、安监、行业协会商会等部门和领域的企业及企业家信息，建立企业家个人信用记录和诚信档案，实行守信联合激励和失信联合惩戒。

8. 持续提高监管的公平性规范性简约性。推行监管清单制度，明确和规范监管事项、依据、主体、权限、内容、方法、程序和处罚措施。全面实施“双随机、一公开”监管，有效避免选择性执法。推进综合监管，加强跨部门跨地区的市场协同监管。重点在食品药品安全、工商质检、公共卫生、安全生产、文化旅游、资源环境、农林水利、交通运输、城乡建设、海洋渔业等领域推行综合执法，有条件的领域积极探索跨部门综合执法。探索建立鼓励创新的审慎监管方式。清除多重多头执法，提高综合执法效率，减轻企业负担。

四、营造尊重和激励企业家干事创业的社会氛围

9. 构建“亲”“清”新型政商关系。畅通政企沟通渠道，规范政商交往行为。各级党政机关干部要坦荡真诚同企业家交往，树立服务意识，了解企业经营情况，帮助解决企业实际困难，同企业家建立真诚互信、清白纯洁、良性互动的工作关系。鼓励企业家积极主动同各级党委和政府相关部门沟通交流，通过正常渠道反映情况、解决问题，依法维护自身合法权益，讲真话、谈实情、建净言。引导更多民营企业家成为“亲”“清”新型政商关系的模范，更多国有企业家成为奉公守法守纪、清正廉洁自律的模范。

10. 树立对企业家的正向激励导向。营造鼓励创新、宽容失败的文化和社会氛围，对企业家合法经营中出现的失误失败给予更多理解、宽容、帮助。对国有企业家以增强国有经济活力和竞争力等为目标、在企业发展中大胆探索、锐意改革所出现的失误，只要不属于有令不行、有禁不止、不当谋利、主观故意、独断专行等情形者，要予以容错，为担当者担当、为负责者负责、为干事者撑腰。

11. 营造积极向上的舆论氛围。坚持实事求是、客观公正的原则，把握好正确舆论导向，加强对优秀企业家先进事迹和突出贡献的宣传报道，展示优秀企业家精神，凝聚崇尚创新创业正能量，营造尊重企业家价值、鼓励企业家创新、发挥企业家作用的舆论氛围。

五、弘扬企业家爱国敬业遵纪守法艰苦奋斗的精神

12. 引导企业家树立崇高理想信念。加强对企业家特别是年轻一代民营企业家的理想信念教育和社会主义核心价值观教育，开展优良革命传统、形势政策、守法诚信教育培训，培养企业家国家使命感和民族自豪感，引导企业家正确处理国家利益、企业利益、员工利益和个人利益的关系，把个人理想融入民族复兴的伟大实践。

13. 强化企业家自觉遵纪守法意识。企业家要自觉依法合规经营，依法治企、依法维权，强化诚信意识，主动抵制逃税漏税、走私贩私、制假贩假、污染环境、侵犯知识产权等违法行为，不做偷工减料、缺斤短两、以次充好等亏心事，在遵纪守法方面争做社会表率。党员企业家要自觉做遵守党的政治纪律、组织纪律、廉洁纪律、群众纪律、工作纪律、生活纪律的模范。

14. 鼓励企业家保持艰苦奋斗精神风貌。激励企业家自强不息、勤俭节约，反对享乐主义，力戒奢靡之风，保持健康向上的生活情趣。企业发展遇到困难，要坚定信心、迎接挑战、奋发图强。企业经营成功，要居安思危、不忘初心、谦虚谨慎。树立不进则退、慢进亦退的竞争意识。

六、弘扬企业家创新发展专注品质追求卓越的精神

15. 支持企业家创新发展。激发企业家创新活力和创造潜能，依法保护企业家拓展创新空间，持续推进产品创新、技术创新、商业模式创新、管理创新、制度创新，将创新创业作为终身追求，增强创新自信。提升企业家科学素养，发挥企业家在推动科技成果转化中的重要作用。吸收更多企业家参与科技创新政策、规划、计划、标准制定和立项评估等工作，向企业开放专利信息资源和科研基地。引导金融机构为企业家创新创业提供资金支持，探索建立创业保险、担保和风险分担制度。

16. 引导企业家弘扬工匠精神。建立健全质量激励制度，强化企业家“以质取胜”的战略意识，鼓励企业家专注专长领域，加强企业质量管理，立志于“百年老店”持久经营与传承，把产品和服务做精做细，以工匠精神保证质量、效用和信誉。深入开展质量提升行动。着力培养技术精湛技艺高超的高技术人才，推广具有核心竞争力的企业品牌，扶持具有优秀品牌的骨干企业做强做优，树立具有一流质量标准和品牌价值的样板企业。激发和保护老字号企业企业家改革创新发展意识，发挥老字号的榜样作用。

17. 支持企业家追求卓越。弘扬敢闯敢试、敢为天下先、敢于承担风险的精神，支持企业家敏锐捕捉市场机遇，不断开拓进取、拼搏奋进，争创一流企业、一流管理、一流产品、一流服务和一流企业文化，提供人无我有、人有我优、人优我特、人特我新的具有竞争力的产品和服务，在市场竞争中勇立潮头、脱颖而出，培育发展壮大更多具有国际影响力的领军企业。

七、弘扬企业家履行责任敢于担当服务社会的精神

18. 引导企业家主动履行社会责任。增强企业家履行社会责任的荣誉感和使命感，引导和支持企业家奉献爱心，参与光彩事业、公益慈善事业、“万企帮万村”精准扶贫行动、应急救灾等，支持国防建设，在构建和谐劳动关系、促进就业、关爱员工、依法纳税、节约资源、保护生态等方面发挥更加重要的作用。国有企业家要自觉做履行政治责任、经济责任、社会责任的模范。

19. 鼓励企业家干事担当。激发企业家致富思源的情怀，引导企业家认识改革开放为企业和个人施展才华提供的广阔空间、良好机遇、美好前景，先富带动后富，创造更多经济效益和社会效益。引导企业家认识把握引领经济发展新常态，积极投身供给侧结构性改革，在振兴和发展实体经济等方面作更大贡献。激发国有企业家服务党服务国家服务人民的担当精神。国有企业家要更好肩负起经营管理国有资产、实现保值增值的重要责任，做强做优做大国有企业，不断提高企业核心竞争力。

20. 引导企业家积极投身国家重大战略。完善企业家参与国家重大战略实施机制，鼓励企业家积极投身“一带一路”建设、京津冀协同发展、长江经济带发展等国家重大战略实施，参与引进来和走出去战略，参与军民融合发展，参与中西部和东北地区投资兴业，为经济发展拓展新空间。

八、加强对企业家优质高效务实服务

21. 以市场主体需求为导向深化“放管服”改革。围绕使市场在资源配置中起决定性作用和更好发挥政府作用，在更大范围、更深层次上深化简政放权、放管结合，优化服务。做好“放管服”改革涉及的规章、规范性文件清理工作。建立健全企业投资项目高效审核机制，支持符合条件的地区和领域开展企业投资项目承诺制改革探索。优化面向企业和企业家服务项目的办事流程，推进窗口单位精准服务。

22. 健全企业家参与涉企政策制定机制。建立政府重大经济决策主动向企业家问计求策的程序性规范，政府部门研究制定涉企政策、规划、法规，要听取企业家的意见建议。保持涉企政策稳定性和连续性，基于公共利益确需调整的，严格调整程序，合理设立过渡期。

23. 完善涉企政策和信息公开机制。利用实体政务大厅、网上政务平台、移动客户端、自助终端、服务热线等线上线下载体，建立涉企政策信息集中公开制度和推送制度。加大政府信息数据开放力度。强化涉企政策落实责任考核，充分吸收行业协会商会等第三方机构参与政策后评估。

24. 加大对企业家的帮扶力度。发挥统战部门、国资监管机构和工商联、行业协会商会等作用，建立健全帮扶企业家的工作联动机制，定期组织企业家座谈和走访，帮助解决企业实际困难。对经营困难的企业，有关部门、工商联、行业协会商会等要主动及时了解困难所在、发展所需，在维护市场公平竞争的前提下积极予以帮助。支持再次创业，完善再创业政策，根据企业家以往经营企业的纳税信用级别，在办理相关涉税事项时给予更多便捷支持。加强对创业成功和失败案例研究，为企业家创新创业提供借鉴。

九、加强优秀企业家培育

25. 加强企业家队伍建设规划引领。遵循企业家成长规律，加强部门协作，创新工作方法，加强对企业家队伍建设的统筹规划，将培养企业家队伍与实施国家重大战略同步谋划、同步推进，鼓励支持更多具有创新创业能力的人才脱颖而出，在实践中培养一批具有全球战略眼光、市场开拓精神、管理创新能力和社会责任感的优秀企业家。

26. 发挥优秀企业家示范带动作用。总结优秀企业家典型案例，对爱国敬业、遵纪守法、艰苦奋斗、创新发展、专注品质、追求卓越、诚信守约、履行责任、勇于担当、服务社会等有突出贡献的优秀企业家，以适当方式予以表彰和宣传，发挥示范带动作用。强化优秀企业家精神研究，支持高等学校、科研院所与行业协会商会、知名企业合作，总结富有中国特色、顺应时代潮流的企业家成长规律。

27. 加强企业家教育培训。以强化忠诚意识、拓展世界眼光、提高战略思维、增强创新精神、锻造优秀品行为重点，加快建立健全企业家培训体系。支持高等学校、科研院所、行业协会商会等开展精准化的理论培训、政策培训、科技培训、管理培训、法规培训，全面增强企业家发现机会、整合资源、创造价值、回馈社会的能力。建立健全创业辅导制度，支持发展创客学院，发挥企业家组织的积极作用，培养年轻一代企业家。加大党校、行政学院等机构对企业家的培训力度。搭建各类企业家互相学习交流平台，促进优势互补、共同提高。组织开展好企业家活动日等形式多样的交流培训。

十、加强党对企业家队伍建设的领导

28. 加强党对企业家队伍的领导。坚持党对国有企业的领导，全面加强国有企业党的建设，发挥国有企业党组织领导作用。增强国有企业家坚持党的领导、主动抓企业党建意识，建好、用好、管好一支对党忠诚、勇于创新、治企有方、兴企有为、清正廉洁的国有企业家队伍。教育引导民营企业家拥护党的领导，支持企业党建工作。建立健全非公有制企业党建工作机制，积极探索党建工作多种方式，努力扩大非公有制企业党的组织和工作覆盖。充分发挥党组织在职工群众中的政治核心作用、在企业发展中的政治引领作用。

29. 发挥党员企业家先锋模范作用。强化对党员企业家日常教育管理基础性工作，加强党性教育、宗旨教育、警示教育，教育党员企业家牢固树立政治意识、大局意识、核心意识、看齐意识，严明政治纪律和政治规矩，坚定理想信念，坚决执行党的基本路线和各项方针政策，把爱党、忧党、兴党、护党落实到经营管理各项工作中，率先垂范，用实际行动彰显党员先锋模范作用。

各地区各部门要充分认识营造企业家健康成长环境、弘扬优秀企业家精神、更好发挥企业家作用的重要性，统一思想，形成共识和合力，制定和细化具体政策措施，加大面向企业家的政策宣传和培训力度，狠抓贯彻落实。国家发展改革委要会同有关方面分解工作任务，对落实情况定期督察和总结评估，确保各项举措落到实处、见到实效。

国务院办公厅关于开展涉及产权保护的规章、规范性文件清理工作的通知

（2018年5月5日　国办发〔2018〕29号）

各省、自治区、直辖市人民政府，国务院各部委、各直属机构：

依法平等保护各类产权，对增强市场主体创业创新活力和投资意愿、推动经济持续健康发展具有重要意义。为全面贯彻习近平新时代中国特色社会主义思想和党的十九大精神，落实党中央、国务院关于完善产权保护制度依法保护产权的部署，营造平等保护各种所有制经济产权和合法权益的法治环境，经国务院同意，现就开展涉及产权保护的规章、规范性文件清理工作有关事项通知如下：

一、清理范围

此次清理的范围是省、自治区、直辖市、设区的市、自治州人民政府和国务院部门制定的规章，以及县级以上地方各级人民政府及其所属部门、国务院部门制定的规范性文件。清理的重点是，有违平等保护各种所有制经济主体财产所有权、使用权、经营权、收益权等各类产权的规定，不当限制企业生产经营、企业和居民不动产交易等民事主体财产权利行使的规定，以及在市场准入、生产要素使用、财税金融投资价格等政策方面区别性、歧视性对待不同所有制经济主体的规定。

二、清理职责

清理工作坚持“谁制定、谁清理”的原则。国务院部门制定的规章、规范性文件和县级以上地方人民政府所属部门制定的规范性文件，由制定部门负责清理；部门联合制定或涉及多个部门职责的，由牵头部门负责组织清理；制定部门被撤销或职权已调整的，由继续行使其职权的部门负责清理。县级以上地方人民政府制定的规章、规范性文件，由实施部门提出清理意见和建议，报同级人民政府决定。

国务院各部门在开展清理工作的同时，认为法律、行政法规存在不利于产权保护的有关规定，应当提出具体建议、修改方案和修改废止理由，并公开征求意见。

三、清理要求

各地区、各部门要依据《中共中央国务院关于完善产权保护制度依法保护产权的意见》（以下简称《意见》）部署的各项任务和上位法修改、废止情况，逐项研究清理。规章、规范性文件的主要内容与《意见》相抵触，或与涉及产权保护的法律、行政法规不一致的，要予以废止；部分内容与《意见》不一致，或与涉及产权保护的法律、行政法规不一致的，要予以修改。要确保规章、规范性文件的有关规定应改尽改、应废尽废，使党中央、国务院关于完善产权保护制度依法保护产权的部署不折不扣落实到位。

四、结果报送

县级以上地方人民政府要及时将清理结果报送上一级地方人民政府汇总。各省（自治区、直辖市）人民政府和国务院各部门应于2018年10月底前将本地区、本部门的规章、规范性文件清理结果报送国务院，同时抄送国家发展改革委、司法部。国务院有关部门应于2018年8月底前将法律、行政法规的清理意见、修改草案和说明按立法程序报送国务院，并抄送国家发展改革委、司法部。国家发展改革委、司法部应于2018年12月底前将上述清理情况汇总后报送国务院。

五、组织实施

各地区、各部门要充分认识清理工作的重要性，加强组织领导，制定具体方案，明确责任分工和时限要求，抓紧开展清理工作。要强化监督检查，建立涉及产权保护的规章、规范性文件清理工作长效机制，根据完善产权保护制度工作进展动态清理。对清理不及时、影响产权保护任务措施有效落实的，要依法依规予以问责。各地区、各部门要加强宣传报道，广泛听取社会公众意见，并向社会公开清理结果。国家发展改革委、司法部要加强统筹协调指导，及时跟踪了解进展情况，研究解决共性问题，确保清理工作顺利完成。

附件1

规章清理情况统计表

填表单位： 填表时间： 年 日

制定单位名称				
已废止的规章	序 号	规章名称	废止日期	备 注
已修改的规章	序 号	规章名称	修改日期	备 注
拟废止的规章	序 号	规章名称	时间安排	备 注
拟修改的规章	序 号	规章名称	时间安排	备 注

附件 2

规范性文件清理情况统计表

填表单位：　　　　　　　　　　　　　　　　　　　　填表日期：　　年　月　日

处理结果	类　别	数　量
已废止的规范性文件	国务院部门规范性文件	
	省级政府及其部门规范性文件	
	市级政府及其部门规范性文件	
	县级政府及其部门规范性文件	
	合　计	
已修改的规范性文件	国务院部门规范性文件	
	省级政府及其部门规范性文件	
	市级政府及其部门规范性文件	
	县级政府及其部门规范性文件	
	合　计	
拟废止的规范性文件	国务院部门规范性文件	
	省级政府及其部门规范性文件	
	市级政府及其部门规范性文件	
	县级政府及其部门规范性文件	
	合　计	
拟修改的规范性文件	国务院部门规范性文件	
	省级政府及其部门规范性文件	
	市级政府及其部门规范性文件	
	县级政府及其部门规范性文件	
	合　计	

第二章　最高人民法院有关司法政策和文件

最高人民法院印发《关于建立健全防范刑事冤假错案工作机制的意见》的通知

（2013年10月9日　法发〔2013〕11号）

各省、自治区、直辖市高级人民法院，解放军军事法院，新疆维吾尔自治区高级人民法院生产建设兵团分院：

为深入贯彻落实中央政法委员会《关于切实防止冤假错案的规定》，我院制定了《关于建立健全防范刑事冤假错案工作机制的意见》，现印发给你们，请认真遵照执行，并及时转发下级人民法院。

各级人民法院在刑事审判工作中要严格依法履行职责，牢固树立惩罚犯罪与保障人权并重的观念，以事实为根据，以法律为准绳，坚守防止冤假错案的底线，切实维护司法公正。

最高人民法院关于建立健全防范刑事冤假错案工作机制的意见

为依法准确惩治犯罪，尊重和保障人权，实现司法公正，根据《中华人民共和国刑事诉讼法》和相关司法解释等规定，结合司法实际，对人民法院建立健全防范刑事冤假错案的工作机制提出如下意见：

一、坚持刑事诉讼基本原则，树立科学司法理念

1. 坚持尊重和保障人权原则。尊重被告人的诉讼主体地位，维护被告人的辩护权等诉讼权利，保障无罪的人不受刑事追究。

2. 坚持依法独立行使审判权原则。必须以事实为根据，以法律为准绳。不能因为舆论炒作、当事方上访闹访和地方"维稳"等压力，作出违反法律的裁判。

3. 坚持程序公正原则。自觉遵守刑事诉讼法有关规定，严格按照法定程序审判案件，保证准确有效地执行法律。

4. 坚持审判公开原则。依法保障当事人的诉讼权利和社会公众的知情权，审判过程、裁判文书依法公开。

5. 坚持证据裁判原则。认定案件事实，必须以证据为根据。应当依照法定程序审查、认定证据。认定被告人有罪，应当适用证据确实、充分的证明标准。

二、严格执行法定证明标准，强化证据审查机制

6. 定罪证据不足的案件，应当坚持疑罪从无原则，依法宣告被告人无罪，不得降格作出“留有余地”的判决。

定罪证据确实、充分，但影响量刑的证据存疑的，应当在量刑时作出有利于被告人的处理。

死刑案件，认定对被告人适用死刑的事实证据不足的，不得判处死刑。

7. 重证据，重调查研究，切实改变“口供至上”的观念和做法，注重实物证据的审查和运用。只有被告人供述，没有其他证据的，不能认定被告人有罪。

8. 采用刑讯逼供或者冻、饿、晒、烤、疲劳审讯等非法方法收集的被告人供述，应当排除。

除情况紧急必须现场讯问以外，在规定的办案场所外讯问取得的供述，未依法对讯问进行全程录音录像取得的供述，以及不能排除以非法方法取得的供述，应当排除。

9. 现场遗留的可能与犯罪有关的指纹、血迹、精斑、毛发等证据，未通过指纹鉴定、DNA 鉴定等方式与被告人、被害人的相应样本作同一认定的，不得作为定案的根据。涉案物品、作案工具等未通过辨认、鉴定等方式确定来源的，不得作为定案的根据。

对于命案，应当审查是否通过被害人近亲属辨认、指纹鉴定、DNA 鉴定等方式确定被害人身份。

三、切实遵守法定诉讼程序，强化案件审理机制

10. 庭前会议应当归纳事实、证据争点。控辩双方有异议的证据，庭审时重点调查；没有异议的，庭审时举证、质证适当简化。

11. 审判案件应当以庭审为中心。事实证据调查在法庭，定罪量刑辩论在法庭，裁判结果形成于法庭。

12. 证据未经当庭出示、辨认、质证等法庭调查程序查证属实，不得作为定案的根据。

采取技术侦查措施收集的证据，除可能危及有关人员的人身安全，或者可能产生其他严重后果，由人民法院依职权庭外调查核实的外，未经法庭调查程序查证属实，不得作为定案的根据。

13. 依法应当出庭作证的证人没有正当理由拒绝出庭或者出庭后拒绝作证，其庭前证言真实性无法确认的，不得作为定案的根据。

14. 保障被告人及其辩护人在庭审中的发问、质证、辩论等诉讼权利。对于被告人及其辩护人提出的辩解理由、辩护意见和提交的证据材料，应当当庭或者在裁判文书中说明采纳与否及理由。

15. 定罪证据存疑的，应当书面建议人民检察院补充调查。人民检察院在二个月内未提交书面材料的，应当根据在案证据依法作出裁判。

四、认真履行案件把关职责，完善审核监督机制

16. 合议庭成员共同对案件事实负责。承办法官为案件质量第一责任人。

合议庭成员通过庭审或者阅卷等方式审查事实和证据，独立发表评议意见并说明理由。

死刑案件，由经验丰富的法官承办。

17. 审判委员会讨论案件，委员依次独立发表意见并说明理由，主持人最后发表意见。

18. 原判事实不清、证据不足，第二审人民法院查清事实的，不得发回重新审判。以事实不清、证据不足为由发回重新审判的案件，上诉、抗诉后，不得再次发回重新审判。

19. 不得通过降低案件管辖级别规避上级人民法院的监督。不得就事实和证据问题请示上级人民法院。

20. 复核死刑案件，应当讯问被告人。辩护律师提出要求的，应当听取意见。证据存疑的，应当调查核实，必要时到案发地调查。

21. 重大、疑难、复杂案件，不能在法定期限内审结的，应当依法报请延长审理期限。

22. 建立科学的办案绩效考核指标体系，不得以上诉率、改判率、发回重审率等单项考核指标评价办案质量和效果。

五、充分发挥各方职能作用，建立健全制约机制

23. 严格依照法定程序和职责审判案件，不得参与公安机关、人民检察院联合办案。

24. 切实保障辩护人会见、阅卷、调查取证等辩护权利。辩护人申请调取可能证明被告人无罪、罪轻的证据，应当准许。

25. 重大、疑难、复杂案件，可以邀请人大代表、政协委员、基层群众代表等旁听观审。

26. 对确有冤错可能的控告和申诉，应当依法复查。原判决、裁定确有错误的，依法及时纠正。

27. 建立健全审判人员权责一致的办案责任制。审判人员依法履行职责，不受追究。审判人员办理案件违反审判工作纪律或者徇私枉法的，依照有关审判工作纪律和法律的规定追究责任。

最高人民法院：《关于依法平等保护非公有制经济促进非公有制经济健康发展的意见》

概要及解读

2014年12月29日，最高人民法院召开新闻发布会通报《关于依法平等保护非公有制经济促进非公有制经济健康发展的意见》。自改革开放以来，我国非公有制经济不断发展壮大，成为促进经济社会发展的重要力量。党的十八届三中全会明确提出，公有制经济和非公有制经济都是社会主义市场经济的重要组成部分。

国家保障各种所有制经济依法平等使用生产要素、公开公平公正参与市场竞争、同等受到法律保护。支持非公有制经济健康发展是人民法院为经济社会发展提供司法保障的重要方面。

该意见是最高人民法院首次以司法指导意见的形式对依法保障非公有制经济健康发展的相关问题进行规定，包括6个部分，共20条。

在起草过程中，最高人民法院对涉及非公有制经济平等保护的法律法规进行全面梳理，对非公有制经济在司法审判中遇到的问题进行大量调研，并通过全国工商联邀请国内有影响的民营企业代表就在司法审判工作中加强对非公有制经济平等保护的法律问题进行座谈。在综合各方面意见的基础上，经多次讨论修改和研究论证，形成送审稿，提请最高人民法院审判委员会审议后通过。

该意见突出强调，当前非公有制经济发展迅速，投资经营过程中不可避免地会产生一些纠纷，这些纠纷将有相当一部分通过诉讼程序进入人民法院。各级人民法院要充分考虑非公有制经济的特点，依法公正、高效地审理、执行相关案件，及时化解非公有制经济投资经营中的各类纠纷。该意见主要包括以下五个方面内容：

一、依法维护公开、平等的市场交易秩序

非公有制经济与公有制经济一样，都是社会主义市场经济的主体，应当受到平等保护。为保障非公有制经济的合法交易，该意见要求在审理涉及非公有制经济民商事纠纷时，要正确认定民商事合同效力，处理好意思自治与行政审批的关系，对法律、行政法规规定应当办理批准、登记等手续生效的合同，应当允许当事人在判决前补办批准、登记手续，尽量促使合同合法有效。

为帮助化解非公有制经济面临的融资难问题，该意见要求要依法审理涉及非公有制经济主体的金融借款、融资租赁、民间借贷等案件，依法支持非公有制经济主体多渠道融资。

为保护非公有制经济的合法权利，在审理涉及非公有制经济权属纠纷时，对产权有争议的挂靠企业，要在认真查明投资事实的基础上明确所有权，防止非法侵占非公有制经济主体财产；在审理劳动争议纠纷案件时，要妥善审理涉及非公有制企业的劳动争议案件，依法维护劳动者的合法权益，支持非公有制企业依法管理。

为推动非公有制经济的自主创新，该意见还要求妥善审理各类知识产权案件，保障和推动非公有制经济的自主创新；鼓励非公有制经济主体通过技术进步和科技创新实现产业升级，提升核心竞争力；加强反垄断案件的审理，依法制止占有市场支配地位的垄断者滥用垄断地位，严格追究违法垄断行为的法律责任，为各种所有制经济主体提供公平竞争的市场环境。

二、确保非公有制经济主体受到平等刑事保护

经济发展进入新常态，应当更加注重非公有制经济在促进经济发展中的重要作用，更加重视发挥企业家才能。该意见提出，要准确把握立法精神，正确适用法律和司法解释，严格区分罪与非罪、犯罪与行政违法、犯罪与民商事纠纷。

对非公有制经济主体在生产、经营、融资活动中的创新性行为，要依法审慎对待，只要不违反法律和司法解释的规定，不得以违法论处；违反有关规定，但尚不符合犯罪构成条件的，不得以犯罪论处。在合同签订、履行过程中产生的争议，如无确实、充分的证据证明行为人有非法占有的目的，不得以合同诈骗罪论处。

为切实保障非公有制经济主体的诉讼权利，该意见要求，对于确已涉嫌犯罪的，依法慎重决定是否适用强制措施以及适用强制措施的种类，是否采取查封、扣押、冻结、处理涉案财物措施以及涉案财物的范围，最大限度地减少对涉案非公有制经济主体正常生产经营活动的影响。

要坚持证据裁判原则，对非公有制经济主体或者其工作人员涉嫌犯罪的案件，经审理认为事实、证据存在疑问，不能排除合理怀疑的，应当依法宣告无罪。

三、依法维护非公有制经济主体行政相对人合法权益

转变政府职能，发挥市场在资源配置中的决定性作用，是实现非公有制经济健康发展的重要条件。该意见要求人民法院要正确审理涉及税收、工商管理、质量监督、物价、海关监管、经营自主权等行政案件，依法纠正对非公有制经济主体乱收费、乱罚款、乱摊派等违法干预非公有制企业自主经营的行为。

为平等保护非公有制经济，该意见还规定行政机关为公共利益的需要，依法变更或者撤回已经生效的行政许可、行政审批，或者提前解除国有土地出让等自然资源有偿使用合同的，人民法院应依法支持非公有制经济主体关于补偿财产损失的合理诉求。

为推动建立公平、公正的市场竞争秩序，该意见提出，人民法院在审理行政案件时，要正确处理好权利与权力的关系，对非公有制经济主体要坚持“法无禁止即可为”的原则，对行政权力要坚持“法无授权不可为”的原则。

为推动建立公开、透明的市场环境，人民法院要依法受理和审理非公有制经济主体提起的政府信息公开行政案件，推动政府信息的主动公开和依申请公开。非公有制经济主体请求撤销行政机关以未经事先公布的规范性文件为依据作出的行政行为，事实依据充分的，人民法院应予支持。

四、依法保障非公有制经济主体合法权益

对于执行难的问题，该意见要求采取有效措施积极破解，要以执行工作信息化建设为依托，将失信被执行人名单信息向社会公布，同时向相关单位定向通报，及时予以相应的信用惩戒，挤压被执行人的生存空间，迫使其自动履行。因地方保护主义和部门保护主义的干扰无法及时执结的，要采取协调、督促、提级执行等方式，努力使非公有制经济主体申请执行人的债权及时得到实现。

为维护非公有制经济的正常生产经营，该意见要求采取诉讼保全和查封、冻结、扣押、拘留等强制执行措施时，要注意考量非公有制经济主体规模相对较小、抗风险能力相对较低的客观实际，对因宏观经济形势变化、产业政策调整所引起的涉诉纠纷或者因生产经营出现暂时性困难无法及时履行债务的被执行人，严格把握财产保全、证据保全的适用条件，依法慎用拘留、查封、冻结等强制措施，尽量减少对企业正常生产经营活动可能造成的不当影响，维持非公有制经济主体的经营稳定。

五、完善审判工作机制提高司法保障水平

为切实保障非公有制经济主体的诉讼权利，人民法院还要不断地改进司法工作作风，进一步落实便利诉讼原则，不断扩展适用简易程序的范围，减轻当事人的诉累。规范庭审程序，平等地听取包括非公有制经济主体在内的各方当事人的意见，依法全面审查各方当事人提供的证据。依法纠正确有错误的裁判，维护当事人的合法权益。支持和推动非公有企业人士担任人民陪审员，妥善审理涉非公有企业的各类案件。充分发挥商会、行业协会等组织的作用，建立适合于非公有制经济特点的多元纠纷解决机制，构建诉调对接工作平台，促进非公有制经济主体纠纷的及时、有效化解。

该意见要求，人民法院要不断加强司法建议工作，及时总结经验，结合审判工作实际，对非公有制经济主体在经济发展新常态中加快转型升级和“走出去”过程中遇到的法律风险和法律问题进行深入研究，及时向工商联、相关行业商协会、有关政府部门发出司法建议。各级人民法院将通过公开审判、以案说法、发布重要新闻和典型案例等形式，宣传涉及非公有制经济的法律法规，提高非公有制企业的法律意识。

全文如下。

最高人民法院关于依法平等保护非公有制经济促进非公有制经济健康发展的意见

（2014 年 12 月 17 日　法发〔2014〕27 号）

非公有制经济作为社会主义市场经济的重要组成部分，与公有制经济共同构成我国经济社会发展的重要基础。改革开放以来，非公有制经济不断发展壮大，在支撑增长、促进创新、扩大就业、增加税收等方面都发挥了重要作用，成为促进经济社会发展的重要力量。支持非公有制经济健康发展是坚持和完善我国基本经济制度的必然要求，也是人民法院为经济社会发展提供司法保障的重要方面。各级人民法院要充分发挥司法审判的职能作用，为非公有制经济健康发展提供有力的司法保障。

一、提高认识，切实增强依法保障非公有制经济健康发展的主动性和责任感

1. 贯彻党的十八届三中全会精神，正确认识非公有制经济的重要地位。公有制为主体、多种所有制经济共同发展的基本经济制度，是中国特色社会主义制度的重要支柱，也是社会主义市场经济体制的根基。党的十八届三中全会进一步明确了非公有制经济在社会主义市场经济中的重要地位，提出必须毫不动摇鼓励、支持、引导非公有制经济发展，激发非公有制经济活力和创造力。各级人民法院要深入学习贯彻十八届三中全会精神，依法支持、保障、促进非公有制经济的健康发展。

2. 贯彻党的十八届四中全会精神，依法平等保护各种所有制经济共同发展。法律面前人人平等是我国宪法确立的基本原则。非公有制经济与公有制经济一样，是社会主义市场经济的重要组成部分，都是我国经济社会发展的重要基础。党的十八届四中全会决定指出，平等是社会主义法律的基本属性。人民法院在依法保障公有制经济发展，不断增强国有经济活力、控制力和影响力的同时，要依法平等保护非公有制经济的合法权益，坚持各类市场主体的诉讼地位平等、法律适用平等、法律责任平等，为各种所有制经济提供平等司法保障。

3. 及时审理执行相关案件，有效化解非公有制经济发展中的各类纠纷。当前，非公有制经济发展迅速，投资经营过程不可避免会产生一些纠纷，这些纠纷将有相当部分通过诉讼程序进入人民法院。各级人民法院要充分考虑非公有制经济的特点，依法公正高效审理执行相关案件，及时化解非公有制经济投资经营中的各类纠纷。

二、加强民商事审判工作，依法维护公开平等的市场交易秩序

4. 正确认定民商事合同效力，保障非公有制经济的合法交易。要处理好意思自治与行政审批的关系，对法律、行政法规规定应当办理批准、登记等手续生效的合同，应当允许当事人在判决前补办批准、登记手续，尽量促使合同合法有效。要正确理解和适用合同法第五十二条关于无效合同的规定，严格限制认定合同无效的范围。对故意不履行报批手续、恶意违约的当事人，依法严格追究其法律责任，保护守信方的合法权益。要依法审理涉及非公有制经济主体的金融借款、融资租赁、民间借贷等案件，依法支持非公有制经济主体多渠道融资。要根据物权法定原则的最新发展，正确认定新型担保合同的法律效力，助力提升非公有制经济主体的融资担保能力。

5. 妥善审理权属及劳动争议纠纷案件，保护非公有制经济的合法权利。充分发挥民商事审判职能，理顺产权关系，既要依法保护公有制经济，有效防止国有资产流失，也要防止超越法律规定和合同约定，不当损害非公有制经济主体的正当权利。对产权有争议的挂靠企业，要在认真查明投资事实的基础上明确所有权，防止非法侵占非公有制经济主体财产。要严格按照有关法律、法规和政策，审理企业改制纠纷案件，准确界定产权关系，保护非公有制经济主体的合法权益。妥善审理涉及境外投资案件，保障非公有制企业实施“走出去”战略，扩大对外投资。妥善审理涉及非公有制企业的劳动争议案件，依法维护劳动者的合法权益，支持非公有制企业依法管理。

6. 妥善审理破产、清算案件，促进生产要素的优化组合和非公有制经济的转型升级。依法受理企业破产案件和强制清算案件，积极引导非公有制经济主体依法有序退出市场，实现优胜劣汰。充分发挥破产重整程序的特殊功能，帮助非公有制企业压缩和合并过剩产能，推动企业业务流程再造和技术升级改造，优化资金、技术、人才等生产要素配置，帮助和支持符合国家产业政策要求的企业恢复生机，重返市场。要依法保障非公有制经济参与各类企业的破产重组，通过生产要素的优化组合，实现经济效率的整体提升。

7. 妥善审理各类知识产权案件，保障和推动非公有制经济的自主创新。充分运用知识产权司法保护手段，加大对各种侵犯知识产权行为的惩治力度。妥善审理技术改造升级过程中引发的技术开发、技术转让、技术咨询和技术服务合同纠纷案件，鼓励非公有制经济主体通过技术进步和科技创新实现产业升级，提升核心竞争力。及时受理反不正当竞争纠纷案件，依法制裁各种形式的不正当竞争行为，保障非公有制经济主体平等地参与市场竞争。加强反垄断案件的审理，依法制止占有市场支配地位的垄断者滥用垄断地位，严格追究违法垄断行为的法律责任，为各种所有制经济主体提供竞争高效公平的市场环境。

三、严格执行刑事法律和相关司法解释，确保非公有制经济主体受到平等刑事保护

8. 平等适用刑法，依法维护非公有制经济主体合法权益。对非法侵害非公有制经济主体合法权益，构成犯罪的，要依法追究刑事责任；对犯罪分子非法占有、处置非公有制经济主体的财产，要依法予以追缴或者责令退赔；犯罪分子非法毁坏非公有制经济主体财产，非公有制经济主体提起附带民事诉讼的，依法予以支持。非公有制经济主体或者其工作人员实施诈骗、非法集资、行贿等行为，构成犯罪的，要依法追究刑事责任。

9. 坚持罪刑法定，确保无罪的非公有制经济主体不受刑事追究。准确把握立法精神，正确适用法律和司法解释，严格区分罪与非罪、犯罪与行政违法、犯罪与民商事纠纷。对非公有制经济主体在生产、经营、融资活动中的创新性行为，要依法审慎对待，只要不违反法律和司法解释的规定，不得以违法论处。违反有关规定，但尚不符合犯罪构成条件的，不得以犯罪论处。在合同签订、履行过程中产生的争议，如无确实、充分的证据证明行为人有非法占有的目的，不得以合同诈骗罪论处。

10. 严格办案程序，切实保障非公有制经济主体的诉讼权利。对于确已涉嫌犯罪的，要根据所涉犯罪的性质、危害程度等具体案件情况，依法慎重决定是否适用强制措施以及适用强制措施的种类，是否采取查封、扣押、冻结、处理涉案财物措施以及查封、扣押、冻结、处理涉案财物的范围，最大限度减少对涉案非公有制经济主体正常生产经营活动的影响。要坚持证据裁判原则，对非公有制经济主体或者其工作人员涉嫌犯罪的案件，经审理认为事实、证据存在疑问，不能排除合理怀疑的，应当依法宣告无罪。

四、切实发挥行政审判职能，依法维护非公有制经济主体行政相对人合法权益

11. 监督和促进行政机关依法行使职权，依法纠正违法行政行为。非公有制经济主体起诉认为行政机关作出的行政行为逾越法定权限、违背法定程序，侵犯其合法权益，其主张事实依据充分的，人民法院应依法纠正相关行政行为。要正确审理涉及税收、工商管理、质量监督、物价、海关监管、经营自主权等行政案件，依法纠正对非公有制经济主体乱收费、乱罚款、乱摊派等违法干预非公有制企业自主经营的行为。对非公有制经济主体实施的行政强制措施和行政处罚，要与违法行为的性质、情节及危害后果相适应，显失公正的，人民法院要依法撤销或者变更。行政机关违法侵权并给非公有制经济主体造成损失的，要依法承担赔偿责任。

12. 坚持审判中立，确保非公有制经济与行政机关同受法律保护和约束。促进行政机关转变职能，维护行政机关与非公有制经济主体在行政管理过程中依法达成的行政合同的有效性和稳定性。审理好政府招商引资合同案件，监督政府机关诚实守信地履行政府文件和合同所约定的义务。妥善审理政府采购过程中发生的政府采购合同案件和其他行政诉讼案件，落实非公有制经济主体的平等待遇，促进公平竞争。依法保护非公有制经济主体由于对行政机关的信赖而形成的利益，维护行政行为的稳定性。行政机关为公共利益的需要，依法变更或者撤回已经生效的行政许可、行政审批，或者提前解除国有土地出让等自然资源有偿使用合同的，人民法院应依法支持非公有制经济主体关于补偿财产损失的合理诉求。

13. 维护非公有制经济主体的合法权益和经营自主权，推动建立公平公正的市场竞争秩序。人民法院审理行政案件，要正确处理好权利与权力的关系，对非公有制经济主体要坚持“法无禁止即可为”的原则，对行政权力要坚持“法无授权不可为”的原则。正确处理政府与市场的关系，完善产权保护制度，尊重非公有制经济主体经营自主权。要通过裁判推动社会主义市场经济体制进一步完善，依法支持行政机关规范和整顿市场经济秩序，依法打击制售假冒伪劣商品，支持行政机关对违法侵权行为进行治理整顿，切实维护非公有制经济主体的商标、专利等知识产权。加大对行政机关不作为、不依法履行法定职责行政案件的审理力度，帮助防范少数行政机关懒政、惰政。

14. 依法受理和审理政府信息公开案件，推动建立公开透明的市场环境。依法受理和审理非公有制经济主体提起的政府信息公开行政案件，推动政府信息的主动公开和依申请公开。非公有制经济主体因为自身生产和科研等特殊需要，申请获取不涉及国家秘密、商业秘密、个人隐私的政府信息，人民法院应予支持。非公有制经济主体请求撤销行政机关以未经事先公布的规范性文件为依据作出的行政行为，事实依据充分的，人民法院应予支持。非公有制经济主体要求行政机关提供在履行职责过程中制作或者获取的本地区、本行业企业生产经营信息，人民法院亦应依法予以支持。

五、加强执行工作，依法保障非公有制经济主体合法权益

15. 坚持平等原则，确保非公有制经济合法权益及时实现。对非公有制经济主体与国有经济、集体经济主体同等对待，不得因申请执行人和被执行人的所有制性质不同而在执行力度、执行标准上有所不同，树立市场诚信，公正高效地保护守信方当事人的合法权益。要紧紧围绕依法突出执行工作强制性、全力推进执行工作信息化、大力加强执行工作规范化的总体思路，充分发挥执行联动机制、公布失信被执行人名单等制度的作用，确保生效法律文书确定的非公有制经济主体的债权及时得以实现。

16. 采取有效措施，积极破解执行难问题。以执行工作信息化建设为依托，逐步实现执行信息查询和共享，力求破解被执行人难找、被执行财产难查问题；将失信被执行人名单信息向社会公布，同时向相关单位定向通报，及时予以相应的信用惩戒，挤压被执行人的生存空间，迫使其自动履行；对规避执行和拒不执行生效裁判文书的坚决予以打击；对不积极协助法院执行甚至阻碍执行的要及时向有关单位及其上级主管部门进行反映并依法追究其法律责任；因地方保护主义和部门保护主义的干扰无法及时执结的，要采取协调、督促、提级执行等方式，努力使非公有制经济主体申请执行人的债权及时得到实现。

17. 保护申请执行人的合法权益，切实维护非公有制经济的正常生产经营。在采取诉讼保全和查封、冻结、扣押、拘留等强制执行措施时，要注意考量非公有制经济主体规模相对较小、抗风险能力相对较低的客观实际，对因宏观经济形势变化、产业政策调整所引起的涉诉纠纷或者因生产经营出现暂时性困难无法及时履行债务的被执行人，严格把握财产保全、证据保全的适用条件，依法慎用拘留、查封、冻结等强制措施，尽量减少对企业正常生产经营活动可能造成的不当影响，维持非公有制经济主体的经营稳定。

六、完善审判工作机制，不断提高司法保障水平

18. 改进司法工作作风，切实保障非公有制经济主体的诉讼权利。要依法保障非公有制经济主体的诉权，对符合法律规定应当受理的案件要及时立案，并尽快做出裁判。依法适用督促程序，进一步落实便利诉讼原则，不断扩展适用简易程序的范围，减轻当事人诉累。完善诉讼代理人出庭制度，为非公有制企业参加诉讼提供便利。规范庭审程序，平等地听取包括非公有制经济主体在内的各方当事人的意见，依法全面审查各方当事人提供的证据。依法纠正确有错误的裁判，维护当事人的合法权益。支持和推动非公有企业人士担任人民陪审员，妥善审理涉非公有企业的各类案件。充分发挥商会、行业协会等组织的作用，建立适合于非公有制经济特点的多元纠纷解决机制，构建诉调对接工作平台，促进非公有制经济主体纠纷的及时有效化解。

19. 加大司法公开力度，不断提升信息化服务水平。要加快推进人民法院信息化建设，全面提升司法公开水平。要充分发挥“中国审判流程信息公开网”等载体作用，向包括非公有制经济主体在内的社会公众依法全面公开审判执行活动。借助失信被执行人数据库平台，会同有关部门和社会组织共同开展诚信建设。大力推进裁判文书上网，加强裁判文书对案件事实认定和法律适用理由的论证，增强各类所有制主体对其经营行为及其法律后果的可预测性。要通过公开审判、以案说法、发布重要新闻和典型案例等形式，宣传涉及非公有制经济的法律法规，提高非公有制企业的法律意识。

20. 加强司法建议工作，积极为非公有制企业提供司法服务。要加强调查研究，及时总结经验，结合审判工作实际，对非公有制经济主体在经济发展新常态中加快转型升级和“走出去”过程中遇到的法律风险和法律问题进行深入研究，及时向工商联、相关行业商协会、有关政府部门发出司法建议。要牢固树立服务意识，充分发挥司法裁判的规范、指引作用，促进非公有制企业切实增强法治观念和依法经营意识，不断完善生产经营管理制度，提升行业管理水平，增强国际竞争力和影响力，保障非公有制经济健康顺利发展。

最高人民法院关于印发《人民法院落实〈领导干部干预司法活动、插手具体案件处理的记录、通报和责任追究规定〉的实施办法》的通知

（2015年8月19日　法发〔2015〕10号）

各省、自治区、直辖市高级人民法院，解放军军事法院，新疆维吾尔自治区高级人民法院生产建设兵团分院：

现将《人民法院落实〈领导干部干预司法活动、插手具体案件处理的记录、通报和责任追究规定〉的实施办法》予以印发，自2015年8月20日起施行。请认真贯彻执行，并做好实施细则备案和执行情况定期报送工作，执行中发现的问题请及时报告最高人民法院。

人民法院落实《领导干部干预司法活动、插手具体案件处理的记录、通报和责任追究规定》的实施办法

为落实中共中央办公厅、国务院办公厅《领导干部干预司法活动、插手具体案件处理的记录、通报和责任追究规定》（中办发〔2015〕23号，以下简称《规定》），保障人民法院依法独立公正行使审判权，结合法院工作实际，制定本办法。

第一条　人民法院依照宪法和法律规定独立公正行使审判权，不受行政机关、社会团体和个人的干涉，不得执行任何组织、个人违反法定职责或者法定程序、有碍司法公正的要求。

第二条　人民法院以外的组织、个人在诉讼程序之外递转的涉及具体案件的函文、信件或者口头意见，人民法院工作人员均应当全面、如实、及时地予以记录，并留存相关材料，做到全程留痕、永久存储、有据可查。

领导干部以个人或者组织名义向人民法院提出案件处理要求的，或者领导干部身边工作人员、亲属干预司法活动、插手具体案件处理的，人民法院均应当记录，并留存相关材料。

第三条　人民法院应当依托信息技术，在案件信息管理系统中设立外部人员过问信息专库，明确录入、存储、报送、查看和处理相关信息的流程和权限。外部人员过问信息录入案件信息管理系统时，应当同步录入外部人员过问信息专库。人民

法院专门审判管理机构负责专库的维护和管理工作。

第四条　人民法院工作人员根据本办法第二条履行记录义务时，应当如实记录相关人员的姓名、所在单位与职务、来文来函的时间、内容和形式等情况；对于利用手机短信、微博客、微信、电子邮件等网络信息方式过问具体案件的，还应当记录信息存储介质情况；对于以口头方式过问具体案件的，还应当记录发生场所、在场人员等情况，其他在场的人民法院工作人员应当签字确认。

上述记录及相关函文、信件、视听资料、电子数据等，应当一并录入、分类存储。书面材料一律附随案件卷宗归档备查，其他材料归档时应当注明去向。

第五条　党政机关、行业协会商会、社会公益组织和依法承担行政职能的事业单位，受人民法院委托或者许可，依照工作程序就涉及国家利益、社会公共利益的案件提出的参考意见，可以不录入外部人员过问信息专库，但相关材料应当存入案件正卷备查。

第六条　人民法院应当每季度对外部人员过问信息专库中涉及领导干部过问的内容进行汇总分析，报送同级党委政法委和上一级人民法院；记录内容涉及同级党委或者党委政法委主要领导干部的，应当报送上一级党委政法委和上一级人民法院。人民法院认为领导干部干预司法活动、插手具体案件处理情节严重，可能造成冤假错案或者其他严重后果的，应当立即报告，并层报最高人民法院。

各高级人民法院应当加强辖区内法院贯彻实施《规定》情况的督促检查工作，将《规定》和本办法执行情况及时报告最高人民法院，并每半年向各省、自治区、直辖市党委政法委报送一次。

第七条　人民法院报送外部过问案件情况时，应当将领导干部的下述行为列为特别报告事项：

（一）在审判、执行等环节为案件当事人请托说情的；

（二）要求人民法院工作人员私下会见、联系案件当事人或者其辩护人、诉讼代理人、近亲属以及其他与案件有利害关系的人的；

（三）授意、纵容身边工作人员或者亲属为案件当事人请托说情的；

（四）以听取汇报、开协调会、发文件、打电话等形式，超越职权对案件处理提出倾向性意见或者具体要求的；

（五）要求人民法院立案、不予立案、拖延立案或者人为控制立案的；

（六）要求人民法院采取中止审理、延长审限、不计入审限等措施拖延结案或者压缩办案时间结案的；

（七）要求人民法院对保全标的物、执行标的物采取、暂缓或者解除扣押、查封和冻结措施的；

（八）要求人民法院选择特定鉴定机构、资产评估机构、拍卖机构或者破产企业资产管理人的；

（九）要求人民法院将执行案款优先发放给特定申请执行人的；

（十）要求人民法院对案件拖延执行或者作中止执行、终结执行处理的；

（十一）要求人民法院将刑事涉案财物发还特定被害人或者移交特定机关的；

（十二）要求人民法院对当事人采取强制措施，或者要求对被依法采取强制措施的当事人解除、变更强制措施的；

（十三）要求人民法院在减刑、假释案件审理过程中对罪犯从严或者从宽处理的；

（十四）批转案件当事人或者其辩护人、诉讼代理人、近亲属以及其他与案件有利害关系的人单方提交的涉案材料或者专家意见书的；

（十五）其他有必要作为特别报告事项的行为。

第八条　人民法院工作人员不记录或者不如实记录领导干部干预司法活动、插手具体案件处理情况的，应当予以警告、通报批评；有两次以上不记录或者不如实记录情形的，应当依照《人民法院工作人员处分条例》第五十四条规定给予纪律处分。主管领导授意不记录或者不如实记录的，应当依照《人民法院工作人员处分条例》第七十六条规定给予纪律处分。

第九条　人民法院工作人员因严格执行《规定》和本办法，而在考评、晋升、履职等方面遭遇特定组织、个人的刁难、打击和报复时，可以向上一级人民法院提出控告。相关人民法院应当及时向同级党委政法委报告，必要时可以层报最高人民法院。

第十条　本办法所称领导干部，是指在各级党的机关、人大机关、行政机关、政协机关、检察机关、军事机关以及公司、企业、事业单位、社会团体中具有国家工作人员身份的领导干部，也包括离退休领导干部。

本办法所称人民法院工作人员，是指各级人民法院中依法履行审判、审判辅助、司法行政职能，在编在职的除工勤人员以外的人员。人民法院聘用人员参照适用。

人民法院领导干部过问案件、打探案情、请托说情的，适用《司法机关内部人员过问案件的记录和责任追究规定》及其实施办法。

第十一条　本办法由最高人民法院负责解释。各高级人民法院可以依照本办法制定实施细则，并报最高人民法院备案。

第十二条　本办法自2015年8月20日起施行。

最高人民法院关于完善人民法院司法责任制的若干意见

（2015 年 9 月 21 日　法发〔2015〕13 号）

为贯彻中央关于深化司法体制改革的总体部署，优化审判资源配置，明确审判组织权限，完善人民法院的司法责任制，建立健全符合司法规律的审判权力运行机制，增强法官审理案件的亲历性，确保法官依法独立公正履行审判职责，根据有关法律和人民法院工作实际，制定本意见。

一、目标原则

1. 完善人民法院的司法责任制，必须以严格的审判责任制为核心，以科学的审判权力运行机制为前提，以明晰的审判组织权限和审判人员职责为基础，以有效的审判管理和监督制度为保障，让审理者裁判、由裁判者负责，确保人民法院依法独立公正行使审判权。

2. 推进审判责任制改革，人民法院应当坚持以下基本原则：

（1）坚持党的领导，坚持走中国特色社会主义法治道路；

（2）依照宪法和法律独立行使审判权；

（3）遵循司法权运行规律，体现审判权的判断权和裁决权属性，突出法官办案主体地位；

（4）以审判权为核心，以审判监督权和审判管理权为保障；

（5）权责明晰、权责统一、监督有序、制约有效；

（6）主观过错与客观行为相结合，责任与保障相结合。

3. 法官依法履行审判职责受法律保护。法官有权对案件事实认定和法律适用独立发表意见。非因法定事由，非经法定程序，法官依法履职行为不受追究。

二、改革审判权力运行机制

（一）独任制与合议庭运行机制

4. 基层、中级人民法院可以组建由一名法官与法官助理、书记员以及其他必要的辅助人员组成的审判团队，依法独任审理适用简易程序的案件和法律规定的其他案件。

人民法院可以按照受理案件的类别，通过随机产生的方式，组建由法官或者法官与人民陪审员组成的合议庭，审理适用普通程序和依法由合议庭审理的简易程序的案件。案件数量较多的基层人民法院，可以组建相对固定的审判团队，实行扁平化的管理模式。

人民法院应当结合职能定位和审级情况，为法官合理配置一定数量的法官助理、书记员和其他审判辅助人员。

5. 在加强审判专业化建设基础上，实行随机分案为主、指定分案为辅的案件分配制度。按照审判领域类别，随机确定案件的承办法官。因特殊情况需要对随机分案结果进行调整的，应当将调整理由及结果在法院工作平台上公示。

6. 独任法官审理案件形成的裁判文书，由独任法官直接签署。合议庭审理案件形成的裁判文书，由承办法官、合议庭其他成员、审判长依次签署；审判长作为承办法官的，由审判长最后签署。审判组织的法官依次签署完毕后，裁判文书即可印发。除审判委员会讨论决定的案件以外，院长、副院长、庭长对其未直接参加审理案件的裁判文书不再进行审核签发。

合议庭评议和表决规则，适用人民法院组织法、诉讼法以及《最高人民法院关于人民法院合议庭工作的若干规定》《最高人民法院关于进一步加强合议庭职责的若干规定》。

7. 进入法官员额的院长、副院长、审判委员会专职委员、庭长、副庭长应当办理案件。院长、副院长、审判委员会专职委员每年办案数量应当参照全院法官人均办案数量，根据其承担的审判管理监督事务和行政事务工作量合理确定。庭长每年办案数量参照本庭法官人均办案数量确定。对于重大、疑难、复杂的案件，可以直接由院长、副院长、审判委员会委员组成合议庭进行审理。

按照审判权与行政管理权相分离的原则，试点法院可以探索实行人事、经费、政务等行政事务集中管理制度，必要时可以指定一名副院长专门协助院长管理行政事务。

8. 人民法院可以分别建立由民事、刑事、行政等审判领域法官组成的专业法官会议，为合议庭正确理解和适用法律提供咨询意见。合议庭认为所审理的案件因重大、疑难、复杂而存在法律适用标准不统一的，可以将法律适用问题提交专业法官会议研究讨论。专业法官会议的讨论意见供合议庭复议时参考，采纳与否由合议庭决定，讨论记录应当入卷备查。

建立审判业务法律研讨机制，通过类案参考、案例评析等方式统一裁判尺度。

（二）审判委员会运行机制

9. 明确审判委员会统一本院裁判标准的职能，依法合理确定审判委员会讨论案件的范围。审判委员会只讨论涉及国家外交、安全和社会稳定的重大复杂案件，以及重大、疑难、复杂案件的法律适用问题。强化审判委员会总结审判经验、讨论决定审判工作重大事项的宏观指导职能。

10. 合议庭认为案件需要提交审判委员会讨论决定的，应当提出并列明需要审判委员会讨论决定的法律适用问题，并归纳不同的意见和理由。

合议庭提交审判委员会讨论案件的条件和程序，适用人民法院组织法、诉讼法以及《最高人民法院关于人民法院合议庭工作的若干规定》《最高人民法院关于改革和完善人民法院审判委员会制度的实施意见》。

11. 案件需要提交审判委员会讨论决定的，审判委员会委员应当事先审阅合议庭提请讨论的材料，了解合议庭对法律适用问题的不同意见和理由，根据需要调阅庭审音频视频或者查阅案卷。

审判委员会委员讨论案件时应当充分发表意见，按照法官等级由低到高确定表决顺序，主持人最后表决。审判委员会评议实行全程留痕，录音、录像，作出会议记录。审判委员会的决定，合议庭应当执行。所有参加讨论和表决的委员应当在审判委员会会议记录上签名。

建立审判委员会委员履职考评和内部公示机制。建立审判委员会决议事项的督办、回复和公示制度。

（三）审判管理和监督

12. 建立符合司法规律的案件质量评估体系和评价机制。审判管理和审判监督机构应当定期分析审判质量运行态势，通过常规抽查、重点评查、专项评查等方式对案件质量进行专业评价。

13. 各级人民法院应当成立法官考评委员会，建立法官业绩评价体系和业绩档案。业绩档案应当以法官个人日常履职情况、办案数量、审判质量、司法技能、廉洁自律、外部评价等为主要内容。法官业绩评价应当作为法官任职、评先评优和晋职晋级的重要依据。

14. 各级人民法院应当依托信息技术，构建开放动态透明便民的阳光司法机制，建立健全审判流程公开、裁判文书公开和执行信息公开三大平台，广泛接受社会监督。探索建立法院以外的第三方评价机制，强化对审判权力运行机制的法律监督、社会监督和舆论监督。

三、明确司法人员职责和权限

（一）独任庭和合议庭司法人员职责

15. 法官独任审理案件时，应当履行以下审判职责：

（1）主持或者指导法官助理做好庭前会议、庭前调解、证据交换等庭前准备工作及其他审判辅助工作；

（2）主持案件开庭、调解，依法作出裁判，制作裁判文书或者指导法官助理起草裁判文书，并直接签发裁判文书；

（3）依法决定案件审理中的程序性事项；

（4）依法行使其他审判权力。

16. 合议庭审理案件时，承办法官应当履行以下审判职责：

（1）主持或者指导法官助理做好庭前会议、庭前调解、证据交换等庭前准备工作及其他审判辅助工作；

（2）就当事人提出的管辖权异议及保全、司法鉴定、非法证据排除申请等提请合议庭评议；

（3）对当事人提交的证据进行全面审核，提出审查意见；

（4）拟定庭审提纲，制作阅卷笔录；

（5）自己担任审判长时，主持、指挥庭审活动；不担任审判长时，协助审判长开展庭审活动；

（6）参与案件评议，并先行提出处理意见；

（7）根据合议庭评议意见制作裁判文书或者指导法官助理起草裁判文书；

（8）依法行使其他审判权力。

17. 合议庭审理案件时，合议庭其他法官应当认真履行审判职责，共同参与阅卷、庭审、评议等审判活动，独立发表意见，复核并在裁判文书上签名。

18. 合议庭审理案件时，审判长除承担由合议庭成员共同承担的审判职责外，还应当履行以下审判职责：

（1）确定案件审理方案、庭审提纲、协调合议庭成员庭审分工以及指导做好其他必要的庭审准备工作；

（2）主持、指挥庭审活动；

（3）主持合议庭评议；

（4）依照有关规定和程序将合议庭处理意见分歧较大的案件提交专业法官会议讨论，或者按程序建议将案件提交审判委员会讨论决定；

（5）依法行使其他审判权力。

审判长自己承办案件时，应当同时履行承办法官的职责。

19. 法官助理在法官的指导下履行以下职责：

（1）审查诉讼材料，协助法官组织庭前证据交换；

（2）协助法官组织庭前调解，草拟调解文书；

（3）受法官委托或者协助法官依法办理财产保全和证据保全措施等；

（4）受法官指派，办理委托鉴定、评估等工作；

（5）根据法官的要求，准备与案件审理相关的参考资料，研究案件涉及的相关法律问题；

（6）在法官的指导下草拟裁判文书；

（7）完成法官交办的其他审判辅助性工作。

20. 书记员在法官的指导下，按照有关规定履行以下职责：

（1）负责庭前准备的事务性工作；

（2）检查开庭时诉讼参与人的出庭情况，宣布法庭纪律；

（3）负责案件审理中的记录工作；

（4）整理、装订、归档案卷材料；

（5）完成法官交办的其他事务性工作。

（二）院长庭长管理监督职责

21. 院长除依照法律规定履行相关审判职责外，还应当从宏观上指导法院各项审判工作，组织研究相关重大问题和制定相关管理制度，综合负责审判管理工作，主持审判委员会讨论审判工作中的重大事项，依法主持法官考评委员会对法官进行评鉴，以及履行其他必要的审判管理和监督职责。

副院长、审判委员会专职委员受院长委托，可以依照前款规定履行部分审判管理和监督职责。

22. 庭长除依照法律规定履行相关审判职责外，还应当从宏观上指导本庭审判工作，研究制定各合议庭和审判团队之间、内部成员之间的职责分工，负责随机分案后因特殊情况需要调整分案的事宜，定期对本庭审判质量情况进行监督，以及履行其他必要的审判管理和监督职责。

23. 院长、副院长、庭长的审判管理和监督活动应当严格控制在职责和权限的范围内，并在工作平台上公开进行。院长、副院长、庭长除参加审判委员会、专业法官会议外不得对其没有参加审理的案件发表倾向性意见。

24. 对于有下列情形之一的案件，院长、副院长、庭长有权要求独任法官或者合议庭报告案件进展和评议结果：

（1）涉及群体性纠纷，可能影响社会稳定的；

（2）疑难、复杂且在社会上有重大影响的；

（3）与本院或者上级法院的类案判决可能发生冲突的；

（4）有关单位或者个人反映法官有违法审判行为的。

院长、副院长、庭长对上述案件的审理过程或者评议结果有异议的，不得直接改变合议庭的意见，但可以决定将案件提交专业法官会议、审判委员会进行讨论。院长、副院长、庭长针对上述案件监督建议的时间、内容、处理结果等应当在案卷和办公平台上全程留痕。

四、审判责任的认定和追究

（一）审判责任范围

25. 法官应当对其履行审判职责的行为承担责任，在职责范围内对办案质量终身负责。

法官在审判工作中，故意违反法律法规的，或者因重大过失导致裁判错误并造成严重后果的，依法应当承担违法审判责任。

法官有违反职业道德准则和纪律规定，接受案件当事人及相关人员的请客送礼、与律师进行不正当交往等违纪违法行为，依照法律及有关纪律规定另行处理。

26. 有下列情形之一的，应当依纪依法追究相关人员的违法审判责任：

（1）审理案件时有贪污受贿、徇私舞弊、枉法裁判行为的；

（2）违反规定私自办案或者制造虚假案件的；

（3）涂改、隐匿、伪造、偷换和故意损毁证据材料的，或者因重大过失丢失、损毁证据材料并造成严重后果的；

（4）向合议庭、审判委员会汇报案情时隐瞒主要证据、重要情节和故意提供虚假材料的，或者因重大过失遗漏主要证据、重要情节导致裁判错误并造成严重后果的；

（5）制作诉讼文书时，故意违背合议庭评议结果、审判委员会决定的，或者因重大过失导致裁判文书主文错误并造成严重后果的；

（6）违反法律规定，对不符合减刑、假释条件的罪犯裁定减刑、假释的，或者因重大过失对不符合减刑、假释条件的罪犯裁定减刑、假释并造成严重后果的；

（7）其他故意违背法定程序、证据规则和法律明确规定违法审判的，或者因重大过失导致裁判结果错误并造成严重后果的。

27. 负有监督管理职责的人员等因故意或者重大过失，怠于行使或者不当行使审判监督权和审判管理权导致裁判错误并造成严重后果的，依照有关规定应当承担监督管理责任。追究其监督管理责任的，依照干部管理有关规定和程序办理。

28. 因下列情形之一，导致案件按照审判监督程序提起再审后被改判的，不得作为错案进行责任追究：

（1）对法律、法规、规章、司法解释具体条文的理解和认识不一致，在专业认知范围内能够予以合理说明的；

（2）对案件基本事实的判断存在争议或者疑问，根据证据规则能够予以合理说明的；

（3）当事人放弃或者部分放弃权利主张的；

（4）因当事人过错或者客观原因致使案件事实认定发生变化的；

（5）因出现新证据而改变裁判的；

（6）法律修订或者政策调整的；

（7）裁判所依据的其他法律文书被撤销或者变更的；

（8）其他依法履行审判职责不应当承担责任的情形。

（二）审判责任承担

29. 独任制审理的案件，由独任法官对案件的事实认定和法律适用承担全部责任。

30. 合议庭审理的案件，合议庭成员对案件的事实认定和法律适用共同承担责任。

进行违法审判责任追究时，根据合议庭成员是否存在违法审判行为、情节、合议庭成员发表意见的情况和过错程度合理确定各自责任。

31. 审判委员会讨论案件时，合议庭对其汇报的事实负责，审判委员会委员对其本人发表的意见及最终表决负责。

案件经审判委员会讨论的，构成违法审判责任追究情形时，根据审判委员会委员是否故意曲解法律发表意见的情况，合理确定委员责任。审判委员会改变合议庭意见导致裁判错误的，由持多数意见的委员共同承担责任，合议庭不承担责任。审判委员会维持合议庭意见导致裁判错误的，由合议庭和持多数意见的委员共同承担责任。

合议庭汇报案件时，故意隐瞒主要证据或者重要情节，或者故意提供虚假情况，导致审判委员会作出错误决定的，由合议庭成员承担责任，审判委员会委员根据具体情况承担部分责任或者不承担责任。

审判委员会讨论案件违反民主集中制原则，导致审判委员会决定错误的，主持人应当承担主要责任。

32. 审判辅助人员根据职责权限和分工承担与其职责相对应的责任。法官负有审核把关职责的，法官也应当承担相应责任。

33. 法官受领导干部干预导致裁判错误的，且法官不记录或者不如实记录，应当排除干预而没有排除的，承担违法审判责任。

（三）违法审判责任追究程序

34. 需要追究违法审判责任的，一般由院长、审判监督部门或者审判管理部门提出初步意见，由院长委托审判监督部门审查或者提请审判委员会进行讨论，经审查初步认定有关人员具有本意见所列违法审判责任追究情形的，人民法院监察部门应当启动违法审判责任追究程序。

各级人民法院应当依法自觉接受人大、政协、媒体和社会监督，依法受理对法官违法审判行为的举报、投诉，并认真进行调查核实。

35. 人民法院监察部门应当对法官是否存在违法审判行为进行调查，并采取必要、合理的保护措施。在调查过程中，当事法官享有知情、辩解和举证的权利，监察部门应当对当事法官的意见、辩解和举证如实记录，并在调查报告中对是否采纳作出说明。

36. 人民法院监察部门经调查后，认为应当追究法官违法审判责任的，应当报请院长决定，并报送省（区、市）法官惩戒委员会审议。

高级人民法院监察部门应当派员向法官惩戒委员会通报当事法官的违法审判事实及拟处理建议、依据，并就其违法审判行为和主观过错进行举证。当事法官有权进行陈述、举证、辩解、申请复议和申诉。

法官惩戒委员会根据查明的事实和法律规定作出无责、免责或者给予惩戒处分的建议。

法官惩戒委员会工作章程和惩戒程序另行制定。

37. 对应当追究违法审判责任的相关责任人，根据其应负责任依照《中华人民共和国法官法》等有关规定处理：

（1）应当给予停职、延期晋升、退出法官员额或者免职、责令辞职、辞退等处理的，由组织人事部门按照干部管理权限和程序依法办理；

（2）应当给予纪律处分的，由纪检监察部门依照有关规定和程序依法办理；

（3）涉嫌犯罪的，由纪检监察部门将违法线索移送有关司法机关依法处理。

免除法官职务，必须按法定程序由人民代表大会罢免或者提请人大常委会作出决定。

五、加强法官的履职保障

38. 在案件审理的各个阶段，除非确有证据证明法官存在贪污受贿、徇私舞弊、枉法裁判等严重违法审判行为外，法官依法履职的行为不得暂停或者终止。

39. 法官依法审判不受行政机关、社会团体和个人的干涉。任何组织和个人违法干预司法活动、过问和插手具体案件处理的，应当依照规定予以记录、通报和追究责任。

领导干部干预司法活动、插手具体案件和司法机关内部人员过问案件的，分别按照《领导干部干预司法活动、插手具体案件处理的记录、通报和责任追究规定》和《司法机关内部人员过问案件的记录和责任追究规定》及其实施办法处理。

40. 法官因依法履职遭受不实举报、诬告陷害，致使名誉受到损害的，或者经法官惩戒委员会等组织认定不应追究法律和纪律责任的，人民法院监察部门、新闻宣传部门应当在适当范围以适当形式及时澄清事实，消除不良影响，维护法官良好声誉。

41. 人民法院或者相关部门对法官作出错误处理的，应当赔礼道歉、恢复职务和名誉、消除影响，对造成经济损失的依法给予赔偿。

42. 法官因接受调查暂缓等级晋升的，后经有关部门认定不构成违法审判责任，或者法官惩戒委员会作出无责或者免责建议的，其等级晋升时间从暂缓之日起连续计算。

43. 依法及时惩治当庭损毁证据材料、庭审记录、法律文书和法庭设施等妨碍诉讼活动或者严重藐视法庭权威的行为。依法保护法官及其近亲属的人身和财产安全，依法及时惩治在法庭内外恐吓、威胁、侮辱、跟踪、骚扰、伤害法官及其近亲属等违法犯罪行为。

侵犯法官人格尊严，或者泄露依法不能公开的法官及其亲属隐私，干扰法官依法履职的，依法追究有关人员责任。

44. 加大对妨碍法官依法行使审判权、诬告陷害法官、藐视法庭权威、严重扰乱审判秩序等违法犯罪行为的惩罚力度，研究完善配套制度，推动相关法律的修改完善。

六、附则

45. 本意见所称法官是指经法官遴选委员会遴选后进入法官员额的法官。

46. 本意见关于审判责任的认定和追究适用于人民法院的法官、副庭长、庭长、审判委员会专职委员、副院长和院长。执行员、法官助理、书记员、司法警察等审判辅助人员的责任认定和追究参照执行。

技术调查官等其他审判辅助人员的职责另行规定。

人民陪审员制度改革试点地区法院人民陪审案件中的审判责任根据《人民陪审员制度改革试点方案》另行规定。

47. 本意见由最高人民法院负责解释。

48. 本意见适用于中央确定的司法体制改革试点法院和最高人民法院确定的审判权力运行机制改革试点法院。

最高人民法院：《关于审理民事、行政诉讼中司法赔偿案件适用法律若干问题的解释》

概要及解读

最高人民法院于2016年9月7日发布并于10月1日施行的新规《最高人民法院关于审理民事、行政诉讼中司法赔偿案件适用法律若干问题的解释》，对法院在民事诉讼中违法保全和执行措施应承担国家赔偿责任的具体情形进行了列举，与保全错误有关的共10项，与执行错误有关的共11项，与先予执行错误有关的共3项。非常重要，值得关注和研习以备用。

全文如下。

最高人民法院关于审理民事、行政诉讼中司法赔偿案件适用法律若干问题的解释

（2016年2月15日最高人民法院审判委员会第1678次会议通过　2016年9月7日最高人民法院公告公布　自2016年10月1日起施行　法释〔2016〕20号）

根据《中华人民共和国国家赔偿法》及有关法律规定，结合人民法院国家赔偿工作实际，现就人民法院赔偿委员会审理民事、行政诉讼中司法赔偿案件的若干法律适用问题解释如下：

第一条　人民法院在民事、行政诉讼过程中，违法采取对妨害诉讼的强制措施、保全措施、先予执行措施，或者对判决、裁定及其他生效法律文书执行错误，侵犯公民、法人和其他组织合法权益并造成损害的，赔偿请求人可以依法向人民法院申请赔偿。

第二条　违法采取对妨害诉讼的强制措施，包括以下情形：

（一）对没有实施妨害诉讼行为的人采取罚款或者拘留措施的；

（二）超过法律规定金额采取罚款措施的；

（三）超过法律规定期限采取拘留措施的；

（四）对同一妨害诉讼的行为重复采取罚款、拘留措施的；

（五）其他违法情形。

第三条　违法采取保全措施，包括以下情形：

（一）依法不应当采取保全措施而采取的；

（二）依法不应当解除保全措施而解除，或者依法应当解除保全措施而不解除的；

（三）明显超出诉讼请求的范围采取保全措施的，但保全财产为不可分割物且被保全人无其他财产或者其他财产不足以担保债权实现的除外；

（四）在给付特定物之诉中，对与案件无关的财物采取保全措施的；

（五）违法保全案外人财产的；

（六）对查封、扣押、冻结的财产不履行监管职责，造成被保全财产毁损、灭失的；

（七）对季节性商品或者鲜活、易腐烂变质以及其他不宜长期保存的物品采取保全措施，未及时处理或者违法处理，造成物品毁损或者严重贬值的；

（八）对不动产或者船舶、航空器和机动车等特定动产采取保全措施，未依法通知有关登记机构不予办理该保全财产的变更登记，造成该保全财产所有权被转移的；

（九）违法采取行为保全措施的；

（十）其他违法情形。

第四条　违法采取先予执行措施，包括以下情形：

（一）违反法律规定的条件和范围先予执行的；

（二）超出诉讼请求的范围先予执行的；

（三）其他违法情形。

第五条　对判决、裁定及其他生效法律文书执行错误，包括以下情形：

（一）执行未生效法律文书的；

（二）超出生效法律文书确定的数额和范围执行的；

（三）对已经发现的被执行人的财产，故意拖延执行或者不执行，导致被执行财产流失的；

（四）应当恢复执行而不恢复，导致被执行财产流失的；

（五）违法执行案外人财产的；

（六）违法将案件执行款物执行给其他当事人或者案外人的；

（七）违法对抵押物、质物或者留置物采取执行措施，致使抵押权人、质权人或者留置权人的优先受偿权无法实现的；

（八）对执行中查封、扣押、冻结的财产不履行监管职责，造成财产毁损、灭失的；

（九）对季节性商品或者鲜活、易腐烂变质以及其他不宜长期保存的物品采取执行措施，未及时处理或者违法处理，造成物品毁损或者严重贬值的；

（十）对执行财产应当拍卖而未依法拍卖的，或者应当由资产评估机构评估而未依法评估，违法变卖或者以物抵债的；

（十一）其他错误情形。

第六条　人民法院工作人员在民事、行政诉讼过程中，有殴打、虐待或者唆使、放纵他人殴打、虐待等行为，以及违法使用武器、警械，造成公民身体伤害或者死亡的，适用国家赔偿法第十七条第四项、第五项的规定予以赔偿。

第七条　具有下列情形之一的，国家不承担赔偿责任：

（一）属于民事诉讼法第一百零五条、第一百零七条第二款和第二百三十三条规定情形的；

（二）申请执行人提供执行标的物错误的，但人民法院明知该标的物错误仍予以执行的除外；

（三）人民法院依法指定的保管人对查封、扣押、冻结的财产违法动用、隐匿、毁损、转移或者变卖的；

（四）人民法院工作人员与行使职权无关的个人行为；

（五）因不可抗力、正当防卫和紧急避险造成损害后果的；

（六）依法不应由国家承担赔偿责任的其他情形。

第八条　因多种原因造成公民、法人和其他组织合法权益损害的，应当根据人民法院及其工作人员行使职权的行为对损害结果的发生或者扩大所起的作用等因素，合理确定赔偿金额。

第九条　受害人对损害结果的发生或者扩大也有过错的，应当根据其过错对损害结果的发生或者扩大所起的作用等因素，依法减轻国家赔偿责任。

第十条　公民、法人和其他组织的损失，已经在民事、行政诉讼过程中获得赔偿、补偿的，对该部分损失，国家不承担赔偿责任。

第十一条　人民法院及其工作人员在民事、行政诉讼过程中，具有本解释第二条、第六条规定情形，侵犯公民人身权的，应当依照国家赔偿法第三十三条、第三十四条的规定计算赔偿金。致人精神损害的，应当依照国家赔偿法第三十五条的规定，在侵权行为影响的范围内，为受害人消除影响、恢复名誉、赔礼道歉；造成严重后果的，还应当支付相应的精神损害抚慰金。

第十二条　人民法院及其工作人员在民事、行政诉讼过程中，具有本解释第二条至第五条规定情形，侵犯公民、法人和其他组织的财产权并造成损害的，应当依照国家赔偿法第三十六条的规定承担赔偿责任。

财产不能恢复原状或者灭失的，应当按照侵权行为发生时的市场价格计算损失；市场价格无法确定或者该价格不足以弥补受害人所受损失的，可以采用其他合理方式计算损失。

第十三条　人民法院及其工作人员对判决、裁定及其他生效法律文书执行错误，且对公民、法人或者其他组织的财产已经依照法定程序拍卖或者变卖的，应当给付拍卖或者变卖所得的价款。

人民法院违法拍卖，或者变卖价款明显低于财产价值的，应当依照本解释第十二条的规定支付相应的赔偿金。

第十四条　国家赔偿法第三十六条第六项规定的停产停业期间必要的经常性费用开支，是指法人、其他组织和个体工商户为维系停产停业期间运营所需的基本开支，包括留守职工工资、必须缴纳的税费、水电费、房屋场地租金、设备租金、设备折旧费等必要的经常性费用。

第十五条　国家赔偿法第三十六条第七项规定的银行同期存款利息，以作出生效赔偿决定时中国人民银行公布的一年期人民币整存整取定期存款基准利率计算，不计算复利。

应当返还的财产属于金融机构合法存款的，对存款合同存续期间的利息按照合同约定利率计算。

应当返还的财产系现金的，比照本条第一款规定支付利息。

第十六条　依照国家赔偿法第三十六条规定返还的财产系国家批准的金融机构贷款的，除贷款本金外，还应当支付该贷款借贷状态下的贷款利息。

第十七条　用益物权人、担保物权人、承租人或者其他合法占有使用财产的人，依据国家赔偿法第三十八条规定申请赔偿的，人民法院应当依照《最高人民法院关于国家赔偿案件立案工作的规定》予以审查立案。

第十八条　人民法院在民事、行政诉讼过程中，违法采取对妨害诉讼的强制措施、保全措施、先予执行措施，或者对判决、裁定及其他生效法律文书执行错误，系因上一级人民法院复议改变原裁决所致的，由该上一级人民法院作为赔偿义务机关。

第十九条　公民、法人或者其他组织依据国家赔偿法第三十八条规定申请赔偿的，应当在民事、行政诉讼程序或者执行程序终结后提出，但下列情形除外：

（一）人民法院已依法撤销对妨害诉讼的强制措施的；

（二）人民法院采取对妨害诉讼的强制措施，造成公民身体伤害或者死亡的；

（三）经诉讼程序依法确认不属于被保全人或者被执行人的财产，且无法在相关诉讼程序或者执行程序中予以补救的；

（四）人民法院生效法律文书已确认相关行为违法，且无法在相关诉讼程序或者执行程序中予以补救的；

（五）赔偿请求人有证据证明其请求与民事、行政诉讼程序或者执行程序无关的；

（六）其他情形。

赔偿请求人依据前款规定，在民事、行政诉讼程序或者执行程序终结后申请赔偿的，该诉讼程序或者执行程序期间不计入赔偿请求时效。

第二十条　人民法院赔偿委员会审理民事、行政诉讼中的司法赔偿案件，有下列情形之一的，相应期间不计入审理期限：

（一）需要向赔偿义务机关、有关人民法院或者其他国家机关调取案卷或者其他材料的；

（二）人民法院赔偿委员会委托鉴定、评估的。

第二十一条　人民法院赔偿委员会审理民事、行政诉讼中的司法赔偿案件，应当对人民法院及其工作人员行使职权的行为是否符合法律规定，赔偿请求人主张的损害事实是否存在，以及该职权行为与损害事实之间是否存在因果关系等事项一并予以审查。

第二十二条　本解释自2016年10月1日起施行。本解释施行前最高人民法院发布的司法解释与本解释不一致的，以本解释为准。

最高人民法院：《关于依法审理和执行民事商事案件保障民间投资健康发展的通知》

概要及解读

2016年8月30日召开的中央全面深化改革领导小组第二十七次会议审议通过了《关于完善产权保护制度依法保护产权的意见》。其中明确："抓紧甄别纠正一批社会反映强烈的产权纠纷申诉案件，剖析一批侵害产权的案例。对涉及重大财产处置的产权纠纷申诉案件、民营企业和投资人违法申诉案件依法甄别，确属事实不清、证据不足、适用法律错误的错案冤案，要依法予以纠正并赔偿当事人的损失。""进一步细化涉嫌违法的企业和人员财产处置规则，依法慎重决定是否采取相关强制措施。确需采取查封、扣押、冻结等措施的，要严格按照法定程序进行，除依法需责令关闭企业的情形外，在条件允许的情况下可以为企业预留必要的流动资金和往来账户，最大限度降低对企业正常生产经营活动的不利影响。"

最高人民法院这个文件的出台时间是2016年9月2日，主文内容其实与中央深化改革领导小组文件内容完全一致。因此，我们认为，这应该是最高人民法院对中央深化改革领导小组文件的细化和落地措施，或者说是重要的配套文件之一。毕竟要纠正一批典型的涉财产冤错案件，必须通过法院主导的正式的司法程序来实现。

与一些法律同仁交流时，有人提出一个问题，为什么一些法院的做法明显违反法律和最高人民法院的通知等规定，却长期得不到纠正？一方面，我们认为，涉及处理具体的人的问题，可能还会涉及责任追究问题。同时，还有另一种更让人"信服"但困惑的说法，那就是司法的权威还来源于不能否定自己，不能否定已有的做法，也包括不能否定自己过去错误的做法。如果确实影响社会发展稳定大局、确实不得不纠正的，那也需要悄悄地纠正，不能公开处理。

然而，我们也坚持认为，司法的权威不是来自内部处理消化，甚至是包庇与袒护，而是来自对个案的公开、公平、公正的处理。就这个通知而言，比如其中提到"依法慎用拘留、查封、冻结等强制措施"，可以依法审理并公布几个"滥用/乱用"强制措施的"违法"典型案例，依法处理违法滥用强制措施的法院及法官，我们认为，这才是体现类似的通知是有诚意的、有效果的好办法。否则，仅对已有法律规定再次重复宣示，不仅社会公众对此疲劳，就连面向的各级法院和法官们，也不会对此有任何触动，这些规定和安排可能也会流于文字。

全文如下。

最高人民法院关于依法审理和执行民事商事案件保障民间投资健康发展的通知

（2016年9月2日　法〔2016〕334号）

各省、自治区、直辖市高级人民法院，解放军军事法院，新疆维吾尔自治区高级人民法院生产建设兵团分院：

公有制经济和非公有制经济都是社会主义市场经济的重要组成部分，都是我国经济社会发展的重要基础。促进民间投资健康发展，既利当前又惠长远，对稳增长、保就业具有重要意义，也是推进供给侧结构性改革的重要内容。各级人民法院要牢固树立为大局服务、为人民司法的意识，深刻认识开展好当前形势下涉民间投资民事商事审判工作的重要意义。为切实抓好涉民间投资民事商事审判工作，根据相关法律和国家政策规定，现就司法实践中应当注意的问题通知如下：

一、积极贯彻落实中央精神，依法保障民间投资健康发展

非公有制经济是稳定经济的重要基础，是国家税收的重要来源，是技术创新的重要主体，是金融发展的重要依托，是经济持续健康发展的重要力量。党的十八届三中、四中、五中全会对完善产权保护制度、平等保护各种所有制经济提出了明确要求。习近平总书记强调，国家保护各种所有制经济产权和合法利益，坚持权利平等、机会平等、规则平等，激发非公有制经济活力和创造力。依法平等保护非公有制经济，促进民间投资健康发展，是推进供给侧结构性改革的重要内容。各级人民法院要深入贯彻落实中央精神，充分发挥民事商事审判职能作用，坚持保护产权、契约自由、平等保护、权利义务责任相统一、诚实守信、程序公正与实体公正相统一六大原则，依法化解民间投资中的各类矛盾纠纷，保障民间投资健康发展，服务“创新、协调、绿色、开放、共享”五大发展。

二、统一严格执法，依法平等保护非公有制经济

法律面前人人平等是我国宪法确立的基本原则。各级人民法院审理民事商事案件时，要依法平等保护非公有制经济的合法权益，坚持各类市场主体的诉讼地位平等、法律适用平等、法律责任平等，为各种所有制经济提供平等司法保障。坚持诉讼地位平等，公有制经济主体与非公有制经济主体享有相同的诉讼权利，承担相同的诉讼义务。坚持法律适用平等，公有制经济主体与非公有制经济主体适用相同的交易规则，平等使用生产要素、公平参与市场竞争。坚持法律责任平等，公有制经济主体和非公有制经济主体都必须遵守法律，违反法律应依法承担法律责任。

三、依法妥善审理合同纠纷案件，保护合法交易

及时审理与民间投资相关的买卖、借款、建筑、加工承揽等合同纠纷案件，正确划分当事人合同责任，保护各类投资主体的合法权利。正确处理意思自治与行政审批的关系，对法律、行政法规规定应当办理批准、登记等手续生效的合同，应当根据《最高人民法院关于适用〈中华人民共和国合同法〉若干问题的解释（一）》，尽量促使合同合法有效。要正确理解、识别和适用合同法第五十二条第（五）项中的“违反法律、行政法规的强制性规定”，注意区分效力性强制规定和管理性强制规定，严格限制认定无效的范围。当事人一方要求解除合同的，应当严格依照合同法第九十三条、第九十四条，审查合同是否具备解除条件，防止不诚信一方当事人通过解除合同逃避债务。

四、依法妥善审理权益纠纷案件，保护合法投资利益

充分发挥民事商事审判职能，理顺产权关系，既要依法保护公有制经济，有效防止国有资产流失，也要防止超越法律规定和合同约定，不当损害非公有制经济主体的正当权利。对产权有争议的挂靠企业，要在认真查明投资事实的基础上明确所有权，防止非法侵占非公有制经济主体财产。严格按照有关法律、法规和政策，审理企业改制纠纷案件，准确界定产权关系，保护非公有制经济主体的合法权益。妥善审理涉及境外投资案件，保障非公有制经济主体实施“走出去”战略，扩大对外投资。严格按照《最高人民法院关于适用〈中华人民共和国公司法〉若干问题的规定（三）》，妥善审理各类股东资格纠纷案件，依法维护实际出资的非公有制经济股东的合法权益。依法审理股东的知情权、利润分配请求权、请求确认董事会、股东会或者股东大会决议无效或撤销董事会、股东会或者股东大会决议等纠纷案件，维护各类投资主体的股东权益。通过股权转让纠纷案件的审理，畅通股权转让渠道，依法保障各类投资主体退出公司的权利。在审理公司债权人请求公司偿还债务的纠纷案件时，依法区分公司财产与股东个人财产、家庭共有财产，正确认定公司的责任财产，防止在没有法律依据的情况下将股东个人财产和家庭共有财产用于偿还公司债务，切实维护非公有制经济股东的合法权益。

五、依法妥善审理知识产权案件，加大知识产权保护力度

充分运用知识产权司法保护手段，加大对各种侵犯知识产权行为的惩治力度。妥善审理技术改造升级过程中引发的技术开发、技术转让、技术咨询和技术服务合同纠纷案件，鼓励非公有制经济主体通过技术进步和科技创新实现产业升级，提升核心竞争力。及时受理反不正当竞争纠纷案件，依法制裁各种形式的不正当竞争行为，保障非公有制经济主体平等地参与市场竞争。加强反垄断案件的审理，依法制止占有市场支配地位的垄断者滥用垄断地位，严格追究违法垄断行为的法律责任，为各种所有制经济主体提供竞争高效公平的市场环境。

六、依法妥善审理融资纠纷案件，缓解融资难、融资贵问题

依法审理涉及非公有制经济主体的金融借款、融资租赁、民间借贷等案件，依法支持非公有制经济主体多渠道融资。根据物权法定原则的最新发展，正确认定新型担保合同的法律效力，助力提升非公有制经济主体的融资担保能力。正确理解和适用《最高人民法院关于审理民间借贷案件适用法律若干问题的规定》，在统一规范的金融体制改革范围内，依法保护民间金融创新，促进民间资本的市场化有序流动，缓解中小微企业融资困难的问题。严格执行借贷利率的司法保护标准，对商业银行、典当公司、小额贷款公司等以利息以外的不合理收费变相收取的高息不予支持。要区分正常的借贷行为与利用借贷资金从事违法犯罪的行为，既要依法打击和处理非法集资犯罪，又要保护合法的借贷行为，依法维护合同当事人的合法权益。在案件审理过程中，发现有高利率导致的洗钱、暴力追债、恶意追债等犯罪嫌疑的，要及时将相关材料移交公安机关，推动形成合法有序的民间借贷市场。

七、依法妥善审理劳动纠纷案件，降低企业用工成本

继续坚持依法保障劳动者合法权益与企业生存发展并重的理念，坚持保护劳动者权益和企业生存发展的有机统一，努力找准利益平衡点，把保护劳动者眼前利益、现实利益同保护劳动者长远利益、根本利益结合起来。要根据企业能否适应市场需要的具体情况，有针对性地开展好劳动争议案件的审理，优化劳动力要素配置。对暂时存在资金困难但有发展潜力的企业，特别是中小微企业，尽量通过和解、调解等方式，鼓励劳动者与企业共渡难关；对因产能过剩被倒逼退出市场的企业，要防止用人单位对劳动者权益的恶意侵害，加大审判和财产保全、先予执行力度，最大限度保护劳动者权益；对地区、行业影响较大的产业结构调整，要提前制定劳动争议处置预案，形成多层次、全方位的协同联动机制和纠纷化解合力。要保护企业的各种合法用工形式，平衡劳动者和企业之间的利益，降低企业用工成本，提高企业的产业竞争力。要依法保护劳动者创业权利，注重引导劳动者转变就业观念，促进形成以创业带就业的新机制。

八、依法审慎采取强制措施，保护企业正常生产经营

平等对待各种所有制经济主体，不因申请执行人和被执行人的所有制性质不同而在执行力度、执行标准上有所不同，公正高效地保护守信方当事人的合法权益。要以执行工作信息化建设为依托，逐步实现执行信息查询和共享，力求破解被执行人难找、被执行财产难查问题。在采取财产保全和查封、扣押、冻结、拘留等强制执行措施时，要注意考量非公有制经济主体规模相对较小、抗风险能力相对较低的客观实际，对因宏观经济形势变化、产业政策调整所引起的涉诉纠纷或者因生产经营出现暂时性困难无法及时履行债务的被执行人，严格把握财产保全、证据保全的适用条件，依法慎用拘留、查封、冻结等强制措施，尽量减少对企业正常生产经营活动可能造成的不当影响，维持非公有制经济主体的经营稳定。确需采取查封、扣押、冻结等强制措施的，要严格按照法定程序进行，尽可能为企业预留必要的流动资产和往来账户，最大限度降低对企业正常生产经营活动的不利影响。

最高人民法院关于在执行工作中规范执行行为切实保护各方当事人财产权益的通知

（2016年11月22日 法〔2016〕401号）

各省、自治区、直辖市高级人民法院，解放军军事法院，新疆维吾尔自治区高级人民法院生产建设兵团分院：

2016年11月4日，中共中央、国务院下发《关于完善产权保护制度依法保护产权的意见》（中发〔2016〕28号，以下简称《意见》）。11月10日，最高人民法院召开学习贯彻《意见》专题会议，要求深入贯彻落实《意见》精神，充分发挥人民法院审判职能作用，依法保护各种所有制经济组织和公民财产权，不断推进产权保护法治化，为经济社会发展提供有力司法保障。根据《意见》及上述会议精神，现就执行程序中贯彻落实产权保护制度、依法保护产权提出以下工作要求：

一、在执行工作中牢固树立依法保护产权的理念。执行工作是整个司法程序中的关键一环，是运用国家强制力实现生效裁判的复杂过程，既关系胜诉债权的实现，也关系被执行人、案外人等相关方的合法产权保护，关系经济社会发展大局。各级人民法院要严格依照法律规定执行，既要最大限度地让债权人实现胜诉权益，又不能随意扩大执行范围，侵犯被执行人、案外人等相关方的合法产权；要牢固树立依法执行、文明执行、善意执行理念，在充分考虑和保护债权人合法权益的基础上，统筹兼顾相关方利益，把握执行时机，讲究执行策略，注意执行方法，努力实现执行的法律效果与社会效果有机统一，加大执行力度与保护各方合法权益有机统一，履行职责与服务大局、促进发展有机统一，努力让人民群众在每一个执行案件中感受到公平正义。

二、依法准确甄别被执行人财产。只能执行被执行人的财产，是法院强制执行的基本法律原则。各级人民法院在执行过程中，要依法准确甄别被执行人财产，加强对财产登记、权属证书、证明及有关信息的审查，加强与有关财产权属登记部门的沟通合作，推进信息化执行查询机制建设，准确、及时地甄别被执行人财产，避免对案外人等非被执行人的合法财产采取强制执行措施。同时，对确定属于执行人的财产，则应加大执行力度，及时执行到位，确保申请执行人的债权及时兑现。

在财产刑案件执行中，要依法严格区分违法所得和合法财产，对于经过审理不能确认为违法所得的，不得判决追缴或者责令退赔；严格区分个人财产和企业法人财产，处理股东、企业经营管理者等自然人犯罪不得任意牵连企业法人财产，处理企业犯罪不得任意牵连股东、企业经营管理者个人合法财产；严格区分涉案人员个人财产和家庭成员财产，处理涉案人员犯罪不得牵连其家庭成员合法财产。

在执行程序中直接变更、追加被执行人的，应严格限定于法律、司法解释明确规定的情形。各级人民法院应严格依照即将施行的《最高人民法院关于民事执行中变更、追加当事人若干问题的规定》，避免随意扩大变更、追加范围。

三、在采取查冻扣措施时注意把握执行政策。查封、扣押、冻结财产要严格遵守相应的适用条件与法定程序，坚决杜绝超范围、超标的查封、扣押、冻结财产，对银行账户内资金采取冻结措施的，应当明确具体冻结数额；对土地、房屋等不动产保全查封时，如果登记在一个权利证书下的不动产价值超过应保全的数额，则应加强与国土部门的沟通、协商，尽量仅对该不动产的相应价值部分采取保全措施，避免影响其他部分财产权益的正常行使。

在采取具体执行措施时，要注意把握执行政策，尽量寻求依法平等保护各方利益的平衡点：对能采取“活封”“活扣”措施的，尽量不“死封”“死扣”，使保全财产继续发挥其财产价值，防止减损当事人利益，如对厂房、机器设备等生产经营性财产进行保全时，指定被保全人保管的，应当允许其继续使用；对车辆进行查封，可考虑与交管部门建立协助执行机制，以在车辆行驶证上加注查封标记的方式进行，既可防止被查封车辆被擅自转让，也能让车辆继续使用，避免“死封”带来的价值贬损及高昂停车费用。对有多种财产并存的，尽量优先采取方便执行且对当事人生产经营影响较小的执行措施。在不损害债权人利益前提下，允许被执行人在法院监督下处置财产，尽可能保全财产市场价值。在条件允许的情况下可以为企业预留必要的流动资金和往来账户，最大限度降低对企业正常生产经营活动的不利影响。对符合法定情形的，应当在法定期限内及时解除保全措施，避免因拖延解保给被保全人带来财产损失。《最高人民法院关于人民法院办理财产保全案件若干问题的规定》即将正式施行，各级人民法院要在执行工作中认真贯彻落实。

四、提高财产处置变现效率。对被依法查封的财产进行变价处置时，要依法优先采取拍卖等有利于公开公平公正实现财产价值的变现方式。要严格规范评估、拍卖、变卖和以物抵债等变价环节，防止对拟处置财产低估贱卖，侵害被执行人合法权益。对于司法强制拍卖要求一次性付清价款，门槛较高，可能不利于扩大竞买范围的问题，可借鉴部分地方法院的成熟经验，在司法拍卖中开展与银行业金融机构的按揭合作，降低竞买门槛，通过更广范围的竞价更好地让拍品变现。2017 年 1 月 1 日起，全面推行优先用网络司法拍卖方式处置财产，以降低处置成本、提高成交率、溢价率，保护双方当事人的合法权益。各级人民法院要认真贯彻落实《最高人民法院关于人民法院网络司法拍卖若干问题的规定》最大限度提高司法财产处置的公开性、透明度，坚决杜绝任何形式的暗箱操作，有效去除拍卖环节的权力寻租空间，斩断利益链条。

五、规范执行案款管理与发放。对于已经执行到位的执行案款，除有权属争议或存在参与分配等不宜立即发放情形的，应按照规定时限及时发还债权人，坚决避免执行案款长期沉淀在法院账户，以维护各方当事人的合法权益，最大限度地铲除侵占、挪用执行案款的土壤。各级人民法院要在今年开展执行案款集中清理工作成果的基础上，积极探索建立“一案一账户”的执行案款归集管理制度，形成案、款、人一一对应，账目清晰、程序透明、发放高效的规范化管理新模式。

六、严格规范适用终结本次执行程序。各级人民法院应严格落实即将正式施行的《最高人民法院关于终结本次执行程序若干问题的意见（试行）》，规范终结本次执行程序的适用，坚决避免为片面追求结案率而滥用终本程序，将具备执行条件的案件“一终了事”，导致执行案件涉及的财产长期滞留在执行程序中，不能得到有效的处置和利用，同时，对已有的终结本次执行程序案件进行梳理，对于符合恢复执行条件的案件要及时恢复执行，对于进入终结本次执行程序的被执行人依法采取限制消费措施。

七、要严格落实执行异议制度。切实推进立案登记制在执行领域的贯彻落实，当事人、案外人对执行财产权属等提出异议的，要做到有案必立、有诉必理，保障当事人的救济权利。对于执行领域中已经发现的社会反映强烈的产权申诉案件，应及时依法审查，确属执行错误的，要坚持有错必纠的原则及时予以纠正。

八、依法用好执行和解制度。依法推进执行中债务重组及和解，对符合条件的，可以引导各方当事人积极达成重组、和解协议，采取分期偿债、收入抵债等方式，既保障被执行人利益，又兼顾被执行人利益。

九、充分发挥执行信访工作的作用。要有效发挥执行信访工作在发现、纠正执行不作为、乱作为方面的功能作用，对来信来访中反映的不作为、乱作为案件要扭住不放，一查到底，一抓到底。凡是反映情况属实的坚决及时纠正。对上级法院挂网督办或以其他方式督办的案件必须在指定期限内报送处理结果。对措施不力、拖延办理或拒不办理的，要按照有关规定约谈有关领导及责任人，并定期向全国法院通报。

十、以信息化手段强化执行监督管理。各级法院要充分运用信息化手段，加强对执行案件流程的监督管理。2016 年 11 月底，四级法院统一的办案平台和流程节点管理平台将在全国 3519 个法院全面运行。通过执行流程节点管理，严格执行办案期限，有效解决消极执行、拖延执行、选择性执行等问题。各级法院要安排专门的监督管理人员，对流程节点及时管理监控，对执行办案流程中出现的各种违规现象要即查即纠，充分发挥平台在规范执行行为，全面及时监督管理，全面及时纠偏纠错方面的功能作用，彻底改变执行监督管理弱化、存在死角和漏洞的局面。

请各高级人民法院将本通知精神迅速传达到辖区内各级人民法院，并加强督促与指导，确保本通知精神的及时有效落实。

最高人民法院：《关于充分发挥审判职能作用切实加强产权司法保护的意见》

概要及解读

2016年8月30日上午，习近平主持召开中央全面深化改革领导小组第二十七次会议，会议审议通过了《关于完善产权保护制度依法保护产权的意见》。2016年9月2日，最高人民法院印发《关于依法审理和执行民事商事案件保障民间投资健康发展的通知》。2016年11月4日，中共中央和国务院正式发布了《中共中央、国务院关于完善产权保护制度依法保护产权的意见》。笔者亦在第一时间对相应内容进行了详细的解读。

如此前分析，根据规划，中央文件的落地，需要司法机关的配合、需要通过法律途径和司法程序才有可能得以实现，同时最高人民法院在发布该文件之前的一段时间也紧锣密鼓地做相关文件的落地工作，尤其是审判监督部门。11月4日中央发布正式文件，最高人民法院随之发布《最高人民法院关于充分发挥审判职能作用切实加强产权司法保护的意见》和《最高人民法院关于依法妥善处理历史形成的产权案件工作实施意见》两份落地文件。核心内容包括：

在《最高人民法院关于依法妥善处理历史形成的产权案件工作实施意见》中，明确提出对于改革开放以来作出的涉及重大财产处置的产权纠纷以及民营企业和投资人违法犯罪的生效裁判，当事人、案外人提出申诉的，人民法院要及时审查，认真甄别；确有错误的，坚决依法纠正。着重抓好重大典型案件的甄别、纠正和宣传工作。注重查清案件事实和焦点问题，厘清相关法律政策问题，摸清案件背景和社会反应，准确适用法律和有关政策规定，作出妥善处理。对重点案件要逐案制定包括立案、再审、执行、善后在内的一揽子工作方案。

在最高人民法院层面，具体工作部署主要有三项：一是最高人民法院成立了涉产权冤错案件甄别纠正工作小组，工作办公室设在审判监督工作部门，成员单位有审判、执行、协调管理、司法改革、综合调研、新闻宣传等多部门参加，该小组负责这项工作的组织领导和统筹协调。二是目前正在抓紧审查有关申诉案件，同时做好地方各级人民法院甄别和纠正申诉案件的指导工作。有关案件办理情况，最高人民法院将依法适时向社会公布。三是制定了具体的工作方案和实施意见，指导地方各级法院开展工作。

这是否意味着改革开放以来大量已经生效的裁判文书中，如有涉及冤错案件的，都有可能通过特别程序予以处理？

全文如下。

最高人民法院关于充分发挥审判职能作用切实加强产权司法保护的意见

（2016年11月28日 法发〔2016〕27号）

产权制度是社会主义市场经济的基石，保护产权是坚持社会主义基本经济制度的必然要求。党的十八大以来，以习近平同志为核心的党中央高度重视产权保护工作。党的十八届三中、四中、五中全会明确提出，国家保护各种所有制经济产权和合法利益，强调要健全以公平为核心原则的产权保护制度，推进产权保护法治化。2016年11月4日，中共中央、国务院印发《关于完善产权保护制度依法保护产权的意见》，对完善产权保护制度、推进产权保护法治化有关工作进行了全面部署。为充分发挥审判职能作用，切实加强产权司法保护，增强人民群众财产财富安全感，促进经济社会持续健康发展，制定如下意见。

一、坚持产权司法保护的基本原则

1. 坚持平等保护。坚持各种所有制经济权利平等、机会平等、规则平等，对各类产权主体的诉讼地位和法律适用一视同仁，确保公有制经济和非公有制经济财产权不可侵犯。注重对非公有制产权的平等保护。妥善审理各类涉外案件，平等保护中外当事人的诉讼权利和实体权益。

2. 坚持全面保护。既要保护物权、债权、股权，也要保护知识产权及其他各种无形财产权。通过刑事、民事、行政等各种审判及执行活动，依法明确产权归属，制裁各类侵犯产权的违法犯罪行为，特别是利用公权力侵犯私有产权的违法犯罪行为。

3. 坚持依法保护。结合各个时期经济发展的形势和政策，准确把握立法精神，严格公正司法，妥善处理涉及产权保护的各类案件。结合案件审判和司法调研，促进社会主义市场经济法律制度不断健全，推动完善产权保护制度。

二、准确把握、严格执行产权保护的司法政策

4. 依法惩治各类侵犯产权犯罪，平等保护各种所有制经济产权。依法惩治侵吞、瓜分、贱卖国有、集体资产的犯罪，促进资产监督管理制度不断健全。加大对非公有财产的刑法保护力度，依法惩治侵犯非公有制企业产权以及侵犯非公有制经济投资者、管理者、从业人员财产权益的犯罪。对非法占有、处置、毁坏财产的，不论是公有财产还是私有财产，均依法及时追缴发还被害人，或者责令退赔。

5. 客观看待企业经营的不规范问题，对定罪依据不足的依法宣告无罪。对改革开放以来各类企业特别是民营企业因经营不规范所引发的问题，要以历史和发展的眼光客观看待，严格遵循罪刑法定、疑罪从无、从旧兼从轻等原则，依法公正处理。对虽属违法违规、但不构成犯罪，或者罪与非罪不清的，应当宣告无罪。对在生产、经营、融资等活动中的经济行为，除法律、行政法规明确禁止的，不得以犯罪论处。

6. 严格区分经济纠纷与刑事犯罪，坚决防止把经济纠纷当作犯罪处理。充分考虑非公有制经济特点，严格把握刑事犯罪的认定标准，严格区分正当融资与非法集资、合同纠纷与合同诈骗、民营企业参与国有企业兼并重组中涉及的经济纠纷与恶意侵占国有资产等的界限，坚决防止把经济纠纷认定为刑事犯罪，坚决防止利用刑事手段干预经济纠纷。对于各类经济纠纷，特别是民营企业与国有企业之间的纠纷，不论实际损失多大，都要始终坚持依法办案，排除各种干扰，确保公正审判。

7. 依法慎用强制措施和查封、扣押、冻结措施，最大限度降低对企业正常生产经营活动的不利影响。对涉案企业和人员，应当综合考虑行为性质、危害程度以及配合诉讼的态度等情况，依法慎重决定是否适用强制措施和查封、扣押、冻结措施。在刑事审判中，对已被逮捕的被告人，符合取保候审、监视居住条件的，应当变更强制措施。在刑事、民事、行政审判中，确需采取查封、扣押、冻结措施的，除依法需责令关闭的企业外，在条件允许的情况下可以为企业预留必要的流动资金和往来账户。不得查封、扣押、冻结与案件无关的财产。

8. 严格规范涉案财产的处置，依法维护涉案企业和人员的合法权益。严格区分违法所得和合法财产，对于经过审理不能确认为违法所得的，不得判决追缴或者责令退赔。严格区分个人财产和企业法人财产，处理股东、企业经营管理者等自然人犯罪不得任意牵连企业法人财产，处理企业犯罪不得任意牵连股东、企业经营管理者个人合法财产。严格区分涉案人员个人财产和家庭成员财产，处理涉案人员犯罪不得牵连其家庭成员合法财产。按照公开公正和规范高效的要求，严格执行、不断完善涉案财物保管、鉴定、估价、拍卖、变卖制度。

9. 依法公正审理行政协议案件，促进法治政府和政务诚信建设。对因招商引资、政府与社会资本合作等活动引发的纠纷，要认真审查协议不能履行的原因和违约责任，切实维护行政相对人的合法权益。对政府违反承诺，特别是仅因政府换届、领导人员更替等原因违约毁约的，要坚决依法支持行政相对人的合理诉求。对确因国家利益、公共利益或者其他法定事由改变政府承诺的，要依法判令补偿财产损失。

10. 依法公正审理财产征收征用案件，维护被征收征用者的合法权益。准确把握立法精神，合理把握征收征用适用的公共利益范围，坚决防止公共利益扩大化。遵循及时合理补偿原则，对土地征收和房屋拆迁补偿标准明显偏低的，要综合运用多种方式进行公平合理补偿，充分保护被征收征用者的合法权益。

11. 依法制裁知识产权违法犯罪，加大知识产权保护力度。按照“司法主导、严格保护、分类施策、比例协调”的知识产权司法保护基本政策，加大保护力度，推进知识产权强国建设。积极参与相关法律修订工作，推动完善知识产权侵权损害赔偿制度。适时发布司法解释和指导性案例，通过排除侵权证据妨碍、合理分配当事人的举证责任等途径，依法推进惩罚性赔偿制度的适用。依法审理商标侵权，加强品牌商誉保护。依法审理反不正当竞争纠纷案件，破除行业垄断和市场分割。依法惩治知识产权犯罪，加大对链条式、产业化知识产权犯罪惩治力度。

12. 依法处理历史形成的产权申诉案件，坚决落实有错必纠的要求。建立专门工作机制，抓紧甄别纠正一批社会反映强烈的产权纠纷申诉案件。对涉及重大财产处置的产权纠纷申诉案件、民营企业和投资人犯罪的申诉案件，经审查确属事实不清、证据不足、适用法律错误的，依法及时予以纠正并赔偿当事人损失。严格落实司法责任制，对存在违法审判情形的依法依纪严肃追究，同时完善审判管理，从源头上、制度上有效防范冤错案件的发生。

13. 提高审判执行效率，切实防止因诉讼拖延影响企业生产经营。强化审限监管，严格审限延长、扣除、中止等情形的审批，不断提高审限内结案率，切实解决“隐性”超审限问题。持续开展长期未结诉讼案件和久押不决刑事案件专项清理工作，建立定期通报和督办机制。进一步完善繁简分流审判机制，对符合条件的案件依法适用简易程序、速裁程序。加大执行力度，提升执行速度，及时有效维护胜诉当事人的合法权益。

三、加强产权司法保护的机制建设

14. 坚持党的领导，积极参与产权保护协调工作机制。要主动向党委汇报加强产权司法保护的各项工作部署，积极参与党委牵头，人大、政府、司法机关共同参加的产权保护协调工作机制，形成工作合力。认真听取人大代表、政协委员和专家学者的意见建议，加强与工商联、行业协会的沟通，确保产权司法保护各项举措落到实处、收到实效。

15. 优化资源配置，提升涉产权保护案件审判的专业性和公信力。对法律适用难度较大的涉产权民刑交叉、民行交叉案件，统筹审判资源，组成民刑、民行综合合议庭，确保理清法律关系、准确适用法律。充分发挥北京、上海、广州知识产权法院的示范、引领作用，加快知识产权派出法庭建设，探索设立知识产权上诉法院，完善知识产权审判工作体制机制。推动知识产权民事、行政和刑事案件审判“三合一”，提高知识产权司法保护的整体效能。落实京津冀知识产权技术类案件集中管辖，合理布局全国法院知识产权案件管辖，提升知识产权司法保护水平。

16. 做好司法调研，不断完善产权保护司法政策。推进信息技术与审判业务深度融合，充分利用大数据、云计算等信息技术，准确研判涉产权案件的审判形势。深入调研涉产权审判执行工作中的疑难问题，及时总结司法审判经验，切实加强产权保护司法政策研究，不断健全产权司法保护规则。通过制定司法解释、发布指导性案例等方式，统一涉产权案件的司法尺度、裁判标准。

17. 强化法治宣传，推动形成保护产权的良好社会氛围。利用裁判文书上网、庭审直播等司法公开平台，结合案件审判，大力宣传党和国家平等保护各种所有制经济产权的方针政策和法律法规，使平等保护、全面保护、依法保护观念深入人心，营造公平、公正、透明、稳定的法治环境。总结宣传一批依法有效保护产权的好做法、好经验、好案例，推动形成保护产权的良好社会氛围。

最高人民法院印发《关于依法妥善处理历史形成的产权案件工作实施意见》的通知

（2016 年 11 月 28 日　法发〔2016〕28 号）

各省、自治区、直辖市高级人民法院，解放军军事法院，新疆维吾尔自治区高级人民法院生产建设兵团分院：

现将《最高人民法院关于依法妥善处理历史形成的产权案件工作实施意见》印发给你们，请各地结合实际，认真贯彻执行。

最高人民法院关于依法妥善处理历史形成的产权案件工作实施意见

为贯彻落实《中共中央、国务院关于完善产权保护制度依法保护产权的意见》（以下简称《意见》），充分发挥人民法院审判职能，依法妥善处理历史形成的产权案件，现提出如下实施意见。

一、充分认识依法妥善处理历史形成的产权案件的重要意义

1. 依法妥善处理历史形成的产权案件，是全面贯彻落实中央完善产权保护制度、依法保护产权决策部署的重大举措。加强产权保护，是坚持社会主义基本经济制度的必然要求，是全面建成小康社会的必然要求，是夯实党长期执政社会基础的必然要求，也是维护国家长治久安的必然要求。依法妥善处理历史形成的产权案件，是中央加强产权保护决策部署的重要内容和重大举措，对于完善现代产权制度、推进产权保护法治化，对于增强人民群众财产财富安全感、增强社会信心、形成良好预期，对于营造公平公正透明稳定的法治环境、激发各类经济主体创业创新动力，对于维护社会公平正义、促进经济社会持续健康发展，都具有十分重要意义。

2. 依法妥善处理历史形成的产权案件，是人民法院肩负的一项重大而紧迫的政治任务。以习近平同志为核心的党中央高度重视产权保护。党的十八届三中、四中、五中、六中全会均有明确要求。今年党中央、国务院就完善产权制度依法保护产权专门作出系统的决策部署，并就中央有关部门贯彻实施作出明确分工，将依法妥善处理历史形成的产权案件确定为人民法院的工作任务。各级人民法院要讲政治、讲大局，切实把思想和行动统一到中央的决策部署上来，站在统筹推进“五位一体”总体布局和协调推进“四个全面”战略布局的高度，增强责任感和使命感，以敢于担当的精神和攻坚克难的勇气，充分发挥审判职能作用，坚决完成好此项重大政治任务。

3. 依法妥善处理历史形成的产权案件，是一项法律性、政策性很强的审判工作。历史形成的产权案件往往时间跨度较长、形成原因复杂。妥善处理此类案件既有严格的法律性，又有严肃的政策性；既要取得好的法律效果，又要取得好的社会效果和政治效果，充分体现政策导向。各级人民法院要坚持司法为民，公正司法，严格按照中央的统一要求，抓紧甄别纠正社会反映强烈的产权纠纷申诉案件，剖析侵害产权的案件，总结宣传依法有效保护产权的好案例，不断丰富和积累产权保护司法经验，着力提高产权保护精准度，努力推进产权保护的法治化。

二、明确目标任务和总体要求

4. 明确办案范围。对于改革开放以来作出的涉及重大财产处置的产权纠纷以及民营企业和投资人违法犯罪的生效裁判，当事人、案外人提出申诉的，人民法院要及时审查，认真甄别；确有错误的，坚决依法纠正。

5. 突出工作重点。着重抓好重大典型案件的甄别、纠正和宣传工作。注重查清案件事实和焦点问题，厘清相关法律政策问题，摸清案件背景和社会反应，准确适用法律和有关政策规定，作出妥善处理。对重点案件要逐案制定包括立案、再审、执行、善后在内的一揽子工作方案。

三、正确把握工作原则

6. 坚持实事求是原则。尊重历史，实事求是，以发展眼光客观看待和依法妥善处理改革开放以来各类企业特别是民营企业经营过程中存在的不规范问题。

7. 坚持平等保护原则。为各类产权主体提供平等的司法保护，坚持法律面前人人平等，畅通产权申诉案件的立案渠道，规范适用再审审理程序，确保诉讼地位平等、诉讼权利平等、法律适用平等。

8. 坚持依法纠错原则。坚持以事实为根据，以法律为准绳，严格遵循法不溯及既往、罪刑法定、在新旧法之间从旧兼从轻等原则，严守法定程序。对符合再审条件的申诉案件，依法启动再审程序；对确有错误的生效裁判，坚决予以纠正，维护公平正义，提升司法公信。

9. 坚持纠防结合原则。通过对产权错案冤案的甄别和纠正，强化审判监督司法救济、倒逼防错和统一法律适用功能；落实司法责任制，加强源头预防。

四、严格甄别纠正工作程序

10. 保障诉讼权利。畅通申诉渠道，做好诉讼服务。充分尊重、依法保障当事人的申请权、申诉权、知情权、陈述权、辩护辩论权和处分权。

11. 强化程序监督。对产权申诉案件，要加强审级监督，上级法院可以提审和改判的，不宜指令再审和发回重审，强化对下级法院办理产权案件的监督和指导，防止程序空转。重视检察监督，依法办理检察机关提起的抗诉和检察建议案件。

12. 维护程序公正。落实接谈要求，完善询问方式，充分听取申诉人的意见。突出庭审功能，注重裁判说理，强化司法公开。加强司法救助与法律援助，为确有困难的涉诉民营企业及投资人减轻负担。

五、审慎把握司法政策

13. 准确把握罪与非罪的法律政策界限。严格区分经济纠纷与经济犯罪特别是合同纠纷与合同诈骗的界限、企业正当融资与非法集资的界限、民营企业参与国有企业兼并重组中涉及的经济纠纷与恶意侵占国有资产的界限。准确把握经济违法行为入刑标准，准确认定经济纠纷和经济犯罪的性质，坚决纠正将经济纠纷当作犯罪处理的错误生效裁判。对于在生产、经营、融资等活动中的经济行为，当时法律、行政法规没有明确禁止而以犯罪论处的，或者虽属违法违规但不构成犯罪而以犯罪论处的，均应依法纠正。

14. 坚决纠正以刑事执法介入民事纠纷而导致的错案。对于以刑事手段迫使当事人作出意思表示，导致生效民事裁判错误的，要坚决予以纠正。对于涉及犯罪的民营企业投资人，在当事人被采取强制措施或服刑期间，依法保障其行使财产权利等民事权利。对于民营企业投资人因被限制人身自由而严重影响行使民事诉讼权利，被解除人身自由限制后，针对民事案件事实提供了新的证据，可能推翻生效裁判的，人民法院应当依职权调查核实；符合再审条件的，应当依法启动再审。

15. 依法妥善处理因产权混同引发的申诉案件。在甄别和再审产权案件时，要严格区分个人财产和企业法人财产，对股东、企业经营管理者等自然人违法的案件，要注意审查在处置其个人财产时是否存在随意牵连企业法人财产的问题；对企业违法的案件，在处置企业法人财产时是否存在随意牵连股东、企业经营管理者个人合法财产的问题。要严格区分违法所得和合法财产、涉案人员个人财产和家庭成员财产，要注意审查在处置违法所得时是否存在牵连合法财产和涉案人员家庭成员合法财产的问题，以及是否存在违法处理涉案财物的问题，尤其要注意审查是否侵害了当事人及其近亲属、股东、债权人等相关方的合法权益。对确属因生效裁判错误而损害当事人财产权的，要依法纠正并赔偿当事人损失。

16. 依法妥善处理与政府行为有关的产权申诉案件。甄别和再审产权案件时，对于在招商引资、政府与社会资本合作等活动中与投资主体依法签订的各类合同，因政府换届、领导人员更替而违约毁约侵犯投资主体合法权益的，或者因法定事由改变政府承诺和合同约定，对投资主体受到的财产损失没有依法补偿的，人民法院应当依法再审和改判。对于政府在土地、房屋等财产征收、征用过程中，没有按照补偿范围、形式和标准给予被征收征用者公平合理补偿的错误裁判，人民法院应当依法审查，启动再审。在再审审查和审理中，要注意运用行政和解协调机制、民事调解方式，妥善解决财产纷争。

17. 依法妥善处理涉案财产处置申诉案件。对于因错误实施保全措施、错误采取执行措施、错误处置执行标的物，致使当事人或利害关系人、案外人等财产权利受到侵害的，应当及时解除或变更强制措施、执行回转、返还财产。执行过程中，对执行标的异议所作裁定不服的，当事人、案外人可以通过执行异议之诉或者审判监督程序等法定途径予以救济；造成损害的，受害人有权依照法律规定申请国家赔偿。

18. 依法审理涉及产权保护的国家赔偿案件。对于因产权申诉案件引发的国家赔偿，应当认真审查，符合立案条件的应当依法立案，符合赔偿条件的应当依法赔偿。坚持法定赔偿原则，加大赔偿决定执行力度。

六、狠抓工作落实

19. 坚持党的领导。完善产权保护制度，依法保护产权是党中央、国务院作出的一项重大决策部署，各级人民法院要自觉把产权司法保护工作置于党的统一领导之下，坚持依法独立行使审判权。对于产权保护中的重大事项，要及时向当地党委报告，在党委的统筹协调下，协同有关部门形成处理产权申诉案件的合力。

20. 建立协调机制。各高级人民法院要加强对涉产权错案冤案甄别纠正工作的组织领导，成立专门工作小组，加强统筹协调，提出工作方案，研究解决突出问题，建立健全敏感案件应急预案，加强对下工作指导，及时报告工作进展情况。工作小组办公室统一归口设置在审判监督庭。

21. 做好宣传引导。突出宣传重点和政策导向，加强信息公开，及时回应社会关切。要向社会适时公布产权保护的典型案例。加强法律解读和政策引导，积极弘扬产权保护法治理念，营造良好的产权保护司法环境和舆论氛围。

22. 严格执纪问责。在甄别和纠正产权申诉案件过程中，要认真落实《领导干部干预司法活动、插手具体案件处理的记录、通报和责任追究规定》《最高人民法院关于完善司法责任制的若干意见》等制度，进一步完善办案质量终身负责制和错案责任倒查问责制，从源头上有效预防错案冤案的发生。

附：

最高人民法院答记者问：关于产权保护和历史冤错案件处理的两份文件解读（节录）[①]

……现在我向各位通报《最高人民法院关于充分发挥审判职能作用切实加强产权司法保护的意见》（以下简称《意见》）的有关情况。

一、《意见》的制定背景

产权制度是社会主义市场经济的基石，保护产权是坚持社会主义基本经济制度的必然要求。党的十八大以来，以习近平同志为核心的党中央高度重视产权保护工作。党的十八届三中、四中、五中全会明确提出，国家保护各种所有制经济产权和合法利益，强调要健全以公平为核心原则的产权保护制度，推进产权保护法治化。

① 来源于：http://www.court.gov.cn/zixun-xiangqing-31631.html。

2016年8月30日，中央深改组审议通过了《关于完善产权保护制度依法保护产权的意见》（以下简称《产权保护意见》）。11月4日，中共中央、国务院印发《产权保护意见》，对完善产权保护制度、推进产权保护法治化的有关工作作了全面部署，提出了明确要求。

通过审判执行活动，依法保护产权，促进完善产权保护制度，是人民法院的法定职责和重要使命。最高人民法院党组和周强院长高度重视《产权保护意见》的贯彻落实工作。在中央深改组审议通过《产权保护意见》后，最高人民法院党组第一时间召开会议，传达学习中央深改组会议精神，研究部署贯彻落实《产权保护意见》的相关工作。要求站在统筹推进“五位一体”总体布局和协调推进“四个全面”战略布局的高度，充分认识深入学习贯彻《产权保护意见》的重要性和紧迫性；要求立足人民法院职能，结合司法工作实际，研究制定专门文件，明确贯彻落实《产权保护意见》、切实加强产权司法保护的具体举措。

为此，经深入学习《产权保护意见》精神，全面梳理社会各界在产权司法保护方面广泛关注的问题，反复调研论证，最高人民法院制定出台了《关于充分发挥审判职能作用切实加强产权司法保护的意见》，于今天正式发布。

二、《意见》的主要内容

《意见》坚持问题导向，从加强产权司法保护的基本原则、司法政策和机制建设三个方面，用十七个条文，对相关审判执行工作提出了明确要求。

第一部分，坚持产权司法保护的基本原则。此部分结合审判工作实际，细化了《产权保护意见》提出的平等、全面、依法保护产权的原则。要求对各类产权主体的诉讼地位和法律适用一视同仁，注重对非公有制产权的平等保护，平等保护中外当事人的诉讼权利和实体权益。要求通过审判执行活动，依法制裁各类侵犯产权的违法犯罪行为，特别是利用公权力侵犯私有产权的违法犯罪行为，全面保护物权、债权、股权、知识产权及其他各种无形财产权。要求结合各个时期经济发展的形势和政策，准确把握立法精神，严格公正司法，妥善处理涉及产权保护的各类案件。

第二部分，准确把握、严格执行产权保护的司法政策。此部分针对社会关切，提出了加强产权保护的十大司法政策，是《意见》的主体内容。一是依法惩治各类侵犯产权犯罪，平等保护各种所有制经济产权。强调既要依法惩治侵犯国有、集体资产的犯罪，也要加大对非公有财产的刑法保护力度，依法惩治侵犯非公有制企业产权以及侵犯非公有制经济投资者、管理者、从业人员财产权益的犯罪。二是客观看待企业经营的不规范问题，对定罪依据不足的依法宣告无罪。强调要以历史和发展的眼光客观看待，严格遵循罪刑法定、疑罪从无、从旧兼从轻等原则，依法公正处理相关案件。对各种经济活动，除法律、行政法规明确禁止的，不得以犯罪论处；对虽属违法违规但不构成犯罪，或者罪与非罪不清的，应当依法宣告无罪。三是严格区分经济纠纷与刑事犯罪，坚决防止把经济纠纷当作犯罪处理。强调充分考虑非公有制经济特点，严格把握刑事犯罪的认定标准，坚决防止把经济纠纷认定为刑事犯罪。对各类经济纠纷，不论实际损失多大，都要始终坚持依法办案、公正审判。四是依法慎用强制措施和查封、扣押、冻结措施，最大限度降低对企业正常生产经营活动的不利影响。要求在刑事审判中，对已被逮捕的被告人，符合取保候审、监视居住条件的，应当变更强制措施；在刑事、民事、行政审判中，确需采取查封、扣押、冻结措施的，除依法需责令关闭的企业外，可以视情为企业预留必要的流动资金和往来账户。五是严格规范涉案财物的处置，依法维护涉案企业和人员的合法权益。要求严格区分违法所得和合法财产，严格区分个人财产和企业法人财产，严格区分涉案人员个人财产和家庭成员财产。按照公开公正和规范高效的要求，严格执行、不断完善涉案财物保管、处置制度。六是依法公正审理行政协议案件，促进法治政府和政务诚信建设。强调对因招商引资、政府与社会资本合作等活动引发的纠纷，要认真审查协议不能履行的原因和违约责任。对政府违反承诺，特别是仅因政府换届、领导人员更替等原因违约毁约的，坚决依法支持行政相对人的合理诉求。七是依法公正审理财产征收征用案件，维护行政相对人的合法权益。要求合理把握征收征用适用的公共利益范围，坚决防止公共利益扩大化。遵循及时合理补偿原则，充分保护被征收征用者的合法权益。八是依法制裁知识产权违法犯罪，加大知识产权司法保护力度。要求适时发布司法解释和指导性案例，依法推进惩罚性赔偿制度的适用；加强品牌商誉保护，依法审理反不正当竞争纠纷案件，加大对链条式、产业化知识产权犯罪惩治力度。九是依法处理历史形成的产权申诉案件，坚决落实有错必纠的要求。要求建立专门工作机制，抓紧甄别纠正一批社会反映强烈的产权纠纷申诉案件。对经审查确属事实不清、证据不足、适用法律错误的，依法及时纠正并赔偿当事人损失。需要说明的是，《意见》对该问题仅作原则规定。最高人民法院专门制定了《关于依法妥善处理历史形成的产权案件工作实施意见》，接下来审监庭滕伟副庭长将作专门介绍。十是提高审判执行效率，切实防止因诉讼拖延影响企业生产经营。要求强化审限管理，进一步完善繁简分流审判机制，及时有效定分止争；加大执行力度，提升执行速度，及时有效维护胜诉当事人的合法权益。

第三部分，加强产权保护的机制建设。此部分从四个方面，就必须进一步健全完善加强产权保护的机制建设提出了要求。强调要坚持党的领导，积极参与党委牵头，人大、政府、司法机关共同参加的产权保护协调工作机制；要优化资源配置，提升涉产权保护案件审判的专业性和公信力；做好司法调研，不断完善产权保护司法政策；加强法治宣传，推动形成保护产权的良好社会氛围。

完善产权保护制度，依法保护产权，对于增强人民群众财产财富安全感，增强社会信心，形成良好预期，增强各类经济主体创业创新动力，维护社会公平正义，保持经济社会持续健康发展和国家长治久安，意义重大而深远。最高人民法院和地方各级人民法院将全面贯彻落实党的十八大和十八届三中、四中、五中、六中全会精神，深入学习贯彻习近平总书记系列重要讲话精神，坚决按照党中央的决策部署，充分发挥审判职能作用，切实加强产权司法保护，为全面建成小康社会、实现中华民族伟大复兴中国梦提供有力司法保障。

……

现在我向各位通报《最高人民法院关于依法妥善处理历史形成的产权案件工作实施意见》（以下简称《实施意见》）的有关情况。

一、《实施意见》出台的背景和总体要求

产权制度是社会主义市场经济的基石，加强产权保护是坚持社会主义基本经济制度的必然要求，是全面建成小康社会的必然要求，是夯实党长期执政社会基础的必然要求，也是维护国家长治久安的必然要求。以习近平同志为核心的党中央高度重视产权保护，党的十八届三中、四中、五中全会均有明确要求。

11 月 27 日，中共中央、国务院发布了《关于完善产权保护制度依法保护产权的意见》，就完善产权制度依法保护产权专门作出了重大决策部署，将依法妥善处理历史形成的产权案件确定为人民法院的工作任务。为认真学习领会中央精神，贯彻落实中央决策部署，最高人民法院研究制定了这个《实施意见》。

《实施意见》认为，依法妥善处理历史形成的产权案件，是中央加强产权保护决策部署的重要内容和重大举措。做好这项工作对于完善现代产权制度、推进产权保护法治化，对于增强人民群众财富安全感、增加社会信心、形成良好预期，对于营造公平公正透明稳定的法治环境、激发各类经济主体创业创新动力，对于维护社会公平正义、促进经济社会持续健康发展，都具有重要意义。

《实施意见》要求，人民法院认真学习领会中央精神，准确把握政策内涵，把思想和行动迅速统一到中央的决策部署上来，站在统筹推进“五位一体”总体布局和协调推进“四个全面”战略布局的高度，增强责任感和使命感，以敢于担当的精神和攻坚克难的勇气，充分发挥审判职能作用，坚决完成好此项重大政治任务。

《实施意见》在征求多方意见的基础上，确定了工作原则、方法和步骤，确保案件办理充分体现政策导向，取得良好的法律效果、社会效果和政治效果，切实提升产权保护精准度，推进产权保护的法治化。

二、《实施意见》的主要内容

《实施意见》包括充分认识依法妥善处理历史形成的产权案件工作重要意见、目标任务和总体要求、工作原则、甄别纠正工作程序、司法政策、工作落实六个部分，共 22 条。

一是明确办案范围和工作重点。根据中央要求，结合人民法院审判监督工作实际，《实施意见》明确提出对于改革开放以来作出的涉及重大财产处置的产权纠纷以及民营企业和投资人违法犯罪的生效裁判，当事人、案外人提出申诉的，人民法院要及时审查，认真甄别；确有错误的，坚决依法纠正。着重抓好重大典型案件的甄别、纠正和宣传工作。注重查清案件事实和焦点问题，厘清相关法律政策问题，摸清案件背景和社会反应，准确适用法律和有关政策规定，作出妥善处理。对重点案件要逐案制定包括立案、再审、执行、善后在内的一揽子工作方案。

二是正确把握四大基本工作原则。坚持实事求是原则。尊重历史，实事求是，以发展眼光客观看待和依法妥善处理改革开放以来各类企业特别是民营企业经营过程中存在的不规范问题。坚持平等保护原则。为各类产权主体提供平等的司法保护，坚持法律面前人人平等，畅通产权申诉案件的立案渠道，规范适用再审审理程序，确保诉讼地位平等、诉讼权利平等、法律适用平等。坚持依法纠错原则。坚持以事实为根据，以法律为准绳，严格遵循法不溯及既往、罪刑法定、在新旧法之间从旧兼从轻等原则，严守法定程序。对符合再审条件的申诉案件，依法启动再审程序；对确有错误的生效裁判，坚决予以纠正，维护公平正义，提升司法公信。坚持纠防结合原则。通过对产权错案冤案的甄别和纠正，强化审判监督司法救济、倒逼防错和统一法律适用功能；落实司法责任制，加强源头预防。

三是严格甄别纠正工作程序。依法保障申诉人的诉讼权利。畅通申诉渠道，做好诉讼服务。充分尊重、依法保障当事人的申请权、申诉权、知情权、陈述权、辩护辩论权和处分权。落实接谈要求，完善询问方式，充分听取申诉人的意见。要加强审级监督，上级法院可以提审和改判的，不宜指令再审和发回重审，强化对下级法院办理产权案件的监督和指导，防止程序空转。

四是审慎把握甄别纠正司法政策。准确把握罪与非罪的法律界限。严格区分经济纠纷与经济犯罪特别是合同纠纷与合同诈骗的界限、企业正当融资与非法集资的界限、民营企业参与国有企业兼并重组中涉及的经济纠纷与恶意侵占国有资产的界限。准确把握经济违法行为入刑标准，准确认定经济纠纷和经济犯罪的性质，坚决纠正将经济纠纷当作犯罪处理的错误生效裁判。对于在生产、经营、融资等活动中的经济行为，当时法律、行政法规没有明确禁止而以犯罪论处的，或者虽属违法违规但不构成犯罪而以犯罪论处的，均应依法纠正。坚决纠正以刑事执法介入民事纠纷而导致的错误裁判。对于以刑事手段迫使当事人作出意思表示，导致生效民事裁判错误的，要坚决予以纠正。对于涉及犯罪的民营企业投资人，在当事人被采取强制措施或服刑期间，依法保障其行使财产权利等民事权利。对于民营企业投资人因被限制人身自由而严重影响行使民事诉讼权利，被解除人身自由限制后，针对民事案件事实提供了新的证据，可能推翻生效裁判的，人民法院应当依职权调查核实；符合再审条件的，应当依法启动再审。依法甄别和再审因政府行为引发的产权申诉案件。甄别和再审产权案件时，对于在招商引资、政府与社会资本合作等活动中与投资主体依法签订的各类合同，因政府换届、领导人员更替而违约毁约侵犯投资主体合法权益的，或者因法定事由改变政府承诺和合同约定，对投资主体受到的财产损失没有依法补偿的，人民法院应当依法再审和改判。对于政府在土地、房屋等财产征收、征用过程中，没有按照补偿范围、形式和标准给予被征收征用者公平合理补偿的错误裁判，人民法院应当依法审查，启动再审。在再审审查和审理中，要注意运用行政和解协调机制、民事调解方式，妥善解决财产纠纷。

此外，《实施意见》还针对案件审理、执行程序中涉案财产的处置、国家赔偿等社会反映较为强烈的问题作出了规定。

……

最高人民法院：《〈关于为改善营商环境提供司法保障的若干意见〉的通知》

概要及解读

2017年8月7日公布的《最高人民法院关于为改善营商环境提供司法保障的若干意见》是对中央提出的“营造稳定公平透明、可预期的营商环境”的积极响应，也是一份涉民企产权保护的重要文件。在笔者看来，重申产权保护，是党在改革开放三十多年后的再次立约。

第一次以创造财富立约：允许经商并赋予其合法、适当的政治地位——这是改革开放前三十年繁荣发展的前提；三十年后的今天，以产权保护立约：对创造的财富要依法保护，对不法侵占的产权要依法纠正，对企业家群体要平等对待，必要时还需要对特定问题进行豁免——这是今后几十年国家稳定、社会发展和商业繁荣的基础。

一、民营企业家是最关心产权保护的群体

春江水暖鸭先知。加强对民营企业及企业家的财产权利的保护，以及加大力度清理和查处涉财产冤案积案的政策，甚至要求在全国范围内办理一批涉财产冤案的典型案例，也只是近几年的事。财产安全和人身安全不能被保障但拥有巨大财富的的民营企业家们，比普通老百姓更关心产权的保护。在正常的营商过程中，比遇到问题和麻烦时的司法救济更重要的是对可能侵犯产权不法行为的法律预期。

王老吉与加多宝的“红罐”之争尘埃落定后，最高人民法院和当事人双方都发布了新闻稿。媒体的关注点多在看这个难得的热闹，很少有人注意到加多宝新闻稿中的“最高人民法院的裁决体现了中央全面深化改革领导小组《关于完善产权保护制度依法保护产权的意见》精神，体现了党中央、习主席对民营企业的关心爱护”这句话。加多宝的这则声明体现了近年来中央关于民企产权保护的政策宣传，已经深入人心。

即使在法律圈，也很少有人对最高人民法院于同日发布的司法政策文件《最高人民法院关于为改善营商环境提供司法保障的若干意见》予以特别关注。因一直关注民营企业及企业家产权保护和产权纠纷领域的法律问题，在笔者看来，最高人民法院的这份文件显然是一份纲领性的重要文件，对目前涉产权纠纷案件中主要的法律问题都有所涉及。因此，本文件值得企业家们深入关注和学习。

二、产权保护不到位，司法机关有责任

笔者之所以对加多宝的声明和最高人民法院的该文件有特别的关注和研究，是因为在笔者近年办理和接触的大量案件中，有一类案件让人印象深刻，那就是“产权保护类案件”。也正是这几年对这类案件的积累，让我对加多宝声明中的这段话有了更深的感触。产权保护类案件的当事人一般是民营企业家，其危险来自不良商人及竞争对手、党政部门及其领导甚至包括司法机关。在这类案件中，一些公安机关与司法机关相勾结，通过法律程序使当事人没有进一步救济的途径。换言之，在这类案件中，民营企业及企业家对可能的司法措施和救济，没有明确的可信赖的预期。

在我们办理和接触的各类产权保护类案件中，常见的情形包括：

(1) 因民营企业与国企不能受到同等保护和享有同等营商条件/门槛而产生的纠纷；

(2) 民营企业内部发生争议后公权力不当介入后产生的纠纷；

(3) 公权力对民营企业滥用查封、冻结措施产生的纠纷；

(4) 公权力对民营企业及企业家滥用刑事措施产生的纠纷；

(5) 司法机关故意错误地理解与适用法律，滥用司法裁判权损害民企产权利益产生的纠纷；

(6) 地方政府和司法机关滥用破产程序侵害民企产权产生的纠纷；

(7) 在刑事案件中，滥用查封等措施侵占民企财产产生的纠纷；

(8) 在执行案件中滥用评估拍卖等程序侵害民企产权产生的纠纷；

(9) 因恶意诉讼和虚假诉讼产生的纠纷。

……

三、司法不公和法治逻辑的失灵，导致企业家营商环境恶化

在我们接触的大量案件中，以及在上述各类涉及不法侵害民企产权的案件中，都有公权力的不法行为和司法机关乱作为或不作为的情况存在。产权保护不到位的主要原因也正是司法机关不作为或乱作为。

通过立法确定的社会治理和纠纷解决的规则，人民按照这些规则去法院打官司和解决争议以保障自己的合法权利。相应地，作为提供司法救济这一公共产品的司法机关，应该履行其职责，进行依法裁判。

然而，在实践中，也存在党政权力干预司法、司法攀附权力，以致司法机关不能公正地解决争议的情况。企业家们投资兴业时，如果对法律风险没有清晰准确的预期、对可能产生争议的司法裁判结果没有预期和信任，也就不可能将其主要精力投入到营商主业之中。

因此，归根结底，司法环境/法治环境就是企业家的营商环境，司法是否公正决定了民营企业家的生存状态。

四、最高人民法院如何解释本次新规？

最高人民法院认为：在 2017 年 7 月 17 日召开的中央财经领导小组第十六次会议上，习近平总书记发表重要讲话时强调，要改善投资和市场环境，加快对外开放步伐，降低市场运行成本，营造稳定、公平、透明、可预期的营商环境，加快建设开放型经济新体制，推动我国经济持续健康发展。为了贯彻落实习近平总书记的重要讲话精神，最高人民法院立足审判执行工作实际，认真研究、积极作为，及时制定下发了《关于为改善营商环境提供司法保障的若干意见》，为各级人民法院在新形势下服务建设开放型经济新体制提供全新的工作纲领和行动指南。

关于平等保护的问题。最高人民法院认为，应让平等保护成为商事裁判的价值基础。对各类市场主体的合法权益予以平等保护，是良好营商环境的必要条件，也是社会主义法治的基本要求。为此，该意见明确提出人民法院要坚持各类市场主体法律地位平等、权利保护平等和发展机会平等的原则，严格平等保护不同所有制主体、不同地区市场主体、不同行业利益主体，依法化解各类矛盾纠纷，推动形成平等有序、充满活力的法治化营商环境。同时，该意见强调要进一步加大对中小股东权益的保护，推动完善公司治理结构，提高公司在市场经济中的竞争力和生命力。

关于司法机关的要求问题。最高人民法院认为，应让公平、公正成为市场竞争的最高法则。市场交易是否公平、公正，不仅关系到各市场主体的自身利益，而且也关系到一个国家和地区的市场秩序和法治形象。该意见从产权保护、合同审理、垄断遏制、侵权赔偿等方面予以规范和指引，进一步加大对知识产权的保护力度，加快新兴领域和业态知识产权保护制度建设，加大对知识产权侵权行为的惩治力度，依法让侵权者付出沉重代价，不断完善知识产权的诉权保护制度，调动拥有知识产权的自然人和法人依法维权的积极性和主动性，提升知识产权的司法保护水平。同时，该意见还对如何推动建立统一开放的社会主义市场体系、打破部门垄断和地方保护、促进市场有序竞争等问题做了规定。

综上，对于企业家而言，营造稳定、公平、透明、可预期的营商环境，是投资兴业和确保财产安全的基础，是做出各类投资决策的前提。如果司法机关不能提供这样的公共产品，不能排除这样的干扰，企业家就不会有良好的营商环境，民企产权保护，也就只会成为一句空话。

五、最高人民法院新规的主要内容及详细解读

归结起来，最重要的一点是，民营企业产权保护需要司法机关提升能力和认识，认清形势和大局，在具体的个案中，排除干扰并清正廉洁司法。最高人民法院的这份文件有很多值得深入关注和持续研究的地方，其核心包括：

“1. 坚持平等保护原则，充分保障各类市场主体的合法权益。”“3. 加强中小股东保护，推动完善公司治理结构。”“9. 加大产权保护力度，夯实良好营商环境的制度基础。严格落实《中共中央、国务院关于完善产权保护制度依法保护产权的意见》及《最高人民法院关于充分发挥审判职能作用切实加强产权司法保护的意见》，完善各类市场交易规则，妥善处理涉产权保护案件，推动建立健全产权保护法律制度体系。”

自中央会议专题讨论、出台产权保护新规一年来，全国司法机关的产权保护方面的作为十分有限。至少，对于社会各界广泛关注、影响巨大且恶劣的，能够迅速

提振企业家信心的大量典型案件中，目前还没有一个广受关注的典型涉财产的冤案公开地进入纠偏和纠错程序。

“10. 依法审理各类合同案件，尊重契约自由，维护契约正义。尊重和保护市场主体的意思自治，合理判断各类交易模式和交易结构创新的合同效力，促进市场在资源配置中起决定性作用，提升市场经济活力。严格按照法律和司法解释规定，认定合同性质、效力、可撤销、可解除等情形，维护契约正义。”

关于契约自由和契约正义的问题以及动辄否定合同效力的问题，在最高人民法院此前多次会议和司法文件中均有涉及。在我们了解的大量案件中，以单纯的民商事纠纷而言，法院在认定合同无效的问题方面，已经越来越慎重。但是在涉及民刑交叉案件、企业家涉刑事的财产处置案件、执行案件中，司法机关做得还远远不够。

“16. 推动完善破产重整、和解制度，促进有价值的危困企业再生。”“18. 协调完善破产配套制度，提升破产法治水平。”“19. 加强破产审判组织和破产管理人队伍的专业化建设，促进破产审判整体工作水平的持续提升。”

近年来，在国企层面，中央下达了清理僵尸企业的任务，从央企到各级国企进行总量控制、指标控制的方式，也许在短期内对于清理僵尸企业有一定好处。但在民企的破产和重整案件中，地方政府介入过深、司法机关过度作为或严重不作为导致原本具备重整能力的企业陷入困境的案例也比较多。就笔者自己接触和办理的多个案件中，法院过度介入企业间经济纠纷，将原本具备造血能力和恢复发展的企业逼上了破产清算的道路的情形并不少见。而管理人在其中，往往无所作为。

与此同时，更为严重的是，企业破产法及配套规则的严重滞后、破产管理人的经验缺乏且专业水平参差不齐、政府和法院对企业破产法原理理解的偏差、滥用企业破产法及企业破产法规则不完善等因素，在诸多有广泛影响的破产案件中，给债权人和债务人均造成了严重损失甚至灾难性后果。例如，在笔者办理的一起代理债务人的破产重整涉及数十亿民企产权保护的冤案中，需要代表债务人提出异议、主张合法权利、维护债务人利益。对此，管理人和法院却振振有词地说，破产法就是保护债权人的，债务人在其中没有什么权利，我们的职责就是保障债权人利益。其在阅读《中华人民共和国企业破产法》第一条，“为规范企业破产程序，公平清理债权债务，保护债权人和债务人的合法权益，维护社会主义市场经济秩序，制定本法”后，才接受我的观点。

“17. 严厉打击各类‘逃废债’行为，切实维护市场主体合法权益。严厉打击恶意逃废债务行为，依法适用破产程序中的关联企业合并破产、行使破产撤销权和取回权等手段，查找和追回债务人财产。加大对隐匿、故意销毁会计凭证、会计账簿、财务会计报告等犯罪行为的刑事处罚力度。”

这个问题主要体现在执行案件中。在各类执行案件中，债权人明知债务人亲属及其关联企业具备偿债能力、拥有大量资产，且这些资产为债务人恶意转移的，但囿于没有明确的证据，加之执行案件中的追加被执行人的法律障碍，以致债务人恶意逃避债务。

六、以清明的司法解决一批涉财产冤案的典型案件，重新立约，才能建立后面三十年的信心

党的十八大以来，重提市场在资源配置中的决定性作用、重启司法改革和法治化进程，即便如此，企业家群体的安全感并未增加多少。企业家行为长期缺乏制度激励，营商环境逐渐恶化，而能够为商业环境的改善提供清晰、准确的司法救济尚未建立足够的信用，司法改革尚在路上，司法人员也疲于应付。

商业的活跃和繁荣有利于经济发展和社会进步，商人群体的信心和责任是社会稳定的重要基石，在这样的背景下，重申产权保护，相当于党在改革开放三十多年后再次立约。第一次以创造财富立约：允许经商发财并赋予合法适当的政治地位——这是改革开放前三十年繁荣发展的前提；三十年后的今天，以产权保护立约：对创造的财富要依法保护，对不法侵占的产权要依法纠正，对企业家群体要平等对待，必要时还需要对特定问题进行豁免——这是今后几十年国家稳定、社会发展和商业繁荣的基础。

全文如下。

最高人民法院印发《关于为改善营商环境提供司法保障的若干意见》的通知

（2017 年 8 月 7 日　法发〔2017〕23 号）

各省、自治区、直辖市高级人民法院，解放军军事法院，新疆维吾尔自治区高级人民法院生产建设兵团分院：

现将《最高人民法院关于为改善营商环境提供司法保障的若干意见》印发给你们，请认真贯彻执行。

最高人民法院关于为改善营商环境提供司法保障的若干意见

为改善投资和市场环境，营造稳定公平透明、可预期的营商环境，加快建设开放型经济新体制提供更加有力的司法服务和保障，结合人民法院审判执行工作实际，制定本意见。

一、依法平等保护各类市场主体，推动完善社会主义市场经济主体法律制度

1. 坚持平等保护原则，充分保障各类市场主体的合法权益。全面贯彻平等保护不同所有制主体、不同地区市场主体、不同行业利益主体的工作要求，坚持各类市场主体法律地位平等、权利保护平等和发展机会平等的原则，依法化解各类矛盾纠纷，推动形成平等有序、充满活力的法治化营商环境。严格落实《最高人民法院关于依法平等保护非公有制经济促进非公有制经济健康发展的意见》，为非公有制经济健康发展提供良好的司法环境。

2. 根据《中华人民共和国民法总则》法人制度的规定，进一步完善法人规则体系。针对《中华人民共和国民法总则》法人制度部分的变化，及时总结具体适用过程中存在的问题，区分情况加以研究解决，推动社会主义市场经济法人制度的进一步完善。

3. 加强中小股东保护，推动完善公司治理结构。适时出台公司法相关司法解释，正确处理公司决议效力、股东知情权、利润分配权、优先购买权和股东代表诉讼等纠纷案件，依法加强股东权利保护，促进公司治理规范化，提升我国保护中小股东权益的国际形象，增强社会投资的积极性。

二、准确把握市场准入标准，服务开放型经济新体制建设

4. 做好与商事制度改革的相互衔接，推动形成更加有利于大众创业、万众创新的营商氛围。妥善应对商事登记制度改革对司法审判工作的影响，切实推动解决注册资本认缴登记制改革后的法律适用问题。利用大数据和现代信息技术，积极推动建立全国统一的各类财产权属登记平台和金融交易登记平台，让市场交易更加便利、透明。

5. 准确把握外商投资负面清单制度，促进外资的有效利用。在处理外商投资企业纠纷的案件中，依法落实外商投资管理体制改革的各项举措，准确把握外商投资负面清单制度的内容以及清单变化情况，妥善处理在逐步放开外商投资领域时产生的涉及外资准入限制和股比限制的法律适用问题，形成更加开放、公平、便利的投资环境。

6. 依法审理各类涉外商事海事案件，服务和保障“一带一路”等国家重大战略的实施。充分发挥审判职能作用，依法行使司法管辖权，公正高效审理各类涉外商事海事案件，平等保护中外当事人程序权利和实体权益。按照《最高人民法院关于人民法院为“一带一路”建设提供司法服务和保障的若干意见》，加强与“一带一路”沿线国家的国际司法协助，完善相关工作机制，及时化解争议纠纷，为“一带一路”建设营造良好法治环境。

7. 加强涉自贸试验区民商事审判工作，为开放型经济新体制建设提供司法保障。落实《最高人民法院关于为自由贸易试验区建设提供司法保障的意见》，积极配合自贸试验区政府职能转变、投资领域开放、贸易发展方式转变、金融领域开放创新等各项改革措施，公正高效审理各类涉自贸试验区案件，依法保障自贸试验区建设的制度创新。对案件审理过程中发现与自贸试验区市场规则有关的制度缺陷问题，及时提出司法建议，持续推进自贸试验区法治建设。

8. 适时提出立法、修法建议和制定、修订司法解释，为外商投资提供良好的法制保障。清理涉及外商投资的司法解释及政策文件，对于已与国家对外开放基本政策、原则不符的司法解释及政策文件，及时修订或废止。对于需要通过制定相关法律法规予以解决的问题，及时提出立法、修法建议；对于需要出台司法解释解决的问题，及时出台司法解释。

三、保障市场交易公平公正，切实维护市场交易主体合法权益

9. 加大产权保护力度，夯实良好营商环境的制度基础。严格落实《中共中央、国务院关于完善产权保护制度依法保护产权的意见》及《最高人民法院关于充分发挥审判职能作用切实加强产权司法保护的意见》，完善各类市场交易规则，妥善处理涉产权保护案件，推动建立健全产权保护法律制度体系。深入研究和合理保护新型权利类型，科学界定产权保护边界，妥善调处权利冲突，切实实现产权保护法治化。

10. 依法审理各类合同案件，尊重契约自由，维护契约正义。尊重和保护市场主体的意思自治，合理判断各类交易模式和交易结构创新的合同效力，促进市场在资源配置中起决定性作用，提升市场经济活力。严格按照法律和司法解释规定，认定合同性质、效力、可撤销、可解除等情形，维护契约正义。通过裁判案件以及适时发布指导性案例等形式，向各类市场主体宣示正当的权利行使规则和违反义务的法律后果，强化市场主体的契约意识、规则意识和责任意识。妥善处理民行、民刑交叉问题，厘清法律适用边界，建立相应机制，准确把握裁判尺度。

11. 妥善审理各类金融案件，为优化营商环境提供金融司法支持。依法审理金融借款、担保、票据、证券、期货、保险、信托、民间借贷等案件，保护合法交易，平衡各方利益。以服务实体经济为宗旨，引导和规范各类金融行为。慎重审查各类金融创新的交易模式、合同效力，加快研究出台相应的司法解释和司法政策。严厉打击各类金融违法犯罪行为，维护金融秩序。加强对金融消费者的保护，切实维护其合法权益。加强金融审判机构和队伍的专业化建设，持续提升金融审判专业化水平。

12. 严格依法审理各类知识产权案件，加大知识产权保护力度，提升知识产权保护水平。严格落实《中国知识产权司法保护纲要（2016—2020）》，持续推进知识产权审判工作。加强对新兴领域和业态知识产权保护的法律问题研究，适时出台司法解释和司法政策，推动知识产权保护法律法规和制度体系的健全完善。加强知识产权法院体系建设，充分发挥审判机构专门化、审判人员专职化和审判工作专业化的制度优势。进一步发挥知识产权司法监督职能，加大对知识产权授权确权行政行为司法审查的深度和广度，推动完善知识产权诉讼中的权利效力审查机制，合理强化特定情形下民事诉讼对民行交叉纠纷解决的引导作用，促进知识产权行政纠纷的实质性解决。综合运用民事、行政和刑事手段从严惩处各类知识产权侵权违法犯罪行为，依法让侵权者付出相应代价。

13. 推动建立统一开放的社会主义市场体系，促进市场有序竞争。严格依据相关竞争法律法规，规制各类垄断行为和不正当竞争行为，妥善处理破坏市场竞争规则的案件，充分发挥司法裁判对公平竞争市场环境的维护和指引作用。进一步规范行政机关的行政许可和审批行为，并通过建立完善与行政区划适当分离的司法管辖制度等方式，打破部门垄断和地方保护，推动形成权责明确、公平公正、透明高效、法治保障的市场监管格局，为维护公平有序的市场竞争环境提供司法保障。

14. 加强执行工作，充分保障胜诉当事人合法权益的实现。全面构建综合治理执行难工作格局，按照《关于落实“用两到三年时间基本解决执行难问题”的工作纲要》要求，完善执行法律规范体系，加强执行信息化建设，加大执行力度，规范执行行为，切实增强执行威慑，优化执行效果。严格依据刑法及司法解释的规定，依法追究拒不执行人民法院判决、裁定的被执行人、协助执行义务人、担保人的刑事责任。

四、加强破产制度机制建设，完善社会主义市场主体救治和退出机制

15. 完善破产程序启动机制和破产企业识别机制，切实解决破产案件立案难问题。按照法律及司法解释的相关规定，及时受理符合立案条件的破产案件，不得在法定条件之外设置附加条件。全力推进执行案件移送破产审查工作，实现“能够执行的依法执行，整体执行不能符合破产法定条件的依法破产”的良性工作格局。积极探索根据破产案件的难易程度进行繁简分流，推动建立简捷高效的快速审理机制，尝试将部分事实清楚、债权债务关系清晰或者“无产可破”的案件，纳入快速审理范围。

16. 推动完善破产重整、和解制度，促进有价值的危困企业再生。引导破产程序各方充分认识破产重整、和解制度在挽救危困企业方面的重要作用。坚持市场化导向开展破产重整工作，更加重视营业整合和资产重组，严格依法适用强制批准权，以实现重整制度的核心价值和制度目标。积极推动构建庭外兼并重组与庭内破产程序的相互衔接机制，加强对预重整制度的探索研究。研究制定关于破产重整制度的司法解释。

17. 严厉打击各类“逃废债”行为，切实维护市场主体合法权益。严厉打击恶意逃废债务行为，依法适用破产程序中的关联企业合并破产、行使破产撤销权和取回权等手段，查找和追回债务人财产。加大对隐匿、故意销毁会计凭证、会计账簿、财务会计报告等犯罪行为的刑事处罚力度。

18. 协调完善破产配套制度，提升破产法治水平。推动设立破产费用专项基金，为“无产可破”案件提供费用支持。将破产审判工作纳入社会信用体系整体建设，对失信主体加大惩戒力度。推动制定针对破产企业豁免债务、财产处置等环节的税收优惠法律法规，切实减轻破产企业税费负担。协调解决重整或和解成功企业的信用修复问题，促进企业重返市场。推进府院联动破产工作统一协调机制，统筹推进破产程序中的业务协调、信息提供、维护稳定等工作。积极协调政府运用财政奖补资金或设立专项基金，妥善处理职工安置和利益保障问题。

19. 加强破产审判组织和破产管理人队伍的专业化建设，促进破产审判整体工作水平的持续提升。持续推进破产审判庭室的设立与建设工作，提升破产审判组织和人员的专业化水平。研究制定关于破产管理人的相关司法解释，加快破产管理人职业化建设。切实完善破产审判绩效考核等相关配套机制，提高破产审判工作效能。

五、推动社会信用体系建设，为持续优化营商环境提供信用保障

20. 充分运用信息化手段，促进社会信用体系建设的持续完善。探索社会信用体系建设与人民法院审判执行工作的深度融合路径，推动建立健全与市场主体信用信息相关的司法大数据的归集共享和使用机制，加大守信联合激励和失信联合惩戒工作力度。

21. 严厉惩处虚假诉讼行为，推进诉讼诚信建设。严格依照法律规定，追究虚假诉讼、妨害作证等行为人的刑事法律责任。适时出台相关司法解释，明确虚假诉讼罪的定罪量刑标准。完善对提供虚假证据、故意逾期举证等不诚信诉讼行为的规制机制，严厉制裁诉讼失信行为。

22. 强化对失信被执行人的信用惩戒力度，推动完善失信惩戒机制。按照中共中央办公厅、国务院办公厅印发的《关于加快推进失信被执行人信用监督、警示和惩戒机制建设的意见》要求，持续完善公布失信被执行人名单信息、限制被执行人高消费等制度规范，严厉惩戒被执行人失信行为。推动完善让失信主体“一处失信、处处受限”的信用惩戒大格局，促进社会诚信建设，实现长效治理。

最高人民法院：《关于充分发挥审判职能作用为企业家创新创业营造良好法治环境的通知》

概要及解读

最高人民法院2018年第一份文件《关于充分发挥审判职能作用为企业家创新创业营造良好法治环境的通知》明确提出，“依法保护企业家的人身自由和财产权利。严格执行刑事法律和司法解释，坚决防止利用刑事手段干预经济纠纷。坚持罪刑法定原则，对企业家在生产、经营、融资活动中的创新创业行为，只要不违反刑事法律的规定，不得以犯罪论处”。

“妥善认定政府与企业签订的合同效力，对有关政府违反承诺，特别是仅因政府换届、领导人员更替等原因违约、毁约的，依法支持企业的合理诉求。妥善审理因政府规划调整、政策变化引发的民商事、行政纠纷案件，对于确因政府规划调整、政策变化导致当事人签订的民商事合同不能履行的，依法支持当事人解除合同的请求。对于当事人请求返还已经支付的国有土体使用权出让金、投资款、租金或者承担损害赔偿责任的，依法予以支持。对企业家财产被征收征用的，要综合运用多种方式进行公平合理的补偿。”

“加强破产案件审理，对于暂时经营困难但是适应市场需要具有发展潜力和经营价值的企业，综合运用重整、和解等手段，促进生产要素的优化组合和企业转型升级。对违法违规向企业收费或者以各种监督检查的名义非法干预企业自主经营权的，依法予以纠正。严格依法采取财产保全、行为保全等强制措施，防止当事人恶意利用保全手段，侵害企业正常生产经营。”

“切实纠正涉企业家产权冤错案件。进一步加大涉企业家产权冤错案件的甄别纠正工作力度，对于涉企业家产权错案冤案，要依法及时再审，尽快纠正。准确适用国家赔偿法，及时启动国家赔偿程序，公正高效审理涉及企业家的国家赔偿案件，加大赔偿决定执行力度，依法保障企业家的合法权益。”

尽管中共中央、国务院，最高人民法院、最高人民检察院密集出台了数十部与民企和民营企业家产权纠纷案件处理和历史财产冤案相关的司法政策文件，但不少内容还是在老生常谈。同时，也应该明白，这些政策的出台和落地执行，在地方遇到了大量的阻力。尤其是在那些参与干预民企经营、滥用权力使用刑事手段插手经济纠纷的人并未得到清算的情况下，要彻底解决历史产权纠纷遗留案件和财产冤案，肯定需要一个漫长的过程。在这个过程中，我们除了保持耐心外，更重要的是，要深刻理解政策的来龙去脉，真正掌握目前司法体制和权力的运行规则，进而结合自身案件情况，提供行之有效的申请文件、策略分析文件和整体解决方案。

全文如下。

最高人民法院关于充分发挥审判职能作用为企业家创新创业营造良好法治环境的通知

（2017 年 12 月 29 日　法〔2018〕1 号）

各省、自治区、直辖市高级人民法院，解放军军事法院，新疆维吾尔自治区高级人民法院生产建设兵团分院：

2017 年 9 月 8 日，中共中央、国务院印发《关于营造企业家健康成长环境弘扬优秀企业家精神更好发挥企业家作用的意见》（以下简称《意见》），这是推进供给侧结构性改革、实施创新发展战略、促进经济持续平稳健康发展的重要举措。为深入贯彻党的十九大精神和《意见》的要求，充分发挥审判职能作用，依法平等保护企业家合法权益，为企业家创新创业营造良好法治环境，现通知如下。

一、深刻认识依法平等保护企业家合法权益的重大意义。企业家是经济活动的重要主体。改革开放以来，一大批优秀企业家在市场竞争中迅速成长，为积累社会财富、创造就业岗位、促进经济社会发展、增强综合国力做出了重要贡献。人民法院充分发挥审判职能作用，依法平等保护企业家合法权益，为企业家创新创业营造良好法治环境，对于增强企业家人身及财产财富安全感，稳定社会预期，使企业家安心经营、放心投资、专心创业，充分发挥企业家在建设现代化经济体系、促进经济持续平稳健康发展中的作用具有重大意义。

二、依法保护企业家的人身自由和财产权利。严格执行刑事法律和司法解释，坚决防止利用刑事手段干预经济纠纷。坚持罪刑法定原则，对企业家在生产、经营、融资活动中的创新创业行为，只要不违反刑事法律的规定，不得以犯罪论处。严格非法经营罪、合同诈骗罪的构成要件，防止随意扩大适用。对于在合同签订、履行过程中产生的民事争议，如无确实充分的证据证明符合犯罪构成的，不得作为刑事案件处理。严格区分企业家违法所得和合法财产，没有充分证据证明为违法所得的，不得判决追缴或者责令退赔。严格区分企业家个人财产和企业法人财产，在处理企业犯罪时不得牵连企业家个人合法财产和家庭成员财产。

三、依法保护诚实守信企业家的合法权益。妥善认定政府与企业签订的合同效力，对有关政府违反承诺，特别是仅因政府换届、领导人员更替等原因违约、毁约的，依法支持企业的合理诉求。妥善审理因政府规划调整、政策变化引发的民商事、行政纠纷案件，对于确因政府规划调整、政策变化导致当事人签订的民商事合同不能履行的，依法支持当事人解除合同的请求。对于当事人请求返还已经支付的国有土体使用权出让金、投资款、租金或者承担损害赔偿责任的，依法予以支持。对企业家财产被征收征用的，要综合运用多种方式进行公平合理的补偿。

四、依法保护企业家的知识产权。完善符合知识产权案件特点的诉讼证据规则，着力破解知识产权权利人“举证难”问题。推进知识产权民事、刑事、行政案件审判三合一，增强知识产权司法保护的整体效能。建立以知识产权市场价值为指引，补偿为主、惩罚为辅的侵权损害司法认定机制，提高知识产权侵权赔偿标准。探索建立知识产权惩罚性赔偿制度，着力解决实践中存在的侵权成本低、企业家维权成本高的问题。坚持依法维护劳动者合法权益与促进企业生存发展并重的原则，依法保护用人单位的商业秘密等合法权益。

五、依法保护企业家的自主经营权。加强金融审判工作，促进金融服务实体经济。对商业银行、典当公司、小额贷款公司等金融机构以不合理收费变相收取高息的，参照民间借贷利率标准处理，降低企业融资成本。加强破产案件审理，对于暂时经营困难但是适应市场需要具有发展潜力和经营价值的企业，综合运用重整、和解等手段，促进生产要素的优化组合和企业转型升级。对违法违规向企业收费或者以各种监督检查的名义非法干预企业自主经营权的，依法予以纠正。严格依法采取财产保全、行为保全等强制措施，防止当事人恶意利用保全手段，侵害企业正常生产经营。对资金暂时周转困难、尚有经营发展前景的负债企业，慎用冻结、划拨流动资金等手段。加强对虚假诉讼和恶意诉讼的审查力度，对于恶意利用诉讼打击竞争企业，破坏企业家信誉的，要区分情况依法处理。

六、努力实现企业家的胜诉权益。综合运用各种强制执行措施，加快企业债权实现。强化对失信被执行人的信用惩戒力度，推动完善让失信主体“一处失信、处处受限”的信用惩戒大格局。同时，营造鼓励创新、宽容失败的社会氛围。对已经履行生效裁判文书义务或者申请人滥用失信被执行人名单的，要及时恢复企业家信用。对经营失败无偿债能力但无故意规避执行情形的企业家，要及时从失信被执行人名单中删除。

七、切实纠正涉企业家产权冤错案件。进一步加大涉企业家产权冤错案件的甄别纠正工作力度，对于涉企业家产权错案冤案，要依法及时再审，尽快纠正。准确适用国家赔偿法，及时启动国家赔偿程序，公正高效审理涉及企业家的国家赔偿案件，加大赔偿决定执行力度，依法保障企业家的合法权益。

八、不断完善保障企业家合法权益的司法政策。进一步加快“智慧法院”建设，充分利用信息技术，深入调研涉企业家案件的审判执行疑难问题，及时总结审判经验，健全裁判规则。加大制定司法解释、发布指导性案例工作力度，统一司法尺度和裁判标准。在制定有关司法政策、司法解释过程中要充分听取企业家的意见、建议。

九、推动形成依法保障企业家合法权益的良好社会氛围。进一步通过公开开庭等生动直观的形式，大力宣传党和国家依法平等保护企业家合法权益弘扬优秀企业家精神的方针政策。持续强化以案释法工作，及时公布一批依法保护企业家合法权益的典型案例和好做法、好经验，推动形成企业家健康成长良好法治环境和社会氛围。

十、增强企业家依法维护权益、依法经营的意识。加大对企业家的法治宣传和培训力度，提高企业家依法维护自身合法权益的意识和能力。依法打击破坏市场秩序、不正当竞争等违法行为，积极引导企业家在经营活动中遵纪守法、诚实守信、公平竞争、恪尽责任，弘扬优秀企业家精神。

各级人民法院要加强组织领导，制定工作方案，切实将依法保障企业家合法权益的工作落到实处。在审判执行工作中遇到新情况新问题的，请及时层报最高人民法院。

第三章　最高人民检察院有关司法政策和文件

最高人民检察院关于印发《关于完善人民检察院司法责任制的若干意见》的通知

（2015年9月25日）

各省、自治区、直辖市人民检察院，军事检察院，新疆生产建设兵团人民检察院：

《关于完善人民检察院司法责任制的若干意见》已经中央全面深化改革领导小组第15次会议审议通过，现印发给你们。请结合实际，认真贯彻落实，各地在实施过程中遇到的重要情况和问题，请及时报告。

关于完善人民检察院司法责任制的若干意见

为更好地保障人民检察院依法独立公正行使检察权，提高司法公信力，现就完善人民检察院司法责任制提出如下意见。

一、目标和基本原则

1. 完善人民检察院司法责任制的目标是：健全司法办案组织，科学界定内部司法办案权限，完善司法办案责任体系，构建公正高效的检察权运行机制和公平合理的司法责任认定、追究机制，做到谁办案谁负责、谁决定谁负责。

2. 完善人民检察院司法责任制的基本原则是：坚持遵循司法规律，符合检察职业特点；坚持突出检察官办案主体地位与加强监督制约相结合；坚持权责明晰，权责相当；坚持主观过错与客观行为相一致，责任与处罚相适应。

二、健全司法办案组织及运行机制

3. 推行检察官办案责任制。实行检察人员分类管理，落实检察官员额制。检察官必须在司法一线办案，并对办案质量终身负责。担任院领导职务的检察官办案要达到一定数量。业务部门负责人须由检察官担任。

4. 健全司法办案组织形式。根据履行职能需要、案件类型及复杂难易程度，实行独任检察官或检察官办案组的办案组织形式。

独任检察官承办案件，配备必要的检察辅助人员。

检察官办案组由两名以上检察官组成，配备必要的检察辅助人员。检察官办案组可以相对固定设置，也可以根据司法办案需要临时组成，办案组负责人为主任检察官。

5. 审查逮捕、审查起诉案件，一般由独任检察官承办，重大、疑难、复杂案件也可以由检察官办案组承办。独任检察官、主任检察官对检察长（分管副检察长）负责，在职权范围内对办案事项作出决定。

6. 人民检察院直接受理立案侦查的案件，一般由检察官办案组承办，简单案件也可以由独任检察官承办。决定初查、立案、侦查终结等事项，由主任检察官或独任检察官提出意见，经职务犯罪侦查部门负责人审核后报检察长（分管副检察长）决定。

7. 诉讼监督等其他法律监督案件，可以由独任检察官承办，也可以由检察官办案组承办。独任检察官、主任检察官对检察长（分管副检察长）负责，在职权范围内对办案事项作出决定。以人民检察院名义提出纠正违法意见、检察建议、终结审查、不支持监督申请或提出（提请）抗诉的，由检察长（分管副检察长）或检察委员会决定。

8. 检察长（分管副检察长）参加检察官办案组或独任承办案件的，可以在职权范围内对办案事项作出决定。

9. 以人民检察院名义制发的法律文书，由检察长（分管副检察长）签发。

10. 检察长（分管副检察长）有权对独任检察官、检察官办案组承办的案件进行审核。检察长（分管副检察长）不同意检察官处理意见，可以要求检察官复核或提请检察委员会讨论决定，也可以直接作出决定。要求复核的意见、决定应当以书面形式作出，归入案件卷宗。

检察官执行检察长（分管副检察长）决定时，认为决定错误的，可以提出异议；检察长（分管副检察长）不改变该决定，或要求立即执行的，检察官应当执行，执行的后果由检察长（分管副检察长）负责，检察官不承担司法责任。检察官执行检察长（分管副检察长）明显违法的决定的，应当承担相应的司法责任。

三、健全检察委员会运行机制

11. 提高检察委员会工作法治化、民主化、科学化水平，发挥检察委员会对重大案件和其他重大问题的决策、指导和监督功能。检察委员会讨论决定的案件，主要是本院办理的重大、疑难、复杂案件，涉及国家安全、外交、社会稳定的案件，下一级人民检察院提请复议的案件。

12. 检察委员会由检察长、副检察长、专职委员和部分资深检察员组成。

13. 检察官可以就承办的案件提出提请检察委员会讨论的请求，依程序报检察长决定。

14. 检察委员会对案件进行表决前，应当进行充分讨论。表决实行主持人末位表态制。检察委员会会议由专门人员如实记录，并按照规定存档备查。

15. 完善检察委员会决策咨询机制。建立健全专家咨询委员会、专业研究小组等检察委员会决策辅助机构。检察委员会讨论案件，可以邀请有关专家到场发表咨询意见。

四、明确检察人员职责权限

16. 检察长统一领导人民检察院的工作，依照法律和有关规定履行以下职责：

（一）决定是否逮捕或是否批准逮捕犯罪嫌疑人；

（二）决定是否起诉；

（三）决定是否提出抗诉、检察建议、纠正违法意见或提请抗诉，决定终结审查、不支持监督申请；

（四）对人民检察院直接受理立案侦查的案件，决定立案、不立案、撤销案件以及复议、复核、复查；

（五）对人民检察院直接受理立案侦查的案件，决定采取强制措施，决定采取查封、扣押、冻结财产等重要侦查措施；

（六）决定将案件提请检察委员会讨论，主持检察委员会会议；

（七）决定检察人员的回避；

（八）主持检察官考评委员会对检察官进行考评；

（九）组织研究检察工作中的重大问题；

（十）法律规定应当由检察长履行的其他职责。

副检察长、检察委员会专职委员受检察长委托，可以履行前款规定的相关职责。

17. 检察官依照法律规定和检察长委托履行职责。

检察官承办案件，依法应当讯问犯罪嫌疑人、被告人的，至少亲自讯问一次。

下列办案事项应当由检察官亲自承担：

（一）询问关键证人和对诉讼活动具有重要影响的其他诉讼参与人；

（二）对重大案件组织现场勘验、检查，组织实施搜查，组织实施查封、扣押物证、书证，决定进行鉴定；

（三）组织收集、调取、审核证据；

（四）主持公开审查、宣布处理决定；

（五）代表检察机关当面提出监督意见；

（六）出席法庭；

（七）其他应当由检察官亲自承担的事项。

18. 主任检察官除履行检察官职责外，还应当履行以下职责：

（一）负责办案组承办案件的组织、指挥、协调以及对办案组成员的管理工作；

（二）在职权范围内对办案事项作出处理决定或提出处理意见。

19. 业务部门负责人除作为检察官承办案件外，还应当履行以下职责：

（一）组织研究涉及本部门业务的法律政策问题；

（二）组织对下级人民检察院相关业务部门办案工作的指导；

（三）召集检察官联席会议，对重大、疑难、复杂案件进行讨论，为承办案件的检察官或检察官办案组提供参考意见；

（四）负责本部门司法行政管理工作；

（五）应当由业务部门负责人履行的其他职责。

20. 检察官助理在检察官的指导下履行以下职责：

（一）讯问犯罪嫌疑人、被告人，询问证人和其他诉讼参与人；

（二）接待律师及案件相关人员；

（三）现场勘验、检查，实施搜查，实施查封、扣押物证、书证；

（四）收集、调取、核实证据；

（五）草拟案件审查报告，草拟法律文书；

（六）协助检察官出席法庭；

（七）完成检察官交办的其他办案事项。

21. 省级人民检察院结合本地实际，根据检察业务类别、办案组织形式，制定辖区内各级人民检察院检察官权力清单，可以将检察长的部分职权委托检察官行使。各省级人民检察院制定的权力清单报最高人民检察院备案。

五、健全检察管理与监督机制

22. 加强上级人民检察院对下级人民检察院司法办案工作的领导。上级人民检察院可以指令下级人民检察院纠正错误决定，或依法撤销、变更下级人民检察院对案件的决定；可以对下级人民检察院管辖的案件指定异地管辖；可以在辖区内人民检察院之间调配检察官异地履行职务。

上级人民检察院对下级人民检察院司法办案工作的指令，应当由检察长决定或由检察委员会讨论决定，以人民检察院的名义作出。

23. 下级人民检察院就本院正在办理的案件的处理或检察工作中的重大问题请示上级人民检察院的，应当经本院检察委员会讨论。在请示中应当载明检察委员会讨论情况，包括各种意见及其理由以及检察长意见。

24. 司法办案工作应当在统一业务应用系统上运行，实现办案信息网上录入、办案流程网上管理、办案活动网上监督。检察长（分管副检察长）和业务部门负责人对办案工作审核、审批，应当在统一业务应用系统上进行。

25. 人民检察院案件管理部门对司法办案工作实行统一集中管理，全面记录办案流程信息，全程、同步、动态监督办案活动，对办结后的案件质量进行评查。

26. 建立随机分案为主、指定分案为辅的案件承办确定机制。重大、疑难、复杂案件可以由检察长指定检察官办案组或独任检察官承办。

27. 当事人举报投诉检察官违法办案，律师申诉、控告检察官阻碍其依法行使诉讼权利，或有迹象表明检察官违法办案的，检察长可以要求检察官报告办案情况。检察长认为确有必要的，可以更换承办案件的检察官，并将相关情况记录在案。

28. 建立以履职情况、办案数量、办案质效、司法技能、外部评价等为主要内容的检察官业绩评价体系。评价结果作为检察官任职和晋职晋级的重要依据。

29. 建立办案质量评价机制，以常规抽查、重点评查、专项评查等方式对办案质量进行专业评价。评价结果应当在一定范围内公开。

30. 构建开放动态透明便民的阳光司法机制。建立健全案件程序性信息查询平台、重要案件信息发布平台、法律文书公开平台、辩护与代理预约平台，推进新媒体公开平台建设。

31. 自觉接受人大、政协、社会各界、新闻媒体以及人民监督员的监督，依法保障律师执业权利。进一步完善内部制约机制，加强纪检监察机构的监督。

六、严格司法责任认定和追究

32. 检察人员应当对其履行检察职责的行为承担司法责任，在职责范围内对办案质量终身负责。

司法责任包括故意违反法律法规责任、重大过失责任和监督管理责任。检察人员与司法办案活动无关的其他违纪违法行为，依照法律及《检察人员纪律处分条例（试行）》等有关规定处理。

33. 司法办案工作中虽有错案发生，但检察人员履行职责中尽到必要注意义务，没有故意或重大过失的，不承担司法责任。

检察人员在事实认定、证据采信、法律适用、办案程序、文书制作以及司法作风等方面不符合法律和有关规定，但不影响案件结论的正确性和效力的，属司法瑕疵，依照相关纪律规定处理。

34. 检察人员在司法办案工作中，故意实施下列行为之一的，应当承担司法责任：

（一）包庇、放纵被举报人、犯罪嫌疑人、被告人，或使无罪的人受到刑事追究的；

（二）毁灭、伪造、变造或隐匿证据的；

（三）刑讯逼供、暴力取证或以其他非法方法获取证据的；

（四）违反规定剥夺、限制当事人、证人人身自由的；

（五）违反规定限制诉讼参与人行使诉讼权利，造成严重后果或恶劣影响的；

（六）超越刑事案件管辖范围初查、立案的；

（七）非法搜查或损毁当事人财物的；

（八）违法违规查封、扣押、冻结、保管、处理涉案财物的；

（九）对已经决定给予刑事赔偿的案件拒不赔偿或拖延赔偿的；

（十）违法违规使用武器、警械的；

（十一）其他违反诉讼程序或司法办案规定，造成严重后果或恶劣影响的。

35. 检察人员在司法办案工作中有重大过失，怠于履行或不正确履行职责，造成下列后果之一的，应当承担司法责任：

（一）认定事实、适用法律出现重大错误，或案件被错误处理的；

（二）遗漏重要犯罪嫌疑人或重大罪行的；

（三）错误羁押或超期羁押犯罪嫌疑人、被告人的；

（四）涉案人员自杀、自伤、行凶的；

（五）犯罪嫌疑人、被告人串供、毁证、逃跑的；

（六）举报控告材料或其他案件材料、扣押财物遗失、严重损毁的；

（七）举报控告材料内容或其他案件秘密泄露的；

（八）其他严重后果或恶劣影响的。

36. 负有监督管理职责的检察人员因故意或重大过失怠于行使或不当行使监督管理权，导致司法办案工作出现严重错误的，应当承担相应的司法责任。

37. 独任检察官承办并作出决定的案件，由独任检察官承担责任。

检察官办案组承办的案件，由其负责人和其他检察官共同承担责任。办案组负责人对职权范围内决定的事项承担责任，其他检察官对自己的行为承担责任。

属于检察长（副检察长）或检察委员会决定的事项，检察官对事实和证据负责，检察长（副检察长）或检察委员会对决定事项负责。

38. 检察辅助人员参与司法办案工作的，根据职权和分工承担相应的责任。检察官有审核把关责任的，应当承担相应的责任。

39. 检察长（副检察长）除承担监督管理的司法责任外，对在职权范围内作出的有关办案事项决定承担完全责任。对于检察官在职权范围内作出决定的事项，检察长（副检察长）不因签发法律文书承担司法责任。检察官根据检察长（副检察长）的要求进行复核并改变原处理意见的，由检察长（副检察长）与检察官共同承担责任。检察长（副检察长）改变检察官决定的，对改变部分承担责任。

40. 检察官向检察委员会汇报案件时，故意隐瞒、歪曲事实，遗漏重要事实、证据或情节，导致检察委员会作出错误决定的，由检察官承担责任；检察委员会委员根据错误决定形成的具体原因和主观过错情况承担部分责任或不承担责任。

41. 上级人民检察院不采纳或改变下级人民检察院正确意见的，应当由上级人民检察院有关人员承担相应的责任。

下级人民检察院有关人员故意隐瞒、歪曲事实，遗漏重要事实、证据或情节，导致上级人民检察院作出错误命令、决定的，由下级人民检察院有关人员承担责任；上级人民检察院有关人员有过错的，应当承担相应的责任。

42. 人民检察院纪检监察机构受理对检察人员在司法办案工作中违纪违法行为和司法过错行为的检举控告，并进行调查核实。

对检察人员承办的案件发生被告人被宣告无罪，国家承担赔偿责任，确认发生冤假错案，犯罪嫌疑人、被告人逃跑或死亡、伤残等情形的，应当核查是否存在应予追究司法责任的情形。

43. 人民检察院纪检监察机构经调查后认为应当追究检察官故意违反法律法规

责任或重大过失责任的，应当报请检察长决定后，移送省、自治区、直辖市检察官惩戒委员会审议。

人民检察院纪检监察机构应当及时向检察官惩戒委员会通报当事检察官的故意违反法律法规或重大过失事实及拟处理建议、依据，并就其故意违反法律法规或重大过失承担举证责任。当事检察官有权进行陈述、辩解、申请复议。

检察官惩戒委员会根据查明的事实和法律规定作出无责、免责或给予惩戒处分的建议。

检察官惩戒委员会工作章程另行制定。

44. 对经调查属实应当承担司法责任的人员，根据《检察官法》《检察人员纪律处分条例（试行）》《检察人员执法过错责任追究条例》等有关规定，分别按照下列程序作出相应处理：

（一）应当给予停职、延期晋升、调离司法办案工作岗位以及免职、责令辞职、辞退等处理的，由组织人事部门按照干部管理权限和程序办理；

（二）应当给予纪律处分的，由人民检察院纪检监察机构依照有关规定和程序办理；

（三）涉嫌犯罪的，由人民检察院纪检监察机构将犯罪线索移送司法机关处理。

45. 检察人员不服处理决定的，有权依照《人民检察院监察工作条例》等有关规定提出申诉。

46. 检察官依法履职受法律保护。非因法定事由、非经法定程序，不得将检察官调离、辞退或作出免职、降级等处分。检察官依法办理案件不受行政机关、社会团体和个人的干涉。检察官对法定职责范围之外的事务有权拒绝执行。

七、其他

47. 本意见适用于中央确定的司法体制改革综合试点地区确定的试点检察院，其他检察院可以参照执行。

48. 本意见由最高人民检察院负责解释。

最高人民检察院：《关于印发〈关于充分发挥检察职能依法保障和促进非公有制经济健康发展的意见〉的通知》

概要及解读

2016年2月19日，最高人民检察院公布了《关于充分发挥检察职能依法保障和促进非公有制经济健康发展的意见》，引发各界高度关注。该意见全文5600字，分6个部分共18条，全面阐述了检察机关将如何依法保护非公有制企业的产权和合法权益。

该意见指出，依法打击侵犯非公有制企业合法权益的职务犯罪，推动构建新型政商关系。依法惩治国家工作人员利用市场准入、市场监管、招商引资、证照颁发审验、项目审批、土地征用、工商管理、税收征管、金融贷款以及国家财政补贴等职务之便，向非公有制企业通过明示、暗示等方式索贿、受贿的犯罪。依法惩治电力、电信、交通、石油、天然气、市政公用等领域非公有制企业资本参股、参与经营活动等公私合营过程中发生的贪污受贿、失职渎职等犯罪。

注意严格区分经济纠纷与经济犯罪的界限，个人犯罪与企业违规的界限，企业正当融资与非法集资的界限，经济活动中的不正之风与违法犯罪的界限，执行和利用国家政策谋发展中的偏差与钻改革空子实施犯罪的界限，合法的经营收入与违法犯罪所得的界限，非公有制企业参与国企兼并重组中涉及的经济纠纷与恶意侵占国有资产的界限。对于法律政策界限不明，罪与非罪、罪与错不清的，要慎重妥善处理，加强研究分析，注意听取行业主管、监管部门意见，坚决防止把一般违法违纪、工作失误甚至改革创新视为犯罪。

慎重选择办案时机和方式，慎重使用搜查、扣押、冻结、拘留、逮捕等措施；不轻易查封企业账册，不轻易扣押企业财物。对于有自首、立功表现，认罪态度较好，社会危险性不高、积极配合的非公有制企业涉案人员，一般不采取拘留、逮捕措施。慎重发布涉及非公有制企业案件的新闻信息，对涉及知名的非公有制企业或者上市公司的案件一般不对外报道，在法律允许的范围内合理顾及非公有制企业关切，最大限度维护非公有制企业声誉、促进长远发展。

全文如下。

最高人民检察院关于印发《关于充分发挥检察职能依法保障和促进非公有制经济健康发展的意见》的通知

（2016年2月19日 高检发〔2016〕2号）

各省、自治区、直辖市人民检察院，军事检察院，新疆生产建设兵团人民检察院：

现将《最高人民检察院关于充分发挥检察职能依法保障和促进非公有制经济健康发展的意见》印发给你们，请结合实际贯彻执行。

最高人民检察院关于充分发挥检察职能依法保障和促进非公有制经济健康发展的意见

为深入贯彻党的十八大及十八届三中、四中、五中全会精神和习近平总书记系列重要讲话精神，认真落实中央经济工作会议和中央政法工作会议部署，坚持平等保护公有制经济与非公有制经济，依法履行检察职能，充分发挥保障和促进非公有制经济健康发展的积极作用，提出如下意见：

一、充分认识非公有制经济的重要地位，切实增强保障和促进非公有制经济健康发展的主动性和责任感

1. 依法保护非公有制企业产权和合法权益，是检察机关的重要责任。非公有制经济是社会主义市场经济的重要组成部分，也是推动我国经济转型升级的重要依托，对于支撑增长、促进创新、扩大就业、增加税收等发挥重要作用。检察机关要切实把思想和行动统一到中央决策部署和要求上来，围绕服务经济建设和发展大局，找准检察工作保障和促进非公有制经济健康发展和非公有制经济人士健康成长的切入点，积极履职尽责，为非公有制经济发展提供有力司法保障。

2. 牢固树立平等保护的理念，加强对非公有制经济的司法保护。对公有制经济和非公有制经济平等保护，是我国宪法规定的一项重要原则。要把平等保护各类市场主体合法权益作为检察工作服务改革发展稳定大局的重要着力点，坚持诉讼地位和诉讼权利平等、法律适用和法律责任平等、法律保护和法律服务平等，主动适应非公有制经济发展的司法需求，依法保护非公有制企业产权和合法权益，依法保护企业家和从业人员创新创业的积极性，增强发展预期和信心，激发活力，促进创新发展。

二、积极履行检察职能，依法保障非公有制企业产权和合法权益

3. 依法打击侵犯非公有制企业权益和非公有制经济人士人身、财产权利的刑事犯罪，营造平安稳定社会环境。依法履行批捕、起诉职能，突出工作重点，依法惩治侵犯非公有制经济投资者、管理者和从业人员人身安全、财产安全的犯罪活动。依法惩治黑社会性质犯罪组织和恶势力犯罪团伙以暴力、胁迫等方式向非公有制企业收取“保护费”，欺行霸市、强买强卖的犯罪。依法惩治盗窃、抢夺、敲诈勒索、哄抢非公有制企业财物的犯罪。依法惩治利用职务便利侵占、挪用非公有制企业财产的犯罪。依法惩治由经济纠纷引发的暴力讨债、绑架、非法拘禁等犯罪。积极配合有关部门加强对非公有制企业周边治安乱点的专项整治，维护企业管理秩序，保障企业生产经营活动正常进行。

4. 依法惩治破坏市场秩序、侵犯非公有制企业产权和合法权益的经济犯罪，营造诚信有序的市场环境。依法惩治侵犯非公有制企业合法权益的金融诈骗、合同诈骗、商业贿赂等破坏市场经济秩序的犯罪。依法惩治强揽工程、串通投标、强迫交易、官商勾结垄断经营以及故意损害商业信誉等破坏公平竞争的犯罪。依法惩治侵犯商标专用权、专利权、著作权、商业秘密等破坏非公有制企业创新发展的侵犯知识产权犯罪。依法惩治集资诈骗、非法吸收公众存款等涉众型犯罪。依法惩治利用互联网金融平台、打着金融创新旗号从事非法活动等增加金融风险的犯罪。通过惩治各种经济犯罪，有力维护公平竞争、健康有序的市场秩序，提高非公有制企业投资信心，激发资本参与热情。

5. 依法打击侵犯非公有制企业合法权益的职务犯罪，推动构建新型政商关系。依法惩治国家工作人员利用市场准入、市场监管、招商引资、证照颁发审验、项目审批、土地征用、工商管理、税收征管、金融贷款以及国家财政补贴等职务之便，向非公有制企业通过明示、暗示等方式索贿、受贿的犯罪。依法惩治电力、电信、交通、石油、天然气、市政公用等领域非公有制企业资本参股、参与经营活动等公私合营过程中发生的贪污受贿、失职渎职等犯罪。

6. 强化对涉及非公有制企业和非公有制经济人士诉讼活动的法律监督，维护非公有制企业合法权益和司法公正。重点监督纠正涉及非公有制企业的案件该立不立、不该立乱立、违法使用刑事手段插手经济纠纷，以及适用强制措施、查封扣押冻结财物不当等问题。着力加强对涉及非公有制企业债务纠纷、股权分配、知识产权、职工工资、劳动争议、工伤赔偿等案件审判、执行活动的法律监督。切实加强对涉及市场准入、不正当竞争等问题的法律监督。坚持把加强对诉讼活动的法律监督与查处司法腐败结合起来，注重查办执法不严、司法不公背后的虚假诉讼、贪赃枉法等司法人员违法犯罪案件，加大对虚假诉讼、恶意诉讼的打击惩治力度，促进和优化非公有制经济发展环境，努力适应经济发展新常态。

三、准确把握法律政策界限，努力营造法治化营商环境

7. 准确把握法律政策界限，严格执行宽严相济刑事政策。坚持法治思维，充分考虑非公有制经济的特点，优先考虑企业生存发展，防止不讲罪与非罪界限、不讲法律政策界限、不讲方式方法，防止选择性司法，防止任意侵犯非公有制企业合法权益问题的发生。注意严格区分经济纠纷与经济犯罪的界限，个人犯罪与企业违规的界限，企业正当融资与非法集资的界限，经济活动中的不正之风与违法犯罪的界限，执行和利用国家政策谋发展中的偏差与钻改革空子实施犯罪的界限，合法的经营收入与违法犯罪所得的界限，非公有制企业参与国企兼并重组中涉及的经济纠纷与恶意侵占国有资产的界限。对于法律政策界限不明，罪与非罪、罪与错不清的，要慎重妥善处理，加强研究分析，注意听取行业主管、监管部门意见，坚决防止把一般违法违纪、工作失误甚至改革创新视为犯罪，做到依法惩治犯罪者、支持创业者、挽救失足者、教育失误者，确保办案的质量和效果。

8. 注意研究新情况新问题，鼓励和支持非公经济主体投入到创新发展中去。注重研究创新发展中出现的新兴产业、新兴业态、新型商业模式、新型投资模式和新型经营管理模式等新变化，慎重对待创新融资、成果资本化、转化收益等不断出现的新问题，坚持"法无明文规定不为罪"。对法律规定不明确、法律政策界限不清晰的，要及时向上级人民检察院请示报告。

四、改进办案方式和规范司法行为，确保办案"三个效果"有机统一

9. 更加注重改进办案方式方法。坚持既充分履行职能、严格依法办案，又注意改进办案方式方法，防止办案对非公有制企业正常生产经营活动造成负面影响。坚持深入查办案件与规范自身司法行为并重，采取强制措施、侦查措施与维护非公有制企业正常经营秩序、合法权益并重，打击经济犯罪、查办职务犯罪与依法帮助非公有制企业挽回和减少经济损失并重，严格公正廉洁司法与理性平和文明规范司法并重。慎重选择办案时机和方式，慎重使用搜查、扣押、冻结、拘留、逮捕等措施；不轻易查封企业账册，不轻易扣押企业财物。对于有自首、立功表现，认罪态度较好，社会危险性不高、积极配合的非公有制企业涉案人员，一般不采取拘留、逮捕措施。对于查办非公有制企业经营管理者和关键岗位工作人员的犯罪案件，主动加强与涉案企业或者当地政府有关部门、行业管理部门的沟通协调，合理掌控办案进度，严格慎用拘留、逮捕措施，帮助涉案非公有制企业做好生产经营衔接工作；确需查封扣押冻结的，预留必要的流动资金和往来账户，减少对正常生产经营活动的影响；对于涉案非公有制企业正在投入生产运营或者正在用于科技创新、产品研发的设备、资金和技术资料等，原则上不予查封、扣押、冻结，确需提取犯罪证据的，可以采取拍照、复制等方式提取。慎重发布涉及非公有制企业案件的新闻信息，对涉及知名的非公有制企业或者上市公司的案件一般不对外报道，在法律允许的范围内合理顾及非公有制企业关切，最大限度维护非公有制企业声誉、促进长远发展。对于涉及非公有制企业和企业经营人员的举报，经查证失实的，应当按照检察机关举报工作规定，及时采取适当方式澄清事实，最大限度维护非公有制企业和企业经营人员的声誉，最大限度减少对非公有制企业正常生产经营活动的影响。

10. 严格规范司法行为。强化规范司法意识，明确司法行为不规范必然损害非公有制企业的合法权益。严禁越权办案、插手经济纠纷，严禁以服务为名到发案单位吃拿卡要报，严禁使用涉案单位的交通通讯工具和办公设备，严禁乱拉赞助和乱摊派，严禁干预发案单位的正常生产经营活动，严禁干预非公有制企业合法自主经济行为。对于知法犯法、违法办案的，发现一起、处理一起、通报一起，让司法不规范行为见人、见事、见案件，依法保护非公有制企业合法权益。

五、结合办案加强法制教育和犯罪预防，延伸职能为非公有制经济发展提供法律服务

11. 认真落实“谁执法谁普法”的普法责任制，积极开展法律普及教育。结合司法办案，加强法制宣传，采取普法讲座、以案释法等方式，帮助和促进非公有制企业、非公有制经济人士强化依法经营意识，明确法律红线和法律风险，促进非公有制企业及从业人员做到既依法办事、守法经营，又提高自我保护意识，有效防控重大法律风险，提高经营管理的法治化水平。

12. 积极拓展法律服务渠道，加强对非公有制企业合法权益的司法救济。及时办理非公有制企业的控告、申诉和举报，加强检察监督。充分发挥检察机关视频接访系统、12309举报网络平台等诉求表达渠道的作用，为非公有制企业、非公有制经济人士寻求法律咨询、司法救济等提供更加便捷高效的服务。对涉及非公有制企业、非公有制经济人士维护自身合法权益的控告、申诉和举报，依法及时审查，严格按照法律的管辖规定、诉求性质和相应的法律程序办理。对于检察机关和检察人员提出的不合理、不合法要求，非公有制企业有权拒绝并及时向本级检察机关或上级检察机关反映。更加注重从非公有制经济界人士、工商联及商会工作人员中选聘特约检察员、人民监督员，认真听取非公有制企业的意见和建议，深入倾听非公有制经济界的声音，努力为非公有制经济健康发展服务。

13. 加强典型案例剖析和警示教育，紧紧围绕非公有制企业生产经营活动开展预防。结合查办侵害非公有制企业合法权益的犯罪案件以及非公有制企业在生产经营活动中发生的犯罪案件，深入剖析典型案件和发案规律，及时提出检察建议，帮助非公有制企业建章立制，堵塞漏洞，完善内部监督制约和管理机制，提高依法经营管理水平，增强非公有制企业在经济发展新常态下的竞争力和发展后劲。通过开展预防咨询、预防宣传等工作，及时告知非公有制企业享有的合法权益，帮助非公有制企业依法维护自身合法权益。加大对促进经济增长、发展方式转变、科技创新、吸纳就业、居民增收等贡献大的非公有制企业的预防服务力度，增强预防工作的整体效果。

14. 创新预防方式和工作机制，增强预防实效。坚持从适应经济发展新常态的实际出发，立足办案积极创新预防工作的方式和机制，及时收集分析非公有制经济运行中的各种有效信息，对可能影响非公有制经济健康发展、存在犯罪风险隐患的苗头性、倾向性问题及时开展预防调查和预警预测，提出对策建议，不断增强预防工作的预见性和针对性。结合办案，对非公有制企业生产经营活动中存在的普遍性问题，探索组织区域性、系统性、规模性的专题预防活动，促进有效解决，最大限度地保障非公有制企业生产经营和资本运作的正常活动，以及生产要素和资本要素的有效配置、流动，努力服务、保障和促进非公有制经济健康发展。

六、加强组织领导和协作配合，确保对非公有制经济发展各项保障和促进措施落到实处

15. 加强对保障和促进非公有制经济发展的组织领导。坚持把充分发挥职能作用、积极服务非公有制经济发展作为当前检察机关的一项重要工作任务，切实加强领导，强化措施，狠抓落实，增强保障和促进非公有制经济发展的主动性、针对性和实效性。加强与行政执法机关的协作配合，进一步完善行政执法与刑事司法衔接机制，整合执法司法资源，充分发挥保护和促进非公有制经济发展的作用。上级人民检察院特别是省级人民检察院要深入研究分析保障和促进非公有制经济发展中遇到的新情况新问题，加强对下业务指导和宏观指导，及时出台指导性意见，总结推广下级人民检察院的典型经验。下级人民检察院对于在办理非公有制企业或非公有制经济人士涉嫌犯罪案件过程中遇到的困难和问题，应当及时向上级人民检察院请示报告，必要时层报最高人民检察院。

16. 加强重大情况报告、通报和建议。结合司法办案，深入分析和把握影响非公有制经济发展的深层次问题，对于办案工作中发现的体制性、政策性、策略性、方向性等重大问题，要及时向党委报告，提出解决的建议。对于机制性、管理性以及政策执行中的问题，要及时向政府通报，积极协助政府完善制度、强化管理。对于影响非公有制经济运行、妨碍非公有制经济发展的立法不完善问题，要及时提出修改完善法律法规的建议，推动完善有利于非公有制经济发展的法律体系。

17. 加强工作宣传和舆情引导。增强主动宣传的意识、知识和能力，进一步加强与主流媒体和新媒体的联系沟通，充分利用报刊、广播电视和门户网站、微信、微博等新闻宣传平台，加强宣传检察机关保障和促进非公有制经济发展的新思路、新举措和新成效，传播检察机关保障和促进非公有制经济发展的“好声音”和法治“正能量”，增强司法办案工作保障和促进非公有制经济发展的主动权、话语权。发布涉及非公有制企业和非公有制经济人士涉嫌违法犯罪的有关新闻，应严肃纪律，统一口径，把握好尺度，必要时请示汇报，避免影响非公有制企业的正常经营和发展。对于查办非公有制企业及从业人员案件引发的舆情，要树立积极回应理念，加强舆情收集、分析、研判，善于把握时、度、效，及时快速应对，正面引导疏解。

18. 加强与工商联的沟通协调，形成保障和促进非公有制经济发展的合力。主动加强与各级工商联的密切联系，建立健全联席会议、定期通报情况、共同开展调研等常态化机制，及时了解非公有制经济最新政策和发展情况，全面把握非公有制企业的司法需求，不断增强服务的针对性和有效性。对于工商联反映的突出问题，要高度关注、认真督办，建立处理结果反馈机制。对于办案中发现的非公有制企业经营管理存在的典型性、普遍性的问题，要及时向工商联通报。支持工商联依法开展法律维权工作，充分发挥工商联联系面广、信息来源多、整合各方面资源能力强的优势，共同研究解决经济发展新常态下非公有制经济转型升级和“走出去”遇到的法律风险及法律问题，积极采取保障和促进非公有制经济发展的有效措施，形成工作合力，增强整体效果。

最高人民检察院：《关于印发〈最高人民检察院关于充分履行检察职能加强产权司法保护的意见〉的通知》

概要及解读

总体而言，无论是公信力、专业水准，还是制度设计上，检察院和法院的作用至关重要。因此，在顶层设计明确提出《关于完善产权保护制度依法保护产权的意见》后，法院和检察院的态度、落地方案及具体制度就至关重要。最高人民法院在中央顶层设计文件出台后，迅速出台了《关于依法审理和执行民事商事案件保障民间投资健康发展的通知》《最高人民法院关于充分发挥审判职能作用切实加强产权司法保护的意见》和《最高人民法院关于依法妥善处理历史形成的产权案件工作实施意见》等一系列文件。无论是在舆论上，还是在制度保障上，均原则上实现了有据可循。

最高人民检察院于2016年2月19日公布了《关于充分发挥检察职能依法保障和促进非公有制经济健康发展的意见》；于2017年1月6日公布了《关于充分履行检察职能加强产权司法保护的意见》，强调要严格把握产权案件罪与非罪的界限标准，依法妥善处理历史形成的产权案件，并最大限度减少对产权主体合法权益和正常经济活动的损害及影响。最高人民检察院还同时发布了9个典型案例。

最高人民检察院进一步明确要求，加强对公安机关乱立案、乱抓人的监督，同时强调对法院乱审判的监督：重点监督侦查机关以刑事手段插手经济纠纷、选择性执法等妨害产权平等保护的问题，加大对该立不立、不该立乱立等执法不严、司法不公问题的监督纠正力度。很显然，关注点还是在于坚决纠正刑讯逼供、非法取证、漏捕漏诉、滥用强制措施、查封、扣押、冻结财物不当等侦查违法行为。

真正实现民企的产权保护，应做到以下几点：

（1）给民企和国企平等的市场待遇和法律待遇；

（2）公安机关不应随意插手企业的内部和企业间纠纷；

（3）不能随意采取刑事措施；

（4）法院不应任意查封企业资产，查封财产数额应与案件标的相当；

（5）公安机关和法院对于尚未走完法律程序的、属于民企和企业家自己的财产，应该妥善管理。

全文如下。

最高人民检察院关于印发《关于充分履行检察职能加强产权司法保护的意见》的通知

（2017 年 1 月 6 日）

各省、自治区、直辖市人民检察院，军事检察院，新疆生产建设兵团人民检察院：

现将《最高人民检察院关于充分履行检察职能加强产权司法保护的意见》印发给你们，请结合实际贯彻执行。

最高人民检察院关于充分履行检察职能加强产权司法保护的意见

党的十八大以来，以习近平同志为核心的党中央高度重视产权保护，提出加强对各种所有制组织和自然人财产权的保护。为深入贯彻党的十八大，十八届三中、四中、五中、六中全会精神和习近平总书记系列重要讲话精神，落实《关于完善产权保护制度依法保护产权的意见》和中央经济工作会议的部署要求，充分履行检察职能，加强产权司法保护，提出如下意见：

一、深刻认识产权制度重要意义，明确产权保护的总体要求

1. 充分认识加强产权司法保护的重要意义。依法保护产权是完善中国特色社会主义市场经济体制的内在要求，是坚持稳中求进工作总基调，促进经济转型升级、全面深化改革、全面建成小康社会的客观需要。各级检察机关要把思想和行动统一到党中央重要决策、部署和要求上来，牢固树立和贯彻落实新发展理念，主动适应经济发展新常态，切实把防控风险、服务发展摆在更加突出位置，为保护企业和个人合法产权、促进经济平稳健康发展和社会和谐稳定提供优质的司法服务。

2. 严格落实加强产权司法保护的总体要求。各级检察机关要坚持依法保护原则，充分发挥惩治、预防、监督、教育、保护等检察职能，加强对产权的司法保护。坚持平等保护原则，平等保护各种所有制组织和自然人的财产权，确保各类产权主体的诉讼地位和诉讼权利平等、法律适用和法律责任平等、法律保护和法律服务平等。坚持全面保护原则，全面保护物权、债权、股权、知识产权等各种类型的财产权，切实维护产权主体的合法权益。

二、准确把握法律政策界限，规范改进司法行为，注重产权司法保护实效

3. 严格把握产权案件罪与非罪的界限标准。各级检察机关办理有关产权刑事案件，要严格区分经济纠纷与经济犯罪的界限，企业正当融资与非法集资的界限，民营企业参与国有企业兼并重组中涉及的产权纠纷与恶意侵占国有资产的界限，执行和利用国家政策谋发展中的偏差与钻改革空子实施犯罪的界限。坚持主客观相一致原则，避免客观归罪。对民营企业生产、经营、融资等经济行为，除法律、行政法规明确禁止外，不以违法犯罪对待。对于正在办理的涉产权刑事案件，法律和司法解释规定不明确、法律界限不明、罪与非罪界限不清的，不作为犯罪处理。

4. 依法妥善处理历史形成的产权案件。以发展眼光客观看待和依法妥善处理改革开放以来各类企业，特别是民营企业经营发展过程中存在的不规范问题。办案中坚持罪刑法定、法不溯及既往、从旧兼从轻、疑罪从无原则，对于确属事实不清、证据不足、适用法律错误的错案冤案，坚决予以纠正。对于没有犯罪事实或者具有《刑事诉讼法》第十五条规定的情形之一的，或者犯罪情节轻微不需要判处刑罚的，或者经过补充侦查仍达不到起诉证据标准的，依法不起诉。对于构成犯罪但认罪认罚的，依法从宽处理。对于历史形成的产权案件，社会反映强烈、当事人长期申请的，要抓紧组织力量进行甄别，对确属错案冤案的，坚决依法纠正并赔偿当事人的损失。

5. 规范自身司法行为，改进办案方式方法，最大程度减少对产权主体合法权益和正常经济活动的损害及影响。严禁以刑事手段插手经济纠纷。严禁使用当事人的交通通讯工具、办公设备，或者以办案为名到发案单位吃、拿、卡、要、报。严禁干预涉案企业正常生产经营活动。慎重选择办案时机和方式，慎重使用搜查、查封、扣押、冻结、拘留、逮捕等强制性措施。对于涉嫌犯罪的各类产权主体主动配合调查，认罪态度好，犯罪情节较轻，且没有社会危险性的，一律不采取拘留、逮捕、指定居所监视居住等强制措施；对于不涉案的款物、账户，包括企业生产经营资料、涉案人员近亲属的合法财产等，一律不查封、扣押、冻结。对于涉及企业和投资、生产、经营者、科技创新人员犯罪的举报，经查证失实的，及时澄清事实。

三、依法履行刑事检察职能，加大惩治侵犯产权犯罪力度

6. 加强审查逮捕、起诉工作，确保依法、准确、及时、有效打击侵犯产权犯罪。依法惩治破坏市场经济秩序、侵犯各类产权主体财产权的犯罪，突出打击非法吸收公众存款、集资诈骗、组织领导传销等涉众型经济犯罪，以商业贿赂、金融诈骗、虚假诉讼、强迫交易等不法手段破坏公平市场营商环境的犯罪，以及通过内幕交易、利用未公开信息交易、操纵证券期货市场等手段，严重损害公众投资者特别是中小投资者权益的犯罪。依法惩治侵犯知识产权和制售假冒伪劣商品犯罪，突出打击链条式、产业化侵犯知识产权犯罪，以及具有反复侵权、恶意侵权、网络侵权、有组织侵权等恶劣情节的犯罪，加大对涉外知识产权犯罪打击力度。对利用公权力严重侵害私有产权，勾结黑恶势力在特定经济领域形成非法控制，受害者人数众多，引发群体性事件等严重侵犯产权的犯罪案件，要实行挂牌督办，第一时间介入侦查，引导侦查机关全面收集固定证据，确保办案效率和质量。

7. 正确适用法律和刑事政策，提升审查逮捕、起诉工作质量。准确理解和适用法律，贯彻宽严相济刑事政策，严把事实关、证据关、程序关和法律适用关。细化涉产权犯罪案件审查逮捕质量标准，严格审查是否具备社会危险性条件，对构成犯罪但无社会危险性的一般不批准逮捕。建立涉产权犯罪案件审查逮捕质量分析评查制度，对逮捕后撤案、不起诉、判无罪和公安机关提请复议复核、当事人提出申诉的案件实时监控、及时分析，有针对性地改进工作。严格依法把握起诉条件，从经济安全、公共利益、市场秩序等方面准确认定社会危害性，综合考虑政策调整、经营不善、市场风险等市场主体意志以外的因素，对符合不起诉条件的，依法适用不起诉。保障涉案当事人及其委托人的诉讼权利，尊重犯罪嫌疑人、被告人的诉讼地位和人格尊严，保障律师依法履行职责。进一步推进刑事速裁程序、认罪认罚从宽制度的试点工作，对于轻微案件简化诉讼程序，加快诉讼进程，切实维护各类产权主体的合法权益。

8. 针对薄弱环节和突出问题，延伸审查逮捕、起诉工作产权保护效果。结合审查逮捕、起诉工作，加强对侵犯产权犯罪活动的分析研判，提高产权司法保护的精准度。积极参与社会治安防控体系建设，采取检察建议等形式，帮助各类产权主体强化产权保护意识，促进国有企业健全内部监督制度和内控机制、规范国有资产流转程序和交易行为，促进集体经济组织建立健全集体资产管理制度和财务管理监督制度，促进民营企业提高依法规范经营和维护自身合法权益的意识和能力，从源头上预防和治理侵犯产权犯罪。

四、加强侦查预防工作，依法惩治侵犯产权职务犯罪

9. 严肃查办侵犯产权的职务犯罪。重点惩治利用国有产权所有者和代理人关系不明晰，国有企业财务、采购、营销、投资等方面内部监督制度不健全实施的贪污、受贿、挪用公款、私分国有资产等犯罪，以及通过内部人控制、关联交易、利益输送、利益交换等方式，以市场行为掩盖非法目的，导致国有资产严重流失的犯罪。重点惩治发生在金融、土地、财税、能源、资源等重要领域行政审批、管理过程中侵犯产权的失职渎职犯罪。重点惩治发生在国有资产、集体资产清产核资、登记、保管、使用、处置过程中的职务犯罪，以及利用农村产权流转交易侵犯农村集体产权、侵犯农民权益的职务犯罪。

10. 严格规范涉案财产处置的法律程序，最大限度降低对产权主体正常生产经营活动的不利影响。对于涉案企业和人员正在投入生产运营或者正在用于科技创新、产品研发的设备、资金和技术资料等，能够采取非强制性措施即可达到保障诉讼目的的，不使用强制性措施。加强查封、扣押、冻结涉案财产甄别审查工作，最大限度缩短甄别审查期限，确保合法财产不受牵连。办案中要注意听取有关行业主管、监管部门的意见，对争议大的案件及时向上级检察机关请示报告。

11. 通过查办职务犯罪发现产权保护制度机制的漏洞和风险点，从源头上减少涉产权职务犯罪。要结合办案开展职务犯罪预防工作，既支持企业和企业家创业创新谋发展，又引导企业和企业家依法规范经营。围绕国有产权、农村集体产权和自然资源资产产权等重点领域，深入剖析典型案件和发案规律，开展有针对性的职务犯罪预防工作。结合办案，对产权保护中存在的普遍性问题，组织开展专题预防活动，积极运用检察建议、年度报告、专项报告等方式，督促产权登记、审批、监管、保护等部门完善制度机制，加强改进产权保护工作，增强预防工作整体效果。

五、强化刑事诉讼监督，保障涉案产权主体的合法权益

12. 加强立案监督和侦查活动监督。加强对刑事立案活动的监督，重点监督侦查机关以刑事手段插手经济纠纷、选择性执法等妨害产权平等保护的问题，加大对该立不立、不该立乱立等执法不严、司法不公问题的监督纠正力度。加强对侦查活动的监督，贯彻落实非法证据排除等办案制度，坚决纠正刑讯逼供、非法取证、漏捕漏诉、滥用强制措施、查封扣押冻结财物不当等侦查违法行为。对于因涉嫌犯罪被逮捕的各种所有制组织的投资者、生产者、经营者、专业技术人员等，切实履行好羁押必要性审查职责，发现不需要继续羁押的，应当依法予以释放或者变更强制措施。

13. 加强刑事审判和刑事执行监督。加强对刑事审判活动的监督，重点监督判决、裁定在认定事实、采信证据、适用法律方面确有错误的案件，做到敢于监督、善于监督、依法监督和规范监督，对符合法定条件的案件依法提出抗诉。加强对刑事执行活动的监督，重点监督涉产权案件生效判决、裁定的执行活动，发现人民法院执行财产刑过程中，存在应当执行而不执行，不应当执行而执行，非法处置被执行人或者案外人财产等侵犯产权违法情形的，应当依法提出纠正意见，确保财产刑执行到位。依法保障各类产权主体在服刑期间的申诉权，防止其因申诉而被限制或者剥夺依法获得减刑的权利。对于犯罪的民营企业投资人，依法保障其在服刑期间行使财产权利等民事权利。

六、加强民事行政检察工作，形成多元化产权保护格局

14. 依法履行民事行政检察职责，加强对产权诉讼案件的法律监督。依法保障各类产权主体申请监督权，规范民事行政诉讼监督案件的受理和审查程序，注重倾听当事人意见，畅通申请监督渠道，积极通过抗诉、提出检察建议等方式加强对涉产权民事、行政案件的审判监督，有效保障产权主体的合法权益。加强对民事、行政执行活动的监督，重点监督因不依法履行执行职责及错误采取执行措施、错误处置执行标的物、错误追加被执行人，致使当事人或利害关系人、案外人等财产权受到侵害的案件。加大对涉产权虚假诉讼、恶意诉讼监督力度，重点审查双方当事人恶意串通，通过以物抵债等方式损害案外人产权案件，督促人民法院依法惩治虚假诉讼行为，维护司法公正和司法权威。

15. 依法推进公益诉讼试点，积极探索开展对行政强制措施和履行职责中发现的行政违法行为的监督。稳步推进公益诉讼试点工作，以国有资产保护、国有土地使用权出让等产权领域为重点，积极运用诉前程序和提起公益诉讼的方式，维护被民事、行政违法行为侵害的国家和社会公共利益。积极探索对涉及人身、财产权益的行政强制措施和在履行职责中发现的行政机关违法行使职权或不行使职权行为的监督措施，防止和纠正违法行政行为对各类产权主体合法权益的侵害。

七、加强控告申诉检察工作，依法化解产权纠纷引发的社会矛盾

16. 畅通诉求表达渠道，依法受理历史形成产权案件的申诉，做到有错必纠。打造"信、访、网、电"四位一体的诉求表达体系，为产权人寻求法律咨询、权利救济提供更加便捷高效的服务。对社会反映强烈的涉及产权的刑事申诉案件，依法导入法律程序，按照诉求性质、案件管辖和法律程序及时审查办理。凡是违反法律政策侵犯产权、不利于经济发展的决定、判决、裁定，要依法监督纠正。

17. 依法办理涉产权保护的国家赔偿案件。坚持法定赔偿原则，保障符合赔偿条件的产权主体依法获得赔偿。支持人民法院对涉产权国家赔偿案件依法进行审理。依法办理检察机关作为赔偿义务机关的刑事赔偿案件，积极履行赔偿义务，保障符合法定赔偿条件的产权主体及时获得赔偿。依法受理和审查产权主体对人民法院作出的赔偿决定和行政赔偿判决、裁定提出申诉的案件，并依法提出监督意见。

18. 拓展控告申诉工作模式，有效化解社会矛盾。建立涉产权民事、行政申诉案件引导当事人和解机制，积极推动建立社会帮扶、政府扶贫等化解矛盾机制，推动建立健全与人民调解组织、行业调解组织的衔接联动机制，引导当事人向调解组织提出调解申请，并根据调解情况依法作出相应处理。推动律师参与代理和化解涉及产权纠纷信访案件工作，鼓励社会各界共同参与，有效解决产权纠纷。

八、加强组织领导和协调配合，确保产权保护措施落到实处

19. 加强组织领导。各级检察机关要把充分履行检察职能、加强产权司法保护作为当前一项重要政治任务，狠抓落实。切实加强对产权保护法律政策界限和工作措施的研究、协调和推进，加大保护和纠错力度。积极参与民法典编纂研究工作，推动产权保护法律制度的健全完善。及时对相关司法解释和规范性文件进行清理，凡是不符合依法保护产权的，应当废止或者修改。要深入研究分析产权司法保护中的新情况、新问题，发挥检察一体化优势，加强对下业务指导。对重大侵犯产权刑事犯罪案件、重大妨害产权保护职务犯罪案件，实行挂牌督办。下级人民检察院对办案中遇到的有关困难和问题，应当及时向上级人民检察院请示报告，必要时层报最高人民检察院。

20. 加强工作机制建设。各级检察机关要立足检察职能建立健全产权司法保护的长效机制。加强办理产权案件的能力建设和队伍建设，注重培养选拔专家型人才和业务骨干办理产权案件。严格落实司法责任制，完善办案质量终身负责制和错案责任倒查问责制。推进检务公开，及时回应社会关切，自觉接受人大监督、民主监督和社会监督，增强司法公信力，维护司法公正和权威。

21. 加强协调配合。积极参与党委牵头，人大、政府、司法机关共同参加的产权保护协调工作机制，形成工作合力。对办案中发现的体制性、政策性等重大问题和事项，及时向党委报告。加强与纪检、审判、公安、行政执法部门的协作配合，加强产权领域行政执法与刑事司法衔接机制建设。加强与各级工商联、相关行业协会的密切联系，建立健全联席会议、定期通报情况、共同开展调研等常态化机制，支持开展对涉及产权纠纷的中小企业维权援助工作。广泛听取人大代表、政协委员、专家学者、律师、企业人士等方面意见，增强产权司法保护的针对性和实效性。

22. 加强法治宣传。落实“谁执法谁普法”的普法责任制，把培育全社会尊重产权、保护产权意识作为以案释法、法治宣传教育的一项基础性工作。充分利用检察机关宣传主阵地、“两微一端”、微电影、微视频等媒体平台，加强与主流媒体、重点商业网络和自媒体的联系协作，深入宣传解读党和国家加强产权保护的政策和法律法规，及时报道检察机关工作部署、举措、进展和成效。选择检察机关依法纠正侵害企业产权的有重大影响的错案冤案典型，适时向社会公布，释放保护产权的积极信号，增强人民群众财产财富安全感，增强社会信心。着力宣传和营造法治、透明、公平的体制政策环境和社会舆论环境，保护企业家精神，支持企业家专心创新创业。

最高人民检察院、公安部：《关于印发〈最高人民检察院、公安部关于公安机关办理经济犯罪案件的若干规定〉的通知》

概要及解读

最高人民检察院、公安部联合修订印发了《最高人民检察院、公安部关于公安机关办理经济犯罪案件的若干规定》。

目前，产权保护政策的主要落脚点在于：

1. 为企业家营造更加宽松的营商环境。为企业家健康成长和事业发展营造宽松环境。

2. 真正注重企业家个人的人身、财富安全。加强企业家人身、财富安全感，没有安全感，则创造力不足。

3. 重塑新型政商关系，并建立企业家们对法治的信心。处理涉产权的有冤、假、错可能的企业家服刑案件，提高企业家对法治的信心。如果企业家对法治没有信心，则对社会治理和运行没有预期，社会发展在一定程度上也将停滞，陷入混乱。

4. 严防将民事纠纷当作刑事案件来处理。根据《最高人民检察院、公安部关于公安机关办理经济犯罪案件的若干规定》第73条的规定，具有下列情形之一的，公安机关应当责令依法纠正，或者直接作出撤销、变更或者纠正决定。对发生执法过错的，应当根据办案人员在办案中各自承担的职责，区分不同情况，分别追究案件审批人、审核人、办案人及其他直接责任人的责任。构成犯罪的，依法追究刑事责任。(1) 越权管辖或者推诿管辖的；(2) 违反规定立案、不予立案或者撤销案件的；(3) 违反规定对犯罪嫌疑人采取强制措施的；(4) 违反规定对财物采取查封、扣押、冻结措施的；(5) 违反规定处置涉案财物的；(6) 拒不履行办案协作职责，或者阻碍异地公安机关依法办案的；(7) 阻碍当事人、辩护人、诉讼代理人依法行使诉讼权利的；(8) 其他应当予以追究责任的。对于导致国家赔偿的责任人员，应当依据《中华人民共和国国家赔偿法》的有关规定，追偿其部分或者全部赔偿费用。

作为专注民企产权保护类案件的专业律师团队，在办理、接触的大量各类涉及民企和企业家产权纠纷案件中，常见的情形包括：(1) 因民营企业与国企不能受到同等保护和享有同等营商条件/门槛而产生的纠纷；(2) 民营企业内部发生争议后公权力不当介入后产生的纠纷；(3) 公权力对民营企业滥用查封、冻结措施产生的纠纷；(4) 公权力对民营企业及企业家滥用刑事手段产生的纠纷；(5) 司法机关故意错误适用法律、滥用司法裁判权损害民企产权利益产生的纠纷；(6) 地方政府和司法机关滥用破产程序侵害民企产权产生的纠纷；(7) 在刑事案件中滥用查没手段侵占民企财产产生的纠纷；(8) 在执行案件中滥用评估拍卖等程序侵害民企产权产生的纠纷；(9) 因恶意诉讼和虚假诉讼产生的纠纷；等等。

全文如下。

最高人民检察院、公安部关于印发《最高人民检察院、公安部关于公安机关办理经济犯罪案件的若干规定》的通知

（2017 年 11 月 24 日　公通字〔2017〕25 号）

各省、自治区、直辖市人民检察院、公安厅（局），新疆生产建设兵团人民检察院、公安局：

为了深入贯彻全面推进依法治国的基本方略，认真落实中央司法体制改革和以审判为中心的刑事诉讼制度改革的有关部署要求，进一步规范公安机关办理经济犯罪案件，加强人民检察院的法律监督，最高人民检察院和公安部依据《中华人民共和国刑事诉讼法》等有关法律、法规和规章，经征求最高人民法院等有关部门意见，结合打击经济犯罪工作实际，研究修订了《公安机关办理经济犯罪案件的若干规定》。现将《最高人民检察院 公安部关于公安机关办理经济犯罪案件的若干规定》印发给你们，请遵照执行。

各地在执行中遇到的问题，请分别报最高人民检察院和公安部。

最高人民检察院、公安部关于公安机关办理经济犯罪案件的若干规定

第一章　总　　则

第一条　为了规范公安机关办理经济犯罪案件程序，加强人民检察院的法律监督，保证严格、规范、公正、文明执法，依法惩治经济犯罪，维护社会主义市场经济秩序，保护公民、法人和其他组织的合法权益，依据《中华人民共和国刑事诉讼

法》等有关法律、法规和规章，结合工作实际，制定本规定。

第二条 公安机关办理经济犯罪案件，应当坚持惩罚犯罪与保障人权并重、实体公正与程序公正并重、查证犯罪与挽回损失并重，严格区分经济犯罪与经济纠纷的界限，不得滥用职权、玩忽职守。

第三条 公安机关办理经济犯罪案件，应当坚持平等保护公有制经济与非公有制经济，坚持各类市场主体的诉讼地位平等、法律适用平等、法律责任平等，加强对各种所有制经济产权与合法利益的保护。

第四条 公安机关办理经济犯罪案件，应当严格依照法定程序进行，规范使用调查性侦查措施，准确适用限制人身、财产权利的强制性措施。

第五条 公安机关办理经济犯罪案件，应当既坚持严格依法办案，又注意办案方法，慎重选择办案时机和方式，注重保障正常的生产经营活动顺利进行。

第六条 公安机关办理经济犯罪案件，应当坚持以事实为根据、以法律为准绳，同人民检察院、人民法院分工负责、互相配合、互相制约，以保证准确有效地执行法律。

第七条 公安机关、人民检察院应当按照法律规定的证据裁判要求和标准收集、固定、审查、运用证据，没有确实、充分的证据不得认定犯罪事实，严禁刑讯逼供和以威胁、引诱、欺骗以及其他非法方法收集证据，不得强迫任何人证实自己有罪。

第二章 管 辖

第八条 经济犯罪案件由犯罪地的公安机关管辖。如果由犯罪嫌疑人居住地的公安机关管辖更为适宜的，可以由犯罪嫌疑人居住地的公安机关管辖。

犯罪地包括犯罪行为发生地和犯罪结果发生地。犯罪行为发生地，包括犯罪行为的实施地以及预备地、开始地、途经地、结束地等与犯罪行为有关的地点；犯罪行为有连续、持续或者继续状态的，犯罪行为连续、持续或者继续实施的地方都属于犯罪行为发生地。犯罪结果发生地，包括犯罪对象被侵害地、犯罪所得的实际取得地、藏匿地、转移地、使用地、销售地。

居住地包括户籍所在地、经常居住地。户籍所在地与经常居住地不一致的，由经常居住地的公安机关管辖。经常居住地是指公民离开户籍所在地最后连续居住一年以上的地方，但是住院就医的除外。

单位涉嫌经济犯罪的，由犯罪地或者所在地公安机关管辖。所在地是指单位登记的住所地。主要营业地或者主要办事机构所在地与登记的住所地不一致的，主要营业地或者主要办事机构所在地为其所在地。

法律、司法解释或者其他规范性文件对有关经济犯罪案件的管辖作出特别规定的，从其规定。

第九条　非国家工作人员利用职务上的便利实施经济犯罪的，由犯罪嫌疑人工作单位所在地公安机关管辖。如果由犯罪行为实施地或者犯罪嫌疑人居住地的公安机关管辖更为适宜的，也可以由犯罪行为实施地或者犯罪嫌疑人居住地的公安机关管辖。

第十条　上级公安机关必要时可以立案侦查或者组织、指挥、参与侦查下级公安机关管辖的经济犯罪案件。

对重大、疑难、复杂或者跨区域性经济犯罪案件，需要由上级公安机关立案侦查的，下级公安机关可以请求移送上一级公安机关立案侦查。

第十一条　几个公安机关都有权管辖的经济犯罪案件，由最初受理的公安机关管辖。必要时，可以由主要犯罪地的公安机关管辖。对管辖不明确或者有争议的，应当协商管辖；协商不成的，由共同的上级公安机关指定管辖。

主要利用通讯工具、互联网等技术手段实施的经济犯罪案件，由最初发现、受理的公安机关或者主要犯罪地的公安机关管辖。

第十二条　公安机关办理跨区域性涉众型经济犯罪案件，应当坚持统一指挥协调、统一办案要求的原则。

对跨区域性涉众型经济犯罪案件，犯罪地公安机关应当立案侦查，并由一个地方公安机关为主侦查，其他公安机关应当积极协助。必要时，可以并案侦查。

第十三条　上级公安机关指定下级公安机关立案侦查的经济犯罪案件，需要逮捕犯罪嫌疑人的，由侦查该案件的公安机关提请同级人民检察院审查批准；需要移送审查起诉的，由侦查该案件的公安机关移送同级人民检察院审查起诉。

人民检察院受理公安机关移送审查起诉的经济犯罪案件，认为需要依照刑事诉讼法的规定指定审判管辖的，应当协商同级人民法院办理指定管辖有关事宜。

对跨区域性涉众型经济犯罪案件，公安机关指定管辖的，应当事先向同级人民检察院、人民法院通报和协商。

第三章　立案、撤案

第十四条　公安机关对涉嫌经济犯罪线索的报案、控告、举报、自动投案，不论是否有管辖权，都应当接受并登记，由最初受理的公安机关依照法定程序办理，不得以管辖权为由推诿或者拒绝。

经审查，认为有犯罪事实，但不属于其管辖的案件，应当及时移送有管辖权的机关处理。对于不属于其管辖又必须采取紧急措施的，应当先采取紧急措施，再移送主管机关。

第十五条　公安机关接受涉嫌经济犯罪线索的报案、控告、举报、自动投案后，应当立即进行审查，并在七日以内决定是否立案；重大、疑难、复杂线索，经县级以上公安机关负责人批准，立案审查期限可以延长至三十日；特别重大、疑难、复杂或者跨区域性的线索，经上一级公安机关负责人批准，立案审查期限可以再延长三十日。

上级公安机关指定管辖或者书面通知立案的，应当在指定期限以内立案侦查。人民检察院通知立案的，应当在十五日以内立案侦查。

第十六条　公安机关接受行政执法机关移送的涉嫌经济犯罪案件后，移送材料符合相关规定的，应当在三日以内进行审查并决定是否立案，至迟应当在十日以内作出决定。案情重大、疑难、复杂或者跨区域性的，经县级以上公安机关负责人批准，应当在三十日以内决定是否立案。情况特殊的，经上一级公安机关负责人批准，可以再延长三十日作出决定。

第十七条　公安机关经立案审查，同时符合下列条件的，应当立案：

（一）认为有犯罪事实；

（二）涉嫌犯罪数额、结果或者其他情节符合经济犯罪案件的立案追诉标准，需要追究刑事责任；

（三）属于该公安机关管辖。

第十八条　在立案审查中，发现案件事实或者线索不明的，经公安机关办案部门负责人批准，可以依照有关规定采取询问、查询、勘验、鉴定和调取证据材料等不限制被调查对象人身、财产权利的措施。经审查，认为有犯罪事实，需要追究刑事责任的，经县级以上公安机关负责人批准，予以立案。

公安机关立案后，应当采取调查性侦查措施，但是一般不得采取限制人身、财产权利的强制性措施。确有必要采取的，必须严格依照法律规定的条件和程序。严禁在没有证据的情况下，查封、扣押、冻结涉案财物或者拘留、逮捕犯罪嫌疑人。

公安机关立案后，在三十日以内经积极侦查，仍然无法收集到证明有犯罪事实需要对犯罪嫌疑人追究刑事责任的充分证据的，应当立即撤销案件或者终止侦查。重大、疑难、复杂案件，经上一级公安机关负责人批准，可以再延长三十日。

上级公安机关认为不应当立案，责令限期纠正的，或者人民检察院认为不应当立案，通知撤销案件的，公安机关应当及时撤销案件。

第十九条　对有控告人的案件，经审查决定不予立案的，应当在立案审查的期限内制作不予立案通知书，并在三日以内送达控告人。

第二十条　涉嫌经济犯罪的案件与人民法院正在审理或者作出生效裁判文书的民事案件，属于同一法律事实或者有牵连关系，符合下列条件之一的，应当立案：

（一）人民法院在审理民事案件或者执行过程中，发现有经济犯罪嫌疑，裁定不予受理、驳回起诉、中止诉讼、判决驳回诉讼请求或者中止执行生效裁判文书，并将有关材料移送公安机关的；

（二）人民检察院依法通知公安机关立案的；

（三）公安机关认为有证据证明有犯罪事实，需要追究刑事责任，经省级以上公安机关负责人批准的。

有前款第二项、第三项情形的，公安机关立案后，应当严格依照法律规定的条件和程序采取强制措施和侦查措施，并将立案决定书等法律文书及相关案件材料复印件抄送正在审理或者作出生效裁判文书的人民法院并说明立案理由，同时通报与办理民事案件的人民法院同级的人民检察院，必要时可以报告上级公安机关。

在侦查过程中，不得妨碍人民法院民事诉讼活动的正常进行。

第二十一条　公安机关在侦查过程中、人民检察院在审查起诉过程中，发现具有下列情形之一的，应当将立案决定书、起诉意见书等法律文书及相关案件材料复印件抄送正在审理或者作出生效裁判文书的人民法院，由人民法院依法处理：

（一）侦查、审查起诉的经济犯罪案件与人民法院正在审理或者作出生效裁判文书的民事案件属于同一法律事实或者有牵连关系的；

（二）涉案财物已被有关当事人申请执行的。

有前款规定情形的，公安机关、人民检察院应当同时将有关情况通报与办理民事案件的人民法院同级的人民检察院。

公安机关将相关法律文书及案件材料复印件抄送人民法院后一个月以内未收到回复的，必要时，可以报告上级公安机关。

立案侦查、审查起诉的经济犯罪案件与仲裁机构作出仲裁裁决的民事案件属于同一法律事实或者有牵连关系，且人民法院已经受理与该仲裁裁决相关申请的，依照本条第一款至第三款的规定办理。

第二十二条　涉嫌经济犯罪的案件与人民法院正在审理或者作出生效裁判文书以及仲裁机构作出裁决的民事案件有关联但不属同一法律事实的，公安机关可以立案侦查，但是不得以刑事立案为由要求人民法院移送案件、裁定驳回起诉、中止诉讼、判决驳回诉讼请求、中止执行或者撤销判决、裁定，或者要求人民法院撤销仲裁裁决。

第二十三条　人民法院在办理民事案件过程中，认为该案件不属于民事纠纷而有经济犯罪嫌疑需要追究刑事责任，并将涉嫌经济犯罪的线索、材料移送公安机关的，接受案件的公安机关应当立即审查，并在十日以内决定是否立案。公安机关不立案的，应当及时告知人民法院。

第二十四条　人民法院在办理民事案件过程中，发现与民事纠纷虽然不是同一事实但是有关联的经济犯罪线索、材料，并将涉嫌经济犯罪的线索、材料移送公安机关的，接受案件的公安机关应当立即审查，并在十日以内决定是否立案。公安机关不立案的，应当及时告知人民法院。

第二十五条　在侦查过程中，公安机关发现具有下列情形之一的，应当及时撤销案件：

（一）对犯罪嫌疑人解除强制措施之日起十二个月以内，仍然不能移送审查起诉或者依法作其他处理的；

（二）对犯罪嫌疑人未采取强制措施，自立案之日起二年以内，仍然不能移送审查起诉或者依法作其他处理的；

（三）人民检察院通知撤销案件的；

（四）其他符合法律规定的撤销案件情形的。

有前款第一项、第二项情形，但是有证据证明有犯罪事实需要进一步侦查的，经省级以上公安机关负责人批准，可以不撤销案件，继续侦查。

撤销案件后，公安机关应当立即停止侦查活动，并解除相关的侦查措施和强制措施。

撤销案件后，又发现新的事实或者证据，依法需要追究刑事责任的，公安机关应当重新立案侦查。

第二十六条　公安机关接报案件后，报案人、控告人、举报人、被害人及其法定代理人、近亲属查询立案情况的，应当在三日以内告知立案情况并记录在案。对已经立案的，应当告知立案时间、涉嫌罪名、办案单位等情况。

第二十七条　对报案、控告、举报、移送的经济犯罪案件，公安机关作出不予立案决定、撤销案件决定或者逾期未作出是否立案决定有异议的，报案人、控告人、举报人可以申请人民检察院进行立案监督，移送案件的行政执法机关可以建议人民检察院进行立案监督。

人民检察院认为需要公安机关说明不予立案、撤销案件或者逾期未作出是否立案决定的理由的，应当要求公安机关在七日以内说明理由。公安机关应当书面说明理由，连同有关证据材料回复人民检察院。人民检察院认为不予立案或者撤销案件的理由不能成立的，应当通知公安机关立案。人民检察院要求公安机关说明逾期未作出是否立案决定的理由后，公安机关在七日以内既不说明理由又不作出是否立案的决定的，人民检察院应当发出纠正违法通知书予以纠正，经审查案件有关证据材料，认为符合立案条件的，应当通知公安机关立案。

第二十八条　犯罪嫌疑人及其法定代理人、近亲属或者辩护律师对公安机关立案提出异议的，公安机关应当及时受理、认真核查。

有证据证明公安机关可能存在违法介入经济纠纷，或者利用立案实施报复陷害、敲诈勒索以及谋取其他非法利益等违法立案情形的，人民检察院应当要求公安机关书面说明立案的理由。公安机关应当在七日以内书面说明立案的依据和理由，连同有关证据材料回复人民检察院。人民检察院认为立案理由不能成立的，应当通知公安机关撤销案件。

第二十九条　人民检察院发现公安机关在办理经济犯罪案件过程中适用另案处理存在违法或者不当的，可以向公安机关提出书面纠正意见或者检察建议。公安机关应当认真审查，并将结果及时反馈人民检察院。没有采纳的，应当说明理由。

第三十条　依照本规定，报经省级以上公安机关负责人批准立案侦查或者继续侦查的案件，撤销案件时应当经原审批的省级以上公安机关负责人批准。

人民检察院通知撤销案件的，应当立即撤销案件，并报告原审批的省级以上公安机关。

第四章　强制措施

第三十一条　公安机关决定采取强制措施时，应当考虑犯罪嫌疑人涉嫌犯罪情节的轻重程度、有无继续犯罪和逃避或者妨碍侦查的可能性，使所适用的强制措施同犯罪的严重程度、犯罪嫌疑人的社会危险性相适应，依法慎用羁押性强制措施。

采取取保候审、监视居住措施足以防止发生社会危险性的，不得适用羁押性强制措施。

第三十二条　公安机关应当依照法律规定的条件和程序适用取保候审措施。

采取保证金担保方式的，应当综合考虑保证诉讼活动正常进行的需要，犯罪嫌疑人的社会危险性的大小，案件的性质、情节、涉案金额，可能判处刑罚的轻重以及犯罪嫌疑人的经济状况等情况，确定适当的保证金数额。

在取保候审期间，不得中断对经济犯罪案件的侦查。执行取保候审超过三个月的，应当至少每个月讯问一次被取保候审人。

第三十三条　对于被决定采取强制措施并上网追逃的犯罪嫌疑人，经审查发现不构成犯罪或者依法不予追究刑事责任的，应当立即撤销强制措施决定，并按照有关规定，报请省级以上公安机关删除相关信息。

第三十四条　公安机关办理经济犯罪案件应当加强统一审核，依照法律规定的条件和程序逐案逐人审查采取强制措施的合法性和适当性，发现采取强制措施不当的，应当及时撤销或者变更。犯罪嫌疑人在押的，应当立即释放。公安机关释放被逮捕的犯罪嫌疑人或者变更逮捕措施的，应当及时通知作出批准逮捕决定的人民检察院。

犯罪嫌疑人被逮捕后，人民检察院经审查认为不需要继续羁押提出检察建议的，公安机关应当予以调查核实，认为不需要继续羁押的，应当予以释放或者变更强制措施；认为需要继续羁押的，应当说明理由，并在十日以内将处理情况通知人民检察院。

犯罪嫌疑人及其法定代理人、近亲属或者辩护人有权申请人民检察院进行羁押必要性审查。

第五章　侦查取证

第三十五条　公安机关办理经济犯罪案件，应当及时进行侦查，依法全面、客观、及时地收集、调取、固定、审查能够证实犯罪嫌疑人有罪或者无罪、罪重或者罪轻以及与涉案财物有关的各种证据，并防止犯罪嫌疑人逃匿、销毁证据或者转移、隐匿涉案财物。

严禁调取与经济犯罪案件无关的证据材料，不得以侦查犯罪为由滥用侦查措施为他人收集民事诉讼证据。

第三十六条　公安机关办理经济犯罪案件，应当遵守法定程序，遵循有关技术标准，全面、客观、及时地收集、提取电子数据；人民检察院应当围绕真实性、合法性、关联性审查判断电子数据。

依照规定程序通过网络在线提取的电子数据，可以作为证据使用。

第三十七条　公安机关办理经济犯罪案件，需要采取技术侦查措施的，应当严格依照有关法律、规章和规范性文件规定的范围和程序办理。

第三十八条　公安机关办理非法集资、传销以及利用通讯工具、互联网等技术手段实施的经济犯罪案件，确因客观条件的限制无法逐一收集被害人陈述、证人证言等相关证据的，可以结合已收集的言词证据和依法收集并查证属实的物证、书证、视听资料、电子数据等实物证据，综合认定涉案人员人数和涉案资金数额等犯罪事实，做到证据确实、充分。

第三十九条　公安机关办理生产、销售伪劣商品犯罪案件、走私犯罪案件、侵犯知识产权犯罪案件，对同一批次或者同一类型的涉案物品，确因实物数量较大，无法逐一勘验、鉴定、检测、评估的，可以委托或者商请有资格的鉴定机构、专业机构或者行政执法机关依照程序按照一定比例随机抽样勘验、鉴定、检测、评估，并由其制作取样记录和出具相关书面意见。有关抽样勘验、鉴定、检测、评估的结果可以作为该批次或者该类型全部涉案物品的勘验、鉴定、检测、评估结果，但是不符合法定程序，且不能补正或者作出合理解释，可能严重影响案件公正处理的除外。

法律、法规和规范性文件对鉴定机构或者抽样方法另有规定的，从其规定。

第四十条　公安机关办理经济犯罪案件应当与行政执法机关加强联系、密切配合，保证准确有效地执行法律。

公安机关应当根据案件事实、证据和法律规定依法认定案件性质，对案情复杂、疑难，涉及专业性、技术性问题的，可以参考有关行政执法机关的认定意见。

行政执法机关对经济犯罪案件中有关行为性质的认定，不是案件进入刑事诉讼程序的必经程序或者前置条件。法律、法规和规章另有规定的，从其规定。

第四十一条　公安机关办理重大、疑难、复杂的经济犯罪案件，可以听取人民检察院的意见，人民检察院认为确有必要时，可以派员适时介入侦查活动，对收集证据、适用法律提出意见，监督侦查活动是否合法。对人民检察院提出的意见，公安机关应当认真审查，并将结果及时反馈人民检察院。没有采纳的，应当说明理由。

第四十二条　公安机关办理跨区域性的重大经济犯罪案件，应当向人民检察院通报立案侦查情况，人民检察院可以根据通报情况调度办案力量，开展指导协调等工作。需要逮捕犯罪嫌疑人的，公安机关应当提前与人民检察院沟通。

第四十三条　人民检察院在审查逮捕、审查起诉中发现公安机关办案人员以非法方法收集犯罪嫌疑人供述、被害人陈述、证人证言等证据材料的，应当依法排除非法证据并提出纠正意见。需要重新调查取证的，经县级以上公安机关负责人批准，应当另行指派办案人员重新调查取证。必要时，人民检察院也可以自行收集犯罪嫌疑人供述、被害人陈述、证人证言等证据材料。

公安机关发现收集物证、书证不符合法定程序，可能严重影响司法公正的，应当要求办案人员予以补正或者作出合理解释；不能补正或者作出合理解释的，应当依法予以排除，不得作为提请批准逮捕、移送审查起诉的依据。

人民检察院发现收集物证、书证不符合法定程序，可能严重影响司法公正的，应当要求公安机关予以补正或者作出合理解释，不能补正或者作出合理解释的，应当依法予以排除，不得作为批准逮捕、提起公诉的依据。

第四十四条　对民事诉讼中的证据材料，公安机关在立案后应当依照刑事诉讼法以及相关司法解释的规定进行审查或者重新收集。未经查证核实的证据材料，不得作为刑事证据使用。

第四十五条　人民检察院已经作出不起诉决定的案件，公安机关不得针对同一法律事实的同一犯罪嫌疑人继续侦查或者补充侦查，但是有新的事实或者证据的，可以重新立案侦查。

第六章　涉案财物的控制和处置

第四十六条　查封、扣押、冻结以及处置涉案财物，应当依照法律规定的条件和程序进行。除法律法规和规范性文件另有规定以外，公安机关不得在诉讼程序终结之前处置涉案财物。严格区分违法所得、其他涉案财产与合法财产，严格区分企业法人财产与股东个人财产，严格区分犯罪嫌疑人个人财产与家庭成员财产，不得超权限、超范围、超数额、超时限查封、扣押、冻结，并注意保护利害关系人的合法权益。

对涉众型经济犯罪案件，需要追缴、返还涉案财物的，应当坚持统一资产处置原则。公安机关移送审查起诉时，应当将有关涉案财物及其清单随案移送人民检察院。人民检察院提起公诉时，应当将有关涉案财物及其清单一并移送受理案件的人民法院，并提出处理意见。

第四十七条　对依照有关规定可以分割的土地、房屋等涉案不动产，应当只对与案件有关的部分进行查封。

对不可分割的土地、房屋等涉案不动产或者车辆、船舶、航空器以及大型机器、设备等特定动产，可以查封、扣押、冻结犯罪嫌疑人提供的与涉案金额相当的其他财物。犯罪嫌疑人不能提供的，可以予以整体查封。

冻结涉案账户的款项数额，应当与涉案金额相当。

第四十八条　对自动投案时主动提交的涉案财物和权属证书等，公安机关可以先行接收，如实登记并出具接收财物凭证，根据立案和侦查情况决定是否查封、扣押、冻结。

第四十九条　已被依法查封、冻结的涉案财物，公安机关不得重复查封、冻结，但是可以轮候查封、冻结。

已被人民法院采取民事财产保全措施的涉案财物，依照前款规定办理。

第五十条　对不宜查封、扣押、冻结的经营性涉案财物，在保证侦查活动正常进行的同时，可以允许有关当事人继续合理使用，并采取必要的保值保管措施，以减少侦查办案对正常办公和合法生产经营的影响。必要时，可以申请当地政府指定有关部门或者委托有关机构代管。

第五十一条　对查封、扣押、冻结的涉案财物及其孳息，以及作为证据使用的实物，公安机关应当如实登记，妥善保管，随案移送，并与人民检察院及时交接，变更法律手续。

在查封、扣押、冻结涉案财物时，应当收集、固定与涉案财物来源、权属、性质等有关的证据材料并随案移送。对不宜移送或者依法不移送的实物，应当将其清单、照片或者其他证明文件随案移送。

第五十二条　涉嫌犯罪事实查证属实后，对有证据证明权属关系明确的被害人合法财产及其孳息，及时返还不损害其他被害人或者利害关系人的利益、不影响诉讼正常进行的，可以在登记、拍照或者录像、估价后，经县级以上公安机关负责人批准，开具发还清单，在诉讼程序终结之前返还被害人。办案人员应当在案卷中注明返还的理由，将原物照片、清单和被害人的领取手续存卷备查。

具有下列情形之一的，不得在诉讼程序终结之前返还：

（一）涉嫌犯罪事实尚未查清的；

（二）涉案财物及其孳息的权属关系不明确或者存在争议的；

（三）案件需要变更管辖的；

（四）可能损害其他被害人或者利害关系人利益的；

（五）可能影响诉讼程序正常进行的；

（六）其他不宜返还的。

第五十三条　有下列情形之一的，除依照有关法律法规和规范性文件另行处理的以外，应当立即解除对涉案财物的查封、扣押、冻结措施，并及时返还有关当事人：

（一）公安机关决定撤销案件或者对犯罪嫌疑人终止侦查的；

（二）人民检察院通知撤销案件或者作出不起诉决定的；

（三）人民法院作出生效判决、裁定应当返还的。

第五十四条　犯罪分子违法所得的一切财物及其孳息，应当予以追缴或者责令退赔。

发现犯罪嫌疑人将经济犯罪违法所得和其他涉案财物用于清偿债务、转让或者设定其他权利负担，具有下列情形之一的，应当依法查封、扣押、冻结：

（一）他人明知是经济犯罪违法所得和其他涉案财物而接受的；

（二）他人无偿或者以明显低于市场价格取得上述财物的；

（三）他人通过非法债务清偿或者违法犯罪活动取得上述财物的；

（四）他人通过其他恶意方式取得上述财物的。

他人明知是经济犯罪违法所得及其产生的收益，通过虚构债权债务关系、虚假交易等方式予以窝藏、转移、收购、代为销售或者以其他方法掩饰、隐瞒，构成犯罪的，应当依法追究刑事责任。

第五十五条　具有下列情形之一，依照刑法规定应当追缴其违法所得及其他涉案财物的，经县级以上公安机关负责人批准，公安机关应当出具没收违法所得意见书，连同相关证据材料一并移送同级人民检察院：

（一）重大的走私、金融诈骗、洗钱犯罪案件，犯罪嫌疑人逃匿，在通缉一年后不能到案的；

（二）犯罪嫌疑人死亡的；

（三）涉嫌重大走私、金融诈骗、洗钱犯罪的单位被撤销、注销，直接负责的主管人员和其他直接责任人员逃匿、死亡，导致案件无法适用普通刑事诉讼程序审理的。

犯罪嫌疑人死亡，现有证据证明其存在违法所得及其他涉案财物应当予以没收的，公安机关可以继续调查，并依法进行查封、扣押、冻结。

第七章　办案协作

第五十六条　公安机关办理经济犯罪案件，应当加强协作和配合，依法履行协查、协办等职责。

上级公安机关应当加强监督、协调和指导，及时解决跨区域性协作的争议事项。

第五十七条　办理经济犯罪案件需要异地公安机关协作的，委托地公安机关应当对案件的管辖、定性、证据认定以及所采取的侦查措施负责，办理有关的法律文书和手续，并对协作事项承担法律责任。但是协作地公安机关超权限、超范围采取相关措施的，应当承担相应的法律责任。

第五十八条　办理经济犯罪案件需要异地公安机关协作的，由委托地的县级以上公安机关制作办案协作函件和有关法律文书，通过协作地的县级以上公安机关联系有关协作事宜。协作地公安机关接到委托地公安机关请求协作的函件后，应当指定主管业务部门办理。

各省、自治区、直辖市公安机关根据本地实际情况，就需要外省、自治区、直辖市公安机关协助对犯罪嫌疑人采取强制措施或者查封、扣押、冻结涉案财物事项制定相关审批程序。

第五十九条　协作地公安机关应当对委托地公安机关出具的法律文书和手续予以审核，对法律文书和手续完备的，协作地公安机关应当及时无条件予以配合，不得收取任何形式的费用。

第六十条　委托地公安机关派员赴异地公安机关请求协助查询资料、调查取证等事项时，应当出具办案协作函件和有关法律文书。

委托地公安机关认为不需要派员赴异地的，可以将办案协作函件和有关法律文书寄送协作地公安机关，协作地公安机关协查不得超过十五日；案情重大、情况紧急的，协作地公安机关应当在七日以内回复；因特殊情况不能按时回复的，协作地公安机关应当及时向委托地公安机关说明情况。

必要时，委托地公安机关可以将办案协作函件和有关法律文书通过电传、网络等保密手段或者相关工作机制传至协作地公安机关，协作地公安机关应当及时协查。

第六十一条　委托地公安机关派员赴异地公安机关请求协助采取强制措施或者搜查，查封、扣押、冻结涉案财物等事项时，应当持办案协作函件、有关侦查措施或者强制措施的法律文书、工作证件及相关案件材料，与协作地县级以上公安机关联系，协作地公安机关应当派员协助执行。

第六十二条　对不及时采取措施，有可能导致犯罪嫌疑人逃匿，或者有可能转移涉案财物以及重要证据的，委托地公安机关可以商请紧急协作，将办案协作函件和有关法律文书通过电传、网络等保密手段传至协作地县级以上公安机关，协作地公安机关收到协作函件后，应当及时采取措施，落实协作事项。委托地公安机关应当立即派员携带法律文书前往协作地办理有关事宜。

第六十三条　协作地公安机关在协作过程中，发现委托地公安机关明显存在违反法律规定的行为时，应当及时向委托地公安机关提出并报上一级公安机关。跨省协作的，应当通过协作地的省级公安机关通报委托地的省级公安机关，协商处理。未能达成一致意见的，协作地的省级公安机关应当及时报告公安部。

第六十四条　立案地公安机关赴其他省、自治区、直辖市办案，应当按照有关规定呈报上级公安机关审查批准。

第八章　保障诉讼参与人合法权益

第六十五条　公安机关办理经济犯罪案件，应当尊重和保障人权，保障犯罪嫌疑人、被害人和其他诉讼参与人依法享有的辩护权和其他诉讼权利，在职责范围内依法保障律师的执业权利。

第六十六条　辩护律师向公安机关了解犯罪嫌疑人涉嫌的罪名以及现已查明的

该罪的主要事实，犯罪嫌疑人被采取、变更、解除强制措施，延长侦查羁押期限、移送审查起诉等案件有关情况的，公安机关应当依法将上述情况告知辩护律师，并记录在案。

第六十七条　辩护律师向公安机关提交与经济犯罪案件有关的申诉、控告等材料的，公安机关应当在执法办案场所予以接收，当面了解有关情况并记录在案。对辩护律师提供的材料，公安机关应当及时依法审查，并在三十日以内予以答复。

第六十八条　被害人、犯罪嫌疑人及其法定代理人、近亲属或者律师对案件管辖有异议，向立案侦查的公安机关提出申诉的，接受申诉的公安机关应当在接到申诉后的七日以内予以答复。

第六十九条　犯罪嫌疑人及其法定代理人、近亲属或者辩护人认为公安机关所采取的强制措施超过法定期限，有权向原批准或者决定的公安机关提出申诉，接受该项申诉的公安机关应当在接到申诉之日起三十日以内审查完毕并作出决定，将结果书面通知申诉人。对超过法定期限的强制措施，应当立即解除或者变更。

第七十条　辩护人、诉讼代理人认为公安机关阻碍其依法行使诉讼权利并向人民检察院申诉或者控告，人民检察院经审查情况属实后通知公安机关予以纠正的，公安机关应当立即纠正，并将监督执行情况书面答复人民检察院。

第七十一条　辩护人、诉讼代理人对公安机关侦查活动有异议的，可以向有关公安机关提出申诉、控告，或者提请人民检察院依法监督。

第九章　执法监督与责任追究

第七十二条　公安机关应当依据《中华人民共和国人民警察法》等有关法律法规和规范性文件的规定，加强对办理经济犯罪案件活动的执法监督和督察工作。

上级公安机关发现下级公安机关存在违反法律和有关规定行为的，应当责令其限期纠正。必要时，上级公安机关可以就其违法行为直接作出相关处理决定。

人民检察院发现公安机关办理经济犯罪案件中存在违法行为的，或者对有关当事人及其辩护律师、诉讼代理人、利害关系人的申诉、控告事项查证属实的，应当通知公安机关予以纠正。

第七十三条　具有下列情形之一的，公安机关应当责令依法纠正，或者直接作出撤销、变更或者纠正决定。对发生执法过错的，应当根据办案人员在办案中各自承担的职责，区分不同情况，分别追究案件审批人、审核人、办案人及其他直接责任人的责任。构成犯罪的，依法追究刑事责任。

（一）越权管辖或者推诿管辖的；

（二）违反规定立案、不予立案或者撤销案件的；

（三）违反规定对犯罪嫌疑人采取强制措施的；

（四）违反规定对财物采取查封、扣押、冻结措施的；

（五）违反规定处置涉案财物的；

（六）拒不履行办案协作职责，或者阻碍异地公安机关依法办案的；

（七）阻碍当事人、辩护人、诉讼代理人依法行使诉讼权利的；

（八）其他应当予以追究责任的。

对于导致国家赔偿的责任人员，应当依据《中华人民共和国国家赔偿法》的有关规定，追偿其部分或者全部赔偿费用。

第七十四条 公安机关在受理、立案、移送以及涉案财物处置等过程中，与人民检察院、人民法院以及仲裁机构发生争议的，应当协商解决。必要时，可以报告上级公安机关协调解决。上级公安机关应当加强监督，依法处理。

人民检察院发现公安机关存在执法不当行为的，可以向公安机关提出书面纠正意见或者检察建议。公安机关应当认真审查，并将结果及时反馈人民检察院。没有采纳的，应当说明理由。

第七十五条 公安机关办理经济犯罪案件应当加强执法安全防范工作，规范执法办案活动，执行执法办案规定，加强执法监督，对执法不当造成严重后果的，依据相关规定追究责任。

第十章　附　　则

第七十六条 本规定所称的“经济犯罪案件”，主要是指公安机关经济犯罪侦查部门按照有关规定依法管辖的各种刑事案件，但以资助方式实施的帮助恐怖活动案件，不适用本规定。

公安机关其他办案部门依法管辖刑法分则第三章规定的破坏社会主义市场经济秩序犯罪有关案件的，适用本规定。

第七十七条 本规定所称的“调查性侦查措施”，是指公安机关在办理经济犯罪案件过程中，依照法律规定进行的专门调查工作和有关侦查措施，但是不包括限制犯罪嫌疑人人身、财产权利的强制性措施。

第七十八条 本规定所称的“涉众型经济犯罪案件”，是指基于同一法律事实、利益受损人数众多、可能影响社会秩序稳定的经济犯罪案件，包括但不限于非法吸收公众存款，集资诈骗，组织、领导传销活动，擅自设立金融机构，擅自发行股票、公司企业债券等犯罪。

第七十九条 本规定所称的“跨区域性”，是指涉及两个以上县级行政区域。

第八十条 本规定自2018年1月1日起施行。2005年12月31日发布的《公安机关办理经济犯罪案件的若干规定》（公通字〔2005〕101号）同时废止。本规定发布以前最高人民检察院、公安部制定的关于办理经济犯罪案件的规范性文件与本规定不一致的，适用本规定。

最高人民检察院关于充分发挥职能作用营造保护企业家合法权益的法治环境支持企业家创新创业的通知

（2017 年 12 月 4 日　高检发〔2017〕12 号）

各省、自治区、直辖市人民检察院，解放军军事检察院，新疆生产建设兵团人民检察院：

党的十九大作出了中国特色社会主义进入新时代的重大论断，提出了从全面建成小康社会到基本实现现代化，再到全面建成社会主义现代化强国的战略安排，强调要贯彻新发展理念，建设现代化经济体系，深化供给侧结构性改革，激发和保护企业家精神，鼓励更多社会主体投身创新创业。2017 年 9 月，中共中央、国务院下发《关于营造企业家健康成长环境弘扬优秀企业家精神更好发挥企业家作用的意见》（以下简称《意见》），就着力营造依法保护企业家合法权益的法治环境、促进企业家公平竞争、诚信经营的市场环境、尊重和激励企业家干事创业的社会氛围，引导企业家爱国敬业、遵纪守法、创新创业、服务社会，调动广大企业家积极性、主动性、创造性，充分发挥企业家作用，提出了一系列明确要求。为全面贯彻党的十九大精神，落实《意见》的要求，营造保护企业家合法权益的法治环境，支持企业家创新创业，现通知如下：

一、深入学习领会党的十九大精神，充分认识贯彻落实《意见》的重要意义和总体要求

十九大报告提出，我国社会主要矛盾已经转化为人民日益增长的美好生活需要和不平衡不充分的发展之间的矛盾。要实现“两个一百年”奋斗目标、实现中华民族伟大复兴的中国梦，不断提高人民生活水平，必须坚定不移把发展作为党执政兴国的第一要务，坚持解放和发展社会生产力，坚持社会主义市场经济改革方向，推动经济持续健康发展。当前，我国经济已由高速增长阶段转向高质量发展阶段，正处在转变发展方式、优化经济结构、转换增长动力的攻关期，要深化供给侧结构性改革，不断增强我国经济创新力和竞争力。经济体制改革必须以完善产权制度和要素市场化配置为重点，实现产权有效激励、要素自由流动、价格反应灵活、竞争公平有序、企业优胜劣汰。深化国有企业改革，发展混合所有制经济，支持民营企业发展，激发和保护企业家精神，鼓励更多社会主体投身创新创业。同时要构建清新型政商关系，促进非公有制经济健康发展和非公有制经济人士健康成长。

企业家是经济活动的重要主体。企业家是否有活力决定着经济能否持续健康发展。实现十九大提出的全面建成社会主义现代化强国的宏伟目标，必须充分调动企业家的创新创业创造活力。《意见》着眼于弘扬企业家精神、发挥企业家才能，引领和激发全社会创新创业创造活力，紧紧围绕“五位一体”总体布局和“四个全面”战略布局要求，适应把握引领经济发展新常态，全面贯彻落实新发展理念，对营造企业家健康成长环境、弘扬优秀企业家精神，为企业家提供优质高效务实服务、培育优秀企业家、加强党对企业家队伍建设的领导，更好发挥企业家作用作出了全面部署。《意见》要求，依法保护企业家财产权、创新权益及自主经营权，营造依法保护企业家合法权益的法治环境。强化企业家公平竞争权益保障，健全企业家诚信经营激励约束机制，持续提高监管的公平性、规范性、简约性，营造促进企业家公平竞争、诚信经营的市场环境。构建清新型政商关系，树立对企业家的正向激励导向，营造积极向上的舆论氛围，鼓励企业家干事创业。积极弘扬企业家爱国敬业、遵纪守法、艰苦奋斗的精神，创新发展、专注品质、追求卓越的精神和履行责任、敢于担当、服务社会的精神。

《意见》的上述要求，与党的十九大精神是一以贯之的。各级检察机关要将学习贯彻党的十九大精神和领会落实《意见》要求融会贯通，切实提高思想认识，做到学懂弄通做实。要深刻认识尊重企业家价值，弘扬企业家精神，营造保护企业家合法权益、促进企业家公平竞争、激励企业家干事创业的法治环境对于落实新发展理念，促进经济持续健康发展和社会和谐稳定，全面建成社会主义现代化强国的重要意义。要紧密结合检察工作实际，综合发挥打击、预防、监督、教育、保护等检察职能，找准依法保护企业家权益、服务企业家创新创业的切入点和着力点，积极履职尽责，为企业家健康成长和事业发展营造宽松环境，切实加强企业家人身财富安全感，增强和激励企业家创新创业信心，为经济社会持续健康发展、夺取新时代中国特色社会主义伟大胜利和实现中华民族伟大复兴的中国梦作出更大贡献。

二、立足检察职能，努力营造企业家创业发展的法治环境

营造企业家创业发展的法治环境，贯穿于立法、执法、司法、守法等各个方面。检察机关作为国家的法律监督机关，是社会主义法治建设的重要力量，是营造良好法治环境的重要参与者和实践者。要把依法保护企业家合法权益的理念贯穿检察工作的各个环节，切实发挥社会主义法治对企业家合法权益的保障作用。

第一，准确把握法律政策界限，依法保护企业家合法权益和正常经济活动，增强企业家信心和财富安全感。以“谦抑、审慎、文明”理念作为办案指导思想，坚持罪刑法定，严格把握罪与非罪的界限。营造鼓励创新、宽容失败的社会氛围，对企业家合法经营中出现的失误失败给予更多理解、宽容、帮助。对企业生产、经营、融资等经济行为，除法律、行政法规明确禁止外，不得以违法犯罪处理。对国有企业以增强国有经济活力和竞争力等为目标，在企业发展中大胆探索、锐意改革所出现的失误，只要不属于有令不行、有禁不止、不当谋利、失职渎职等情形，要予以容错。坚持宽严相济刑事政策，注重办案效果。对企业为开展正常经营活动而给付“回扣”“好处费”的行为，既要在法律允许范围内讲政策、给出路，又要防止片面强调保护企业经营而放纵犯罪。对涉嫌行贿犯罪的，要区分个人犯罪和单位犯罪，从起因目的、行贿数额、次数、时间、对象、谋利性质及用途等方面综合考虑其社会危害性。对行贿数额特别巨大、手段恶劣、围猎公职人员的，十八大以后顶风作案的，致使国家、人民利益遭受重大损失的，要依法严肃查处。对行贿犯罪情节较轻，积极主动配合有关机关调查的，或者对办理受贿案件起关键作用的，或者因国家工作人员索贿、不作为而不得已行贿、没有谋取不正当利益的，以及行贿人认罪认罚的，要依法从宽处理。

第二，规范自身司法行为，改进办案方式方法，最大程度减少、避免办案活动对企业家合法权益和正常经济活动可能带来的负面影响。坚持深入查办案件与改进和规范自身司法行为并重。处理好办案与企业正常生产经营的关系，不能因办案简单化或不讲方式方法而致使企业经营遭受不必要的损失甚至倒闭。在采取强制措施、侦查措施时注意维护企业正常经营秩序、合法权益，在依法打击经济犯罪、惩治职务犯罪中注意帮助企业挽回和减少经济损失，做到严格公正廉洁司法与理性平和文明规范司法并重。对于已经进入诉讼程序的案件，既要注意依法处置涉案财物，慎用强制性措施，也要注意提高办案效率、依法从速办理，切实防止久押不决、久拖不决，最大程度减少对企业正常生产经营活动造成的负面影响。对不涉案的款物、账户、企业生产经营资料等，一律不得查封、扣押、冻结。对主动配合检察机关调查取证，认罪态度好，没有社会危险性的，不采取拘留、逮捕、指定居所监视居住措施，对于可能影响企业正常生产经营活动的涉案信息，要注意保密。认罪认罚从宽制度试点地区检察机关要积极探索运用认罪认罚从宽制度，推动构建多层次诉讼体系，不断提升办理涉企业刑事案件的能力和质量、效率、效果。坚持平等保护，对所有经济主体都一视同仁，做到同标准、同要求；坚持区别对待，对认罪认罚的犯罪嫌疑人、被告人，要充分考虑犯罪事实、情节、性质、后果、主观恶性等要件，准确把握不起诉以及减轻、从轻、适用缓刑等量刑建议之间的界限，坚决防止出现“以钱赎刑”“权钱交易”等问题；坚持宽严并重，对轻微刑事案件依法从宽处理的同时，对于严重侵害国家、集体和他人利益、破坏公平竞争、诚信经营市场环境的重大犯罪，要依法严肃打击。探索建立符合涉企业刑事案件特点的认罪认罚从宽工作规范和机制。

第三，加大惩治侵犯产权犯罪力度，切实维护企业家财产权、创新权益及经营自主权等合法权益。加强审查逮捕、起诉工作，确保依法、准确、及时、有效打击侵犯企业家财产权、创新权益及经营自主权等犯罪，平等保护各种所有制经济产权。依法惩治侵犯企业知识产权等各类产权、背信损害企业利益以及其他严重扰乱市场秩序的犯罪，有力维护健康有序的市场秩序，营造促进企业家公平竞争、诚信经营的市场环境。对利用公权力严重侵害企业家合法权益、勾结黑恶势力在特定经济领域形成非法控制、受害者人数众多、引发群体性事件等严重侵犯产权的犯罪案件，要严厉打击，重大案件实行挂牌督办，引导侦查机关全面收集固定证据，确保办案效率和质量。针对企业管理中薄弱环节和突出问题，充分发挥监督、预防等检察职能，帮助企业家强化产权保护意识，从源头上预防和遏制侵犯产权犯罪。认真受理反映国家工作人员滥用职权、徇私枉法、索贿受贿等举报控告，依法打击侵犯企业家合法权益的职务犯罪，推动构建亲清新型政商关系。帮助企业家建章立制，提高企业规范经营、抵御风险的能力。

第四，强化刑事诉讼监督，促进公正司法，依法保障涉案企业家的合法权益。加强对经济犯罪侦查权等公权力的监督，重点监督侦查机关以刑事手段插手经济纠纷，加大对该立案不立案、不该立案而立案以及选择性执法等执法不严、司法不公问题的监督纠正力度，严防将民事纠纷当作刑事案件来办。贯彻落实非法证据排除等办案制度，探索完善侵犯知识产权案件的诉讼证据规则，依法保护企业家创新权益。切实履行羁押必要性审查职责，对已经逮捕的涉嫌犯罪企业家发现不需要继续羁押的，依法建议释放或者变更强制措施。重点监督判决、裁定在认定事实、采信证据、适用法律方面确有错误的案件，对符合法定条件的依法提出抗诉。重点监督涉企业家犯罪案件生效判决、裁定的执行活动，发现人民法院执行财产刑过程中，存在应当执行而不执行，不应当执行而执行，非法处置被执行人或者案外人财产等侵犯产权违法情形的，依法提出纠正意见，确保财产刑执行到位。依法保障涉案企业家在服刑期间的申诉权，防止其因申诉而被限制或者剥夺依法获得减刑、假释的权利，依法保障其在服刑期间行使财产权等民事权利。

第五，加强民事行政检察工作及刑事申诉、国家赔偿案件的办理，形成保护企业家合法权益的多元化格局。依法保障各类产权主体申请监督权，规范民事行政诉讼监督案件的受理和审查程序，注重倾听当事人意见，畅通申请监督渠道，依法通过抗诉、提出检察建议等方式加强对涉产权民事、行政案件的审判监督。加强对民事、行政执行活动的监督，重点监督因不依法履行执行职责及错误采取执行措施、错误处置执行标的物、错误追加被执行人，致使当事人或者利害关系人、案外人等财产权受到侵害的案件。加大对涉产权虚假诉讼、恶意诉讼监督力度。依法推进检察机关提起公益诉讼工作，积极探索开展对履行职责中发现的市场监管部门违法行使职权或者不作为，造成国家和社会公共利益受到损害案件的监督。防止和纠正违法行政行为对各类产权主体合法权益的侵害。畅通诉求表达渠道，坚持有错必究工作原则，及时甄别纠正社会反映强烈的产权纠纷申诉案件，及时向社会发布和通报错案纠正信息。认真总结前期办理的一批涉产权刑事申诉、国家赔偿案件工作经验，继续加大在办理刑事申诉、国家赔偿案件中的产权保护工作力度，依法处理涉产权的有冤假错可能的企业家服刑案件，提高企业家对法治的信心。坚持法定赔偿原则，保障符合赔偿条件的产权主体依法获得赔偿。

三、加强组织领导和法治宣传，营造尊重和支持企业家干事创业、弘扬优秀企业家精神的良好社会氛围

各级检察机关要把依法保护企业家合法权益、营造企业家创业发展法治环境作为当前的一项重要任务，切实加强领导，强化措施，严格责任，狠抓落实。立足检察职能，建立健全依法平等保护各种所有制经济产权的长效机制。加强同地方党委、人大、政府、人民法院的沟通配合，重视发挥工商联等部门作用，形成工作合力。配合相关部门建立企业家个人信用记录和诚信档案，实行守信联合激励和失信联合惩戒。充分利用媒体宣传平台，及时报道检察机关工作部署、举措、进展和成效，剖析侵害产权案例，总结宣传依法有效保护产权的好做法、好经验、好案例。坚持以案释法，采取多种形式，开展法治宣传和企业家涉罪案例警示教育活动，加强预防商业贿赂教育，帮助企业家提高运用法律自我保护能力，促进企业家依法经营、规范经营。注重对涉企业家和产权刑事案件认罪认罚从宽典型案例的总结和宣传。选择检察机关依法纠正侵害企业产权的有重大影响的典型错案冤案适时向社会公布。着力宣传和营造法治、透明、公平的体制政策环境和尊重支持企业家干事创业、弘扬优秀企业家精神的良好社会氛围。

各地在工作中要认真贯彻落实党的十九大精神和《意见》要求，结合最高人民检察院先后下发的《关于充分发挥检察职能依法保障和促进非公有制经济健康发展的意见》《关于充分发挥检察职能依法保障和促进科技创新的意见》《关于充分履行检察职能加强产权司法保护的意见》相关部署，扎实推进各项工作。在具体工作中遇到的问题应当及时向上级人民检察院请示报告，必要时层报最高人民检察院。

最高人民检察院：《最高人民检察院明确规范办理涉民营企业案件执法司法标准》（节录）

概要及解读

不论是立案登记制、司法信息公开、裁判文书上网等一系列具体改革措施，还是“三年基本解决执行难”的承诺，还是因应中央“保护民企产权”政策而出台的一系列司法政策以及大量平反冤假错案的行动能力，都对办理涉民营企业案件产生了较大影响。

2018年11月1日，习近平总书记发表对民营企业家的讲话，最高人民法院2018年11月5日组织学习呼应。2016年8月30日中央出台保护产权的专门意见后，在各有关机关出台的政策文件中，最高人民法院和最高人民检察院出台的政策相对而言更为系统和及时，更具有操作性。

最高人民检察院在2018年11月6日组织学习该重要讲话精神，表态更为具体明确和细致，而且切中要害：对于有关部门移送的刑事案件，涉及民营企业行贿人、民营企业家的，要依法审慎采取强制措施，充分考虑保护企业发展需要；要落实好修改后刑事诉讼法有关认罪认罚从宽的规定，对符合改变羁押强制措施的及时改变，对符合从宽处理的案件依法坚决从宽；要始终坚持严格规范文明司法，对包括民营企业在内的涉经济犯罪案件，不该封的账号、财产一律不能封，不该采取强制措施的一律不采取。

最高人民检察院法律政策研究室梳理了11个问题，通过“检答网”提供给各级检察院用于办案指导。这11个执法司法标准，具有鲜明的问题导向，对于各级检察机关贯彻落实习近平总书记重要讲话精神，依法保障和促进民营经济健康发展，具有重要的指导作用。11个重要问题如下：

1. 关于如何准确区分经营活动中的正当融资行为与非法集资犯罪；

2. 关于如何严格适用非法经营罪，防止刑事打击扩大化；

3. 关于如何处理民营企业为开展正常经营活动而给付“回扣”“好处费”的行为；

4. 关于如何准确区分民营企业参与国有企业重组改制过程中的产权纠纷与恶意侵占国有资产犯罪；

5. 关于如何准确区分涉民营企业案件个人犯罪和单位犯罪；

6. 关于如何通过立案监督防止以刑事手段插手经济纠纷；

7. 关于如何帮助民营企业防控风险；

8. 关于怎样慎重使用查封、扣押、冻结等强制性措施；
9. 关于可以不批准逮捕的情形；
10. 关于可以不起诉的情形；
11. 关于如何落实刑事诉讼法有关认罪认罚从宽的规定。

节录如下。

最高人民检察院明确规范办理涉民营企业案件执法司法标准（节录）

（2018年11月15日）

……

关于如何准确区分经营活动中的正当融资行为与非法集资犯罪。最高检强调，对民营企业生产、经营、融资等经济活动，除法律、行政法规明确禁止外，不得以违法犯罪对待。民营企业在经营活动中的正当融资行为，应当与非法集资犯罪严格区分。一是严格把握非法集资“非法性”的认定，应当以商业银行法、非法金融机构和非法金融业务活动取缔办法等国家金融管理法律法规作为依据，同时可以参考中国人民银行、中国银行保险监督管理委员会、中国证券监督管理委员会等行政主管部门依照国家金融管理法律法规制定的部门规章或者国家有关金融管理的规定、办法、实施细则等规范性文件。二是严格把握正当融资行为与非法吸收公众存款罪的界限，对于民营企业非法吸收公众存款，主要用于正常的生产经营活动，能够及时清退所吸收资金的，可以不起诉或者免予刑事处罚；情节显著轻微的，不作为犯罪处理。三是严格把握正当融资行为与集资诈骗罪的界限，对民营企业的融资行为，只有证据证明确系以非法占有为目的的，才能以集资诈骗罪认定。

关于如何严格适用非法经营罪，防止刑事打击扩大化。最高检强调，对民营企业的经营行为，法律和司法解释没有作出明确禁止性规定的，不得以非法经营罪追究刑事责任。一是严格按照刑法规定理解和适用非法经营罪中的“违反国家规定”，“违反国家规定”是指违反全国人民代表大会及其常务委员会制定的法律和决定，国务院制定的行政法规、规定的行政措施、发布的决定和命令。二是严格按照法律和司法解释，慎用刑法第二百二十五条第四项“其他严重扰乱市场秩序的非法经营行为”的兜底条款，对于法律和司法解释没有明确规定，办案中对是否认定为非法经营行为存在分歧的，应当作为法律适用问题向最高人民检察院请示。三是严格把握认定标准，坚决防止以未经批准登记代替“违反国家规定”的认定。

关于如何处理民营企业为开展正常经营活动而给付“回扣”“好处费”的行

为。最高检强调，企业为开展正常经营活动而给付“回扣”“好处费”的行为涉嫌行贿犯罪的，要区分个人犯罪和单位犯罪，要从起因目的、行贿数额、次数、时间、对象、谋利性质及用途等方面综合考虑其社会危害性。具有情节较轻、积极主动配合有关机关调查的，对办理受贿案件起关键作用的，因国家工作人员不作为而不得已行贿的和认罪认罚等情形之一的，要依法从宽处理。特别需要注意的是，因被勒索给予国家工作人员以财物，没有获得不正当利益的，不能认定为行贿犯罪。

关于如何准确区分民营企业参与国有企业重组改制过程中的产权纠纷与恶意侵占国有资产犯罪。最高检强调，要严格把握恶意侵占国有资产犯罪的罪名适用。对于不符合贪污罪、行贿罪等犯罪构成要件的，依法不能定罪处罚。对于民营企业依据法律、行政法规参与国有企业重组改制产生的民事纠纷，不应当以犯罪处理。

关于如何准确区分涉民营企业案件个人犯罪和单位犯罪。最高检强调，一是民营企业实施犯罪行为，但刑法分则和其他法律未规定追究单位刑事责任的，不得以单位犯罪追究民营企业的刑事责任。二是民营企业单位犯罪的，还要准确区分民营企业和民营企业分支机构的责任。民营企业分支机构具备独立法人资格，不符合单位犯罪特征的，不能作为单位犯罪追究刑事责任；不具备独立法人资格，违法所得完全归分支机构的上级企业所有并支配的，分支机构不能作为单位犯罪追究刑事责任。三是民营企业单位犯罪的，还要严格区分企业财产和民营企业经营者个人财产的界限，不能将企业财产和个人财产相混淆，不能将对企业判处罚金和对民营企业直接负责的主管人员和其他直接责任人员判处的罚金相混淆。

关于如何通过立案监督防止以刑事手段插手经济纠纷。最高检强调，检察机关负有立案监督职责，有权监督纠正公安机关不应当立案而立案的行为。民营企业认为公安机关不应当立案而立案向人民检察院提出的，人民检察院应当受理并进行审查。有证据证明公安机关可能存在违法动用刑事手段插手民事、经济纠纷，或者利用立案实施报复陷害、敲诈勒索以及谋取其他非法利益等违法立案情形的，应当要求公安机关书面说明立案理由。人民检察院认为公安机关立案理由不能成立的，应当通知公安机关撤销案件。

关于如何帮助民营企业防控风险。最高检强调，人民检察院办理涉民营企业案件，要做好风险防控预案，避免因办案时机或者方式的把握不当，严重影响民营企业正常生产、工作秩序或者引发群体性、突发性事件。同时，在办案过程中要积极采取有效措施，充分做好以案释法工作，帮助民营企业化解矛盾。要慎重发布涉及民营企业案件的新闻，对涉及案件情况的相关报道失实的，应当及时采取适当方式澄清事实，在法律允许的范围内合理顾及民营企业关切，最大限度地维护民营企业的声誉。

关于怎样慎重使用查封、扣押、冻结等强制性措施。最高检强调，办理涉民营企业案件，能够采取较为轻缓、宽和的措施，就尽量不采用限制人身、财产权利的强制性措施。在自行补充侦查过程中，需要查封、扣押、冻结的，一般应当为民营企业预留必要的流动资金和往来账户；对于涉案民营企业正在投入生产运营和正在用于科技创新、产品研发的设备、资金和技术资料等，原则上不予查封、扣押、冻结，确需提取犯罪证据的，可以采取拍照、复制等方式提取。对公安机关违反有关规定查封、扣押、冻结涉案财物的，应当依法提出纠正意见。

关于可以不批准逮捕的情形。最高检强调，检察机关办理涉民营企业案件，要严格审查是否符合法律规定的逮捕条件，防止“构罪即捕”“一捕了之”。对不符合逮捕条件，或者具有刑事诉讼法第十六条规定情形之一的民营企业经营者，应当依法不批准逮捕；对有自首、立功表现，认罪态度好，没有社会危险性的民营企业经营者，一般不批准逮捕；对符合监视居住条件，不羁押不致发生社会危险性的民营企业经营者，可以不批准逮捕。对已经批准逮捕的民营企业经营者，应当依法履行羁押必要性审查职责。对不需要继续羁押的，应当及时建议公安机关予以释放或者变更强制措施。对已作出的批准逮捕决定发现确有错误的，人民检察院应当撤销原批准逮捕决定，送达公安机关执行。

关于可以不起诉的情形。最高检强调，办理涉民营企业案件要坚决防止将经济纠纷当作犯罪处理，坚决防止将民事责任变为刑事责任。一是经审查认定案件不构成犯罪，包括涉案民营企业经营者没有犯罪事实，或者具有刑事诉讼法第十六条规定的情形之一，或者具有其他法律规定的免予追究刑事责任情形的，应当作出不起诉决定。二是经审查认定案件构成犯罪，但犯罪情节轻微，依照刑法规定不需要判处刑罚或者免除刑罚的，可以作出不起诉决定，防止“入罪即诉”“一诉了之”。三是经审查认定案件事实不清、证据不足，经过二次补充侦查仍然证据不足，不符合起诉条件，或者经过一次退回补充侦查，仍然证据不足，不符合起诉条件且无再次退回补充侦查必要的，应当作出不起诉决定，坚决防止“带病起诉”。四是经审查认定案件符合刑事诉讼法第一百八十二条的规定，涉案民营企业经营者自愿如实供述涉嫌犯罪的事实，有重大立功或者案件涉及国家重大利益的，经最高人民检察院核准，人民检察院可以作出不起诉决定。

关于如何落实刑事诉讼法有关认罪认罚从宽的规定。最高检强调，办理涉民营企业案件，应当根据修改后刑事诉讼法的相关规定，落实认罪认罚从宽的相关要求。一是坚持平等保护，对所有经济主体一视同仁，不能因不同经济主体而在认罪认罚从宽适用范围上有所不同。二是准确认定“认罪”“认罚”。涉案民营企业经营者承认指控的主要犯罪事实，仅对个别细节提出异议的，或者对犯罪事实没有异议，仅对罪名认定提出异议的，不影响“认罪”的认定。涉案民营企业经营者同意量刑建议，签署具结书，对检察机关建议判处的刑罚种类、幅度及刑罚执行方式没有异议的，可认定为“认罚”。三是充分体现“从宽”。对于涉案民营企业经营者能够主动配合检察机关调查取证，认罪态度好，没有社会危险性的，不采取拘留、逮捕措施。对于符合速裁程序和简易程序条件的涉民营企业案件，应当依法从速办理。

……

第四章　公安部、司法部有关司法政策和文件

司法部关于进一步发挥司法鉴定制度作用防止冤假错案的意见

（2014年2月13日　司发通〔2014〕10号）

各省、自治区、直辖市司法厅（局），新疆生产建设兵团司法局：

为防止冤假错案，努力让人民群众在每一个司法案件中都感受到公平正义，按照《司法部党的群众路线教育实践活动领导小组关于做好教育实践活动整改落实建章立制环节工作的通知》（司群组发［2013］7号）的统一部署，现就健全完善统一权威的司法鉴定管理体制，不断提升司法鉴定的科学性、可靠性和社会公信力，进一步发挥司法鉴定制度在促进公正司法、防止冤假错案中的作用提出以下意见。

一、充分认识司法鉴定对于防止冤假错案的重要意义

1. 司法鉴定制度是我国司法制度的重要组成部分，是司法活动顺利进行的重要保障；司法鉴定作为科学技术手段，在司法证明活动中发挥着重要作用，这对于司法审判机关准确认定案件事实、防止冤假错案具有重要意义。各级司法行政机关和广大司法鉴定人要充分认识做好司法鉴定工作的重要意义，以高度的责任感和使命感，认真做好司法鉴定各项工作。

二、健全完善统一权威的司法鉴定管理体制

2. 健全完善管理与使用相衔接的运行机制。各地要认真贯彻落实中央政法工作会议提出的“完善统一、权威的司法鉴定管理体制”的工作要求，按照全国司法厅（局）长会议和全国司法鉴定管理工作会议的工作部署，围绕建立完善科学合理、统一规范、运行高效、监督有力的司法鉴定统一管理体制的工作目标，加强与司法机关的沟通协调，建立形成司法鉴定管理与使用相衔接的运行机制。及时将司法审判急需的环境污染损害、司法会计等鉴定事项纳入统一登记管理范围，进一步完善名册管理制度，切实解决当前名册管理工作中存在的突出问题。

3. 推进行业协会建设。要积极推进省级司法鉴定行业协会建设，基本实现省级行业协会全覆盖。完善行业协会的自身建设和工作规范，充分发挥协会开展行业自律、行业管理、行业指导的积极作用。

4. 调整优化布局结构。要坚持“统筹规划、合理布局、优化结构、满足需求、有序发展”的基本原则，进一步调整优化布局结构，严格控制司法鉴定机构的数量，避免低水平重复建设和外延式盲目发展。要严格审核准入，各地要组织专家对新申请机构从事业务所必需的仪器设备、执业场所、鉴定能力进行评审，对机构的内部质量管理体系进行评估。对于新申领执业证书的人员，要进行相应的专业知识考核或者鉴定能力测评。建立完善退出淘汰机制，及时淘汰不具备资质条件的机构，推动全行业在专业化、职业化、集约化建设中实现转型升级、持续发展。

5. 推进公共服务体系建设。要按照《司法部关于推进公共法律服务体系建设的意见》（司发〔2014〕5 号）的统一部署，依托国有和社会优质资源，集中力量重点建设一批高资质、高水平公共鉴定机构。各地要研究确定建设名单，制定实施方案，及时将高资质高水平公共鉴定机构建设工作纳入到本地区公共服务体系建设规划中去，将公共鉴定服务经费纳入到财政预算中去，将公共鉴定事项纳入到政府购买公共服务的事项中去。

6. 推进科技兴鉴。要会同科技部门和科技团体，开展司法鉴定科技专家库建设工作，促进司法鉴定科技支撑项目的实施，为司法鉴定行业健康顺利发展提供智力支撑和技术保障。

三、持续提升司法鉴定质量

7. 坚持质量为本。各地要牢固树立鉴定质量是司法鉴定生命线的理念，坚持质量为本，把质量管理作为管理工作的重中之重，把管理成效落实到持续提高鉴定质量上去。每一次鉴定活动都要做到程序合法、方法科学、文书规范，每一个鉴定意见都要做到科学可靠、客观公正，经得起法律和科学的检验。

8. 推进标准化建设。要加快制定司法鉴定行业标准体系建设规划，建立完善行业标准、技术规范研制机制和工作流程，做到评审一批、研发一批、颁发一批，不断提高司法鉴定行业标准化水平。

9. 健全质量管理体系。要认真贯彻《关于全面推进司法鉴定机构认证认可工作的通知》，全面推进司法鉴定机构认证认可工作，在司法鉴定机构内部建立并有效运行质量管理体系。尚未制定工作方案的地方，要在今年底前出台。已制定方案的地方要大力推进，力争在规定期限内使所有符合条件的司法鉴定机构通过认证认可。司法行政机关在开展延续登记工作时，应当根据司法鉴定机构通过认证认可的情况重新审核其业务范围和执业类别。

10. 完善质量监督检查机制。要继续深入开展司法鉴定能力验证活动，确保司法鉴定机构的所有鉴定项目每三年至少参加一次能力验证。对于司法鉴定机构同一鉴定事项连续两次能力验证结果为不合格的，应当暂停该事项的执业资格。要建立健全司法鉴定文书质量评查制度，组织专家开展鉴定文书质量评查，对发现的问题和能力不足的要督导整改。要建立完善司法鉴定质量评价办法、鉴定质量责任追究机制和鉴定争议解决机制。

四、严格规范司法鉴定执业行为

11. 严格规范委托受理。要严格规范司法鉴定的委托受理，认真审查委托事项、鉴定要求和鉴定材料。对于不属于司法鉴定事项的、超出机构业务范围、技术条件和鉴定能力的或者发现同一事项多头委托的，不予受理并说明理由；对于委托人拒绝签订委托协议的，可以中止受理或者终止鉴定；对于不符合重新鉴定条件的，不予受理并说明理由；对于重新鉴定意见与原鉴定意见不一致的，应当在鉴定意见书中充分说明理由和依据。

12. 严格规范与当事人关系。司法鉴定机构接受委托后，除人身损伤、精神状况、听证等必须与当事人接触的鉴定活动外，严禁鉴定人与当事人及其代理人私下接触。

13. 完善执业监管。要认真贯彻《司法部关于进一步加强司法鉴定投诉处理工作的意见》，进一步健全完善投诉查处机制，畅通投诉渠道，及时受理群众投诉，规范投诉调查活动，严肃查处违规违纪行为。

14. 开展专项检查，要针对当地存在的突出问题，及时开展专项检查，严肃查处司法鉴定违规违纪执业行为。对于“金钱案”、“权力案”、“关系案”，发现一起惩处一起，绝不姑息，坚决将“害群之马”清理出司法鉴定队伍。

五、不断加强司法鉴定队伍建设

15. 切实提高思想政治素质。要把思想政治建设放在首位，坚持用中国特色社会主义理论体系武装头脑，认真学习贯彻党的十八大和十八届三中全会精神，教育引导广大司法鉴定人牢固树立并自觉践行社会主义核心价值观，始终保持忠于党、忠于国家、忠于人民、忠于法律的思想本色。

16. 切实提高业务素质。要健全完善司法鉴定人教育培训制度，严格按照《司法鉴定教育培训规定》做好司法鉴定人岗位培训、在岗学习和继续教育，司法鉴定人参加继续教育必须达到每年不少于40学时的规定。组织开展新法律法规、新方法、新标准的培训，鼓励、促进业务交流与合作。

17. 切实提高职业道德素质。要大力开展职业道德和执业纪律教育，教育引导广大司法鉴定人严格遵守司法鉴定职业道德基本规范，自觉坚持崇尚法治、尊重科学，按照阳光执业、公正执业、规范执业、诚信执业、廉洁执业的要求，不断提高诚信规范执业和职业道德水平。

18. 切实提高出庭作证能力。要规范鉴定人出庭作证活动，不断提高出庭作证的执业能力。司法鉴定人要切实履行出庭作证的义务。通过回答法庭询问和接受对方质证，提高司法鉴定的执业公信力。对于无正当理由拒不出庭作证的要依法严格查处。同时，要加强与有关部门沟通协调，切实保障鉴定人人身安全，解决出庭费用收取困难等问题，为司法鉴定人提供必要执业条件，共同维护鉴定人执业权利，为鉴定人出庭作证创造良好的执业环境。

公安机关人民警察执法过错责任追究规定

（2016年1月14日公安部令第138号公布　自2016年3月1日起施行）

第一章　总　　则

第一条　为落实执法办案责任制，完善执法过错责任追究机制，保障公安机关及其人民警察依法正确履行职责，保护公民、法人和其他组织的合法权益，根据《中华人民共和国人民警察法》、《行政机关公务员处分条例》等有关法律法规，制定本规定。

第二条　本规定所称执法过错是指公安机关人民警察在执法办案中，故意或者过失造成的认定事实错误、适用法律错误、违反法定程序、作出违法处理决定等执法错误。

在事实表述、法条引用、文书制作等方面存在执法瑕疵，不影响案件处理结果的正确性及效力的，不属于本规定所称的执法过错，不予追究执法过错责任，但应当纳入执法质量考评进行监督并予以纠正。

第三条　追究执法过错责任，应当遵循实事求是、有错必纠、过错与处罚相适应、教育与惩处相结合的原则。

第四条　在执法过错责任追究工作中，公安机关纪检监察、督察、人事、法制以及执法办案等部门应当各负其责、互相配合。

第二章　执法过错责任的认定

第五条　执法办案人、鉴定人、审核人、审批人都有故意或者过失造成执法过错的，应当根据各自对执法过错所起的作用，分别承担责任。

第六条　审批人在审批时改变或者不采纳执法办案人、审核人的正确意见造成执法过错的，由审批人承担责任。

第七条　因执法办案人或者审核人弄虚作假、隐瞒真相，导致审批人错误审批造成执法过错的，由执法办案人或者审核人承担主要责任。

第八条　因鉴定人提供虚假、错误鉴定意见造成执法过错的，由鉴定人承担主要责任。

第九条　违反规定的程序，擅自行使职权造成执法过错的，由直接责任人员承担责任。

第十条　下级公安机关人民警察按照规定向上级请示的案件，因上级的决定、命令错误造成执法过错的，由上级有关责任人员承担责任。因下级故意提供虚假材料或者不如实汇报导致执法过错的，由下级有关责任人员承担责任。

下级对超越法律、法规规定的人民警察职责范围的指令，有权拒绝执行，并同时向上级机关报告。没有报告造成执法过错的，由上级和下级分别承担相应的责任；已经报告的，由上级承担责任。

第十一条　对其他执法过错情形，应当根据公安机关人民警察在执法办案中各自承担的职责，区分不同情况，分别追究有关人员的责任。

第三章　对执法过错责任人的处理

第十二条　对执法过错责任人员，应当根据其违法事实、情节、后果和责任程度分别追究刑事责任、行政纪律责任或者作出其他处理。

第十三条　追究行政纪律责任的，由人事部门或者纪检监察部门依照《行政机关公务员处分条例》和《公安机关人民警察纪律条令》等规定依法给予处分；构成犯罪的，依法移送有关司法机关处理。

第十四条　作出其他处理的，由相关部门提出处理意见，经公安机关负责人批准，可以单独或者合并作出以下处理：

（一）诫勉谈话；

（二）责令作出书面检查；

（三）取消评选先进的资格；

（四）通报批评；

（五）停止执行职务；

（六）延期晋级、晋职或者降低警衔；

（七）引咎辞职、责令辞职或者免职；

（八）限期调离公安机关；

（九）辞退或者取消录用。

第十五条　公安机关依法承担国家赔偿责任的案件，除依照本规定追究执法过错责任外，还应当依照《中华人民共和国国家赔偿法》的规定，向有关责任人员追偿部分或者全部赔偿费用。

第十六条　执法过错责任人受到开除处分、刑事处罚或者犯有其他严重错误，应当按照有关规定撤销相关的奖励。

第十七条　发生执法过错案件，影响恶劣、后果严重的，除追究直接责任人员的责任外，还应当依照有关规定追究公安机关领导责任。

年度内发生严重的执法过错或者发生多次执法过错的公安机关和执法办案部门，本年度不得评选为先进集体。

第十八条　对执法过错责任人的处理情况分别记入人事档案、执法档案，作为考核、定级、晋职、晋升等工作的重要依据。

第十九条　具有下列情形之一的，应当从重追究执法过错责任：

（一）因贪赃枉法、徇私舞弊、刑讯逼供、伪造证据、通风报信、蓄意报复、陷害等故意造成执法过错的；

（二）阻碍追究执法过错责任的；

（三）对检举、控告、申诉人打击报复的；

（四）多次发生执法过错的；

（五）情节恶劣、后果严重的。

第二十条　具有下列情形之一的，可以从轻、减轻或者免予追究执法过错责任：

（一）由于轻微过失造成执法过错的；

（二）主动承认错误，并及时纠正的；

（三）执法过错发生后能够配合有关部门工作，减少损失、挽回影响的；

（四）情节轻微、尚未造成严重后果的。

第二十一条　具有下列情形之一的，不予追究执法过错责任：

（一）因法律法规、司法解释发生变化，改变案件定性、处理的；

（二）因法律规定不明确、有关司法解释不一致，致使案件定性、处理存在争议的；

（三）因不能预见或者无法抗拒的原因致使执法过错发生的；

（四）对案件基本事实的判断存在争议或者疑问，根据证据规则能够予以合理说明的；

（五）因出现新证据而改变原结论的；

（六）原结论依据的法律文书被撤销或者变更的；

（七）因执法相对人的过错致使执法过错发生的。

第四章　执法过错责任追究的程序

第二十二条　追究执法过错责任，由发生执法过错的公安机关负责查处。

上级公安机关发现下级公安机关应当查处而未查处的，应当责成下级公安机关查处；必要时，也可以直接查处。

第二十三条　公安机关纪检监察、督察、审计、法制以及执法办案等部门，应当在各自职责范围内主动、及时检查、纠正和处理执法过错案件。

第二十四条　各有关部门调查后，认为需要法制部门认定执法过错的，可以将案件材料移送法制部门认定。

第二十五条　法制部门认定执法过错案件，可以通过阅卷、组织有关专家讨论、会同有关部门调查核实等方式进行，形成执法过错认定书面意见后，及时送达有关移送部门，由移送部门按照本规定第十三条、第十四条作出处理。

第二十六条　被追究执法过错责任的公安机关人民警察及其所属部门不服执法过错责任追究的，可以在收到执法过错责任追究决定之日起五日内向作出决定的公安机关或者上一级公安机关申诉；接受申诉的公安机关应当认真核实，并在三十日内作出最终决定。法律、法规另有规定的，按照有关规定办理。

第二十七条　因故意或者重大过失造成错案，不受执法过错责任人单位、职务、职级变动或者退休的影响，终身追究执法过错责任。

错案责任人已调至其他公安机关或者其他单位的，应当向其所在单位通报，并提出处理建议；错案责任人在被作出追责决定前，已被开除、辞退且无相关单位的，应当在追责决定中明确其应当承担的责任。

第二十八条　各级公安机关对执法过错案件应当采取有效措施予以整改、纠正，对典型案件应当进行剖析、通报。

第五章　附　　则

第二十九条　各省、自治区、直辖市公安厅局和新疆生产建设兵团公安局可以根据本规定，结合本地实际制定实施细则。

第三十条　本规定自2016年3月1日起施行。1999年6月11日发布的《公安机关人民警察执法过错责任追究规定》（公安部令第41号）同时废止。

司法部关于充分发挥职能作用为民营企业发展营造良好法治环境的意见

（2018年11月10日）

各省、自治区、直辖市司法厅（局），新疆生产建设兵团司法局：

为深入贯彻习近平新时代中国特色社会主义思想和党的十九大精神，认真贯彻落实习近平总书记在民营企业座谈会上的重要讲话和关于民营企业发展的重要指示批示精神，充分发挥司法行政职能作用，积极为民营企业发展提供坚实法治保障、营造良好法治环境、提供优质法律服务，现结合司法行政工作实际，提出以下意见。

一、充分认识支持和促进民营企业发展的重要意义

支持民营企业发展，是党中央的一贯方针。改革开放40年来，民营企业蓬勃发展，民营经济从小到大、由弱变强，在稳定增长、促进创新、增加就业、改善民生等方面发挥了重要作用，成为推动经济社会发展的重要力量。实践证明，我国经济发展能够创造中国奇迹，民营经济功不可没。我国宪法规定，国家保护个体经济、私营经济等非公有制经济的合法权利和利益。国家鼓励、支持和引导非公有制经济的发展。党的十九大把坚持“两个毫不动摇”写入新时代坚持和发展中国特色社会主义的基本方略，作为党和国家一项大政方针进一步确定下来。近日，习近平总书记在民营企业座谈会上发表重要讲话，强调民营经济是我国经济制度的内在要素，民营企业和民营企业家是我们自己人。要不断为民营经济营造更好发展环境，帮助民营经济解决发展中的困难，支持民营企业改革发展。认真贯彻落实习近平总书记在民营企业座谈会上的重要讲话精神，充分发挥司法行政职能作用，大力支持和促进民营企业发展壮大，是司法行政机关责无旁贷的职责使命。各级司法行政机关要切实提高政治站位，深入学习领会习近平总书记关于民营企业发展的重要指示批示精神，深刻领会坚持和完善我国社会主义基本经济制度和分配制度、坚持“两个毫不动摇”的重要意义，从讲政治、讲大局的高度把党中央关于支持民营企业发展的决策部署学习好、领会好、贯彻好，着力在减轻民营企业负担、解决民营企业发展难题、营造公平竞争环境、完善政策执行方式、保护企业合法权益等方面，采取扎实有效措施，努力为民营企业发展营造良好的法治环境。

二、加快推动相关法律法规立改废释，为促进民营企业发展提供有力法律保障

1. 完善促进民营经济发展的法律法规制度。树立平等保护、促进发展的立法理念，重点围绕民营企业在市场准入、产权保护、投融资、公平竞争等方面遇到的困难问题，确立民营企业“法无禁止即可准入”原则，加快推动修改制定相关法律法规。进一步落实民营企业的投资主体地位，全面保护民营企业物权、债权、股权、知识产权等各种类型的财产权。充分保障民营企业平等获取投资补助、贷款贴息等政府投资资金，有效缓解民营企业融资难融资贵，实现各类市场主体诉讼地位平等、法律适用平等、法律责任平等，保障民营企业与其他市场主体公平竞争。通过立法加强政府政务诚信建设，确保政府守约践诺，防止随意违约毁约、“新官不理旧账”等问题。

2. 全面清理不利于民营企业发展的法律法规和规范性文件。统筹协调正在开展的相关法律法规清理工作，在2018年年底前集中清理现行法律法规和规范性文件中有悖于平等保护原则、不利于民营经济发展的相关内容，及时予以废止或者调整完善，打破各种各样的“卷帘门”“玻璃门”“旋转门”。进一步加强法规规章备案审查，及时纠正有悖于保护民营经济的法规规章规定，积极为民营企业发展提供平等法治保障。

3. 健全充分听取民营企业意见的立法工作机制。起草、审查涉及企业权益的法律法规，通过实地调研、召开座谈会等多种方式，专门听取民营企业的意见，全面了解其利益诉求并在制度设计中充分考虑。要把征求工商联和律师协会等行业协会的意见作为重要环节，必要时对相关企业、行业协会商会开展立法调研。对征求意见中民营企业反映比较集中的意见，通过有效渠道及时反馈研究采纳情况，未采纳的要说明理由。

三、推进严格规范公正文明执法，为民营企业公平发展营造良好法治环境

4. 依法保护民营企业合法权益。加强民营企业产权保护，依法保障民营企业和企业家合法财产不受侵犯、合法经营不受干扰。严厉打击针对民营企业的不正当竞争行为，对侵犯民营企业商标、专利、商业秘密等知识产权以及损害民营企业商业信誉、商品声誉的违法行为，及时予以纠正。对民营企业和人员的一般违法行为，慎用查封、扣押、冻结等措施，最大限度降低对涉案企业正常生产经营活动的不利影响。依法必须采取查封、扣押、冻结措施处置涉案财物的，必须严格区分个人财产和企业法人财产、区分违法所得和合法财产、区分涉案人员个人财产和家庭成员财产，结案后及时解封、解冻非涉案财物。

5. 坚持公平公正执法。坚决保护民营企业公平公正平等地参与市场竞争，享受同等法律待遇。全面推行行政裁量权基准制度，细化、量化行政处罚标准，坚决摒除随意检查、多重检查、重复处罚等执法歧视行为。大力推行行政执法公示、执法全过程记录、重大执法决定法制审核“三项制度”，切实增强行政执法工作的法治化、规范化、透明化。全面推行“双随机、一公开”监管，推动阳光执法，坚决避免人情监管、选择执法、执法不公、暗箱操作等现象。

6. 坚持规范文明执法。坚持“法定职责必须为、法无授权不可为”，全面公开行政执法部门权责清单，明确执法主体、执法程序、执法事项范围，从制度上推动解决行政执法“不作为”“乱作为”问题。凡无法律依据的，一律不得开展执法检查，严防执法扰企。切实改进执法方式，增强服务意识，做到行为规范、程序规范。切实防止一些部门在执法中对民营企业采取“一刀切”等简单粗暴做法，对民营企业经营中的一般违法行为，要审慎研究、妥善处理，可以通过说服、建议、协商等手段解决的，要以教育为主，不能一味处罚、一罚了事，坚决避免对市场活动的过度干预。

7. 加强行政执法监督。建立完善行政执法内部制约监督机制，坚决制止和纠正各级执法机关和执法人员侵犯民营企业利益的行为。对民营企业投诉举报的“乱执法、随意执法”问题，必须及时查处，做到有错必究，对有关责任人员依法问责。切实加强涉及民营企业的行政复议案件办理工作，对民营企业认为行政机关侵犯其权益的复议申请，抓紧审理、及时办结，切实维护民营企业合法权益。

8. 大力推动简政放权。认真贯彻落实党中央、国务院关于“放管服”改革部署要求，推进各地区各部门进一步简政放权、精简审批事项，激发民营企业经营活力和发展动力。会同有关部门在全国全面推开“证照分离”改革，进一步降低民营企业市场准入成本。

9. 持续开展“减证便民”行动。切实组织做好证明事项清理工作，对民营企业在中国法律服务网“群众批评——证明事项清理投诉监督”平台反映的问题、提出的批评意见，及时督促有关地方和部门抓紧取消违法设定的证明事项，切实避免民营企业办事难、办事慢、多头跑、来回跑、不方便等问题，对于普遍性问题，及时通过法定程序从制度上加以解决。2018 年年底前，率先在司法行政系统通过告知承诺、信息共享等方式取消不必要的证明事项。

10. 加快实现“一网通办”。推动落实审批服务“马上办、网上办、就近办、一次办”要求，优化简化行政审批服务程序，最大限度缩短民营企业办事时限，方便民营企业创业创新。2019 年 6 月底前整合部省两级中国法律服务网，优化服务流程，推进实现以中国法律服务网为统领的“三网融合”“一网通办”。

11. 推动创新监管模式和执法方式。针对民营企业新产业新业态新模式，改进传统监管模式和执法方式，积极运用大数据、云计算、物联网等信息化手段，探索实行“互联网+监管”“物联网+监管”新模式，实施包容审慎监管，为民营企业创业创新提供宽松的发展环境，引导民营企业形成良性竞争的市场生态。

四、创新拓展公共法律服务，为民营企业提供优质高效的法律服务

12. 发挥公共法律服务平台服务民营企业功能。推行实体平台“一窗办多事”，整合司法行政系统各项服务职能，实现“前台统一受理，后台分流转办”，降低民营企业寻求法律服务的成本。加强“12348”公共法律服务热线平台接听队伍专业化建设，有条件的地方组建专门服务团队，提供法律咨询服务。推行服务事项网上办理，实现请律师、办公证、求法援、找调解、寻鉴定等与民营企业密切相关的服务事项在网络平台一站式办理。

13. 组织引导律师积极服务民营企业。围绕促进依法经营、构建和谐劳动关系、营造法治环境，引导律师积极参与企业决策论证，提供法律咨询、权益保护等服务，促进依法办企。组织律师服务民营企业专项活动，在2018年年底前为重点民营企业开展一次全面法治体检，将法律保护关口前移，帮助民营企业有效预防和化解法律风险。加强与各地工商联组织和行业协会商会沟通合作，协助有关行业协会商会成立专业律师服务团队。探索开展民营企业公司律师试点，进一步完善公司律师参与民营企业经营、决策、论证等工作机制和平台。加强与各省（区、市）党委对外联络部门、中国贸促会各省（区、市）分会等的联络沟通，为民营企业对外经贸合作交往提供高质量法律服务。

14. 拓展创新公证服务民营企业工作。监督指导公证机构认真办理企业并购、招标投标、知识产权、拍卖、提存、抵押等公证业务，加大对中小企业融资贷款的公证服务力度，规范交易行为，防范非法集资风险，维护民营企业的合法权益。积极开展公证服务知识产权保护，围绕“一带一路”建设等国家重大战略，推动建立“一带一路”沿线国家和地区公证服务知识产权保护合作机制。在有条件地区开展民营企业公证服务知识产权保护试点，遴选培育第二批若干家公证服务知识产权保护示范机构。

15. 建立民营企业矛盾纠纷调解工作机制。加强民营企业矛盾纠纷排查，将民营企业矛盾纠纷作为重点，及时发现苗头性、倾向性问题，第一时间开展调处，定分止争。民营企业矛盾纠纷多发的乡镇（街道）人民调解委员会可以设立专门的服务窗口，及时受理并调解民营企业矛盾纠纷。支持有条件的民营企业建立人民调解组织或劳动争议调解委员会，选聘优秀法律服务工作者进驻企业或建立调解联系点，及时调解矛盾纠纷。认真贯彻落实推进商会人民调解工作的意见，依托各类商会组织建立人民调解委员会，健全完善商会人民调解工作机制。加强行业性、专业性劳动争议调解组织建设，及时化解涉民营企业劳动争议纠纷。

16. 推进民营企业民商事纠纷仲裁工作。加大在民营企业实施仲裁法律制度的工作力度，吸收符合条件的民营企业人士担任仲裁委员会组成人员。深化仲裁机构与商会等行业组织的协作，建立专业仲裁工作平台，发挥专业人员解决民商事纠纷作用。尊重民营企业自主选择仲裁机构、仲裁员和处分权益，平等对待民营企业当事人，依法公正合理裁决涉及民营企业的民商事纠纷。优化仲裁工作程序，本着就近、快捷、经济的原则，方便民营企业特别是困难企业通过仲裁解决纠纷。

17. 积极做好民营企业员工的法律援助工作。对民营企业农民工和困难员工提出的法律援助申请，要开辟绿色通道，优先受理。积极组织法律服务工作者深入民营企业，为企业困难职工、下岗职工等困难群体提供法律援助，实现应援尽援，营造和谐稳定的用工环境。

五、加大法治宣传力度，引导民营企业依法经营依法治企

18. 深入推进“法律进民企”。组织、指导和帮助民营企业特别是中小企业制定法治宣传计划，开展支持民营企业发展的方针政策和法律知识普及活动。深入开展“诚信守法企业”创建活动，增强企业管理者和企业职工依法经营、依法管理、依法维权的意识，切实将“法律进企业”活动引向深入。

19. 紧扣重要时间节点开展集中宣传。鼓励探索重要节点开展法治宣传的新模式，充分利用“4·26”知识产权日、宪法宣传周等时间点，选取民营企业关注的法律法规或法律热点问题，集中开展大型的普法宣传活动，借助重要节点影响力进一步提升普法效果，提高工作覆盖面，传播法律知识，弘扬法治精神。

20. 创新普法宣传内容和方式。充分发挥广播、电视、报刊等传统媒体优势，对与民营企业发展相关的民商事法律法规等进行法律解读和舆论引导。更好运用网络、微信、客户端开展普法活动，积极推送相关主题宣传活动消息，开展新媒体普法。大力宣传民营企业守法诚信典型案例，开展树立守法诚信企业家、标杆企业等活动，充分发挥示范引领作用。

六、加强组织领导，推动各项任务落到实处

各级司法行政机关要贯彻党中央关于支持民营企业发展的政策措施，切实提高政治站位，把服务民营经济发展作为一项重要任务，摆上重要日程，推动各项政策落实。要充分发挥政策协调、统筹指导、督促推动作用，在政策、融资、营商环境等方面帮助解决实际困难。要加强调研和督促，结合经济形势变化和企业反映法治层面的突出问题，开展调查研究，有针对性地提出管用的措施和办法。要建立联系重点民营企业制度，健全完善服务民营企业工作机制，定期走访，帮助解决涉法问题。要加强监督问责，建立涉民营企业法律服务信息反馈制度，认真查处各类投诉举报，及时跟进工作进展，对落实情况滞后单位要求作出说明。

第五章　全国部分省市有关政策文件选编

天津市高级人民法院关于充分发挥审判职能作用依法保护产权的实施意见

（2016年12月21日　津高法〔2016〕182号）

产权制度是社会主义市场经济的基石，保护产权是坚持社会主义基本经济制度的必然要求。党的十八届三中、四中、五中全会明确提出，国家保护各种所有制经济产权和合法利益，强调要健全以公平为核心原则的产权保护制度，推进产权保护法治化。为贯彻落实《中共中央、国务院关于完善产权保护制度依法保护产权的意见》和《最高人民法院关于充分发挥审判职能作用切实加强产权司法保护的意见》，结合天津法院实际，制定本实施意见。

一、深刻认识依法有效保护产权的重要意义，正确把握产权司法保护的基本原则

1. 充分认识依法有效保护产权的重要性。有效保障和实现经济主体财产权是经济社会持续健康发展的基础。依法有效保护各种所有制经济组织和公民财产权，对于增强人民群众财产财富安全感，增强社会信心，形成良好社会预期，增强各类经济主体创业创新动力，促进经济社会持续健康发展和国家长治久安具有重要意义。

2. 坚持依法保护原则。全市法院要忠实履行审判职责，严格公正司法，准确把握立法精神，依法妥善处理涉及产权保护的各类案件。注重总结涉产权保护案件的审判经验，及时发现和研究产权司法保护的新情况新问题，推动成果转化应用，促进社会主义市场经济法律制度不断健全。

3. 坚持平等保护原则。坚持各类产权主体诉讼地位平等、法律适用平等、法律保障和服务平等，真正把平等保护各种所有制经济财产权落到实处，保障各种所有制经济依法公开、公平、公正参与市场竞争。注重对非公有制产权的平等保护，准确把握法律政策界限，围绕非公有制经济发展的现实司法需求，提供司法保障和服务。妥善审理和执行各类涉外民商事案件，依法平等保障中外当事人合法的产权权益。

4. 坚持全面保护原则。在审判和执行活动中，既要保护物权、债权、股权，也要保护知识产权及其他各种无形财产权。依法明确产权归属，坚决制裁各类侵犯产权的违法犯罪行为，特别是依法惩治利用公权力侵犯私有产权的违法犯罪行为，保护非公有制经济主体的合法权益。

二、坚持法治理念，准确把握和严格执行产权保护司法政策

5. 严格区分经济纠纷与经济犯罪的界限。严格把握刑事犯罪的认定标准，准确认定经济纠纷和经济犯罪的性质，正确区分合法融资与非法集资、合同纠纷与合同诈骗、民营企业参与国有企业兼并重组引发的经济纠纷与恶意侵占国有资产等的界限。对于法律界限不明、罪与非罪不清的，严格遵循罪刑法定、疑罪从无原则，严禁有罪推定。

6. 严格规范涉案财产的处置。依法采取查封、扣押、冻结措施和处置涉案财物时，严格区分个人财产和企业法人财产。对于经过审理不能确认为违法所得的，不得判决追缴或者责令退赔。严格区分涉案人员个人财产和家庭成员财产，处理涉案人员犯罪不得牵连其家庭成员合法财产。股东、企业经营管理者等自然人违法的，在处置其个人财产时不任意牵连企业法人财产；企业法人违法的，在处置企业法人财产时不任意牵连股东、企业经营管理者个人合法财产。按照公开公正和规范高效的要求，进一步健全涉案财产保管、鉴定、估价、拍卖、变卖制度。

7. 依法保护农村集体经济组织及农民的财产权益。依法保护农村集体经济组织对承包地发包、调整、监督、收回等各项权能，保障农民对承包土地的转让和流转权利。依法平等保护经营主体根据流转合同取得的土地经营权，维护经营主体从事农业生产所享有的各项权利，使土地资源得到有效合理的利用。

8. 依法保护各类市场主体的股权、债权和其他新型财产权益。依法审理股东资格确认、股东知情权、利润分配请求权、优先购买权等案件，维护各类投资主体的股东权益。妥善审理买卖、借款、租赁、担保等合同类纠纷案件，依法保护各类债权。合理确定产权保护边界，维护市场主体的环境生态权、信息资源权、新类型担保物权等新型财产权益。

9. 加大对科技创新成果和商业经营成果的知识产权保护力度。加强关键核心技术和基础前沿领域技术成果保护，加大对创新程度高的发明创造的保护力度，促进提高自主创新能力。合理确定知识产权侵权损害赔偿数额，对于情节严重的恶意侵权、重复侵权行为实施惩罚性赔偿。依法审理商标侵权案件，加强品牌商誉保护。依法审理反不正当竞争纠纷案件，破除行业垄断和市场分割。发挥知识产权刑事审判惩治和震慑侵犯知识产权犯罪的职能作用，加大对链条式、产业化知识产权犯罪的惩治力度。

10. 平等保护中外产权人合法权益。妥善审理涉外产权纠纷案件，遵循国际条约与国际惯例，合理确定连接因素，对依法应由我国法院受理的案件行使司法管辖权，维护我国公民、法人在海外的正当产权权益。正确选择和适用不动产物权、动产物权、有价证券、权利质权、知识产权、信托关系等应适用的准据法，平等保护外商投资人的合法权益。加强涉外商事海事仲裁司法审查，确保司法审查标准统一，促使经由中外仲裁机构确认的当事人产权关系及时得到司法维护。

11. 依法促进法治政府和政务诚信建设。依法监督行政机关履行行政允诺和行政协议。确有法定事由，需要变更、解除行政允诺和行政协议的，严格审查变更、解除事由的合法性与正当性以及做出变更、解除的权限和程序的合法性，并判决补偿企业和公民财产权因此而受到的损失。对于因行政机关不履行或者违法履行行政允诺和行政协议造成企业和公民财产权受到损害的，依法判决行政机关赔偿损失。

12. 依法维护被征收征用者的合法权益。严格审查土地、房屋等财产征收征用决定所符合的公共利益以及作出征收征用决定的权限与程序的合法性。对于财产征收征用，允许被征收人选择实物补偿或者货币补偿的形式。选择实物补偿的，要按照被征收财产相同或近似的财产予以补偿；选择货币补偿的，要按照被征收财产的市场价格予以补偿。严格审查评估机构资质、选定程序的合法性以及评估方法、评估内容的合理性。对于因财产征收征用而受到的财产损失，依法判决行政机关对被征收征用人进行公平合理的补偿。

13. 防止因审判执行拖延影响企业生产经营。按照《天津法院审限管理标准》强化审限监管。进一步完善繁简分流机制，对符合条件的案件，依法适用简易程序、速裁程序。加大执行力度，提高执行效率，及时实现胜诉当事人的合法权益。

14. 依法及时处理历史形成的产权申诉案件。对涉及重大财产处置的产权纠纷申诉案件、民营企业和投资人犯罪的申诉案件，经审查确属事实不清、证据不足、适用法律错误的，依法及时予以纠正。

三、完善产权司法保护机制建设，积极营造保护产权的法治氛围

15. 坚持党的领导，积极构建产权司法保护工作协调机制。全市法院在产权司法保护工作中，要自觉接受党的领导，主动向党委汇报加强产权司法保护的工作部署。积极参与党委牵头的产权保护工作机制，确保产权司法保护各项举措落到实处。

16. 完善审判工作机制，全面提升产权司法保护的公信力。对法律适用难度较大的涉及产权保护的民刑交叉、民行交叉案件，优化审判资源配置，组成民刑、民行综合合议庭，确保厘清法律关系、准确适用法律，确保审判工作取得较好效果。建立和完善知识产权民事、行政和刑事审判“三合一”工作机制，整体提升保护效能。

17. 加强法治宣传，推动形成保护产权的法治环境和社会氛围。充分利用裁判文书上网、庭审直播等司法公开平台，通过好案例、好经验，大力宣传党和国家平等保护各种所有制经济产权的方针政策和法律法规，使依法保护、平等保护、全面保护观念深入人心，营造保护产权的法治环境及良好社会氛围。

福建省人民政府办公厅关于开展涉及完善产权保护制度有关地方性法规、规章清理工作的通知

（2017 年 7 月 22 日 闽政办〔2017〕86 号）

各设区市人民政府、平潭综合实验区管委会，省人民政府各部门、各直属机构：

根据《中共中央 国务院关于完善产权保护制度依法保护产权的意见》以及《中共福建省委 福建省人民政府印发〈关于完善产权保护制度依法保护产权的实施方案〉的通知》（闽委发〔2017〕6 号）的要求，省政府将涉及完善产权保护制度有关地方性法规、规章清理工作列入 2017 年立法计划项目，决定对本省制定的地方性法规、规章进行清理，建立与产权保护要求相适应的法律制度。经商省人大法工委，现就我省清理工作有关事项通知如下：

一、清理范围

现行有效的地方性法规和规章（包括属于规章性质的现行规范性文件）。

二、清理要求

（一）将平等保护作为规范财产关系的基本原则，清理有违公平的条款；

（二）清理按照所有制不同类型制定的市场主体地方性法规和规章。

三、职责分工

（一）清理工作由省法制办牵头，省直各单位配合进行；

（二）各设区市的清理工作由各设区市人民政府自行负责。

四、清理步骤

清理工作分三个阶段进行，省法制办、省直各单位要严格按照时限要求，认真做好每一个阶段的清理工作。

（一）自查阶段。省直各单位要结合实际制定本单位的清理工作方案，严格按照清理要求，提出初步清理意见，填写《地方性法规、规章清理意见表》（见附件1），经厅（委、办、局）务会议研究同意后，报省法制办汇总、审查。省直各单位应当于 2017 年 8 月 31 日前将初步清理意见报送省法制办。省法制办要加强对各单位自查工作的督促和指导。

（二）审查形成清理意见阶段。省法制办组织有关人员对省直各单位报送的初步清理意见进行汇总、审查、研究、论证，形成清理意见（征求意见稿），发送有关部门征求意见。省法制办根据有关部门反馈的意见，认真对照清理要求，对需要进行修改或废止的地方性法规、规章进行研究，提出具体意见按程序报批后，于 2017 年 11 月底前提交省人民政府常务会议审议。

（三）审议形成清理结果阶段。按立法程序，对于需修改或废止的地方性法规

项目，省政府常务会议审议通过后，以议案形式提请省人大常委会审议；对于需修改或废止的省政府规章项目，省政府常务会议审议通过后，依法向社会公布。

各设区市的清理工作程序，分别由各设区市人民政府结合实际制定。清理工作完成后，应将清理情况抄送省法制办。平潭综合实验区的清理工作参照省直各单位的清理要求进行。

联系人：张名洪，联系电话：0591-87802519　15980113918

附件：

地方性法规、规章（包括属于规章性质的现行规范性文件）清理意见表

单位：（加盖公章）　　　　　　　　填表日期：

序　号	地方性法规、规章（文件）名称、文号、颁布日期	清理意见	理　由

经办人：　　　　　　　　　　　　联系电话：

四川省高级人民法院印发《关于加强产权司法保护的实施意见》的通知

（2017年11月24日　川高法〔2017〕329号）

全省各级人民法院，成都铁路运输两级法院，本院各部门：

为深入贯彻党的十九大精神，充分发挥产权司法保护的审判职能作用，省法院制定《关于加强产权司法保护的实施意见》，经本院审判委员会2017年第38次会议讨论通过。现将实施意见印发你们，请遵照执行。执行中的问题，请及时报告省法院。

特此通知。

四川省高级人民法院关于加强产权司法保护的实施意见

为深入贯彻党的十九大精神，坚持新时代新发展理念，充分发挥产权司法保护的审判职能作用，根据中央、省和最高人民法院关于完善产权保护制度依法保护产权的一系列文件要求，结合我省法院工作实际，制定本实施意见。

一、认真贯彻产权保护的司法原则

1. 深刻认识加强产权司法保护的意义。党的十九大明确提出，要坚持和完善我国社会主义基本经济制度和分配制度，毫不动摇巩固和发展公有制经济，毫不动摇鼓励、支持、引导非公有制经济发展。保护产权是坚持和完善社会主义基本经济制度的必然要求，是贯彻落实党的十九大提出的使市场在资源配置中起决定性作用的重要保障。全省各级法院要牢固树立和贯彻落实新发展理念，以各类产权案件的审判执行工作为着力点，切实发挥我省法院产权司法保护的职能作用，服务保障加快建设美丽繁荣和谐四川。

2. 认真贯彻产权保护的司法原则。全省各级法院要按照中央、省和最高人民法院的要求，将平等、全面、依法原则贯穿于各类产权案件审判执行工作的全过程。坚持平等保护原则，要平等保护公有制经济、非公有制经济和混合所有制经济等各类主体的产权，平等对待各类产权主体的诉讼地位和诉讼权利；坚持全面保护原则。要全面保护产权主体的物权、债权、知识产权等各类权利，依法受理审判各类产权案件，不断总结审判经验，推动产权保护工作法治化坚持依法保护原则。要准确把握产权保护的立法精神，严格依据法律法规，依法确认权属、明确侵权责任、制裁侵犯产权的违法犯罪行为，切实维护产权主体的合法权益。

二、认真落实产权司法保护要求

3. 依法严厉惩治侵犯产权的犯罪。坚持打击各类破坏社会主义市场经济秩序的犯罪，依法维护稳定公平透明、可预期的营商环境。要打击合同诈骗等扰乱市场秩序的犯罪，打击集资诈骗、非法吸收公众存款等金融诈骗和破坏金融管理秩序犯罪，打击假冒注册商标、假冒专利、侵犯著作权等侵犯知识产权犯罪，打击商业贿赂、内幕交易、强迫交易等犯罪，从严惩处国家工作人员在固有、集体资产监管处置过程中的贪污、贿赂、挪用、私分等职务犯罪和在土地、财税、资源等重要领域履职过程中侵犯产权的犯罪，依法保护财产交易安全和财产安全。

4. 准确把握经济违法行为入刑标准。遵循罪刑法定、疑罪从无原则，严禁有罪推定。严格区分合同纠纷与合同诈骗、企业正当融资与非法集资、民营企业参与固有企业兼并重组中涉及的经济纠纷与恶意侵占固有资产、经济活动中的业务交往与违法犯罪等的界限，防止把经济纠纷认定为刑事犯罪，坚决禁止利用刑事手段干预经济纠纷。

5. 依法公正审理涉产权交易的合同纠纷案件。尊重和保护市场主体的意思自治，合理判断各类交易模式和交易结构创新的合同效力，正确运用诚信原则解释合同文本，严格宣告合同无效，慎重宣告合同解除，增强市场主体的诚信认知度，依法维护交易秩序和交易安全。依法审理涉农村土地合同案件，按照“坚持土地集体所有权、稳定农户承包权、放活土地经营权”的改革方向，妥善处理农村土地三权分置中发生的各类合同案件，落实承包地、宅基地、集体经营性建设用地用益物权，维护农民各项财产权益。依法审理建设工程合同和房地产纠纷案件，区分工程、房屋质量不合格和一般性瑕疵，准确判断当事人是否享有合同解除权，防止有违诚信原则的恶意毁约行为。提高审判效率，灵活采取诉讼保全措施，防止工程烂尾。依法审理金融借款、民间借贷、融资租赁、证券期货等案件，处理好支持市场主体多渠道融资与防范金融风险的关系，平等保护债权人和债务人的合法权益。

6. 依法公正审理公司产权利益案件。健全公司治理、加强股东权益保护，依法审理公司决议效力、股东资格确认、股东知情权、利润分配权，优先购买权等与公司相关的民商事案件，准确界定股东、法定代表人、高级管理人员等不同主体的权利义务，妥善处理股东之间、股东与公司之间利益冲突，保护投资者的积极性，促进实现公司治理规范化、法治化。

7. 依法及时保护知识产权。明晰知识产权的权利范围与边界，对恶意侵权、重复侵权、规模化侵权等情节严重的侵权行为，依法适用惩罚性赔偿，对权利人因调查、制止侵权行为所支付的合理费用，在赔偿数额之外依法予以支持，提高知识产权侵权成本，依法规制各类不正当竞争行为。要通过加强对知识产权的司法保护，促进和保障我省的创新发展战略。

8. 依法稳妥审理企业兼并、破产案件。严格落实“多兼并重组，少破产清算”的要求，依法受理、妥善审理与企业兼并重组、破产清算相关的各类民商事案件。正确认定各类兼并重组行为效力，切实维护市场主体通过资产收购、营业租赁、公司合并与分立、股份转让等多种方式参与兼并重组的意思自治。依法规制兼并重组中的关联交易行为，注意防止和纠正以企业兼并重组名义恶意逃债，损害债权人等第三方合法权益的行为。对兼并重组无望的企业实行“一企一策”，把握运用强制清算、破产重整、破产和解和破产清算程序，实现企业再生改造或依法有序退出市场。大力推进执行案件移送破产审查，保障执行程序与破产程序的有效衔接，通过破产程序一体清理债务，彻底化解纠纷。

9. 依法公正审理涉产权人利益的行政案件。妥善处理好保护公共利益与保护产权人利益的关系，合理界定行政征收征用案件中公共利益的范围，防止以公共利益为名损害产权人利益。遵循及时合理补偿原则，允许被征收征用人依法选择实物补偿或者货币补偿。依法及时受理因政府招商引资、特许经营、政府与社会资本合作等引发的各类行政协议案件，认真审查协议不能履行的具体原因，公正认定违约责任，防止行政主体因政府换届、领导人员更替等原因随意违约。对确因国家利益、公共利益或者其他法定事由不能履行的，依法判令补偿行政相对人财产损失，切实维护行政相对人的合法权益。

10. 依法保障产权人胜诉权益。最大限度保障债权人实现胜诉权，平等对待各类市场主体，不得因申请执行人和被执行人的所有制性质不同而在执行力度、执行标准上有所不同。对涉企业的执行案件，要具区分不同情况，采取有针对性的执行措施，对于出现暂时资金困难但尚能运转或有发展前景的企业，在不损害债权人利益前提下，优先采取对当事人生产经营影响较小的执行措施，积极促成执行和解，帮助企业渡过难关；对于一些被市场所淘汰、确已资不抵债的企业，依法引导其进入破产清算程序，在法律框架内公开、公平、公正地解决债权债务纠纷，使其真正退出市场。

11. 依法规范适用强制性措施。慎重适用强制措施，依法确需采取查封、扣押、冻结措施的，要通过预留必要资金账户等方式最大限度降低对企业正常生产经营活动的不利影响。要严格规范执行行为，防止随意扩大执行范围，不得查封、扣押、冻结与案件无关的财产，侵犯被执行人、案外人的合法权益，实现加大执行力度与保护各方合法权益的有机统一。要严格执行省法院《关于进一步规范刑事诉讼涉案财物认定、处置等若干问题的意见（试行）》，正确区分个人财产和企业法人财产、涉案人员个人财产和家庭成员财产、违法所得和合法财产。企业被非法占有、处置、毁坏的财产，要依法及时追缴发还、责令退赔。对经过审理不能确认为违法所得的，不得判决追缴或者责令退赔。

12. 依法处理历史形成的产权申诉案件。审查历史形成的产权申诉案件，要坚持以事实为根据、以法律为准绳。符合再审条件的，依法启动再审程序。经审查确属事实不清、证据不足、适用法律错误的，坚决予以纠正。因生效裁判错误损害当事人及其近亲属、利害关系人、案外人等合法权益的，依法纠正并赔偿损失。因产权申诉案件引发国家赔偿的，对符合条件的依法立案、依法赔偿。申诉、再审期间，案件已经进入执行阶段的，根据具体情况决定是否中止原裁判执行。案件已经执行完毕的，要依法对涉及的执行问题一并作出处理。

三、积极参与产权保护法治环境建设

13. 加强产权案件的专业化审判。全省各级法院可以根据涉产权案件的审判类型，组建金融、房地产、建设工程、公司证券、破产清算等专业化审判团队，优化审判资源配置。对法律关系复杂、法律适用难度较大的涉产权民刑交叉、民行交叉案件，可以统筹调配审判力量，组成综合合议庭。要充分发挥成都知识产权法庭的示范引领作用，体现全省法院知识产权民事、行政和刑事案件审判“三合一”审判模式的积极作用，不断提升知识产权司法保护的综合效能。

14. 加强对产权案件的调研指导。全省各级法院要加强对重大产权纠纷案件的调研指导工作和信息交流，充分发挥智能辅助办案信息系统、专业法官会议等的支撑作用，及时分析研究产权审判执行工作中的疑难问题，不断总结经验做法。上级法院要注重加强产权司法保护的政策研究，加强对突出类型、新类型产权案件的调研，推选典型案例，统一司法裁判尺度，加大对下级法院审判执行重大产权案件的工作指导力度。

15. 积极参与产权保护法治体系建设。全省各级法院要针对产权案件审判执行中发现的重大问题主动提出司法建议，向党委政府汇报。要积极参与党委牵头，各方共同参加的产权保护协调工作机制，加强与政府职能部门、工商联、行业协会的沟通联系，实现调解、仲裁、行政复议、诉讼等纠纷解决方式的有机衔接，完善产权纠纷多元化解机制，形成共建共治共享的社会治理格局。

16. 加强产权案件法治宣传。全省各级法院要适时发布产权司法保护典型案例，将案件审判作为普法的有效形式，起到“审理一案、教育一片”的效果，使产权保护观念深入人心。要发挥好司法公开平台在宣传保护产权上的作用，大力宣传中央和省平等保护各种所有制经济产权的相关法律政策，积极营造公平、公正、透明、稳定的法治环境，推动形成保护产权的良好社会氛围。

中共天津市委　天津市人民政府关于完善产权保护制度依法保护产权的实施意见

（2017 年 12 月 9 日）

为加快完善产权保护制度，进一步做好产权保护工作，根据中共中央、国务院关于完善产权保护制度依法保护产权的意见精神，结合我市实际，提出如下实施意见。

一、总体要求

（一）指导思想。高举习近平新时代中国特色社会主义思想伟大旗帜，全面贯彻党的十九大精神，坚持以习近平总书记对天津工作提出的“三个着力”重要要求为元为纲，按照党中央、国务院决策部署，紧紧围绕扎实推进“五位一体”总体布局、“四个全面”战略布局在天津的实施，牢固树立和贯彻落实新发展理念，着力推进供给侧结构性改革，进一步完善现代产权制度，推进产权保护法治化，在事关产权保护的立法、执法、司法、守法等各方面各环节体现法治理念，通过依法有效保护各种所有制经济组织和公民财产权，切实增强各类经济主体创业创新动力，增强人民群众财产财富安全感，增强社会信心，形成良好预期，为保持经济持续健康发展和社会长治久安奠定坚实基础。

（二）基本原则。坚持平等保护，健全以公平为核心原则的产权保护制度，毫不动摇巩固和发展公有制经济，毫不动摇鼓励、支持、引导非公有制经济发展，公有制经济财产权不可侵犯，非公有制经济财产权同样不可侵犯；坚持全面保护，既保护物权、债权、股权，也保护知识产权及其他各种无形财产权；坚持依法保护，坚决执行产权保护法律规定，不断完善相关法规制度并强化实施，确保有法可依、有法必依；坚持共同参与，做到政府诚信和公众参与相结合，建设法治政府、责任政府、诚信政府，增强公民产权保护观念和契约意识，强化社会监督，形成广泛参与的产权保护新格局；坚持标本兼治，抓紧解决产权保护方面存在的突出问题，甄别纠正一批产权纠纷申诉案件，提高产权保护精准度，加快建立产权保护长效机制。

二、主要任务

（一）加强各种所有制经济产权保护

1. 健全国有企业和国有资产产权保护和监管制度。进一步明晰国有产权所有者和代理人关系，以混合所有制改革为突破口，推动实现国有企业股权多元化和公司治理现代化。严格规范国有资产登记、转让、清算、退出等程序和交易行为，完善国有资产交易方式，将国有产权转让纳入全市统一的公共资源交易平台规范运行，防止内部人任意支配国有资产，切实防止国有资产流失。建立以清单管理、分类管理和契约管理为重点的监管制度，健全涉及财务、采购、营销、投资等方面的内部监督制度和内控机制，强化董事会规范运作和对经理层的监督。

2. 建立健全归属清晰、权责明确、监管有效的自然资源资产产权制度。

认真贯彻落实《自然资源统一确权登记办法（试行）》，明晰各类自然资源资产产权主体，以不动产统一登记平台为依托，依法对土地、水、森林、海域等自然资源进行统一确权登记。积极推进全民所有自然资源资产有偿使用制度改革，推动自然资源资产所有权和使用权相分离，明确产权归属关系和权责，强化部门监管职能，健全监管体制。将全民所有自然资源资产产权交易纳入全市统一的公共资源交易平台，逐步实现各类市场主体按照市场规则和市场价格依法平等使用土地、森林、水、矿产资源和海域等自然资源。

3. 完善农村集体产权确权和保护制度。以保障集体收益分配权为核心，分类建立健全集体资产清产核资、登记、保管、使用、处置制度和财务管理监督制度，指导村集体经济组织规范开展成员界定、股权份额分配、健全组织管理机构等工作，全面推开农村集体资产产权制度改革，力争到2020年基本完成。健全农村产权流转交易市场，引导农民和村集体经济组织规范有序开展农村集体资产、股权等产权的流转交易，切实防止集体经济组织内部少数人侵占、非法处置集体资产，防止外部资本侵吞、非法控制集体资产。

4. 健全非公有制经济依法平等使用各类生产要素和平等保护机制。坚持权利平等、机会平等、规则平等，废除对非公有制经济各种形式的不合理规定，坚决破除地方保护、区域封锁等各种隐性壁垒，公平市场准入，保证各种所有制经济依法平等使用生产要素、公开公平公正参与市场竞争、同等受到法律保护、共同履行社会责任。

（二）完善平等保护产权的法规制度

1. 健全平等保护各类市场主体的法规制度。完善平等保护各类市场主体的地方性法规、规章和规范性文件，建立健全地方性法规和规范性文件清理长效机制，对针对不同所有制类型制定的、不符合平等保护要求的，及时清理、废止，或根据上位法的立改废情况及时进行修改。

2. 加大对非公有财产的刑法保护力度。准确把握法律政策界限，围绕非公有制经济发展的现实司法需求，提供司法保障和服务。依法履行司法职能，惩治侵犯投资者、管理者和从业人员人身安全、财产安全的犯罪，黑社会性质犯罪组织和恶势力犯罪团伙欺行霸市的犯罪，盗窃、抢夺、敲诈勒索、哄抢非公有制企业财物的犯罪，利用职务便利侵占、挪用非公有制企业财产的犯罪，由经济纠纷引发的暴力讨债、绑架、非法拘禁等犯罪，切实维护非公有制经济主体合法权益。

（三）妥善处理历史形成的产权案件

1. 依法及时处理历史形成的产权纠纷案件。坚持有错必纠，按照最高人民法院关于依法妥善处理历史形成的产权案件的相关要求，建立专门工作机制，抓紧甄别纠正一批社会反映强烈的产权纠纷申诉案件。对涉及重大财产处置的产权纠纷申诉案件、民营企业和投资人违法申诉案件，经查确属事实不清、证据不足、适用法律错误的，依法及时予以纠正并赔偿当事人损失。以群众来信来访为抓手，及时发现、剖析并纠正产权纠纷申诉案件等涉及的不规范执法问题。

2. 落实办案质量终身负责制和错案责任倒查问责制。严格落实司法责任制，规范司法权力行使和司法责任追究，深入推进司法标准化建设，从源头上、制度上有效防范错案冤案的发生。完善审判管理，落实主审法官、合议庭办案责任制。明确检察官办案权力清单，推行“谁办案谁负责、谁决定谁负责”的检察官办案责任制，自觉接受人大监督、民主监督和社会监督。建立公安机关人民警察执法过错责任追究长效机制。

（四）严格规范涉案财产处置法律程序

1. 进一步细化涉嫌违法的企业和人员财产处置规则。综合考虑涉案企业和人员的行为性质、情节、危害程度以及配合诉讼的态度等情况，依法慎重决定是否采取相关强制措施，慎重使用限制财产权利的侦查措施，最大限度降低对企业正常生产经营活动的不利影响。确需采取查封、扣押、冻结等措施的，要严格按照法定程序进行，除依法需责令关闭企业的情形外，在条件允许的情况下可以为企业预留必要的流动资金和往来账户。采取查封、扣押、冻结措施和处置涉案财物时，要依法严格区分个人财产和企业法人财产。对股东、企业经营管理者等自然人违法，在处置其个人财产时不任意牵连企业法人财产。对企业违法，在处置企业法人财产时不任意牵连股东、企业经营管理者个人合法财产。严格区分违法所得和合法财产，对于经过审理不能认定为违法所得的，不得判决追缴或者责令退赔。严格区分涉案人员个人财产和家庭成员财产，处理涉案人员违法所得时不牵连其家庭成员合法财产。

2. 完善涉案财物管理制度。建立办案部门与保管部门、办案人员与保管人员相互制约的涉案财物管理制度。对查封、扣押、冻结的财物实行清单管理，推动建立跨部门涉案财物集中管理信息平台，确保涉案财物管理规范、移送顺畅、处置及时。按照公开公正和规范高效的要求，不断完善并严格执行涉案财物鉴定、估价、拍卖、变卖制度，加大网络司法拍卖力度。

（五）审慎把握处理产权和经济纠纷的司法政策

1. 严格区分经济纠纷与刑事犯罪。充分考虑非公有制经济特点，严格区分正当融资与非法集资、合同纠纷与合同诈骗、民营企业参与国有企业兼并重组中涉及的经济纠纷与恶意侵占国有资产等的界限，准确把握刑事犯罪认定标准，坚决防止把经济纠纷认定为刑事犯罪。对民营企业生产、经营、融资等经济行为，除法律法规规章明确禁止外，不以违法犯罪对待。依法公正处理各类经济纠纷特别是民营企业与国有企业之间的纠纷，坚决防止利用刑事手段干预经济纠纷。对涉及犯罪的民营企业投资人，在当事人服刑期间依法保障其行使财产权利等民事权利。

2. 审慎处理法律政策界限不明确的产权案件。对于法律界限不明、罪与非罪不清的产权案件，司法机关应严格遵循法不溯及既往、从旧兼从轻、罪刑法定、疑罪从无、严禁有罪推定的原则，注意听取行业主管、监管部门意见，加强研究分析，慎重妥善处理，坚决防止把一般违法违纪、工作失误等视为犯罪。对于法律适用难度较大的涉产权民刑交叉案件，统筹审判资源，组成民刑综合合议庭，确保理清法律关系、准确适用法律。深入研究并妥善解决涉及产权保护的疑难复杂问题，统一相关案件裁判标准，为各类经济主体创业创新提供行为规范和指引。

3. 严禁党政干部干预司法活动、介入司法纠纷、插手具体案件处理。严格落实《领导干部干预司法活动、插手具体案件处理的记录、通报和责任追究规定》和《司法机关内部人员过问案件的记录和责任追究规定》，严肃查办执法不严、司法不公背后的国家机关工作人员徇私枉法、贪赃枉法等违法犯罪案件。

（六）完善政府守信践诺体制机制

1. 健全政府履约守诺制度。加强政务诚信建设，完善政府守信践诺机制，各级政府及有关部门要严格兑现向社会及行政相对人依法作出的政策承诺，认真履行在招商引资、政府与社会资本合作等活动中与投资主体依法签订的各类合同，不得以政府换届、领导人员更替等理由违约毁约，因违约毁约侵犯合法权益的，要承担法律和经济责任。因国家利益、公共利益或者其他法定事由需要改变政府承诺和合同约定的，要严格依照法定权限和程序进行，并对企业和投资人因此而受到的财产损失依法予以补偿。进一步完善赔偿、投诉和救济制度，畅通投诉和救济渠道。依法办理涉产权保护的国家赔偿案件，坚持法定赔偿原则，保障符合赔偿条件的产权主体依法获得赔偿。

2. 强化政务失信惩戒制度建设。建立政务失信记录，依法依规纳入信用信息共享平台，强化对政务失信行为监管，建立健全政府失信专项治理长效机制，严肃失信责任追究。将政务履约和守诺服务纳入政府绩效评价体系，健全守信激励与失信惩戒机制。

（七）完善财产征收征用制度

1. 完善土地、房屋征收征用和补偿制度。制定修订土地征用、房屋征收和补偿相关制度文件，进一步强化各区政府主体责任，进一步规范征收征用法定权限和程序，明确补偿范围、方式和标准。依法合理界定征收征用适用的公共利益范围，不将公共利益扩大化。依法履行征收征用程序，严格执行法定补偿标准，公开透明、公正公平给予被征收征用者合理补偿和妥善安置。征地补偿严格按照我市征地区片综合地价标准支付补偿安置费，仍不能保持被征地农民原有生活水平的，可以使用国有土地有偿使用收入予以补贴。实行征地补偿资金预存制度。

2. 依法公正审理财产征收征用案件。严格审查土地、房屋等财产征收征用决定所符合的公共利益以及作出征收征用决定的权限与程序的合法性，严格审查评估机构资质、选定程序的合法性以及评估方法、评估内容的合理性。对于因财产征收征用而受到的财产损失，依法判决行政机关对被征收征用人进行公平合理补偿。

（八）强化知识产权保护

1. 充分发挥司法保护知识产权主导作用。全面推进知识产权民事、行政和刑事案件审判“三审合一”。在全市三级法院知识产权审判庭成立专门审理涉外知识产权案件的合议庭。发挥司法审查和司法监督职能，促进知识产权行政行为进一步规范化和法治化。强化对原创型知识产权的保护力度，特别是关键核心技术和基础前沿领域技术成果保护，加大对创新程度高的发明创造的保护力度。依法遏制不正当竞争，破除行业垄断和市场分割。发挥刑事审判惩治和震慑侵犯知识产权犯罪职能作用，重点打击链条式、产业化以及反复侵权、恶意侵权、网络侵权、有组织侵权等犯罪，对严重侵犯知识产权的犯罪案件，实行挂牌督办，第一时间介入侦查，引导侦查机关全面收集固定证据，确保办案效率和质量。

2. 加大知识产权侵权行为惩治力度。合理确定知识产权侵权损害赔偿数额，对于情节严重的恶意侵权、反复侵权行为实施惩罚性赔偿，并由侵权人承担权利人为制止侵权行为所支付的合理开支，提高知识产权侵权成本。实时发布参考性案例。完善知识产权相关地方性法规，推动完善知识产权侵权损害赔偿制度。到 2020 年，以知识产权类案为单元，制定赔偿标准，基本解决知识产权侵权法定赔偿过低问题。

3. 推进知识产权领域信用体系建设。明确知识产权侵权等信用信息的采集规则和使用方式，严格执行公示标准，向征信机构公开相关信息。将故意侵犯知识产权行为情况纳入企业和个人信用记录，推进侵犯知识产权行政处罚案件信息公开。将严重的恶意侵权、反复侵权行为纳入社会信用评价体系，对严重侵权责任主体实施联合惩戒。

4. 加强知识产权行政执法体系建设。加强知识产权行政执法能力建设，统一执法标准，完善执法程序，提高执法专业化、信息化、规范化水平。完善知识产权联合执法和跨地区执法协作机制。完善涉外知识产权执法机制，加大涉外知识产权犯罪案件侦办力度。完善侵权假冒商品举报奖励机制。创新知识产权快速维权工作机制。完善知识产权行政执法监督，加强执法维权绩效管理。严厉打击不正当竞争行为，加强品牌商誉保护。强化专利行政执法，开展打击侵犯知识产权和制售假冒伪劣商品“双打”专项行动。到 2020 年，区域专利行政执法队伍基本完善，推动建立起京津冀跨区域专利行政执法联动机制。

5. 搭建知识产权保护运用工作平台。以建设华北知识产权运营中心为抓手，推动京津冀乃至北方知识产权在中心交易，不断扩大交易数量，推进知识产权运营交易全过程电子化并纳入全市统一的公共资源交易平台，积极开展知识产权运营项目管理，推进转移转化。推广专利执行险、境外展会专利纠纷法律费用保险等知识产权保险。引导创业投资基金、股权投资基金加强对知识产权领域的投资。到 2020 年，培育形成有较强运营能力的运营机构，华北知识产权运营中心运行顺畅，知识产权交易量大幅提高。

（九）健全增加城乡居民财产性收入的各项制度

1. 落实住宅建设用地使用权到期后续期的法律安排。在国家相关法律安排出台前，按照“不需提出续期申请、不收取相关费用、正常办理交易和登记手续”的过渡性办法处理，推动形成全社会对公民财产长久受保护的良好和稳定预期。

2. 积极探索实施混合所有制改革国有企业员工持股。按照国务院国资委关于国有控股混合所有制企业开展员工持股试点的相关要求，研究制定实施意见，选取符合条件的企业开展员工持股试点，坚持同股同权、同股同利，形成资本所有者和劳动者利益共同体，充分调动员工积极性、主动性、创造性，着力避免大股东凭借优势地位侵害中小股东权益的行为。

3. 创新金融产品和金融业态。用好人民银行关于金融支持天津自由贸易试验区建设等相关政策，加快金融改革创新。坚守风险底线，大力发展新型金融业态，加快发展融资租赁、产业基金和股权投资基金、财富管理机构，培育发展天使投资、创业投资、并购投资，规范发展互联网金融。鼓励金融机构创造更多支持实体经济发展、使民众分享增值收益的金融产品，增加民众投资渠道。

4. 深化农村土地制度改革。坚持土地公有制性质不改变、耕地红线不突破、粮食生产能力不减弱、农民利益不受损的底线，从实际出发，因地制宜，落实承包地、宅基地、集体经营性建设用地的用益物权。建立健全承包合同取得权利、登记记载权利、证书证明权利为内容的土地承包经营权登记制度。引导农户通过转让、互换、出租、入股等方式流转承包地，发展多种形式的适度规模经营。开展承包土地经营权登记试点，探索开展经营主体利用承包土地经营权抵押贷款。统筹推进蓟州区农村宅基地制度等改革试点工作，形成可复制、可推广、利修法的改革成果。推进宝坻区和武清区承包土地经营权抵押登记试点。

5. 推进林权确权流转。完善林地承包合同，落实林农的林地承包经营权、所有权、处置权和收益权。实施林权流转，加强流转管理，做到自愿有偿、依法流转、公平交易，保证林农与集体的初始承包关系不因林地流转而改变。建立健全集体所有和个人承包的公益林林地生态效益补偿机制。完善金融支持服务制度，开展林权抵押贷款、林业专业合作社贷款、林农小额免评估贷款等业务，促进森林资源资产增长，增加林农财产收益。

（十）营造全社会重视和支持产权保护的良好环境

1. 推动形成保护产权的法治环境和社会氛围。拓宽宣传渠道，丰富宣传手段，充分利用传统媒体及各种新媒体平台，以及裁判文书上网、庭审直播等司法公开平台，大力宣传党和国家平等保护各种所有制经济产权的方针政策和法律法规并做好解读工作，使平等保护、全面保护、依法保护观念深入人心。总结宣传一批依法有效保护产权的好做法、好经验、好案例，充分发挥典型示范引领作用。

2. 完善产权相关法律援助制度。认真落实我市关于建立完善司法救助制度的办法措施。设立市、区、街道（乡镇）三级公共法律服务中心和全市统一的“12348”公共法律服务热线，建立健全覆盖城乡居民的法律援助、司法救助制度，确保人民群众在产权受到侵害时获得及时有效的法律帮助。畅通诉求表达渠道，打造“信、访、网、电”四位一体的诉求表达体系。

3. 建立中小企业产权纠纷援助机制。有效发挥工商业联合会、行业协会商会在保护非公有制经济和民营企业产权、维护企业合法权益方面的作用，大力发展法律服务机构，搭建并完善中小企业法律服务平台，为中小企业提供法律咨询、辅导以及相关代理服务。落实“谁执法谁普法，谁主管谁负责”普法责任制，推动相关部门发挥职能作用和资源优势，通过各种方式和途径对中小企业进行法制宣传教育和法律援助，帮助中小企业开展法律维权工作。

4. 完善产权纠纷多元化解机制。探索建立协商、中立评估、第三方调处等矛盾纠纷化解机制，鼓励当事人就纠纷解决先行协商，达成和解协议。司法机关、行政机关、调解组织、律师、相关专家或其他人员根据当事人的申请或委托参与协商，为纠纷化解提供辅助性协调和帮助。在不动产纠纷、土地纠纷、商事纠纷、侵权纠纷、知识产权纠纷等领域，探索由中立评估员为纠纷当事人提供法律咨询或专业辅导。培育相关领域专业性、行业性调解组织和队伍，做好产权纠纷化解工作。

三、组织领导

（一）建立工作机制。成立由市委副书记任组长，常务副市长、市委政法委书记任副组长，市有关部门和单位主要负责同志为成员的市产权保护工作领导小组，统筹推动我市完善产权保护制度、依法保护产权各项工作，协调解决重点难点问题。领导小组下设工作小组，由市发展改革委和市委政法委分管领导任组长，领导小组成员单位分管负责同志为成员，按照职责开展工作，并根据需要不定期召开会议，研究推动相关工作。各区要建立由区委牵头，区人大常委会、区政府、区级司法机关共同参加的产权保护协调工作机制。

（二）落实工作责任。工作小组要根据市产权保护工作领导小组的部署安排，建立重点任务清单和台账，明确时间节点和责任单位，严格督促检查，推动任务实施。责任单位要在每季度最后一周向工作小组牵头单位报送工作进展情况。各区各部门各单位主要负责同志要亲力亲为、主动担当，组织力量制定具体方案，做好基础性、标志性、关键性工作，密切沟通配合、主动对接衔接，形成上下联动、齐抓共管的强大合力，确保各项举措落到实处、取得实效。

中共浙江省委　浙江省人民政府关于完善产权保护制度依法保护产权的实施意见

（2018 年 1 月 2 日）

为完善产权保护制度，依法保护产权，根据《中共中央国务院关于完善产权保护制度依法保护产权的意见》精神，结合我省实际，现提出以下实施意见。

一、总体要求

全面贯彻党的十九大精神，高举习近平新时代中国特色社会主义思想伟大旗帜，按照省第十四次党代会和省委十四届二次全会的部署要求，牢固树立新发展理念，坚持平等保护、全面保护、依法保护、共同参与和标本兼治的原则，在立法、执法、司法、守法等关键环节着力，加快建立健全产权保护长效体制机制，依法有效保护各种所有制经济组织和公民财产权，增强人民群众财产财富安全感，增强社会信心，形成良好预期，充分激发和增强各类经济主体创业创新动力，为全省经济社会持续健康发展、奋力推进“两个高水平”建设保驾护航。

二、重点任务

（一）健全平等保护产权的地方性法规体系。完善地方性法规、规章和规范性文件清理长效机制和动态化、信息化管理机制。坚决消除地方性法规、规章和规范性文件中的各种隐性壁垒。根据上位法制定、修改、废止情况，及时制定和修订平等保护各类市场主体产权的相关地方性法规、规章和规范性文件。

（二）健全完善国有资产产权保护制度。完善国有资产管理体制，推进国有资本授权经营体制改革，推动省级经营性国有资产集中统一监管。完善企业法人治理结构，健全外部董事和职业经理人制度，理顺外派监事会体制。推进省属企业分类改革，深入推进国有企业混合所有制改革，支持非公有制企业、股权投资基金等参与国有企业混合所有制改革。严格落实国有企业经营投资责任追究制度和国有资产进场交易制度。认真实施检察机关提起公益诉讼制度。认真做好国有企业资产与产权变动中的档案处置工作。

（三）健全完善激发民营经济活力的体制机制。健全完善放开市场准入机制，全面实施并不断完善负面清单制度，引导和支持民营企业积极参与国家战略的实施，拓展转型升级发展新空间。强化公共服务平台建设，不断提高服务质量和效率。鼓励民间资本参与政府和社会资本合作的基础设施、公用事业项目。鼓励和引导民营企业以资产为纽带走产权多元的路子，开展股改上市和并购重组，健全完善民营企业产权市场体制机制，落实保护产权政策。

（四）着力弘扬和保护优秀企业家精神。大力弘扬新时代浙商坚忍不拔的创业精神、敢为人先的创新精神、兴业报国的担当精神、开放大气的合作精神、诚信守法的法治精神、追求卓越的奋斗精神。依法保护企业家人身权、财产权、创新权益和自主经营权，构建“亲”“清”新型政商关系，切实保障企业家公平竞争权益。深入推进“最多跑一次”改革，健全企业家参与涉企政策制定机制，为全省企业发展和企业家成长创造更为广阔的空间、更加实在的“红利”，使企业家安心经营、放心投资。

（五）建立健全明晰的自然资源资产产权制度。按照国家规定，清晰界定省域全部国土空间各类自然资源资产的产权主体，建立统一的确权登记体系。建立全省自然资源生态空间基础数据库。建立健全全民所有自然资源资产的有偿使用制度，更多引入竞争机制进行配置。以主体功能区规划为基础，整合各部门分头编制的各类空间性规划，科学配置和严格管控各类自然资源。

（六）深化完善农村土地使用管理制度。积极探索建立农村集体经营性建设用地入市制度，加快探索综合开发利用路径，完善入市交易规则、服务监管制度和土地增值收益的合理分配机制。建立健全全省农村土地承包管理信息系统。稳步推进农村土地制度改革试点，形成可复制推广的经验并在全省推行。

（七）稳步推进农村集体产权制度改革。全面推进农村土地承包经营权确权登记颁证。推动流转土地经营权登记管理扩面应用，探索创新农村承包地“三权分置”有效实现形式。推进农村宅基地及房屋和小型水利工程确权登记发证工作。建立集体经济组织成员和集体资产股权登记备案制度，研究制定农村集体资产股权管理办法。研究制定培育新型农业经营主体、促进农业适度规模经营政策意见。

（八）建立健全产权流转交易平台体系。加快整合建立统一的公共资源交易平台，依法推进公共资源高效规范运行。鼓励同类型交易平台进行省市县垂直整合。完善农村产权流转交易体系，推进规范化运行和标准化建设。建立健全农村综合产权交易信息管理服务系统，加强农村产权交易市场监督管理。

（九）有序实施公平竞争审查制度。落实国家和省关于在市场体系建设中建立公平竞争审查制度的意见要求，对本省行政区域内政策制定机关制定涉及市场主体经济活动的规章、规范性文件和其他政策措施，进行公平竞争审查。对符合国家产业政策和准入条件的投资项目，要按照“最多跑一次”改革的要求，清理废除对非公有制经济各种形式的不合理规定，确保政府行为符合公平竞争要求和相关法律法规规定。

（十）全方位加大知识产权保护力度。加大知识产权侵权行为惩治力度，完善行政保护和司法保护优势互补、有机衔接的知识产权保护模式。建立健全知识产权跨区域司法协作机制，有效执行惩罚性赔偿制度。健全知识产权纠纷多元化解机制，推进知识产权纠纷诉讼调解对接、仲裁调解对接工作。深入开展打击知识产权侵权专项行动，依法严厉打击侵犯知识产权的犯罪行为。强化商业秘密保护，严肃查处侵犯商业秘密的违法行为。加强海关知识产权执法保护。建立查处知识产权侵权行为快速反应机制。探索开展知识产权纠纷专业调解第三方平台建设试点。完善企业海外知识产权风险预警体系。

（十一）审慎把握产权保护和经济纠纷的司法政策。严格区分经济纠纷与经济犯罪的界限、企业正当融资与非法集资的界限、非公有制企业参与国有企业兼并重组中涉及的经济纠纷与恶意侵占国有资产的界限，防止把经济纠纷当作犯罪处理，防范刑事执法介入经济纠纷，防止选择性司法。严禁党政干部干预司法活动、介入司法纠纷、插手具体案件处理。对民营企业在生产、经营、融资活动中的经济行为，除法律、行政法规明确禁止外，不以违法犯罪对待。对涉及犯罪的民营企业投资人，在当事人服刑期间依法保障其行使财产权利等民事权利。严厉惩处虚假诉讼和诉讼失信行为，完善对不诚信诉讼行为的规制机制。

（十二）严格规范涉案财产处置的法律程序。坚持公正规范执法司法，严办侵害企业利益的案件，慎办影响企业生产经营的案件。依法慎用查封、扣押、冻结等措施。法院依法受理破产案件后，有关单位应当严格按照《中华人民共和国企业破产法》的规定，解除有关债务人企业财产的保全措施以及刑事查封、扣押、冻结等强制措施。在处理涉案财物时，不得任意牵连涉案企业、企业经营管理者、企业职工与案件处理无关的合法财产。严格执行、不断完善涉案财物保管、鉴定、估价、拍卖、变卖制度。

（十三）妥善处理历史形成的产权案件。对于社会反映强烈的、省法院作出的涉及重大财产处置的产权纠纷，以及民营企业和投资人违法犯罪的生效裁判，要依法及时审查，认真甄别。完善办案质量终身负责制和错案责任倒查问责制。严格遵循法不溯及既往、罪刑法定、在新旧法之间从旧兼从轻等原则，以发展眼光客观看待和依法妥善处理改革开放以来各类企业特别是民营企业经营过程中存在的不规范问题。

（十四）加快政府守信践诺机制建设。大力推进法治政府和政务诚信建设，各地各有关部门要严格兑现向社会及行政相对人依法作出的政策承诺。对政府违反承诺的，要坚决依法支持行政相对人的合理诉求，并追究相关人员责任。对确因国家利益、公共利益或者其他法定事由需要改变政府承诺和合同约定的，要依法补偿企业和投资人因此而受到的财产损失。建立政务失信记录，依法依规将相关失信记录统一归集管理，并将政务诚信纳入法治政府考评。

（十五）营造产权保护的良好环境。积极推行省、市、县三级政府法律顾问制度。完善法律服务工作，积极为各类经济主体提供依法保护产权的法律帮助。有效发挥工商联、行业协会商会在保护非公有制经济和民营企业产权、维护企业合法权益方面的作用，建立对涉及产权纠纷的中小企业维权援助机制。将产权保护制度等法律政策知识纳入国家工作人员学法用法内容，提高国家工作人员的法治素养和法治能力。

各地各部门要充分认识完善产权保护制度、依法保护产权的重要性和紧迫性，统一思想，形成共识和合力，狠抓工作落实。各地要建立党委牵头，人大、政府和司法机关共同参加的产权保护工作协调机制，加强对产权保护工作的组织领导和统筹协调。各有关单位要按照本实施意见，抓紧制定切实可行的具体实施方案，启动基础性、标志性、关键性工作，加强协调配合，确保各项举措落到实处、见到实效。

天津市发展和改革委员会关于完善产权保护制度依法保护产权的实施意见

（2018 年 3 月 15 日）

为加快完善产权保护制度，进一步做好产权保护工作，根据中共中央、国务院关于完善产权保护制度依法保护产权的意见精神，结合我市实际，提出如下实施意见。

一、总体要求

（一）指导思想。高举习近平新时代中国特色社会主义思想伟大旗帜，全面贯彻党的十九大精神，坚持以习近平总书记对天津工作提出的“三个着力”重要要求为元为纲，按照党中央、国务院决策部署，紧紧围绕扎实推进“五位一体”总体布局、“四个全面”战略布局在天津的实施，牢固树立和贯彻落实新发展理念，着力推进供给侧结构性改革，进一步完善现代产权制度，推进产权保护法治化，在事关产权保护的立法、执法、司法、守法等各方面各环节体现法治理念，通过依法有效保护各种所有制经济组织和公民财产权，切实增强各类经济主体创业创新动力，增强人民群众财产财富安全感，增强社会信心，形成良好预期，为保持经济持续健康发展和社会长治久安奠定坚实基础。

（二）基本原则。坚持平等保护，健全以公平为核心原则的产权保护制度，毫不动摇巩固和发展公有制经济，毫不动摇鼓励、支持、引导非公有制经济发展，公有制经济财产权不可侵犯，非公有制经济财产权同样不可侵犯；坚持全面保护，既保护物权、债权、股权，也保护知识产权及其他各种无形财产权；坚持依法保护，坚决执行产权保护法律规定，不断完善相关法规制度并强化实施，确保有法可依、有法必依；坚持共同参与，做到政府诚信和公众参与相结合，建设法治政府、责任政府、诚信政府，增强公民产权保护观念和契约意识，强化社会监督，形成广泛参与的产权保护新格局；坚持标本兼治，抓紧解决产权保护方面存在的突出问题，甄别纠正一批产权纠纷申诉案件，提高产权保护精准度，加快建立产权保护长效机制。

二、主要任务

（一）加强各种所有制经济产权保护

1. 健全国有企业和国有资产产权保护和监管制度。进一步明晰国有产权所有者和代理人关系，以混合所有制改革为突破口，推动实现国有企业股权多元化和公司治理现代化。严格规范国有资产登记、转让、清算、退出等程序和交易行为，完善国有资产交易方式，将国有产权转让纳入全市统一的公共资源交易平台规范运行，防止内部人任意支配国有资产，切实防止国有资产流失。建立以清单管理、分类管理和契约管理为重点的监管制度，健全涉及财务、采购、营销、投资等方面的内部监督制度和内控机制，强化董事会规范运作和对经理层的监督。

2. 建立健全归属清晰、权责明确、监管有效的自然资源资产产权制度。

认真贯彻落实《自然资源统一确权登记办法（试行）》，明晰各类自然资源资产产权主体，以不动产统一登记平台为依托，依法对土地、水、森林、海域等自然资源进行统一确权登记。积极推进全民所有自然资源资产有偿使用制度改革，推动自然资源资产所有权和使用权相分离，明确产权归属关系和权责，强化部门监管职能，健全监管体制。将全民所有自然资源资产产权交易纳入全市统一的公共资源交易平台，逐步实现各类市场主体按照市场规则和市场价格依法平等使用土地、森林、水、矿产资源和海域等自然资源。

3. 完善农村集体产权确权和保护制度。以保障集体收益分配权为核心，分类建立健全集体资产清产核资、登记、保管、使用、处置制度和财务管理监督制度，指导村集体经济组织规范开展成员界定、股权份额分配、健全组织管理机构等工作，全面推开农村集体资产产权制度改革，力争到 2020 年基本完成。健全农村产权流转交易市场，引导农民和村集体经济组织规范有序开展农村集体资产、股权等产权的流转交易，切实防止集体经济组织内部少数人侵占、非法处置集体资产，防止外部资本侵吞、非法控制集体资产。

4. 健全非公有制经济依法平等使用各类生产要素和平等保护机制。坚持权利平等、机会平等、规则平等，废除对非公有制经济各种形式的不合理规定，坚决破除地方保护、区域封锁等各种隐性壁垒，公平市场准入，保证各种所有制经济依法平等使用生产要素、公开公平公正参与市场竞争、同等受到法律保护、共同履行社会责任。

（二）完善平等保护产权的法规制度

1. 健全平等保护各类市场主体的法规制度。完善平等保护各类市场主体的地方性法规、规章和规范性文件，建立健全地方性法规和规范性文件清理长效机制，对针对不同所有制类型制定的、不符合平等保护要求的，及时清理、废止，或根据上位法的立改废情况及时进行修改。

2. 加大对非公有财产的刑法保护力度。准确把握法律政策界限，围绕非公有制经济发展的现实司法需求，提供司法保障和服务。依法履行司法职能，惩治侵犯投资者、管理者和从业人员人身安全、财产安全的犯罪，黑社会性质犯罪组织和恶势力犯罪团伙欺行霸市的犯罪，盗窃、抢夺、敲诈勒索、哄抢非公有制企业财物的犯罪，利用职务便利侵占、挪用非公有制企业财产的犯罪，由经济纠纷引发的暴力讨债、绑架、非法拘禁等犯罪，切实维护非公有制经济主体合法权益。

（三）妥善处理历史形成的产权案件

1. 依法及时处理历史形成的产权纠纷案件。坚持有错必纠，按照最高人民法院关于依法妥善处理历史形成的产权案件的相关要求，建立专门工作机制，抓紧甄别纠正一批社会反映强烈的产权纠纷申诉案件。对涉及重大财产处置的产权纠纷申诉案件、民营企业和投资人违法申诉案件，经查确属事实不清、证据不足、适用法律错误的，依法及时予以纠正并赔偿当事人损失。以群众来信来访为抓手，及时发现、剖析并纠正产权纠纷申诉案件等涉及的不规范执法问题。

2. 落实办案质量终身负责制和错案责任倒查问责制。严格落实司法责任制，规范司法权力行使和司法责任追究，深入推进司法标准化建设，从源头上、制度上有效防范错案冤案的发生。完善审判管理，落实主审法官、合议庭办案责任制。明确检察官办案权力清单，推行“谁办案谁负责、谁决定谁负责”的检察官办案责任制，自觉接受人大监督、民主监督和社会监督。建立公安机关人民警察执法过错责任追究长效机制。

（四）严格规范涉案财产处置法律程序

1. 进一步细化涉嫌违法的企业和人员财产处置规则。综合考虑涉案企业和人员的行为性质、情节、危害程度以及配合诉讼的态度等情况，依法慎重决定是否采取相关强制措施，慎重使用限制财产权利的侦查措施，最大限度降低对企业正常生产经营活动的不利影响。确需采取查封、扣押、冻结等措施的，要严格按照法定程序进行，除依法需责令关闭企业的情形外，在条件允许的情况下可以为企业预留必要的流动资金和往来账户。采取查封、扣押、冻结措施和处置涉案财物时，要依法严格区分个人财产和企业法人财产。对股东、企业经营管理者等自然人违法，在处置其个人财产时不任意牵连企业法人财产。对企业违法，在处置企业法人财产时不任意牵连股东、企业经营管理者个人合法财产。严格区分违法所得和合法财产，对于经过审理不能认定为违法所得的，不得判决追缴或者责令退赔。严格区分涉案人员个人财产和家庭成员财产，处理涉案人员违法所得时不牵连其家庭成员合法财产。

2. 完善涉案财物管理制度。建立办案部门与保管部门、办案人员与保管人员相互制约的涉案财物管理制度。对查封、扣押、冻结的财物实行清单管理，推动建立跨部门涉案财物集中管理信息平台，确保涉案财物管理规范、移送顺畅、处置及时。按照公开公正和规范高效的要求，不断完善并严格执行涉案财物鉴定、估价、拍卖、变卖制度，加大网络司法拍卖力度。

（五）审慎把握处理产权和经济纠纷的司法政策

1. 严格区分经济纠纷与刑事犯罪。充分考虑非公有制经济特点，严格区分正当融资与非法集资、合同纠纷与合同诈骗、民营企业参与国有企业兼并重组中涉及的经济纠纷与恶意侵占国有资产等的界限，准确把握刑事犯罪认定标准，坚决防止把经济纠纷认定为刑事犯罪。对民营企业生产、经营、融资等经济行为，除法律法规规章明确禁止外，不以违法犯罪对待。依法公正处理各类经济纠纷特别是民营企业与国有企业之间的纠纷，坚决防止利用刑事手段干预经济纠纷。对涉及犯罪的民营企业投资人，在当事人服刑期间依法保障其行使财产权利等民事权利。

2. 审慎处理法律政策界限不明确的产权案件。对于法律界限不明、罪与非罪不清的产权案件，司法机关应严格遵循法不溯及既往、从旧兼从轻、罪刑法定、疑罪从无、严禁有罪推定的原则，注意听取行业主管、监管部门意见，加强研究分析，慎重妥善处理，坚决防止把一般违法违纪、工作失误等视为犯罪。对于法律适用难度较大的涉产权民刑交叉案件，统筹审判资源，组成民刑综合合议庭，确保理清法律关系、准确适用法律。深入研究并妥善解决涉及产权保护的疑难复杂问题，统一相关案件裁判标准，为各类经济主体创业创新提供行为规范和指引。

3. 严禁党政干部干预司法活动、介入司法纠纷、插手具体案件处理。严格落实《领导干部干预司法活动、插手具体案件处理的记录、通报和责任追究规定》和《司法机关内部人员过问案件的记录和责任追究规定》，严肃查办执法不严、司法不公背后的国家机关工作人员徇私枉法、贪赃枉法等违法犯罪案件。

（六）完善政府守信践诺体制机制

1. 健全政府履约守诺制度。加强政务诚信建设，完善政府守信践诺机制，各级政府及有关部门要严格兑现向社会及行政相对人依法作出的政策承诺，认真履行在招商引资、政府与社会资本合作等活动中与投资主体依法签订的各类合同，不得以政府换届、领导人员更替等理由违约毁约，因违约毁约侵犯合法权益的，要承担法律和经济责任。因国家利益、公共利益或者其他法定事由需要改变政府承诺和合同约定的，要严格依照法定权限和程序进行，并对企业和投资人因此而受到的财产损失依法予以补偿。进一步完善赔偿、投诉和救济制度，畅通投诉和救济渠道。依法办理涉产权保护的国家赔偿案件，坚持法定赔偿原则，保障符合赔偿条件的产权主体依法获得赔偿。

2. 强化政务失信惩戒制度建设。建立政务失信记录，依法依规纳入信用信息共享平台，强化对政务失信行为监管，建立健全政府失信专项治理长效机制，严肃失信责任追究。将政务履约和守诺服务纳入政府绩效评价体系，健全守信激励与失信惩戒机制。

（七）完善财产征收征用制度

1. 完善土地、房屋征收征用和补偿制度。制定修订土地征用、房屋征收和补偿相关制度文件，进一步强化各区政府主体责任，进一步规范征收征用法定权限和程序，明确补偿范围、方式和标准。依法合理界定征收征用适用的公共利益范围，不将公共利益扩大化。依法履行征收征用程序，严格执行法定补偿标准，公开透明、公正公平给予被征收征用者合理补偿和妥善安置。征地补偿严格按照我市征地区片综合地价标准支付补偿安置费，仍不能保持被征地农民原有生活水平的，可以使用国有土地有偿使用收入予以补贴。实行征地补偿资金预存制度。

2. 依法公正审理财产征收征用案件。严格审查土地、房屋等财产征收征用决定所符合的公共利益以及作出征收征用决定的权限与程序的合法性，严格审查评估机构资质、选定程序的合法性以及评估方法、评估内容的合理性。对于因财产征收征用而受到的财产损失，依法判决行政机关对被征收征用人进行公平合理补偿。

（八）强化知识产权保护

1. 充分发挥司法保护知识产权主导作用。全面推进知识产权民事、行政和刑事案件审判“三审合一”。在全市三级法院知识产权审判庭成立专门审理涉外知识产权案件的合议庭。发挥司法审查和司法监督职能，促进知识产权行政行为进一步规范化和法治化。强化对原创型知识产权的保护力度，特别是关键核心技术和基础前沿领域技术成果保护，加大对创新程度高的发明创造的保护力度。依法遏制不正当竞争，破除行业垄断和市场分割。发挥刑事审判惩治和震慑侵犯知识产权犯罪职能作用，重点打击链条式、产业化以及反复侵权、恶意侵权、网络侵权、有组织侵权等犯罪，对严重侵犯知识产权的犯罪案件，实行挂牌督办，第一时间介入侦查，引导侦查机关全面收集固定证据，确保办案效率和质量。

2. 加大知识产权侵权行为惩治力度。合理确定知识产权侵权损害赔偿数额，对于情节严重的恶意侵权、反复侵权行为实施惩罚性赔偿，并由侵权人承担权利人为制止侵权行为所支付的合理开支，提高知识产权侵权成本。实时发布参考性案例。完善知识产权相关地方性法规，推动完善知识产权侵权损害赔偿制度。到2020年，以知识产权类案为单元，制定赔偿标准，基本解决知识产权侵权法定赔偿过低问题。

3. 推进知识产权领域信用体系建设。明确知识产权侵权等信用信息的采集规则和使用方式，严格执行公示标准，向征信机构公开相关信息。将故意侵犯知识产权行为情况纳入企业和个人信用记录，推进侵犯知识产权行政处罚案件信息公开。将严重的恶意侵权、反复侵权行为纳入社会信用评价体系，对严重侵权责任主体实施联合惩戒。

4. 加强知识产权行政执法体系建设。加强知识产权行政执法能力建设，统一执法标准，完善执法程序，提高执法专业化、信息化、规范化水平。完善知识产权联合执法和跨地区执法协作机制。完善涉外知识产权执法机制，加大涉外知识产权犯罪案件侦办力度。完善侵权假冒商品举报奖励机制。创新知识产权快速维权工作机制。完善知识产权行政执法监督，加强执法维权绩效管理。严厉打击不正当竞争行为，加强品牌商誉保护。强化专利行政执法，开展打击侵犯知识产权和制售假冒伪劣商品“双打”专项行动。到2020年，区域专利行政执法队伍基本完善，推动建立起京津冀跨区域专利行政执法联动机制。

5. 搭建知识产权保护运用工作平台。以建设华北知识产权运营中心为抓手，推动京津冀乃至北方知识产权在中心交易，不断扩大交易数量，推进知识产权运营交易全过程电子化并纳入全市统一的公共资源交易平台，积极开展知识产权运营项目管理，推进转移转化。推广专利执行险、境外展会专利纠纷法律费用保险等知识产权保险。引导创业投资基金、股权投资基金加强对知识产权领域的投资。到2020年，培育形成有较强运营能力的运营机构，华北知识产权运营中心运行顺畅，知识产权交易量大幅提高。

（九）健全增加城乡居民财产性收入的各项制度

1. 落实住宅建设用地使用权到期后续期的法律安排。在国家相关法律安排出台前，按照“不需提出续期申请、不收取相关费用、正常办理交易和登记手续”的过渡性办法处理，推动形成全社会对公民财产长久受保护的良好和稳定预期。

2. 积极探索实施混合所有制改革国有企业员工持股。按照国务院国资委关于国有控股混合所有制企业开展员工持股试点的相关要求，研究制定实施意见，选取符合条件的企业开展员工持股试点，坚持同股同权、同股同利，形成资本所有者和劳动者利益共同体，充分调动员工积极性、主动性、创造性，着力避免大股东凭借优势地位侵害中小股东权益的行为。

3. 创新金融产品和金融业态。用好人民银行关于金融支持天津自由贸易试验区建设等相关政策，加快金融改革创新。坚守风险底线，大力发展新型金融业态，加快发展融资租赁、产业基金和股权投资基金、财富管理机构，培育发展天使投资、创业投资、并购投资，规范发展互联网金融。鼓励金融机构创造更多支持实体经济发展、使民众分享增值收益的金融产品，增加民众投资渠道。

4. 深化农村土地制度改革。坚持土地公有制性质不改变、耕地红线不突破、粮食生产能力不减弱、农民利益不受损的底线，从实际出发，因地制宜，落实承包地、宅基地、集体经营性建设用地的用益物权。建立健全承包合同取得权利、登记记载权利、证书证明权利为内容的土地承包经营权登记制度。引导农户通过转让、互换、出租、入股等方式流转承包地，发展多种形式的适度规模经营。开展承包土地经营权登记试点，探索开展经营主体利用承包土地经营权抵押贷款。统筹推进蓟州区农村宅基地制度等改革试点工作，形成可复制、可推广、利修法的改革成果。推进宝坻区和武清区承包土地经营权抵押登记试点。

5. 推进林权确权流转。完善林地承包合同，落实林农的林地承包经营权、所有权、处置权和收益权。实施林权流转，加强流转管理，做到自愿有偿、依法流转、公平交易，保证林农与集体的初始承包关系不因林地流转而改变。建立健全集体所有和个人承包的公益林林地生态效益补偿机制。完善金融支持服务制度，开展林权抵押贷款、林业专业合作社贷款、林农小额免评估贷款等业务，促进森林资源资产增长，增加林农财产收益。

（十）营造全社会重视和支持产权保护的良好环境

1. 推动形成保护产权的法治环境和社会氛围。拓宽宣传渠道，丰富宣传手段，充分利用传统媒体及各种新媒体平台，以及裁判文书上网、庭审直播等司法公开平台，大力宣传党和国家平等保护各种所有制经济产权的方针政策和法律法规并做好解读工作，使平等保护、全面保护、依法保护观念深入人心。总结宣传一批依法有效保护产权的好做法、好经验、好案例，充分发挥典型示范引领作用。

2. 完善产权相关法律援助制度。认真落实我市关于建立完善司法救助制度的办法措施。设立市、区、街道（乡镇）三级公共法律服务中心和全市统一的“12348”

公共法律服务热线，建立健全覆盖城乡居民的法律援助、司法救助制度，确保人民群众在产权受到侵害时获得及时有效的法律帮助。畅通诉求表达渠道，打造“信、访、网、电”四位一体的诉求表达体系。

3. 建立中小企业产权纠纷援助机制。有效发挥工商业联合会、行业协会商会在保护非公有制经济和民营企业产权、维护企业合法权益方面的作用，大力发展法律服务机构，搭建并完善中小企业法律服务平台，为中小企业提供法律咨询、辅导以及相关代理服务。落实“谁执法谁普法，谁主管谁负责”普法责任制，推动相关部门发挥职能作用和资源优势，通过各种方式和途径对中小企业进行法制宣传教育和法律援助，帮助中小企业开展法律维权工作。

4. 完善产权纠纷多元化解机制。探索建立协商、中立评估、第三方调处等矛盾纠纷化解机制，鼓励当事人就纠纷解决先行协商，达成和解协议。司法机关、行政机关、调解组织、律师、相关专家或其他人员根据当事人的申请或委托参与协商，为纠纷化解提供辅助性协调和帮助。在不动产纠纷、土地纠纷、商事纠纷、侵权纠纷、知识产权纠纷等领域，探索由中立评估员为纠纷当事人提供法律咨询或专业辅导。培育相关领域专业性、行业性调解组织和队伍，做好产权纠纷化解工作。

三、组织领导

（一）建立工作机制。成立由市委副书记任组长，常务副市长、市委政法委书记任副组长，市有关部门和单位主要负责同志为成员的市产权保护工作领导小组，统筹推动我市完善产权保护制度、依法保护产权各项工作，协调解决重点难点问题。领导小组下设工作小组，由市发展改革委和市委政法委分管领导任组长，领导小组成员单位分管负责同志为成员，按照职责开展工作，并根据需要不定期召开会议，研究推动相关工作。各区要建立由区委牵头，区人大常委会、区政府、区级司法机关共同参加的产权保护协调工作机制。

（二）落实工作责任。工作小组要根据市产权保护工作领导小组的部署安排，建立重点任务清单和台账，明确时间节点和责任单位，严格督促检查，推动任务实施。责任单位要在每季度最后一周向工作小组牵头单位报送工作进展情况。各区各部门各单位主要负责同志要亲力亲为、主动担当，组织力量制定具体方案，做好基础性、标志性、关键性工作，密切沟通配合、主动对接衔接，形成上下联动、齐抓共管的强大合力，确保各项举措落到实处、取得实效。

中共吉林省委　吉林省人民政府关于完善产权保护制度依法保护产权的实施意见

（2018 年 2 月 8 日）

为贯彻落实《中共中央、国务院关于完善产权保护制度依法保护产权的意见》（中发〔2016〕28 号）精神，加快完善产权保护制度，依法有效保护各种所有制经济组织和公民财产权，不断提升吉林老工业基地的发展活力和内生动力，提出如下实施意见。

一、总体要求

（一）指导思想

认真贯彻党的十九大精神，以习近平新时代中国特色社会主义思想为指导，全面落实习近平总书记视察吉林重要讲话精神，按照党中央、国务院关于产权保护的决策部署，牢固树立和贯彻落实新发展理念，坚持实施“三个五”发展战略，加快建立健全产权保护长效体制机制，在事关产权保护的立法、执法、司法、守法等各方面各环节体现法治理念，增强人民群众财产安全感，增强社会信心，形成良好预期，充分激发和增强各类经济主体创业创新动力，为吉林经济社会持续健康发展保驾护航。

（二）基本原则

——坚持平等保护。健全以公平为核心原则的产权保护制度，毫不动摇巩固和发展公有制经济，毫不动摇鼓励、支持、引导非公有制经济发展，公有制经济财产权不可侵犯，非公有制经济财产权同样不可侵犯。

——坚持全面保护。保护产权不仅包括保护物权、债权、股权，也包括保护知识产权及其他各种无形财产权。

——坚持依法保护。不断完善社会主义市场经济法规制度，强化法律法规实施，确保有法可依、有法必依。

——坚持共同参与。做到政府诚信和公众参与相结合，建设法治政府、责任政府、诚信政府，增强公民产权保护观念和契约意识，强化社会监督。

——坚持标本兼治。着眼长远，着力当下，抓紧解决产权保护方面存在的突出问题，提高产权保护精准度，加快建立产权保护长效机制，激发各类经济主体的活力和创造力。

二、加强各种所有制经济产权保护

（三）深化国有企业和国有资产监督管理体制改革。积极推动国有企业依法合规引入各类投资者实现股权多元化，2019 年基本完成国有企业股权多元化改革。积极推进国有企业混合所有制改革，全面推进首批19户省属及地市国有企业开展混改试点工作；健全严格的产权占有、使用、收益、处分等完整的产权保护制度，依法保护混合所有制企业各类出资人的财产权和知识产权权益。完善国有资本授权经营体制，明确国有资产监管机构与国有资本投资、运营公司关系，在完成首批4户省属国有资本投资运营公司组建工作的基础上，积极开展金融、科技创新、基础设施建设等其他领域投资运营公司的组建工作。完善国有资产和国有企业信息公开制度，依法依规、及时准确披露国有资本运营和监管、财务状况等方面信息，建设阳光国企。稳步将机关事业单位所属企业的国有资本纳入集中统一监管体系，完善国有资本收益上缴约束机制，逐步提高国有资本收益上缴公共财政比例，2020年提高到30%。严格规范国有资产授权经营和产权交易等行为，健全清产核资、评估定价、转让交易、登记确权等国有产权流转程序，切实防止国有资产流失。（牵头部门：省国资委）

（四）完善自然资源资产产权制度。适时启动全省自然资源国家所有权的登记造册工作，进一步明确国家对全民所有自然资源的所有者权益。推进延边州林业管理局所属国有重点林区和东北虎豹国家公园内自然资源统一确权登记试点，2018年6月底前完成试点区域内全要素自然资源确权登记，形成具有吉林特色的可复制、可推广的自然资源统一确权登记经验。实行最严格的水资源管理制度，推进我省主要江河流域水量分配方案编制工作，明晰区域水资源的初始水权。扎实推进全省国有草原使用权确权登记，开展全省湿地名录编制工作。落实不动产统一登记制度，实现登记机构、登记簿册、登记依据和信息平台“四统一”。研究制定我省全民所有自然资源资产有偿使用制度改革具体实施方案，健全完善土地、水、矿产资源和国有草原有偿使用制度，探索推进国有森林有偿使用，逐步实现各类市场主体按照市场规则和市场价格依法平等使用土地等自然资源。（牵头部门：省国土资源厅、省水利厅、省林业厅、省畜牧局）

（五）稳步推进农村集体产权制度改革。落实《关于稳步推进全省农村集体产权制度改革的实施意见》（吉发〔2017〕37号），对全省乡、村、组集体所有各类资产进行全面清产核资，准确界定产权关系，落实集体资产所有权，建立健全集体资产登记、保管、使用和处置等制度。在产权界定基础上，开展成员确认、股权设置、股份改革、股权管理、注册登记，发展壮大新型集体经济。力争到2019年完成农村集体资产清产核资任务，力争到2021年完成经营性资产股份合作制改革任务。规范农村产权流转交易，搭建吉林省农村产权交易平台，完善农村产权交易市场申报登记、监督管理、风险防控制度。建立健全集体经济组织民主议事机制，完善财务管理监督制度，积极探索农民集体行使集体所有权的具体方式，切实防止农村集体经济组织内部少数人侵占、非法处置集体资产，防止外部资本侵吞、非法控制集体资产。（牵头部门：省农委）

（六）加强非公有制经济产权保护。严格执行市场体系建设中公平竞争审查制度，全面清理不利于民营企业公平竞争的政府规章和规范性文件，保障各类市场主体平等使用生产要素、公平参与市场竞争、同等受到法律保护。制定《吉林省促进中小企业发展条例》相关细则。建立省市县三级联动、运转顺畅的企业负担举报查处机制。组建吉林省中小企业法律专家顾问团，设立企业法律服务热线和网上法律咨询服务平台。（牵头部门：省工信厅、省政府法制办）

三、完善平等保护产权的法律制度

（七）完善产权保护地方法规体系。修订《吉林省技术市场管理条例》。对全省不利于保护知识产权、土地、房屋等产权方面的地方性法规进行集中清理。加强有关知识产权、土地、房屋等产权保护的规范性文件备案审查工作。（牵头部门：省人大法工委、省政府法制办）

（八）加大对非公有财产的刑法保护力度。依法惩治通过虚假诉讼、金融诈骗、商业贿赂、破坏生产经营、合同诈骗等不法手段，侵犯非公有制经济投资者、管理者、从业人员财产权益的犯罪，以及利用职务便利侵占、挪用非公有制经济主体财产的犯罪。（牵头部门：省法院、省检察院、省公安厅）

四、妥善处理历史形成的产权案件

（九）依法处理历史产权纠纷案件。成立产权错案冤案甄别纠正工作小组，对于我省改革开放以来作出的涉及重大财产处置的产权纠纷以及民营企业和投资人违法犯罪的生效判决或裁定，当事人、案外人提出申诉的，要及时审查，认真甄别；确有错误的，坚决依法纠正。对于确属事实不清、证据不足、适用法律错误的错案冤案，要依法予以纠正并赔偿当事人的损失。严格遵循法不溯及既往、罪刑法定、疑罪从无、从旧兼从轻等原则，坚持以发展眼光客观看待和依法妥善处理改革开放以来各类企业特别是民营企业因经营不规范所引发的问题。（牵头部门：省法院、省检察院、省公安厅）

（十）健全依法纠错和责任追究程序。完善办案质量终身负责制和错案责任倒查问责制。认真落实《领导干部干预司法活动、插手具体案件处理的记录、通报和责任追究规定》《最高人民法院关于完善司法责任制的若干意见》《最高人民检察院关于完善人民检察院司法责任制的若干意见》等制度，对案件审理过程中的违法违规审判情形依法依规严肃处理。完善审判管理，坚持纠防结合，从源头上有效预防错案冤案的发生。（牵头部门：省法院、省检察院、省公安厅）

五、严格规范涉案财产处置的法律程序

（十一）严格规范强制措施使用。进一步细化涉嫌违法的企业和人员财产处置规则，依法慎重决定是否采取相关强制措施。对涉案企业进行刑事立案侦查要做到证据确实充分，对于确需采取查封、扣押、冻结等措施的企业和人员财产，要严格按照法定程序进行，除依法需责令关闭企业的情形外，在条件允许情况下可以为企业预留必要的流动资金和往来账户，最大限度降低对企业正常生产经营活动的不利影响。不得查封、扣押、冻结与案件无关的财产。（牵头部门：省法院、省检察院、

省公安厅）

（十二）完善涉案财物审查和管理机制。加强查封、扣押、冻结涉案财产甄别审查工作，最大限度缩短甄别审查期限，严格区分违法所得和合法财产，严格区分个人财产和企业法人财产，严格区分涉案人员个人财产和家庭成员财产，确保合法财产不受牵连。对股东、企业经营管理者等自然人违法，在处置其个人财产时不任意牵连企业法人财产；对企业违法，在处置企业法人财产时不任意牵连股东、企业经营管理者个人合法财产。严格执行涉案财物管理相关规定，及时办理涉案财物的移交、返还、变卖、拍卖、销毁、上缴国库等工作，确保涉案财物的处置依法依规。完善涉案财物保管、鉴定、估价、拍卖、变卖制度，做到公开公正和规范高效，充分尊重和依法保护当事人及其近亲属、股东、债权人等相关方的合法权益。（牵头部门：省法院、省检察院、省公安厅）

六、审慎把握处理产权和经济纠纷的司法政策

（十三）准确把握经济犯罪的界限。充分考虑非公有制经济特点，严格区分经济纠纷与经济犯罪的界限、企业正当融资与非法集资的界限、民营企业参与国有企业兼并重组中涉及的经济纠纷与恶意侵占国有资产的界限，准确把握经济违法行为入刑标准，准确认定经济纠纷和经济犯罪的性质，防范刑事执法介入经济纠纷，防止选择性司法，对于法律界限不明、罪与非罪不清的，司法机关应当严格遵循罪刑法定、疑罪从无、严禁有罪推定的原则，防止把经济纠纷当作犯罪处理。坚决纠正将经济纠纷当作犯罪处理的错误生效裁判。（牵头部门：省法院、省检察院、省公安厅）

（十四）依法依规处理民营企业纠纷。依法保护投资人权利，对民营企业在生产、经营、融资活动中的经济行为，除法律、行政法规明确禁止外，不得以违法犯罪对待。涉及犯罪的民营企业投资人服刑期间依法保障其行使财产权利等民事权利。（牵头部门：省法院、省检察院、省公安厅、省司法厅）

七、完善政府守信践诺机制

（十五）推进政务诚信建设。完善省市县三级信用信息数据共享平台体系，建立政务主体信用档案，将政府采购、政府和社会资本合作、招投标、招商引资、地方政府债务等领域政府守信承诺履行情况和失信违约记录纳入信用档案。全面推进政务信用信息公开和共享。完善信用决策机制，引入社会监督和第三方机构评估机制，大力推进信用信息在行政管理事项中的广泛运用。（牵头部门：省发改委、省软环境建设办公室等部门）

（十六）加强政务诚信监督检查。将诚信建设纳入各级政府绩效考核，加大信用考核权重。开展政府守信履约专项督查，解决政府向投资主体作出政策承诺和签订各类合同不兑现问题，对落实不力的政府部门督促限期整改，并承担相关法律和经济责任。依法公正审理行政协议案件，对政府违反承诺，特别是仅因政府换届、领导人员更替等原因违约毁约的，要坚决依法支持相对人的合理诉求；对确因国家利益、公共利益或者其他法定事由不能按照约定履行政府承诺的，要依照法律规定或者合同约定程序终止承诺，并要依法补偿企业和投资人因此造成的财产损失。（牵头部门：省法院、省发改委、省软环境建设办公室）

（十七）建立健全政府失信责任追究制度。加大对政务失信行为的惩戒力度，对存在政务失信的行为、造成不良社会影响的单位，由组织部门视情况对主要负责人进行提醒谈话、诫勉谈话；对政务失信行为严重、造成重大不良社会影响的单位，由组织部门视情况提出给予主要负责人调离岗位、免职、降职或改任非领导职务等组织处理的建议。（牵头部门：省发改委等有关部门）

八、完善财产征收征用制度

（十八）完善财产征收征用法律制度。根据国家相关法律法规，合理界定我省征收征用土地、房屋等适用的公共利益范围，不将公共利益扩大化。规范和完善我省土地、房屋等征收征用法定权限和程序，认真履行征求公众意见、听证、社会稳定风险评估等法定征收程序。全面落实信息公开制度，通过建立土地、房屋征收司法监督、审计监督、法律服务等机制，保障被征收群众的财产权利不受侵犯。（牵头部门：省国土资源厅、省住建厅）

（十九）完善财产征收补偿制度。各市、县政府要制定出台科学合理的土地、房屋征收补偿方案，细化补偿的范围、形式和标准，综合运用多种方式进行公平合理补偿。（牵头部门：省国土资源厅、省住建厅）

九、加大知识产权保护力度

（二十）加大知识产权行政执法保护力度。在侵权案件高发地、制造业集中地、商品流通领域、专业市场、互联网、展会等重点地区和领域开展专利、版权“护航”等专项执法行动，集中查处一批典型案件。加强品牌商誉保护，加大商标行政执法力度，实现商标侵权投诉举报案件、转办案件查办率100%。依法查处滥用知识产权排除和限制竞争等垄断行为。建立全省知识产权维权援助服务体系，健全跨部门知识产权举报投诉案件移交办理机制。完善涉外知识产权执法机制，加强刑事执法国际合作，加大涉外知识产权犯罪案件侦办力度。（牵头部门：省科技厅、省公安厅、省工商局、省新闻出版广电局）

（二十一）完善知识产权保护司法体系。探索建立对专利权、著作权等知识产权侵权惩罚性赔偿制度，提高知识产权侵权成本。完善知识产权审判工作机制，推进知识产权民事、刑事、行政案件审判“三审合一”，探索建立知识产权行政执法与刑事司法衔接机制。建立健全各知识产权行政主管部门、执法部门与司法审判机关的信息共享、诉调对接等工作机制。完善知识产权快速维权机制。（牵头部门：省法院、省检察院、省科技厅）

（二十二）建立健全知识产权保护预警防范机制。健全知识产权服务诚信信息管理、信用评价和失信惩戒等管理制度。建立知识产权侵权违法档案，将假冒专利、假冒商标、侵权盗版等信息纳入企业或个人征信系统。利用“国家企业信用信息公示系统（吉林）”，实现对侵犯商标专用权、侵犯专利权、假冒等违法案件行政处罚信息公开。建立创新市场监管手段，运用大数据、云计算、物联网等信息技术提升预警防范能力。（牵头部门：省科技厅、省工商局、省新闻出版广电局等部门）

（二十三）推进知识产权转化运用。开展专利运营试点工作，强化知识产权许可、转让、投资、评估管理和技术转移产业化等知识产权全流程服务。通过知识产权投资运营，盘活科研院所及企事业单位的存量知识产权资产，推动科技成果转化。开展“版权保护示范园区（基地）”创建活动。推广使用吉林版权作品登记标识，提升我省登记的版权产品的品牌影响力。（牵头部门：省科技厅、省工商局、省新闻出版广电局）

十、健全增加城乡居民财产性收入的各项制度

（二十四）开展国企员工持股试点。推进国有企业混合所有制改革。按照相关规定支持有条件的混合所有制企业实行员工持股，坚持同股同权、同股同利，建立完善员工利益和企业利益、国家利益激励相容机制。稳妥推进有条件的地方国有控股混合所有制企业员工持股试点工作。（牵头部门：省国资委、吉林证监局）

（二十五）增加居民理财收入。鼓励金融机构拓展新的业务增长领域，创造更多支持实体经济发展、使民众分享增值收益的金融产品。积极开发基于互联网技术的新产品和新服务。大力发展专利权抵押融资，创新版权、商标权、收益权等抵押贷款模式。积极促进债券市场发展，稳步扩大债券市场规模，丰富债券市场债券品种。（牵头部门：中国人民银行长春中心支行、吉林银监局、吉林证监局、吉林保监局）

（二十六）保障农民土地收益。深化农村土地制度改革，坚守土地公有制性质不改变、耕地红线不突破、粮食生产能力不减弱、农民利益不受损的底线。统筹协调推进长春市九台区农村土地征收制度改革和集体经营性建设用地入市试点，探索建立程序规范、补偿合理、保障多元的土地征收制度和同权同价、流转顺畅、收益共享的农村集体经营性建设用地入市制度，保障农民集体和个人公平分享土地增值收益。积极推进农村土地所有权、承包权、经营权三权分置，稳妥推进农村承包土地的经营权和农民住房财产权抵押贷款，有效盘活农村资源、资金、资产，多渠道增加农民财产收益。建立健全农村产权抵押贷款风险补偿机制。（牵头部门：省国土资源厅、省农委）

十一、营造全社会重视和支持产权保护的良好环境

（二十七）大力宣传产权保护方针政策和法律法规。开展普法广场、法治公园、普法长廊、“法律六进”、法律巡回讲座、法律知识大讲堂等群众性法治宣传活动，在报刊、广播、电视等媒体开办保护产权法治宣传专栏、专版和专题节目，向全社会广泛传播保护产权方面法律知识，努力培育和增强全社会产权法治观念，在全社会营造公平、公正、透明、稳定的法治环境。（牵头部门：省工商联、省工信厅、省司法厅）

（二十八）完善法律援助和救助体系。进一步扩大法律援助范围，探索推动把因土地承包经营权纠纷等导致合法权益受到侵害的和请求承包地征收补偿、房屋拆迁安置补偿的案件列入法律援助事项，确保人民群众在产权受到侵害时获得及时有效的法律援助。探索成立全省行业商会专业人民调解中心，开展小微企业商会人民调解委员会试点。（牵头部门：省司法厅）

（二十九）充分发挥社会组织作用。有效发挥工商业联合会、行业协会商会在保护非公制经济和民营企业产权、维护企业合法权益方面的作用，建立对涉及产权纠纷的中小企业维权援助机制。（牵头部门：省工商联、省民政厅）

（三十）加强对政法机关的执法监督。加大对涉产权虚假诉讼、恶意诉讼监督力度，重点审查双方当事人恶意串通，通过以物抵债等方式损害案外人产权案件，维护产权人合法权益和司法公正。加强对涉产权民事、行政案件的审判监督，有效保障产权主体的合法权益。严禁党政干部干预司法活动、介入司法纠纷、插手具体案件处理。（牵头部门：省委政法委）

十二、保障措施

（三十一）强化组织领导。成立省委牵头，省人大常委会、省政府和省级司法机关共同参加的省级产权保护协调工作机制，日常工作由省委政法委负责。各地区也要建立党委牵头，人大常委会、政府、司法机关共同参加的产权保护协调工作机制。

（三十二）强化责任落实。各有关部门按照责任分工逐项细化措施，抓好分解落实，同时加强与国家有关机关、部委对接，研究制定出台我省产权保护的各项具体配套政策措施。各市（州）、县（市、区）政府负责本行政区域内产权保护工作的推进落实，要明确各相关部门责任，确保依法保护产权工作落到实处，取得实效。

（三十三）强化督察考核。省委、省政府将适时组织产权保护督查工作，建立全省完善产权保护工作评估机制，对完善产权保护工作中的典型经验进行总结推广，对推进产权保护工作不力的地方进行通报批评和问责。

（三十四）强化宣传引导。要充分利用多种方式，广泛宣传党和国家平等保护各种所有制经济产权的方针政策和法律法规，使平等保护、全面保护、依法保护观念深入人心。要及时回应社会关切，正确引导社会预期，调动社会各界的主动性、积极性和创造性，营造公平、公正、透明、稳定的法治环境。

上海市高级人民法院关于充分发挥审判职能作用为企业家创新创业营造良好法治环境的实施意见

（2018 年 3 月 7 日）

为深入贯彻落实党的十九大精神，为上海着力营造企业家健康成长、创新创业的良好营商环境提供更加优质的司法服务和有力的司法保障，根据中共中央、国务院《关于营造企业家健康成长环境弘扬优秀企业家精神更好发挥企业家作用的意见》、最高人民法院《关于充分发挥审判职能作用为企业家创新创业营造良好法治环境的通知》，结合《最高人民法院关于充分发挥审判职能作用　切实加强产权司法保护的意见》、《上海市高级人民法院关于贯彻落实〈上海市着力优化营商环境加快构建开放型经济新体制行动方案〉的实施方案》和上海法院的工作实际，制定以下实施意见。

一、总体要求

（一）深刻认识依法平等保护企业家合法权益，为企业家创新创业营造良好法治环境的重要意义

企业家是经济活动的重要主体。推进供给侧结构性改革，激发各类市场主体活力，实现经济社会持续健康发展，必须着力为企业家创新创业营造良好法治环境；增强企业家人身及财产财富安全感，稳定社会预期，使企业家安心经营、放心投资、专心创业，必须着力为企业家创新创业营造良好法治环境；上海要建设卓越的全球城市，增强吸引力、创造力和竞争力，对标国际最高标准、最好水平，吸引更多的优秀企业家创新创业，必须着力为企业家创新创业营造良好法治环境。

全市法院要认真贯彻中央、最高人民法院关于依法平等保护企业家合法权益弘扬优秀企业家精神的决策部署，充分认识良好法治环境对进一步提高上海现代化经济体系建设、提升城市软实力和核心竞争力的重大意义，切实把思想和行动统一到中央、市委的决策部署和工作要求上来；进一步发挥司法职能作用，不断提高司法服务保障企业家创新创业环境建设的自觉性、主动性，切实增强司法服务保障企业家创新创业环境建设的责任感、使命感。

（二）总体目标

在习近平新时代中国特色社会主义思想指引下，准确把握新时代的新特点，充分发挥司法职能作用，依法履行好宪法和法律赋予的审判职责，着力营造依法保护企业家合法权益的法治环境、促进企业家公平竞争诚信经营的市场环境、尊重和激励企业家干事创业的社会氛围，引导企业家爱国敬业、遵纪守法、创业创新、服务社会，调动广大企业家积极性、主动性、创造性，充分发挥企业家作用，为促进上

海经济持续健康发展和社会和谐稳定，提供更优质的司法服务与保障。

二、具体措施

（一）依法保护企业家的人身自由和财产权利

1. 严格执行刑事法律和司法解释，坚决防止利用刑事手段干预经济纠纷。严格把握刑事犯罪的认定标准，严格区分正当融资与非法集资、合同纠纷与合同诈骗、民营企业参与国有企业兼并重组中涉及的经济纠纷与恶意侵占国有资产等的界限。对于各类经济纠纷，特别是民营企业与国有企业之间的纠纷，要坚持依法办案，公正审判，坚决防止把经济纠纷认定为刑事犯罪。

2. 坚持罪刑法定、法不溯及既往、从旧兼从轻、疑罪从无原则。严格犯罪构成要件，禁止类推解释，对定罪依据不充分，事实不清、证据不足的，依法宣告无罪。以发展眼光客观看待、依法妥善处理改革开放以来各类企业，特别是非公有制企业经营发展过程中存在的不规范问题，对虽属违法违规、但不构成犯罪的，应当宣告无罪；对于法律界限不明、罪与非罪不清的，应当做有利于被告人的处理。对企业家在生产、经营、融资活动中的创新创业行为，不违反刑事法律规定的，不得以犯罪论处。

3. 严格非法经营罪、合同诈骗罪的构成要件，防止随意扩大适用。慎重把握非法经营罪中"其他严重扰乱市场秩序的非法经营行为"要件，防止随意扩大适用该要件。对于在合同签订、履行过程中产生的民事争议，如无确实充分的证据证明符合犯罪构成的，不得作为刑事案件处理。

4. 依法惩治侵犯企业和企业家权益的各类刑事犯罪。严厉打击黑恶势力寻衅滋事等危害企业家人身安全刑事犯罪；坚决打击在企业建设发展或者市场竞争中的村霸、行霸、市霸等的犯罪活动，为企业家正常经营提供良好的治安环境；严惩国家工作人员利用职务之便，向企业索贿、受贿以及市场管理中的失职渎职等犯罪行为。

5. 依法慎用强制措施和查封、扣押、冻结措施，依法适用非监禁刑，依法保障企业的正常生产经营活动。对确已构成犯罪的企业家，应当综合考虑行为性质、危害程度等决定适用强制措施的种类。对已被逮捕的被告人，符合取保候审、监视居住条件的，应当变更强制措施；对被依法羁押的被告人，依法保障其正常行使企业经营管理权等权利。对犯罪情节轻微的企业家，符合非监禁刑适用条件的，应当尽量适用非监禁刑。确需采取查封、扣押、冻结措施的，要严格按照法定程序进行，在条件允许的情况下可以为企业预留必要的流动资金和往来账户。不得查封、扣押、冻结与案件无关的财产。严格依法采取财产保全、行为保全等强制措施，防止当事人恶意利用保全手段，侵害企业正常生产经营。对于因错误实施保全等强制措施，致使当事人或利害关系人、案外人等财产权利受到侵害的，应当依法及时解除或变更强制措施。

6. 严格区分企业家违法所得和合法财产，没有充分证据证明为违法所得的，不得判决追缴或者责令退赔。严格区分企业家个人财产和企业法人财产，在处理企业犯罪时不得牵连企业家个人合法财产和家庭成员财产；在处理企业家个人犯罪时，要避免随意牵连处置企业法人财产和家庭成员财产。要按照公开公正和规范高效的要求，严格执行涉案财物保管、鉴定、估价、拍卖、变卖制度，对非法占有、处置、毁坏财产的，不论是公有财产还是私有财产，均应当及时追缴，或者责令退赔，依法维护企业和企业家的合法权益。

（二）依法保护诚实守信企业家的合法权益

7. 依法妥善认定政府与企业签订的行政协议效力，依法公正审理行政允诺案件。对因招商引资、政府与社会资本合作等活动引发的纠纷，要认真审查协议不能履行的原因和违约责任，切实维护行政相对人的合法权益。依法监督行政机关履行对企业的各项合法承诺，对有关政府违反承诺，特别是仅因政府换届、领导人更替等原因违约、毁约的，要依法支持企业的合理诉求。对确因国家利益、公共利益或者其他法定事由改变政府承诺的，要依法判令补偿企业的财产损失。

8. 依法妥善审理因政府规划调整、政策变化引发的纠纷案件。对于确因政府规划调整、政策变化导致行政协议不能履行，政府解除行政协议的，依法予以支持；对于企业请求返还已经支付的国有土地使用权出让金、投资款、租金或者承担损失补偿责任的，依法予以支持。依法审慎处理好企业改制相关纠纷，既要防止国有资产流失，也要防止超越法律规定和合同约定，不当损害民营企业正当权利。

9. 依法公正审理企业家财产征收征用案件，维护被征收征用者的合法权益。合理把握征收征用适用的公共利益范围，坚决防止公共利益不当扩大化。遵循及时合理补偿原则，对土地征收和房屋拆迁补偿标准明显偏低的，要综合运用多种方式进行公平合理的补偿，借助多元化纠纷解决机制，妥善处理涉企业家财产征收征用案件。

10. 正确认定民商事合同法律效力与责任，促进和保障市场交易。充分尊重和保护市场主体的契约自由，合理判断各类交易模式和交易结构创新的合同效力，促进市场在资源配置中起决定性作用；审慎判断“强制性规定导致民事法律行为无效”与“违背公序良俗”的情形；对法律、行政法规规定应当办理批准、登记等手续生效的合同，按照相关规定，允许当事人在判决前补办批准、登记手续的，尽量促使合同合法有效；严格依法认定合同可解除、可撤销情形及合同法律责任，制裁违约失信行为，保护守约方企业家的合法权益。

11. 加强涉自贸区案件和涉外民商事、海事海商案件审判，平等保护国内外企业家合法权益。继续创新涉自贸区案件审判工作体制机制，依法保障自贸区为全面深化改革、进一步扩大开放推出的制度创新举措，推动自贸区为国内外企业家创新创业提供国际化、法治化、便利化营商环境。进一步创新完善涉外民商事、海事海商案件审判机制，推动建立诉讼、调解、仲裁有效衔接的多元化纠纷解决机制，按照国际公约及互惠原则，依法妥善化解“一带一路”建设和上海国际航运中心建设中的商贸和投资争端，平等、高效保护国内外企业家合法权益，营造稳定、公平、透明的法治化营商环境。

（三）依法保护企业家的知识产权

12. 完善符合知识产权案件特点的诉讼证据规则，着力破解知识产权权利企业“举证难”问题。根据不同类型知识产权案件的审理特点，适时向当事人释明举证要求及法律后果，引导当事人积极举证。通过多种方式充分发挥公证在知识产权案件中固定证据的作用。加强知识产权领域的诉讼诚信体系建设，发挥专家辅助人的作用，探索建立证据披露、证据妨碍排除等规则，合理分配举证责任。

13. 推进知识产权民事、刑事、行政案件审判三合一，增强知识产权司法保护的整体效能。完善“三级联动、三审合一、三位一体”的集中型立体审判模式，实现各类诉讼案件审理有序衔接、统筹协调，促进实质性解决纠纷，提升知识产权审判质效。

14. 建立以知识产权市场价值为指引，补偿为主、惩罚为辅的侵权损害司法认定机制，着力解决实践中存在的侵权代价低、维权成本高的问题。充分运用证据规则查明权利人实际损失或侵权人侵权所得，进一步提高损害赔偿计算的合理性。积极运用法律规定的惩罚性赔偿制度，坚决遏制恶意侵权、反复侵权等行为，提高侵权成本。对法定赔偿的适用情形以及法定赔偿金额进行深入调研，合理确定法定赔偿额参考标准。对权利人所主张的维权费用等合理开支，根据法律服务的市场价格予以相应支持。

15. 坚持依法维护劳动者合法权益与促进企业生存发展并重的原则，依法保护用人企业的商业秘密等合法权益。依法妥善处理职务发明与职务作品的权利归属纠纷、奖励报酬纠纷和侵害商业秘密纠纷，兼顾发明人、作者、劳动者、用人企业及社会公众的利益，既要注重维护资本等要素在创新发展中的重要作用，也要充分调动劳动者的创新积极性。对于劳动者未按法律规定或协议约定保守商业秘密、违反竞业限制义务的行为，应由劳动者承担违约金或赔偿相应损失。

16. 依法打击破坏市场秩序、不正当竞争等违法行为。及时受理反不正当竞争纠纷案件，依法制裁各种形式的不正当竞争行为，保障各类企业平等地参与市场竞争。加强反垄断案件的审理，依法制止占有市场支配地位的垄断者滥用垄断地位，严格追究违法垄断行为的法律责任，为各种所有制经济主体提供高效公平的竞争环境。

（四）依法保护企业家的自主经营权

17. 加强金融审判工作，妥善审理各类融资类金融纠纷案件，促进金融服务实体经济。深入推进金融审判体制机制改革，进一步完善金融审判专业化体系，发挥金融审判的规则导向和价值引领作用，依法、合理引导金融“脱虚向实”，促进金融服务实体经济能力。依法规范金融创新，对于违反法律、法规效力性强制性规定、逃避金融监管的金融交易行为，及时否定其法律效力，有效防控金融风险。依法审理各类融资类金融纠纷案件，促进降低企业融资成本。依法规范商业银行、融资租赁公司、保理公司、典当公司、小额贷款公司等金融机构和市场主体经营行为。对金融机构和企业在金融商事活动中存在变相收取高额利息等情形的，对超出法律、法规和司法解释允许范围的利息部分，不予保护。

18. 依法妥善审理权益纠纷案件，保护企业合法投资利益。依法审理股东的知情权、利润分配请求权、请求确认董事会、股东会或者股东大会决议无效或撤销董事会、股东会或者股东大会决议等纠纷案件，维护各类投资主体的股东权益。加强对中小股东依法享有的表决权、知情权、利润分配请求权、优先购买权、监督权等权利的司法保护。依法处理涉董事、监事、高管诉讼，促使董事、监事、高管等主体依法勤勉履职。审慎处置股东、企业经营管理者等自然人和企业法人的财产，依法平等保护各方主体的合法权益。

19. 加强破产审判工作，完善市场主体救治和退出机制。进一步完善破产案件各项审理机制，充分保障债权人及其他利害关系人在破产程序中的合法权利。发挥破产预防和救治功能，对于暂时经营困难但是适应市场需要尚有发展潜力和经营价值的企业，综合运用重整、和解等手段进行拯救，促使企业恢复信用和活力，促进生产要素的优化组合和企业转型升级。对确实资不抵债的“僵尸企业”依法宣告破产。

20. 加强对虚假诉讼和恶意诉讼的审查力度，防止恶意利用诉讼打击竞争企业，破坏企业家信誉。在涉民间借贷、以物抵债等虚假诉讼高发领域的案件审理中，要适当加大依职权调查取证力度，依法查明事实；确属诉讼虚假的，依法不予受理。对虚假诉讼参与人，要依法采取罚款、拘留等民事强制措施予以制裁；虚假诉讼侵害企业家民事权益，受害人起诉要求侵权人承担赔偿责任的，应予支持；涉嫌刑事犯罪的，应当移送侦查机关。探索建立虚假诉讼失信人名单制度，有效防范和制裁针对企业家的恶意诉讼和虚假诉讼行为。

（五）努力实现企业家的胜诉权益

21. 综合运用各种强制执行措施，加快胜诉企业债权实现。对有财产可供执行的案件，依法用好用足法定强制执行措施，加大执行力度，规范执行行为，确保有财产可供执行案件在法定期限内得到及时依法执行，努力兑现企业胜诉权益。对无财产可供执行，但符合破产条件的案件，及时通过执转破机制移送破产审查，发挥破产重整制度的拯救功能，努力使债权得到清偿或部分清偿。

22. 强化对失信被执行人的信用惩戒力度，推动完善让失信主体“一处失信、处处受限”的信用惩戒大格局。积极推进市高院、市发改委等46部门签署的《关于加快推进本市失信被执行人信用监督、警示和惩戒机制建设的合作备忘录》落地见效，将失信被执行人名单嵌入各相关职能部门的业务系统中，系统拦截、自动反馈，全面实现“一处失信、处处受限”效果。

23. 营造鼓励创新、宽容失败的社会氛围。建立严格的操作规程和审核纠错机制，对已经履行生效裁判文书义务或者申请人滥用失信被执行人名单的，及时依法依职权或依申请予以撤销、屏蔽。及时处理相应的执行异议与复议，确保失信被执行人名单信息准确规范。

（六）有效防范和切实纠正涉企业家产权冤错案件

24. 进一步加大涉企业家产权冤错案件的甄别纠正工作力度。规范涉产权错案冤案的甄别程序，畅通申请再审及申诉渠道，及时立案、规范审查，完善询问方式，充分听取再审申请人及申诉人的意见，充分尊重、依法保障当事人的再审申请权及申诉权，切实发挥申诉审查、审判监督在发现和甄别涉产权错案冤案中的积极作用。

25. 坚决落实有错必纠的要求，从源头上、制度上有效防范冤错案件的发生。审慎把握司法政策，严守法定程序，对于涉企业家产权确有错误的生效裁判，要依法及时再审，尽快予以纠正。探索建立纠防结合工作机制，在做好产权错案冤案甄别和纠正工作的同时，要不断强化产权保护意识，规范审执行为，提升审判质效，从源头上预防冤假错案发生。

26. 公正高效审理涉及企业家的国家赔偿案件，准确适用国家赔偿法，依法保护企业家的国家赔偿权益。企业家的合法权益因国家机关的违法行为造成损害的，应当依法决定赔偿义务机关承担国家赔偿责任。造成企业家人身损害的，应当决定赔偿义务机关支付相应的赔偿金；侵犯企业家人身权造成精神损害的，应当依法决定赔偿义务机关在侵权行为范围内，为受害人消除影响，恢复名誉，赔礼道歉，造成更严重后果的，依法决定支付相应的精神损害赔偿金。企业家的财产被非法查封、扣押、冻结的，应当决定及时解除相应的强制措施；企业家的财产受到其他非法侵害的，依法决定赔偿义务机关予以返还或者承担相应的赔偿责任。加大赔偿决定执行力度，确保企业家的国家赔偿权益及时实现。

（七）不断完善落实保障企业家合法权益的司法政策

27. 围绕上海工作大局，抓好涉企业家相关司法政策的落地生效。发挥好法治的规范、引领、保障作用，主动服务保障上海自贸试验区、“一带一路”和“五个中心”等建设。对于已经出台的服务保障上海自贸区建设、科技创新中心、“一带一路”、长江经济带等专项工作意见，要切实抓好落实。对于需要出台其他保障措施，要及时制定完善，确保涉企业家的各项司法政策不断完善落实。

28. 进一步加快“智慧法院”“数据法院”建设，强化涉企业家案件的调研工作。充分利用信息技术，对接全国企业法人库，利用大数据分析系统自动识别涉企业家权益保护类案件，及时掌握、准确研判涉企业家案件的审判执行工作态势，深入研究、妥善解决涉企业家案件的审判执行疑难复杂问题，总结审判经验，健全裁判规则，为企业家创新创业提供行为规范和指引。加强涉新兴行业企业家案件的数据研究，充分运用现代技术搜集新兴行业所面对的各类疑难法律问题，积极听取企业家特别是从事互联网、新型金融等行业企业家的意见与建议，加强实务研究，及时回应新兴行业发展的现实需求，保护企业家创新创业，大力支持新兴行业发展。

29. 加强审判指引、司法公开和案例发布工作，统一相关案件裁判尺度。通过明确立案标准，细化庭审指引，完善送达规则，加强流程管理，强化对审判程序的制度约束，保障企业家程序性权利；通过推行流程公开、庭审公开、裁判文书公开等方式，强化对审判程序的监督，确保涉企业家案件适用程序的规范。加大发布依法保护企业家合法权益的典型案例工作力度，统一司法尺度和裁判标准，确保法律适用统一。及时总结加强产权保护的好经验、好做法，为完善相关司法政策积累实践素材。

（八）推动形成依法保障企业家合法权益的良好法治环境和社会氛围

30. 持续强化以案释法等法治宣传工作，营造公平、公正、透明、稳定的法治环境。结合案件审判和保护企业家合法权益的典型案例发布等工作，及时总结宣传一批上海法院有效保护企业家合法权益的好做法、好经验、好案例，大力宣传党和国家依法平等保护企业家合法权益弘扬优秀企业家精神的方针政策和法律法规，使平等、全面、依法保护产权的观念深入人心。增强企业家依法维护权益、依法经营的意识，提高企业家依法维护自身合法权益的意识和能力，积极引导企业家在经营活动中遵纪守法、诚实守信、公平竞争、恪尽责任，弘扬优秀企业家精神。落实“谁执法谁普法”普法责任制，深化与报刊、电视、广播等传统媒体及新型自媒体的合作，在栏目中突出优化营商环境主题和典型案例宣传，推动形成企业家健康成长良好法治环境和社会氛围。

31. 依法支持政府为营造良好企业家健康成长环境所进行的各项配套工作。依法支持各级政府转变政府职能、强化“放管服改革”、改善监管方式、优化政府服务。加强与相关行政机关的沟通交流，建立常态化的信息交流、共享机制，及时反馈案件审理中发现的与营造良好企业家健康成长环境体制机制相关的信息，及时向有关方面提出司法建议，促进政府治理机制完善。

三、工作要求

（一）统一思想，深化认识。全市法院要切实将中共中央、国务院关于营造企业家健康成长环境弘扬优秀企业家精神以及最高人民法院关于为企业家创新创业营造良好法治环境的决策部署贯穿到上海法院工作的方方面面。要立足审判执行工作实践，以高度的责任感和使命感，认真研究、主动作为，为营造企业家健康成长、创新创业环境提供更加优质的司法服务和有力的司法保障。

（二）分工协作，统筹推进。营造企业家创新创业良好法治环境事关全局，牵涉面广，涉及司法体制综合配套改革试点相关工作，是一项系统工程。既需要不同单位之间加强沟通配合，又需要法院内部不同部门之间密切分工协作，结合司法体制综合配套改革各项举措集成统筹推进。市高院成立司法服务保障企业家创新创业法治环境建设领导小组，指导协调全市法院推进此项工作。各级法院要在党组的领导下，积极沟通、努力作为、主动汇报、寻求支持；在法院党组领导下和院内各相关部门的分工合作、协同努力下，凝神聚力、共同推进，确保相关工作取得实效。

（三）真抓实干，重在落实。要认真执行《最高人民法院关于充分发挥审判职能作用为企业家创新创业营造良好法治环境的通知》、《上海市高级人民法院关于贯彻落实〈上海市着力优化营商环境加快构建开放型经济新体制行动方案〉的实施方案》和本《实施意见》，结合各自实际，根据重点任务分解表（见附件）的要求，明确职责分工，加强条线指导，扎实探索推进，务求取得实效，确保服务保障企业家创新创业法治环境建设相关制度举措落地生效。

中共江西省委　江西省人民政府关于完善产权保护制度依法保护产权的实施意见

（2018 年 3 月 16 日）

为贯彻落实《中共中央、国务院关于完善产权保护制度依法保护产权的意见》（中发〔2016〕28 号）精神，加快完善产权保护制度，进一步激发各类市场主体活力和社会创造力，现结合我省实际，制定本实施意见。

一、总体要求

（一）指导思想

以习近平新时代中国特色社会主义思想为指导，全面贯彻党的十九大精神，按照党中央、国务院关于产权保护的决策部署，紧紧围绕统筹推进“五位一体”总体布局和协调推进“四个全面”战略布局，牢固树立和贯彻落实新发展理念，深化供给侧结构性改革，加快建立归属清晰、权责明确、保护严格、流转顺畅的现代产权制度，为建设富裕美丽幸福现代化江西提供强力支撑。

（二）基本原则

坚持平等保护。健全以公平为核心原则的产权保护制度，毫不动摇巩固和发展公有制经济，毫不动摇鼓励、支持、引导非公有制经济发展，公有制经济财产权不可侵犯，非公有制经济财产权同样不可侵犯。

坚持全面保护。保护产权不仅包括保护物权、债权、股权，也包括保护知识产权及其他各种无形财产权。

坚持依法保护。不断完善社会主义市场经济法律制度，强化法律实施，确保有法可依、有法必依。加强对各类产权的司法保护，依法严肃查处各类侵权行为。

坚持共同参与。做到政府诚信和公众参与相结合，建设法治政府、责任政府、诚信政府，增强公民产权保护观念和契约意识，强化社会监督。

坚持标本兼治。着眼长远，着力当下，抓紧解决产权保护方面存在的突出问题，提高产权保护精准度，加快建立产权保护长效机制，在产权有效激励上实现突破，激发各类经济主体的活力和创造力。

二、重点任务

（一）加强各种所有制经济产权保护

1. 健全企业国有资产产权保护制度。完善现代企业制度，健全法人治理结构。完善企业国有产权代表制度，进一步明晰国资监管机构与产权代表的关系，强化董事会规范运作和经理层监督。完善国有资产交易方式，加强企业国有资产交易监督管理，严格规范国有资产登记、转让、清算、退出等程序和交易行为，以制度化保障促进国有产权保护，防止内部人任意支配国有资产，切实防止国有资产流失。

2. 建立健全自然资源资产产权制度。加快推进自然资源调查成果收集整理等基础性工作，建立全省自然资源与地理空间基础数据库。以不动产统一登记为基础，建立统一的自然资源登记平台，明确组织模式、技术方法和制度规范，到2020年基本完成全省自然资源统一确权登记工作。健全自然资源资产管理体制，完善自然资源有偿使用制度，逐步实现各类市场主体按照市场规则和市场价格，依法平等使用土地等自然资源。

3. 完善农村集体产权确权和保护制度。分类建立健全集体资产清产核资、登记、保管、使用、处置制度和财务管理监督制度，全面开展农村集体资产清产核资。科学确认集体经济组织成员身份。有序推进经营性资产股份合作制改革，赋予农民对集体资产股份占有、收益、有偿退出及抵押、担保、继承权。建立健全林权流转管理服务体系，完善林权流转信息化管理服务平台，实现省市县乡村五级信息共享、网络互通、服务联动的功能要求。

（二）完善平等保护产权的法律制度

4. 平等保护各类市场主体。开展地方性法规、政府规章和规范性文件专项清理，完善产权保护的地方性法规、规章和规范性文件。提升各级公共资源交易平台标准化建设水平，将国有、集体产权转让统一纳入各级公共资源交易平台。进一步完善产权交易、监督管理制度，规范国有、集体企业物权、股权、债权、知识产权交易。

5. 加快推进公平竞争审查。坚持权利平等、机会平等、规则平等，建立健全公平竞争审查制度，严格进行公平竞争审查。严格公平竞争审查标准，清理废除对非公有制经济各种形式的不合理规定，消除各种隐性壁垒，确保政府行为符合公平竞争要求和相关法律规定，防止和减少地方保护、区域封锁、行业壁垒等情形，营造统一开放、竞争有序的市场环境。

（三）妥善处理历史形成的产权案件

6. 坚持有错必纠、纠防结合。按照国家统一部署，抓紧甄别纠正一批社会反映强烈的产权纠纷申诉案件，剖析一批侵害产权的案例。对涉及重大财产处置的产权纠纷申诉案件、民营企业和投资人违法申诉案件，要依法及时审查，认真甄别；确有错误的，通过法律监督程序或国家赔偿程序坚决依法纠正。

7. 进一步完善司法责任制。明晰法官、合议庭、审判委员会等审判主体和审判组织的权力和责任清单，强化对涉产权纠纷重点案件的监督管控。开展历史形成的产权类涉诉信访案件的专项评查活动，将当事人反映强烈的涉产权保护纠纷案件纳入评查范围。严格落实“审理者裁判，裁判者负责”的司法责任制，实行办案质量终身负责制和错案责任倒查问责制。

（四）严格规范涉案财产处置的法律程序

8. 依法维护涉案企业和人员的合法权益。依法明确人民法院处理涉案财物的标准、范围，严格区分违法所得和合法财产、个人财产和企业法人财产、涉案人员个人财产和家庭成员财产。进一步依法规范在刑事、民事和行政诉讼中处理涉案财物和查封、扣押、冻结的司法程序。

9. 完善涉案财物管理制度。推动建立涉案财物集中管理信息平台，完善涉案财物信息公开机制。健全完善有关涉案财物的鉴定、估价、拍卖、变卖等制度，并严格遵照执行。进一步完善公安机关涉案财物管理制度，落实集中统一管理机制、办案人员与保管人员相分离机制，严格执行涉案财物随案移交制度。

（五）审慎把握处理产权和经济纠纷的司法政策

10. 妥善处理各类经济主体间的经济纠纷。坚持各种所有制经济权利平等、机会平等、规则平等，不论企业规模、性质，均应视其为平等的市场主体，对各类市场主体的诉讼地位和法律适用一视同仁。妥善处理各类经济主体间的纠纷，重点妥善处理好民营企业与国有企业等各类经济主体间的投资经营纠纷，依法保护非公有制经济主体合法权益。

11. 准确把握有关司法政策。严格区分合法的劳动、投资收入与违法所得的界限、经济活动中的业务交往与违法犯罪的界限，坚决防止把经济纠纷认定为刑事犯罪，坚决防止利用刑事手段干预经济纠纷，防止选择性执法。对于法律政策界限不明，罪与非罪、罪与错不清的，要加强研究分析，慎重妥善处理，注意听取行业主管、监管部门意见，坚决防止把一般违法违纪、工作失误甚至改革创新视为犯罪。

12. 加强对司法及行政执法行为监督。对案件该立不立、不该立乱立、违法使用刑事手段插手经济纠纷等，要重点监督并切实加以纠正。加强对涉及非公有制企业债务纠纷、股权分配、知识产权、职工工资、劳动争议、工商赔偿等案件审判、执行活动的法律监督。针对国土、水利、环保、林业等重点领域，通过督促行政机关依法履行费用征收、行政处罚等职责，督促有关国有单位依法提起民事诉讼等方式，确保国有、集体财产权利不受侵害或受到侵害后得到补偿。

（六）完善政府守信践诺机制

13. 大力推进政务诚信建设。全省各级政府及有关部门要将政务履约和守诺服务纳入政府绩效评价体系，建立政务失信记录档案，加大采集力度，汇总至省公共信用信息平台和“信用江西”网站，并依法公示。建立健全政务失信责任追究制度及责任倒查机制，加大对政务失信行为惩戒力度。严格兑现向社会及行政相对人依法作出的政策承诺，认真履行在招商引资、政府与社会资本合作等活动中与投资主体依法签订的各类合同。

14. 积极推进社会信用体系建设。加快全省统一的公共信用信息平台建设，加快推进各设区市建立市级公共信用信息平台和信用门户网站，实现与省级平台的互联互通和信息共享。贯彻落实国家发布的多领域失信联合惩戒备忘录，推动各地各部门将信用信息查询嵌入政府部门行政审批、公共服务的流程中，将联合惩戒应用到重点领域的监管、服务环节中。

（七）完善财产征收征用制度

15. 完善土地房屋等财产征收征用地方性法规制度。建立征地补偿标准动态调整机制，实行征地补偿标准区域差异和区片综合地价制度，明确地上附着物和青苗补偿费的补偿方式，完善征地补偿费用支付方式，健全征地补偿争议解决机制。对被征地农民养老保险补偿资金不落实的不予批准征地，确保应保尽保。规范国有土地上房屋征收的基本程序、明确补偿范围、补偿标准和信息公开等问题。严格实施林地用途管制，控制建设项目使用林地的规模，落实占用征收林地定额管理制度。

（八）加大知识产权保护力度

16. 完善知识产权保护和监管机制。建立与商事制度改革相适应的打击侵权假冒工作机制，将专利行政执法纳入市场监管执法，将市场主体侵权假冒等违法行为及时纳入市场主体信用记录，并推送至省公共信用信息平台、“信用江西”网站及国家企业信用信息公示系统（江西），依法予以公示。推动跨部门、跨区域监管执法协作机制，构建覆盖全省的知识产权维权援助服务体系，完善知识产权快速维权机制，探索知识产权侵权查处快速反应机制，加大知识产权司法保护力度。

17. 完善知识产权审判工作机制。优化知识产权案件管辖布局，争取更多基层法院拥有一般知识产权案件的管辖权，推进知识产权法院成立工作。积极推进知识产权领域行政执法和刑事司法的衔接，进一步加强公安刑事执法与知识产权行政执法的衔接，加大涉外知识产权犯罪案件侦办力度。

18. 加快知识产权强省建设。推动构建省知识产权全域公共服务平台，探索支持创新发展的知识产权运行机制。加强互联网、电子商务、大数据等新业态、新模式的知识产权保护。推动专利执行保险、侵犯专利权责任保险、专利权质押贷款保证保险等知识产权保险发展。培育一大批深入实施知识产权战略、拥有自主知识产权并形成较强竞争力的知识产权示范企业，打造若干具有竞争优势的知识产权密集型产业。推进知识产权相关信息系统与国家企业信用信息公示系统（江西）对接。

19. 促进产权有效激励。加快实行以增加知识价值为导向的分配政策，探索对科研人员实施股权、期权和分红激励，充分发挥知识产权对科技创新成果转化的长期激励作用。

（九）健全增加城乡居民财产性收入的各项制度

20. 落实国家关于土地使用权到期后续期的法律安排。紧跟国家动态，研究住宅建设用地等土地使用权到期届满自动续期的法规，推动形成全社会对公民财产长久受保护的良好和稳定预期。

21. 积极推进国有企业混合所有制改革。推动实现国有企业股权多元化和公司治理现代化，指导推进国有企业采用多种方式引入非国有资本，发展混合所有制经济，支持条件成熟的国有企业实行员工持股，坚持同股同权，着力避免大股东凭借优势地位侵害中小股东权益的行为，建立员工利益和企业利益、国家利益激励相容机制。

22. 推动金融改革创新。鼓励创新更多支持实体经济发展、使民众分享增值收益的金融产品，增加民众投资渠道。鼓励金融机构积极提供理财、养老保险等金融服务。积极稳妥推进农村承包土地的经营权、农民住房财产权抵押贷款试点，进一步扩大农村林权、果园、林木等抵押贷款规模，鼓励开展林地经营权抵押贷款。推进林木综合保险，盘活农村各类资源资产，增加农民财产性收入。

23. 深化农村土地制度改革。统筹推进余江县农村土地征收、集体经营性建设用地入市、农村宅基地制度改革三项试点，积极探索建立同权同价、流转顺畅、收益共享的农村集体经营性建设用地入市制度。2018 年底前全面完成房地一体确权登记发证工作任务，建立市县乡三级统一、规范、联动，且功能全面的农村综合产权交易市场体系。

（十）营造全社会重视和支持产权保护的良好环境

24. 营造产权保护良好氛围。大力宣传党和国家平等保护各种所有制经济产权的方针政策和法律法规，使平等保护、全面保护、依法保护观念深入人心，营造公平、公正、透明、稳定的法治环境。在坚持以经济建设为中心、提倡勤劳致富、保护产权、弘扬企业家精神等方面加强舆论引导，总结宣传一批依法有效保护产权的好做法、好经验、好案例，推动形成保护产权的良好社会氛围。

25. 加强产权保护的法律服务。积极构建和完善省市县三级法律顾问制度。引导律师、公证机构、司法鉴定机构、基层法律服务工作者为各类经济主体提供依法保护产权的法律服务。建立司法机构与工商业联合会、知识产权保护主管部门、金融保险等行业主管部门合作机制，为保护非公有制经济和民营企业产权、维护企业合法权益提供更有力的法律支撑。

26. 完善法律援助制度。完善司法救助制度，建设全省统一的司法救助信息平台，规范并加强司法救助与法律援助、社会救助的相互衔接。以省工商联维权服务中心为龙头，以市县工商联维权服务平台为骨架，加快建设中小企业维权援助机制，健全企业维权服务体系，畅通维权绿色通道。加大对困难群众的法律援助力度，将婚姻家庭、财产继承中涉及产权纠纷的事项纳入法律援助补充事项范围。健全司法救助体系，实现司法救助与法律援助互免经济困难审查，确保困难群众在产权受到侵害时获得及时有效的法律帮助。

27. 完善产权纠纷多元化解机制。更好发挥调解、仲裁的积极作用，加强与行政裁决、行政复议、诉讼等在产权保护方面的相互协调、有机衔接。将适合调解的产权纠纷列入人民调解范围，鼓励有条件的地方探索成立产权纠纷专业性人民调解委员会。组织广大人民调解组织和人民调解员做好产权纠纷化解工作，注重运用调解手段化解历史遗留问题，切实服务当地经济社会发展。

三、保障措施

（一）强化组织领导。成立由省委牵头，人大、政府、司法机关共同参加的产权保护工作领导小组，加强对产权保护工作的组织领导和统筹协调。领导小组办公室设在省发改委，承担领导小组日常工作，统筹协调推进产权保护各项工作。全省各地各部门要充分认识加强产权保护的重要意义，建立产权保护工作协调机制，形成共识和合力，狠抓工作落实。

（二）加强统筹协调。全省各地各部门要对照任务要求，严格落实主体责任，各负其责、各司其职，切实开展本地本部门的产权保护有关工作。省直有关部门要积极参与产权保护工作，加强与国家有关部委的汇报衔接，争取上级指导和支持。产权保护工作领导小组办公室要强化协调调度，掌握产权保护工作进展动态，对推进中存在的困难和问题，及时研究并提出建议，重大情况向省委、省政府报告。

（三）严格督办落实。各设区市和有关单位要按照本实施意见要求，抓紧研究制定可操作、可检查、可评估的具体实施方案或工作措施，结合实际研究制定各项具体配套政策举措，及时研究解决产权保护工作中的新情况、新问题，加快建立产权保护长效机制，进一步激发全社会的创造力和发展活力。

中共河北省委　河北省人民政府关于完善产权保护制度依法保护产权的实施意见

（2018年5月31日）

为贯彻落实中共中央、国务院《关于完善产权保护制度依法保护产权的意见》精神，加快完善产权保护制度，依法平等保护各种所有制经济组织和公民财产权，结合我省实际，提出如下实施意见。

一、总体要求

全面贯彻党的十九大精神，以习近平新时代中国特色社会主义思想为统领，坚持新发展理念，按照党中央、国务院决策部署，坚持平等保护、全面保护、依法保护、共同参与和标本兼治原则，进一步完善现代产权制度，推进产权保护法治化，在事关产权保护的立法、执法、司法、守法等各方面各环节树立法治理念，增强人民群众财富安全感，增强各类经济主体创新创业动力，实现产权有效激励，增强社会信心，形成良好预期，维护社会公平正义，促进经济社会持续健康发展。

二、重点任务

（一）依法保护各种所有制经济产权

1. 健全国有企业产权保护制度。深化国有企业和国有资产监督管理体制改革，进一步明晰国有产权所有者和代理人关系，推动实现国有企业股权多元化和公司治理现代化，健全涉及财务、采购、营销、投资等方面的内部监督制度和内控机制，进一步规范国有重点企业银行账户管理、对外担保、委托贷款、融资性贸易等制度。强化董事会规范运作和对经理层的监督，完善国有重点企业董事会议事规则以及总经理工作细则，规范国有企业重大事项决策程序。改革完善国有资产交易方式，严格落实《企业国有资产交易监督管理办法》，强化国有产权流转环节监管。严格规范国有资产登记、转让、清算和退出等程序和交易行为，以制度化保障促进国有产权保护，防止内部人任意支配国有资产，切实防止国有资产流失。进一步完善公共资源交易制度，持续规范公共资源交易和招标投标行为，防止国有经济利益受损。

2. 建立健全自然资源资产产权制度。衔接落实国家相关制度要求，建立健全归属清晰、权责明确、监管有效的自然资源资产产权制度。探索以不动产统一登记为基础，建立自然资源统一确权登记系统，清晰界定水流、森林、山岭、草原、荒地、滩涂等各类自然资源资产的所有权或使用权主体。落实省政府《关于全民所有自然资源资产有偿使用制度改革的实施意见》（冀政发〔2017〕11号），促进自然资源保护和合理利用。

3. 完善农村集体产权确权和保护制度。分类建立健全集体资产清产核资、登记、保管、使用、处置制度和财务管理监督制度，规范农村产权流转交易，切实防止集体经济组织内部少数人侵占、非法处置集体资产，防止外部资本侵吞、非法控制集体资产。稳妥推进农村集体产权制度改革，全面开展清产核资，2018 年底基本完成。进一步明晰农村集体产权关系，积极探索集体经济的有效实现形式，大力发展新型集体经济；有序开展农村集体经营性资产股份合作制改革，管好用好集体资产，促进集体资产保值增值；落实农民的土地承包权、宅基地使用权、集体收益分配权和对集体经济活动的民主管理权利，加快形成有效维护农村集体经济组织成员权利的治理体系。

4. 保护非公有制经济平等权利。把依法保护非公有制经济产权纳入“双创双服”行动计划。坚持权利平等、机会平等、规则平等，废除对非公有制经济各种形式的不合理规定，消除各种隐性壁垒，保证各种所有制经济依法平等使用生产要素、公开公平公正参与市场竞争、同等受到法律保护、共同履行社会责任。全面落实公平竞争审查制度，防止出台排除、限制竞争的政策措施，加快清理废除妨碍公平竞争的规定和做法，为非公有制经济营造更为宽松的发展环境和更为有利的发展条件。

（二）落实平等保护产权的法律制度

5. 平等保护各类市场主体。各有关部门要积极对接国家层面物权、合同、知识产权等相关法律法规修订工作，对实施的相关地方性法规、规章和规范性文件目录和文本实行动态化、信息化管理，根据上位法的立改废及时修改或提出法规规章修改建议。清理、废止按照所有制不同类型制定的市场主体地方性法规、规章和规范性文件，平等保护各类市场主体。加大对非公有财产的刑法保护力度。

（三）依法处理历史形成的产权案件

6. 开展涉产权案件甄别纠错。建立专门工作机制，对社会反映强烈的产权纠纷申诉案件开展全面自查，剖析一批侵害产权的案例，甄别纠正一批产权纠纷申诉案件。加大对涉及重大财产处置的产权纠纷申诉案件、民营企业和投资人违法申诉案件的审查力度。对法院审理的产权纠纷案件，确属事实不清、证据不足、适用法律错误的，依法抗诉或者提出再审检察建议；造成当事人损失的，依法及时予以纠正并准确适用国家赔偿等相关法律法规，依法赔偿当事人损失，加大赔偿决定的执行力度。进一步完善办案质量终身负责制和错案责任倒查问责制，对涉及产权保护的案件进行评查，对违法审判造成错案的，按照有关规定追究责任。审慎稳妥做好产权纠纷申诉案件的维稳工作，加强社会稳定风险评估、矛盾排查化解，防止引发群体性事件。

7. 客观看待和依法妥善处理民营企业不规范经营问题。正确处理法律和政策的关系，以发展眼光客观看待和依法妥善处理改革开放以来各类企业特别是民营企业经营过程中存在的不规范问题。严格遵循法不溯及既往、罪刑法定、在新旧法之间从旧兼从轻等原则，严守法定程序。对符合再审条件的申诉案件，依法启动再审程序；对确有错误的生效裁判，坚决予以纠正，维护公平正义，提升司法公信度。

（四）严格规范涉案财产处置的法律程序

8. 细化涉嫌违法的企业和人员财产处置规则。依法慎重决定是否采取相关强制措施。确需采取查封、扣押、冻结等措施的，要严格按照法定程序进行，除依法需责令关闭企业的情形外，在条件允许情况下可以为企业预留必要的流动资金和往来账户，最大限度降低对企业正常生产经营活动的不利影响。采取查封、扣押、冻结措施和处置涉案财物时，要依法严格区分个人财产和企业法人财产。对股东、企业经营管理者等自然人违法，在处置其个人财产时不任意牵连企业法人财产；对企业违法，在处置企业法人财产时不任意牵连股东、企业经营管理者个人合法财产。严格区分违法所得和合法财产，区分涉案人员个人财产和家庭成员财产，在处置违法所得时不违法牵连合法财产。

9. 完善涉案财产处置制度。按照公开公正和规范高效的要求，严格执行并不断完善涉案财物保管、鉴定、估价、拍卖、变卖制度。加大网络司法拍卖力度，法院以拍卖方式处置涉案财产的，除法律、行政法规和司法解释规定必须通过其他途径处置或者不宜采取网络拍卖方式处置外，应采取网络拍卖方式。严格按照中共中央办公厅、国务院办公厅印发的《关于进一步规范刑事诉讼涉案财物处置工作意见》，规范司法行为，充分尊重和依法保护当事人及其近亲属、股东、债权人等相关方的合法权益。

（五）审慎把握处理产权和经济纠纷的司法政策

10. 严格把握产权案件罪与非罪的界限标准。严格区分经济纠纷和经济犯罪的界限、企业正当融资与非法集资的界限、民营企业参与国有企业兼并重组中涉及的经济纠纷与恶意侵占国有资产的界限、执行和利用国家政策谋发展中的偏差与钻改革空子实施犯罪的界限，准确把握经济违法行为入刑标准，准确认定经济纠纷和经济犯罪的性质，防范刑事执法介入经济纠纷，防止选择性司法。

11. 加强对涉及民营企业案件的法律监督。对法律界限不明、罪与非罪不清的，司法机关应严格遵循罪刑法定、疑罪从无、严禁有罪推定的原则，坚决防止把经济纠纷认定为刑事犯罪。对民营企业在生产、经营、融资活动中的经济行为，除法律、行政法规明确禁止外，不以违法犯罪对待。统一司法尺度和裁判标准，对法律适用难度较大的涉产权民刑交叉案件，统筹审判资源，确保理清法律关系，准确适用法律。就相关领域存在的经济纠纷和经济犯罪难以区别的问题开展调研，准确认定。对不构成犯罪的案件或侵犯服刑人员合法权益的行为，依法通过不捕不诉、检察建议、纠正违法等方式进行监督。对涉及犯罪的民营企业投资人，在当事人被采取强制措施或服刑期间，依法保障其行使财产权利等民事权利。

12. 严禁党政干部干预司法活动。严格落实中共中央办公厅、国务院办公厅印发的《关于领导干部干预司法活动、插手具体案件处理的记录、通报和责任追究规定》，对涉及产权保护的案件，凡有领导干部违反规定过问、干预案件的，一律按相关规定严肃处理。

（六）完善政府守信践诺机制

13. 推进政务诚信建设。建立政务失信记录，加大对政务失信行为惩戒和曝光力度。探索建立政务诚信评价机制，把履约和守诺服务纳入政府绩效评价体系，把发展规划、年度计划和政府工作报告中的经济社会发展目标、政府合同履约和兑现、政府债务和预算等情况作为评价政府诚信的重要内容。按照“公开为常态、不公开为例外”的原则，不断加大政务公开力度。各级政府要认真履行依法作出的政策承诺和在招商引资、政府与社会资本合作（PPP）等活动中签订的各类合同、协议，不得随意改变、毁约。建立健全政府失信责任追究制度，畅通政府部门失信行为投诉举报和救济渠道，因国家利益、公共利益或其他法定事由需要改变政府承诺和合同约定的，要严格依照法定权限和程序进行，并对企业和投资人因此而受到的财产损失依法予以补偿。

（七）完善财产征收征用制度

14. 完善土地、房屋等财产征收征用制度。按照中央关于农村土地制度改革要求，规范土地征收程序，完善被征地农民合理、规范、多元保障机制。落实《河北省国有土地上房屋征收与补偿实施办法》，综合考虑土地资源条件和土地产值、区位、供求关系，以及经济社会发展水平等因素，合理确定征地区片价，并根据经济、社会发展水平适时对征地区片价进行修订。

（八）加强知识产权保护

15. 加大知识产权侵权行为惩治力度。依法提高知识产权侵权法定赔偿上限，探索建立对专利权、著作权等知识产权侵权惩罚性赔偿制度，对情节严重的恶意侵权行为实施惩罚性赔偿，并由侵权人承担权利人为制止侵权行为所支付的合理开支，提高知识产权侵权成本。建立假冒知识产权产品来源地信息统计工作机制，将故意侵犯知识产权行为情况纳入企业和个人信用记录，进一步推进知识产权行政处罚案件信息公开。

16. 加强知识产权司法保护机制建设。发挥司法保护主导作用，健全司法确认、诉调对接等工作机制。加强知识产权行政执法与刑事司法衔接，加大涉嫌犯罪案件移交工作力度。大力推进全省法院知识产权民事、刑事、行政案件审判“三审合一”工作。完善涉外知识产权执法机制，加大涉外知识产权犯罪案件侦办力度。建立京津冀专利诚信服务系统。

17. 加大行政执法力度。以侵权案件高发地、制造业集中地、商品流通、专业市场、互联网、展会等领域为重点开展专项执法行动，严厉打击恶意侵权、重复侵权等违法行为。加强海关知识产权执法保护，完善跨境电子商务物品通关与检验检疫监管模式，严厉打击跨境侵权假冒行为。加大国际展会、电子商务等领域知识产权执法力度，严厉查处借助网络制售侵权假冒产品行为。严格专利保护，对无资质代理机构和代理人从事专利代理业务、骗取专利奖励、资助等行为加大处罚力度。

18. 加快推进知识产权保护和运用相结合。探索知识产权服务新模式，建设基于互联网、大数据线上线下深度融合的知识产权交易平台，加快知识产权转化。强化知识产权行政执法、维权援助及仲裁、人民调解等资源整合，完善咨询、协调、仲裁、执法等相关工作机制，加快形成知识产权保护合力。实施专利导航产业发展试点工程，选择战略新兴产业、传统优势产业的骨干企业实施企业运营类专利导航，指导企业做好知识产权战略布局及风险防控。

（九）健全增加城乡居民财产性收入的各项制度

19. 增加城乡居民财产性收入。落实国家住宅建设用地等土地使用权到期后续期的法律安排，推动形成全社会对公民财产长久受保护的良好和稳定预期。建立农村承包土地经营权交易制度，赋予农民对集体资产股份占有、收益、有偿退出及抵押、担保、继承权，开展农村土地承包经营权抵押贷款试点工作。修改完善征用公民财产补偿实施办法，按照市场化原则，提高补偿标准，保障公民财产权利。加大困难群体扶持力度，允许将财政专项扶贫资金折股量化到贫困户，由股份合作制经济组织统一经营。将美丽乡村建设中的政府资金和社会捐助资金形成的生产性设施和经营性资产划归集体所有，折股参与合作经营。

20. 稳妥推进混合所有制企业骨干员工持股。在国有企业混合所有制改革中，允许有条件的混合所有制企业实行员工持股，坚持同股同权、同股同利，着力避免大股东凭借优势地位侵害中小股东权益的行为，建立员工利益和企业利益、国家利益激励相容机制。

21. 增加民众投资渠道。培育专业理财机构，发展个人理财行业，引导资产管理、融资、代理等中介服务组织健康发展，促进居民资产增值。大力发展普惠金融，创新理财产品，拓宽居民理财渠道。开展股权、债权、知识产权质押、抵押融资，依法增加红利、租金、利息等财产性收入。加强企业上市辅导和培训，引导和推动企业通过多层次资本市场直接融资，增加企业管理人员和职工的股权收益。允许通过动产、不动产投资，将资金、技术、管理等要素转化为经营产权。发展产权交易市场，促进居民经营性产权自由流动、交易。

三、保障措施

（一）加强组织领导。依托省委法治河北建设工作机制，建立由省委法治河北建设领导小组办公室牵头，省委政法委、省人大常委会法工委、省法制办、省发展改革委、省司法厅等部门分工负责，省有关部门参加，有机衔接、协调推进的河北省依法保护产权专项协调工作机制。省委法治河北建设领导小组办公室负责全省产权保护的统筹协调、总体推进工作，加强和改进地方立法工作专项小组负责完善平等保护产权制度的地方立法工作，加强和改进依法行政工作专项小组和省发展改革委负责产权的行政保护工作，促进各级司法机关公正司法专项小组负责产权的司法保护工作，推进法治社会建设专项小组负责全面守法营造产权保护环境工作。省发展改革委负责与国家发展改革委的对接工作。

（二）完善配套机制。完善法律援助制度，健全司法救助体系，确保人民群众在产权受到侵害时获得及时有效的法律帮助。有效发挥工商业联合会、行业协会商会在保护非公有制经济和民营企业产权、维护企业合法权益方面的作用，建立对涉及产权纠纷的中小企业维权援助机制。更好发挥调解、仲裁的积极作用，完善产权纠纷多元化解机制。

（三）纳入考核体系。省有关部门和单位要及时与国家对口对接，抓紧细化实施方案，确保各项举措落到实处、见到实效。将完善产权保护制度、依法保护产权工作纳入省管领导班子和领导干部年度综合考核评价指标体系，在经济社会发展、法治建设指标中进行考核，并赋予较大分值比重。

（四）加强宣传引导。大力宣传党和国家平等保护各种所有制经济产权的方针政策和法律法规，使平等保护、全面保护、依法保护观念深入人心，营造公平、公正、透明、稳定的法治环境。在坚持以经济建设为中心、提倡勤劳致富、保护产权、弘扬企业家精神等方面加强舆论引导，总结推广一批依法有效保护产权的好做法、好经验、好案例，推动形成保护产权的良好社会氛围。

各地各部门要充分认识完善产权制度、依法保护产权的重要性和紧迫性，统一思想，狠抓工作落实。各市（含定州、辛集市）要建立党委牵头，人大常委会、政府、司法机关共同参加的产权保护协调工作机制，并制定具体分工方案。各有关部门和单位要进一步细化实施方案，制定具体行动措施，确保各项举措落到实处、见到实效。

广东省政府办公厅关于印发广东省涉及产权保护的规章、规范性文件清理工作方案的通知

（2018 年 6 月 27 日　粤府办〔2018〕25 号）

各地级以上市人民政府，各县（市、区）人民政府，省政府各部门、各直属机构：

《广东省涉及产权保护的规章、规范性文件清理工作方案》已经省人民政府同意，现印发给你们，请认真组织实施。执行中遇到的问题，请径向省发展改革委、法制办反映。

广东省涉及产权保护的规章、规范性文件清理工作方案

根据《国务院办公厅关于开展涉及产权保护的规章、规范性文件清理工作的通知》（国办发〔2018〕29 号）的部署要求，为做好我省涉及产权保护的规章、规范性文件的清理工作，制定如下工作方案。

一、清理范围

此次清理的范围是省人民政府、各地级以上市人民政府制定的规章，以及省、市、县级人民政府及其所属部门制定的规范性文件。

二、清理职责

清理工作坚持“谁制定、谁清理”的原则。

（一）省、市级人民政府制定的规章和省、市、县级人民政府制定的规范性文件，由组织实施部门提出清理意见和建议，报同级人民政府决定。

（二）省、市、县级人民政府所属部门制定的规范性文件，由制定部门负责清理；部门联合制定或涉及多个部门职责的，由牵头部门负责组织清理，并征求相关部门意见；制定部门被撤销或职权已调整的，由继续行使其职权的部门负责清理。

省政府各部门在开展清理工作的同时，认为省级地方性法规存在不利于产权保护的有关规定，应当提出具体建议、修改方案和修改废止理由，同时公开征求意见，按法定程序办理。

三、清理标准

对清理范围内具有下列情形之一的规章、规范性文件，要予以废止或者修改：

（一）违反《中共中央国务院关于完善产权保护制度依法保护产权的意见》（以下简称《意见》）要求的；

（二）有违平等保护各种所有制经济主体财产所有权、使用权、经营权、收益权等各类产权的；

（三）不当限制企业生产经营、企业和居民不动产交易等民事主体财产权利行使的；

（四）在市场准入、生产要素使用、财税金融投资价格等政策方面区别性、歧视性对待不同所有制经济主体的；

（五）与涉及产权保护的法律、行政法规不一致的。

规章、规范性文件的主要内容有上述情形的，要按程序予以废止；规章、规范性文件的部分内容有上述情形的，要按程序予以修改。

四、清理步骤

（一）清理自查。各部门要按照清理职责和清理标准，对由本部门实施的省政府（含省政府办公厅，下同）规章、规范性文件和本部门制定的规范性文件（含冠“经省人民政府同意”印发的文件）进行全面梳理筛查，于2018年7月30日前将清理工作情况报告和清理自查表（见附件1、2、3，含电子版）报送省发展改革委。清理自查意见涉及其他部门的，应当征求有关部门意见。各部门在报送清理自查意见时，如此前已有相关规章、规范性文件为落实《意见》部署而被修改或废止，请一并填报。

（二）征求意见。省发展改革委对各部门清理自查意见进行汇总梳理后，转省有关部门征求意见，于8月20日前将各部门清理自查意见、被征求意见部门反馈意见连同初步处理建议提交省法制办。

（三）统一审查。省法制办会同省发展改革委对省政府规章、省政府规范性文件的清理自查意见进行审查，于9月20日前提出审查意见，报省政府审定。省政府部门规范性文件的清理自查结果由省法制办按程序办理。

（四）总结上报。各地级以上市人民政府对本地区清理工作负总责，于9月25日前将本地区（包括市、县级）清理工作情况报告和清理结果统计表（见附件4、5，含电子版）报送省发展改革委、省法制办。省发展改革委汇总形成全省清理工作情况报告和清理结果统计表，于10月10日前上报省政府审定。

五、清理要求

各地、各部门要充分认识清理工作的重要性，加强组织领导，抓紧制定具体工作方案，落实工作责任，认真开展清理工作。坚决落实党中央、国务院关于完善产权保护制度依法保护产权的部署，对现行涉及产权保护的规章、规范性文件进行全面梳理，做到全覆盖、不遗漏，确保规章、规范性文件的有关规定应改尽改、应废尽废。要建立长效清理工作机制，根据完善产权保护制度工作进展开展动态清理。要强化监督检查，对清理不及时、影响产权保护任务措施有效落实的，依法依规予以问责。要加强宣传报道，广泛听取社会公众意见，并向社会公开清理结果。省发展改革委、省法制办要加强统筹协调指导，及时跟踪进展情况，研究解决共性问题，确保清理工作顺利完成。

附件：略

河南省高级人民法院、河南省人民检察院关于充分发挥司法职能服务保障民营企业发展的30条意见

（2018年12月5日）

为贯彻习近平总书记在民营企业座谈会上重要讲话精神，落实省委十届六次全会和我省促进非公有制经济健康发展大会部署，充分发挥司法机关服务保障民营企业发展职能作用，切实为我省民营企业和民营企业家创新创业营造良好法治环境，根据最高人民法院、最高人民检察院的工作要求，结合我省实际，制定本意见。

一、提高政治站位，转变司法理念，依法平等全面保护民营企业发展

1. 增强服务保障民营企业发展的责任感和使命感。全省法院、检察院要站在强化“四个意识”、坚定“四个自信”、践行“两个维护”的政治高度，牢固树立谦抑、审慎、善意、文明、规范的司法办案理念，积极主动为民营企业发展提供坚实法治保障、营造良好法治环境。

2. 坚持依法保护。准确把握国家法律和司法政策的精神和原则，全面清理、完善省“两院”发布的司法文件，凡是有悖于依法平等保护民营企业的，及时废止或调整完善。结合新时代经济发展的形势和政策，依法处理涉及民营企业的各类案件，让民营企业和民营企业家吃下定心丸、安心谋发展。

3. 坚持平等保护。始终坚持各类市场主体诉讼地位平等、法律适用平等、法律责任平等，平等保护不同所有制主体、不同地区市场主体、不同行业利益主体的合法权益，不因所有制性质不同而在审判执行尺度、法律监督力度上有所不同，保障各类市场主体依法平等使用生产要素、公平参与市场竞争、同等受到法律保护、共同履行社会责任，推动形成平等有序、充满活力的现代化、法治化营商环境。

4. 坚持全面保护。既要保护涉案民营企业的物权、债权，又要保护知识产权、自主经营权及其他各种无形财产权；既要保护实体经济，又要保护虚拟经济；既要保护大型企业，又要保护中小型企业；既要保护本地企业，又要保护外地企业；既要保护民营企业，又要保护民营企业家和从业人员。

二、准确把握法律政策界限，坚持严格规范文明司法

5. 严格遵循罪刑法定、疑罪从无原则。正确区分正当融资与非法集资、合同纠纷与合同诈骗、个人犯罪与企业违规、经济活动中的“回扣”“好处费”等不正之风与违法犯罪、民营企业参与国有企业兼并重组中涉及的经济纠纷与恶意侵占国有资产的界限，坚决防止将经济纠纷当作犯罪处理，将民事责任变为刑事责任，让民营企业家专心创业、放心投资、安心经营。对法律政策界限不明、罪与非罪不清的，要慎重妥善处理，注意听取行业主管、监管部门意见，并依法定程序严格按罪

刑法定原则处理。

6. 审慎处理企业经营的不规范问题。以发展眼光客观看待、依法妥善处理改革开放以来民营企业发展过程中存在的不规范问题，严格遵循法不溯及既往、从旧兼从轻等原则公正处理，不盲目翻旧账。对民营企业家在生产、经营、融资活动中的创新创业行为，除法律有明确规定外，不得认定为犯罪，避免将行政处理、民事制裁升格为刑事追究，防止刑事打击扩大化。认真贯彻宽严相济刑事政策，对涉民营企业的刑事案件应当根据犯罪具体情况，区别对待。严格执行修改后刑事诉讼法认罪认罚从宽制度，对于犯罪情节轻微，依照刑法规定不需要判处刑罚或者免除刑罚的，可以依法作出不起诉决定或作定罪免刑处理。

7. 依法准确审慎适用刑事强制措施。既要严把事实关、证据关、程序关和法律适用关，又要充分考虑保护民营企业发展的需要，认真落实羁押必要性审查制度，防止“构罪即捕”“一捕了之”。对涉民营企业及企业家犯罪，不该采取羁押措施的一律不采取，不该查封的账号、财产一律不能封，不该扣押冻结的财物一律不扣押冻结。

8. 依法准确审慎适用民事强制措施。不得查封、扣押、冻结与案件无关的财产。对因宏观经济形势变化、产业政策调整引起诉讼，或因生产经营出现资金暂时周转困难无法及时履行债务、尚有经营发展前景的民营企业，依法审慎适用查封、扣押、冻结、划拨等民事强制措施。对一方当事人的申请要认真审查，对明显超标的、超范围申请查封、扣押、冻结涉案财物的，要依法审查、调整，尽可能采取不影响企业生产经营的保全措施，最大限度降低办案对企业正常生产经营的影响。

9. 严格规范司法办案方式方法。慎重选择办案方式和时机，对涉民营企业的刑事犯罪、民事行政案件的调查取证活动，严格限定相关人员范围，不对非涉案当事人、非涉案项目和非涉案财务账册进行“普遍化”排查、调查和取证；传唤、拘传、搜查时，尽量避免在公众场合进行；到涉案民营企业调查取证，一般不开警车。严格规范涉案财产处置，严格区分违法所得和合法财产，严格区分个人财产和企业财产，严格区分涉案人员个人财产和家庭成员财产。严禁利用司法权违法插手经济纠纷，严禁以服务为名到涉案民营企业吃拿卡要报，严禁干预涉案民营企业正常生产经营。积极做好办案风险防控，避免因司法办案不当引发和加剧民营企业经营风险，引发群体性、突发性事件。办案过程中，不得故意损害企业、企业家声誉。防止机械司法、就案办案，努力实现“三个效果”有机统一，防止“案子办了，企业垮了”。

10. 依法处理涉民营企业刑事申诉案件。坚持实事求是、有错必纠，畅通申诉受理渠道，组织专门力量及时审查。对于确属事实不清、证据不足、适用法律错误的冤错案件，坚决予以纠正。对于没有犯罪事实或者具有《刑事诉讼法》第十六条规定情形的，依法不追究刑事责任，已经追究的，应当撤销案件，作出不起诉、终止审理、宣告无罪的决定或裁判。准确适用国家赔偿法，及时启动国家赔偿程序，依法保护民营企业及民营企业家的国家赔偿权益。

11. 依法纠正涉民营企业民事、行政错案。加大涉产权民事、行政错案的甄别纠正工作力度，对符合条件的申请再审、申诉案件，依法及时立案审查；符合《民事诉讼法》、《行政诉讼法》及相关司法解释规定情形的，检察机关应当依法抗诉或提出检察建议。依法进入再审程序的案件，经审理原生效裁判确有错误的，人民法院应及时予以纠正。

三、加大打击力度，依法惩治侵犯民营企业合法权益的各类犯罪

12. 依法打击侵犯民营企业和民营企业人士合法权益的刑事犯罪。深入开展扫黑除恶专项斗争，依法惩治黑恶势力以暴力、胁迫等方式向民营企业收取“保护费”、欺行霸市、强买强卖等犯罪；依法惩治盗窃、抢夺、敲诈勒索、哄抢民营企业财物等犯罪；依法惩治利用职务便利侵占、挪用民营企业财产等犯罪；依法惩治由经济纠纷引发的暴力讨债、绑架、非法拘禁等犯罪，营造平安稳定的经营环境。

13. 依法打击破坏市场秩序的经济犯罪。依法惩治侵犯民营企业合法权益的金融诈骗、合同诈骗、商业贿赂等破坏市场经济秩序的犯罪；依法惩治强揽工程、串通投标、强迫交易、官商勾结垄断经营以及故意损害商业信誉等破坏公平竞争的犯罪；依法惩治利用互联网金融平台、打着金融创新旗号从事非法金融活动等犯罪行为，维护公平竞争、健康有序的市场秩序。

14. 依法打击虚假诉讼、恶意诉讼行为。对恶意利用诉讼打击竞争企业，破坏企业和企业家信誉，谋取不正当利益的，要区分情况依法处理。对虚假诉讼参与人，要依法采取罚款、拘留等民事强制措施；虚假诉讼侵害企业家民事权益，受害人起诉要求侵权人承担赔偿责任的，应予支持；涉嫌犯罪的，依法追究刑事责任。

四、切实维护市场秩序，为民营企业发展创造良好营商环境

15. 维护公平竞争市场秩序。妥善审理破坏市场竞争规则的案件，依法规制各类垄断行为和不正当竞争行为，促进市场有序竞争。严格限制认定合同无效的范围，对法律、行政法规规定应当办理批准、登记手续生效的合同，应当允许当事人在判决前补办批准、登记手续，依法保护合法交易。严格按照法律、司法解释规定认定合同性质、效力，以及可变更、可撤销、可解除等情形，尊重意思自治，强化契约意识，保护诚实守信，维护公平竞争。

16. 依法审理涉民营企业的公司纠纷案件。准确把握公司自治和司法介入的关系，严格适用《公司法》及相关司法解释规定，充分尊重民营企业股东对企业经营方式的自主权，依法审理涉及民营企业的公司决议效力、股东知情权、利润分配权、优先购买权，以及请求确认董事会、股东会或者股东大会决议无效或撤销董事会、股东会或者股东大会决议等纠纷案件，维护各类投资主体的股东权益，畅通股权转让渠道，依法保障各类投资主体退出公司的权利，推动民营企业治理结构现代化。

17. 依法支持民营企业多渠道融资。依法认定新类型担保的法律效力，丰富拓宽中小微企业的融资担保方式，除符合《合同法》第五十二条规定的合同无效情形外，应当依法认定新类型担保合同有效；符合《物权法》有关担保物权规定的，还应当依法认定其物权效力，以增强中小民营企业融资能力，有效缓解民营企业融资难、融资贵的问题。

18. 依法审理涉民营企业的融资纠纷案件。妥善审理涉及民营企业的金融借款、融资租赁、民间借贷等案件，准确把握借贷案件的裁判尺度，严格执行借贷利率的司法保护标准，对商业银行、典当公司、小额贷款公司等以利息以外的不合理收费变相收取的高息不予支持。对于通过网贷平台、众筹平台等为高利转贷设立通道，以各种费用形式规避民间借贷利率司法保护上限的部分，依法不予支持。对以金融创新为名掩盖金融风险、规避金融监管、进行制度套利的金融违规行为，以其实际构成的法律关系确定其效力和各方的权利义务，不得通过裁判保护非法利益。

19. 依法助推民营企业化解债务危机。探索采取抵押资产抵债返租、企业整体强制管理、金融债权转股权等灵活有效的执行方法，有效盘活资产，提升金融债权实现的质量和效果，在程序公正的基础上帮助资金链暂遇困难的优质企业渡过难关。

20. 依法审理民营企业与政府之间的纠纷案件。妥善审理政府招商引资合同纠纷案件，监督行政机关诚实守信，履行政府文件和合同约定的义务。依法认定政府与企业签订的合同效力，对有关地方政府违反承诺，特别是因政府换届、领导人员更替等原因违约、毁约的，依法支持企业的合理诉求；已经违约且客观上不能履约的，依法支持民营企业的赔偿请求。妥善审理政府采购、委托拍卖过程中发生的合同纠纷案件，落实民营企业平等待遇。妥善审理民营企业提起的涉及市场准入、工商管理、质量监督、项目规划、税收征管、土地房屋征收征用等方面的行政案件，保障民营企业在公共领域受到平等对待。

21. 依法审理涉民营企业的知识产权纠纷案件。加强民营企业知识产权保护力度，依法惩治知识产权犯罪，加大对链条式、产业化、重复性知识产权犯罪惩治力度，切实解决维权成本高、侵权成本低问题。完善符合知识产权案件特点的诉讼证据规则，着力破解知识产权权利企业“举证难”。建立以知识产权市场价值为指引，补偿为主、惩罚为辅的侵权损害司法认定机制，提高知识产权侵权成本。妥善审理反不正当竞争纠纷案件，依法制止占有市场支配地位的市场主体滥用垄断地位，为民营企业高质量发展营造统一开放、竞争有序的市场环境。充分发挥司法保护知识产权主导作用，依法支持民营企业科技创新、经营创新，大力营造创新法治环境，强化自我保护意识，助力企业打造驰名商标、知名品牌。

22. 依法审理涉民营企业的破产及改制纠纷案件。综合运用重整、和解、清算等手段，促进资金、技术、人才等生产要素的优化组合，帮助和支持民营企业转型升级。准确界定企业改制中的产权关系，对于产权有争议的挂靠企业，要在查明投资事实的基础上明确产权，防止非法侵害民营企业主体合法权利。同时依法适用破产程序中的关联企业合并破产、行使破产撤销权和取回权等手段，查找和追回债务人财产，避免恶意“逃废债”。

23. 合力破解“执行难”。深入开展涉党政机关执行清积专项行动，促进党政机关带头履行生效判决。加大对涉民营企业案件消极执行、选择性执行、乱执行等问题的监督力度，既要及时兑现民营企业胜诉权益，加快企业债权实现，又要引导民营企业诚实守信经营，及时履行裁判义务。加大对拒不执行判决、裁定以及其他妨害执行犯罪的打击力度，建立办理“拒执”案件“绿色通道”，对拖欠民营企业债务的“老赖”，及时监督立案侦查、及时审查逮捕起诉、及时依法作出判决，坚决打赢“基本解决执行难”攻坚战。

五、坚持监督与支持并重，持续提高服务保障水平

24. 强化刑事诉讼监督。加强对涉民营企业和民营企业人士刑事案件的立案及侦查活动的监督，重点监督纠正该立不立、违法动用刑事手段插手经济纠纷，以及刑讯逼供、违法查封扣押冻结财物、滥收保证金、滥用强制措施等问题。充分运用抗诉、检察建议等多种手段，加大对涉民营企业案件的刑事审判监督力度。

25. 强化民事、行政诉讼监督。加强对涉民营企业的债务纠纷、股权分配、知识产权等案件的民事审判、执行活动的监督，切实维护民营企业合法权益。对涉民营企业的行政诉讼案件，加大审判监督力度，维护司法公正；对发现的行政机关不作为、乱作为等问题，及时向相关部门发出检察建议；对发现的行政执法人员“吃拿卡要”、违纪违法问题线索，及时移送纪检监察机关，促进依法行政。

26. 加强公益诉讼检察工作。认真办理涉及民营企业的破坏生态环境和资源保护，造成国家和社会公共利益受到损害的民事、行政公益诉讼案件，人民检察院依法支持起诉或向人民法院提起诉讼，依法保护民营企业权益，引导民营企业自觉遵守法律法规，促进企业转型升级、健康发展。

27. 依法查办司法工作人员职务犯罪。对诉讼监督过程中发现的司法工作人员利用职权实施的非法拘禁、刑讯逼供、非法搜查等侵犯民营企业人士公民权利、损害司法公正的犯罪，依法立案侦查；对诉讼监督过程中发现的执法不严、司法不公背后的贪污受贿等违纪违法线索，移送纪检监察机关。

六、注重长效机制建设，延伸职能为民营企业提供法律服务

28. 建立涉民营企业工作会商机制。法检两院、工商联定期组织召开联席会、座谈会、研讨会，有针对性地改进完善服务保障措施，及时协调解决民营企业反映的合法权益受到侵害等问题。开展“法官、检察官进民企”走访活动，了解民营企业司法需求，分析研判企业经营治理突出问题，提出防范法律风险建议。运用司法大数据分析研究涉诉民营企业纠纷特点，针对共性法律问题，及时向工商联、相关政府部门提出司法建议、检察建议。

29. 落实“谁执法谁普法”责任制。依托门户网站、官方微博、微信、新闻客户端等媒体，及时发布司法信息，宣传司法机关依法平等保护民营企业和企业家合法权益的政策措施、经验做法。建立民营企业司法保护典型案例发布机制，法检两院定期联合发布民营企业司法保护典型案例，统一司法尺度和裁判标准，引导民营企业在法治轨道上健康发展，推动形成依法保障民营企业合法权益的良好社会氛围。

30. 畅通民营企业反映问题、表达诉求的规范化渠道。通过“河南法院诉讼服务网”“12368 诉讼服务热线”和“12309 检察服务中心”，开设导诉导访、立案登记、查询咨询、邮寄送达等服务窗口，为民营企业提供便捷高效的“一站式”司法服务。畅通网上咨询投诉渠道，对反映损害民营企业合法权益的控告、申诉，实行专人负责。聘请工商联干部和民营企业家为监督员，依法监督司法办案活动，构建“亲”“清”政商关系。

第六章　典型案例选编

最高人民检察院发布9起检察机关加强产权司法保护典型案例[①]

（2017年1月9日）

典型案例一

林耘埜严重破坏矿产资源产权案

（一）基本案情

林耘埜系云南省国土资源厅原厅长、党组副书记。经查明：2008年至2011年，林耘埜在担任云南省国土资源厅副厅长，分管全省矿产资源矿政管理工作期间，滥用职权，违规审批转让文山州麻栗坡县某钨矿采矿权，违规审批转让玉溪市华宁县某铅锌矿探矿权，违规审批变更玉溪市华宁县某铅锌矿探矿权勘查矿种为磷矿，导致国家财产损失共计11147万余元。另查明，2007年至2014年年初，林耘埜利用担任文山州副州长、云南省国土资源厅副厅长的职务便利，先后收受他人人民币及按人民币折算的财物共计价值约2196万元，收受港币及按港币折算的财物共计价值约79万港元，此外还收受美元7万元。

2015年，经检察机关提起公诉，林耘埜以滥用职权罪和受贿罪被判处有期徒刑17年，并处没收个人财产100万元。

（二）典型意义

矿产资源是重要的自然资源，是社会经济发展的重要物质基础，属于非可再生资源，其储量是有限的。林耘埜作为省内负责矿产资源保护和管理的主要领导，不仅不尽责，而且利用手中的权力中饱私囊，其违规审批转让采矿权、探矿权等行为，给国家矿产资源造成了巨大的难以挽回的经济损失。检察机关依法办理此案，对负有保护、管理矿产资源产权职责的国家工作人员起到了强烈警示作用，有利于

---

① 来源于：http://www.spp.gov.cn/spp/zxjy/qwfb/201801/t20180131_362956.shtml。

促进行政机关工作人员树立法律的红线、底线意识。

典型案例二

杨某严重侵犯国有资产收益权案

（一）基本案情

2001 年至 2011 年期间，杨某在担任郑州高新国有资产经营有限公司副总经理、总经理期间，利用职务上的便利，单独或与他人共谋后，擅自决定将单位公款多次借给他人进行营利性活动，累计金额 19 亿元，并占有非法利息 4500 多万元。另外，杨某还擅自决定挪用单位公款共计 20 亿元购买基金、理财产品，并将由此产生的收益款项共计 11.7 万元占为己有。为逃避财务监管，杨某采取伪造公司对账单的方式来掩盖其挪用公款的行为。

2015 年，经检察机关提起公诉，杨某以挪用公款罪被判处有期徒刑 14 年。

（二）典型意义

制度不健全，执行不到位，是企业滋生犯罪的主要原因之一。本案中，如果单位的财务规章制度执行到位，杨某也不会有机会作案长达 10 余年，不会如此轻易地挪用巨额公款。郑州高新技术产业开发区人民检察院在办理该案后专门给郑州高新投资建设集团有限公司发出检察建议，从健全财务制度，保障资金安全；推行岗位交流，促进干部队伍廉洁；规范领导干部的行为，铲除犯罪滋生土壤；强化法制和廉政教育，遏制和消除职务犯罪思想的滋生等方面提出了预防职务犯罪意见和建议。

典型案例三

崔某收受非公有制企业贿赂案

（一）基本案情

天津市河北区原副区长崔某在分管城建工作期间，利用监管、审批之机，以明示、暗示等方式向多个非公有制企业索贿、受贿约合人民币 1500 万元。另查明，崔某利用职务便利侵吞或以其他手段非法占有公共财物人民币 30 万元。

2016 年 6 月，经天津市检察机关提起公诉，崔某以受贿罪、贪污罪被判处有期徒刑 12 年。

（二）典型意义

从检察机关办理的案件来看，非公企业整体防范能力相对较弱，一些人把非公有制经济主体当作“摇钱树”，一些领导干部利用审核、审批等权力刁难生产经营单位，通过明示、暗示等方式索贿受贿，严重破坏了公平、公正的市场环境。有的生产经营单位为争取生存空间不得不投其所好、拿钱铺路，极易形成劣币驱逐良币的恶性循环。此案的查办有助于净化非公企业成长环境，也有助于形成机会平等、公平竞争的经济环境。

典型案例四

杨某滥发微型企业补助收受贿赂案

（一）基本案情

贵州省毕节市大方县市场监督管理局百纳分局原负责人杨某在负责微型企业申办管理工作中，不正当履行职责，违反国家规定为不符合发放微型企业补助条件的企业发放补助 70 余万元，并收受他人贿赂 6 万余元。

2016 年 11 月，经检察机关起诉，杨某被判构成滥用职权罪、受贿罪。

（二）典型意义

中小企业在繁荣经济、创新科技、创造就业等方面发挥了积极作用。然而，负有监管、服务职责的杨某却将服务中小企业发展作为其获取非法利益的生财之路。检察机关通过查办这一案件，有力打击了少数国家工作人员利用行政审批、监管等职权，损害非公经济健康发展的腐败犯罪行为，积极保障了国家扶持非公企业的专项政策落实和资金安全，同时有效引导了非公企业及其从业人员诚信守法、依法经营。

典型案例五

湖南澧县出租车公司“非法经营”系列案

（一）基本案情

2015 年 8 月，湖南省澧县政府对出租车及出租车公司重新改组和招标过程中，发现部分出租车存在私下转让经营权的情况，同时部分出租车主以政府改革导致自身利益受损为由，采取到县委县政府、省政府等地打标语、静坐等方式维权。8 月 18 日，澧县公安局以非法经营罪对澧县市政宏运出租汽车中心等三家出租车公司立案侦查；对于某某等人分别以聚众冲击国家机关、聚众扰乱公共场所秩序立案侦查。部分出租车车主不服公安机关立案决定将情况反映至澧县检察院。澧县检察院经审查发现，涉案的三家出租汽车公司虽然存在私下转让经营权的情况，但并没有对出租车的正常营运造成不良影响，一直以来政府相关职能部门对其采取默许态度，双方均存在过错，现以涉嫌犯罪对上述公司进行刑事追究显失公正。另查明，于某某等人虽然表达诉求的方式不当，但其诉求有一定的合理性，其行为符合刑法关于“情节显著轻微危害不大，不认为是犯罪”的规定，公安机关不应作为刑事案件立案侦查。澧县检察院在向上级检察院汇报后，向公安机关发出要求说明立案理由通知书，公安机关于2015年12月3日对三家出租汽车公司非法经营案作撤销案件处理，12月7日对于某某等人聚众冲击国家机关、聚众扰乱公共场所秩序案做撤销案件处理。

（二）典型意义

出租车行业是社会服务的一个重要行业，澧县政府通过改革加强对出租车行业的规范化、标准化管理，是服务当地经济发展大局的重要举措。但在具体实施过程中没有妥善处理一些民营企业经营权问题，以至于改革措施遭到部分利益受损人员的强烈抵制，并出现群体性维权上访现象，影响了出租车行业的良性发展和社会秩序稳定。澧县检察院针对这一案件，依法全面履行侦查监督职能，监督撤销了一批不应当立案而立案的案件，有力保障了涉事出租车公司和车主的合法权益。

典型案例六

张某、泽某侵犯商业秘密案

（一）基本案情

被告人张某、泽某分别加入上海罗易信息科技有限公司，并与该公司签订《员工保密合同》，承诺对该公司在研发、生产产品期间形成的技术信息履行保密义务。2010年，张某、泽某分别担任该公司专业产品事业部总经理、研发经理，并在组织、领导某型GIS（地理信息系统）采集器的研发期间，掌握了对该产品研发成功起核心作用的PCBA板（印刷电路板）设计的有关技术信息等商业秘密。自2011年年初，张某、泽某经共谋，违反保密约定，结伙使用上述技术信息，以提供相应设计图纸等方式委托他人生产PCBA板，再采购其他零部件，组装为GIS采集器，而后对外出售。至案发，二人结伙销售GIS采集器共计1520台，给权利人造成的损失数额共计人民币370万余元。

经上海市徐汇区检察院提起公诉，2015年3月4日，被告人张某、泽某均以侵犯商业秘密罪，分别被法院判处有期徒刑一年三个月，缓刑一年三个月和有期徒刑一年，缓刑一年。

（二）典型意义

商业秘密是我国知识产权侵权的重灾区之一。本案的成功办理，体现了检察机关办理复杂侵犯商业秘密案件、加强知识产权司法保护的专业能力。上海市徐汇区检察院注重加强对知识产权犯罪的预防宣传，结合本案，针对徐汇区内企业，尤其是高新技术行业的现实需求，有的放矢地开展法制宣讲，组织企业座谈，制作知识产权案件白皮书，帮助企业查找管理疏漏，提供解决方案，促使企业进一步提高自身风险防范意识和知识产权维权意识。

典型案例七

武汉晶源环境工程有限公司专利权纠纷申请执行监督案

（一）基本案情

日本富士化水工业株式会社（以下简称富士化水）、华阳电业有限公司（以下简称华阳公司）侵犯武汉晶源环境工程有限公司（以下简称晶源公司）发明专利权纠纷一案，福建省高级人民法院于2008年5月12日作出一审判决，晶源公司、富士化水、华阳公司均不服该判决，向最高人民法院提起上诉，最高人民法院于2009年12月21日作出（2008）民三终字第8号民事判决，判决认定富士化水和华阳公司共同侵犯晶源公司ZL95119389.9号发明专利火电脱硫技术，连带赔偿人民币5016.24万元，并按使用年限支付专利使用费，如支付迟延应按规定加倍支付迟延履行期间的债务利息。判决生效后，富士化水、华阳公司未履行生效法律文书确定的义务，晶源公司向人民法院申请执行。案件执行三年多，申请执行人晶源公司未收到执行款。晶源公司向检察机关申请执行监督。

顺昌县人民检察院经对顺昌县人民法院进行走访并调取相关执行卷宗材料，了解到顺昌县人民法院已于2014年10月扣划3000万元案件执行款至法院账户，但一直未支付给申请执行人。为此，顺昌县人民检察院向顺昌县人民法院发出执行监督检察建议书，建议将扣划执行款及时支付给申请执行人，并采取措施尽快执结本案。顺昌县人民法院收到检察建议后，依法冻结被执行人银行账户。后经顺昌县人民检察院与顺昌县人民法院共同协调努力，双方当事人于2015年3月16日达成了执行和解协议。2015年3月19日，顺昌县人民法院将案件执行款3000万元支付给申请执行人晶源公司，案件得到顺利执结。

（二）典型意义

该案系检察机关对人民法院生效裁判的执行活动进行监督的案件，当事人涉及台资企业、日本企业，涉案标的额巨大，判决生效已逾5年仍未得到执行，当事人的专利权无法得到及时有效的司法保护。检察机关依当事人申请开展执行监督，依法履行法律监督职责，督促人民法院依法执行，有效地维护了司法权威和当事人的合法权益，增强了知识产权司法保护的公信力。

典型案例八

宁波伊司达洁具有限公司虚假诉讼案

（一）基本案情

2007年4月19日，宁波伊司达洁具有限公司（以下简称伊司达公司）起诉至四川省自贡市中级人民法院，请求判令被告陈萍芳立即停止使用并撤销其在中国互联网络信息中心注册的域名www. 伊司达. cn，赔偿经济损失5万元。

自贡市中级人民法院于2007年7月25日作出判决，认定伊司达公司注册的“伊司达”商标属我国驰名商标，判决被告陈萍芳立即停止使用其所注册的“www. 伊司达. cn”域名，并赔偿伊司达公司经济损失5万元。

2010年10月14日，自贡市人民检察院以该案承办法官李某某涉嫌民事枉法裁判罪决定立案侦查。在侦查过程中，自贡市人民检察院对该案原告伊司达公司、被告陈萍芳以及代理人和上海乔柏律师事务所相关人员进行了调查。上述人员均承认，伊司达公司诉陈萍芳计算机网络域名侵犯商标专用权纠纷一案是上海乔柏律师事务所与伊司达公司恶意串通故意制造的虚假诉讼案件，目的是利用司法手段为“伊司达”商标认定为驰名商标提供便利，本案中涉及陈萍芳侵权的相关证据均系伪造。

2014年9月28日，自贡市人民检察院以该案涉及虚假诉讼为由提请四川省人民检察院抗诉。四川省人民检察院于2015年1月20日向四川省高级人民法院提出抗诉。四川省高级人民法院受理该案后，指令自贡市中级人民法院再审。自贡市中级人民法院再审后支持了检察机关的抗诉理由，认定该案系虚假诉讼案件，判决驳回了该案原告的诉讼请求，并对该案原告进行了当庭训诫。

2011年11月4日，四川省威远县人民检察院以该案承办法官李某某涉嫌民事枉法裁判罪提起公诉。2015年8月5日，威远县人民法院判决被告人李某某构成受贿罪，免予刑事处罚。

（二）典型意义

虚假诉讼行为披着合法的外衣侵害国家、集体或第三人合法权益，扰乱了正常的诉讼秩序，严重损害了法律的公信力。本案及其余3起案件，系四川省检察机关办理的首批非法认定驰名商标案件，其中两案提出抗诉，两案提出再审检察建议。通过四川省检察机关反渎职侵权部门与民事行政检察部门通力配合，查实了案件当事人为通过诉讼方式达到非法获取“驰名商标”司法认定目的制造民事虚假诉讼的非法行为。除该案代理律师和涉案法官被追究刑事责任外，该系列案件民事部分全面获法院再审改判。检察机关依法实施民事检察监督，严厉打击驰名商标认定领域的虚假诉讼行为，有力地维护了司法公正，保障了驰名商标认定的正常秩序。

典型案例九

黄某申请国家赔偿监督案

（一）基本案情

1997 年 4 月 8 日，福建省莆田县陈某某因借贷纠纷起诉方某，后因方某未履行，陈某某申请执行，莆田县人民法院遂裁定查封方某房产。同月 17 日，黄某提出执行异议，认为被查封房屋的产权属其所有要求解封，但被驳回。之后，被查封房屋经评估后以 6.9 万元拍卖。2004 年 7 月 15 日，莆田市价格认证中心根据荔城区人民检察院委托重新评估被查封房屋价格为 14.76 万元。

2007 年 7 月，黄某先后向莆田市中级人民法院、福建省高级人民法院提出确认法院查封、拍卖系违法行为的申请。2010 年 10 月 12 日，黄某提出国家赔偿申请，荔城区人民法院逾期未作出赔偿决定。2010 年 12 月 21 日，黄某提出赔偿复议申请，莆田市中级人民法院赔偿委员会经审查决定部分支持黄某的申请。黄某不服，向福建省人民检察院提出国家赔偿监督申请。福建省人民检察院经审查后认为，原案适用法律错误，于 2012 年 6 月 20 日向福建省高级人民法院提出重新审查意见。同年 12 月 11 日，福建省高级人民法院指令莆田市中级人民法院对该案重新审理。2013 年 6 月 17 日，莆田市中级人民法院决定撤销原决定并重新作出赔偿决定。

（二）典型意义

公民的财产权和人身权等基本权利得到有效保障是建立现代法治国家的必然要求，司法机关在司法活动中应当充分履行职能，切实保障公民享有占有、使用、收益和处分合法财产的权利。检察机关依法办理此案，通过审查原案卷宗、走访有关人员等方式，对原案相关事实与证据进行重新审查与调查，依法向人民法院提出原案适用法律错误，应予重新审查的意见，最终使人民法院撤销原错误决定，对黄某重新作出赔偿决定，依法保护了公民的财产权利，有利于促进司法公正，维护《中华人民共和国国家赔偿法》的统一正确实施。

最高人民法院发布7起充分发挥审判职能作用保护产权和企业家合法权益典型案例①

（2018年1月30日）

一、北鹏公司申请刑事违法扣押赔偿案

（一）基本案情

2008年，辽宁省公安厅根据举报线索，组成专案组对沈阳市于洪区兰胜台村村干部黄波等人涉黑犯罪立案侦查。侦查期间，除发现黄波等人犯罪行为外，还发现与该村联合进行村屯改造的北鹏房地产开发有限公司（以下简称北鹏公司）涉嫌毁损财务文件、非法占用农用地等犯罪行为，辽宁省公安厅遂扣押、调取了北鹏公司100余册财务文件，并扣押其人民币2000万元。此案经辽宁省本溪市中级人民法院审理，黄波等人分别被以贪污罪、非法转让土地使用权罪、故意毁坏财物罪定罪处罚，北鹏公司2名财务人员被以隐匿会计凭证罪定罪处罚，北鹏公司及其实际控制人、原法定代表人被以非法占用农用地罪定罪免刑。对前述扣押财物，刑事判决未作出认定和处理。

刑事判决生效后，北鹏公司申请辽宁省公安厅解除扣押、返还财物并赔偿损失。辽宁省公安厅逾期未作出处理决定，北鹏公司向公安部申请复议。公安部复议认为，北鹏公司的请求符合法定赔偿情形，遂责令辽宁省公安厅限期作出赔偿决定。辽宁省公安厅没有履行该决定。北鹏公司遂向我院赔偿委员会提出申请，请求：由辽宁省公安厅解除扣押，返还财务文件和2000万元，赔偿利息损失869万余元。

（二）裁判结果

本案赔偿请求人沈阳北鹏公司涉案土地属于镉污染地且后期已补办相关手续，本溪市中级人民法院刑事判决认定北鹏公司及其责任人员构成非法占用农用地罪，但免于刑事处罚，此后，辽宁省公安厅继续扣押北鹏公司有关款项及财务账册，就丧失了法律依据。

经合议庭主持协商，赔偿请求人北鹏公司与赔偿义务机关辽宁省公安厅先就返还案涉财务文件达成协议，并于2015年12月1日实际履行完毕；此后又达成协议由辽宁省公安厅于30日内返还侦查期间扣押的2000万元，并支付相应的利息损失83万元。最高人民法院赔偿委员会审查认为，上述协议不违反法律规定，遂依照《最高人民法院关于人民法院赔偿委员会审理国家赔偿案件程序的规定》第十一条

① 来源于：http://www.court.gov.cn/zixun-xiangqing-79262.html。

的规定，决定：一、辽宁省公安厅向沈阳北鹏房地产开发有限公司返还侦查期间扣押、调取的该公司财务文件；二、辽宁省公安厅于本决定生效后30日内向沈阳北鹏房地产开发有限公司返还侦查期间扣押的2000万元人民币，并支付相应的利息损失83万元。

（三）典型意义：平等保护民营企业产权大法官巡回办案公开质证

毫不动摇鼓励、支持、引导非公有制经济发展，保证各种所有制经济依法同等受到法律保护，支持民营企业发展，激发各类市场主体活力，是党的十八大和十九大报告提出的关于加快完善社会主义市场经济体制的重要内容。依法保护产权，应当历史、辩证地看待企业特别是民营企业发展中的不规范行为，严格规范涉案财产处置的法律程序，妥善处理历史形成的产权案件。北鹏案的圆满审结，生动展示了人民法院依法保护产权、平等对待各类市场主体的坚定决心和鲜明态度，突出展示了国家赔偿在监督和倒逼司法机关依法行使职权、恢复和提升司法机关公信方面的积极作用。今后，我们将进一步加大国家赔偿审判工作力度，努力让人民群众在每一个国家赔偿案件中感受到公平正义。

另外，本案的程序意义也很突出。本案案情重大复杂，赔偿请求人和赔偿义务机关均在沈阳，主要证据也在沈阳，为方便当事人活动，最高人民法院副院长、二级大法官陶凯元决定亲自担任审判长并与合议庭全体成员远赴设在沈阳的最高人民法院第二巡回法庭公开质证、组织协商。公安部对本案高度重视，在刑事赔偿复议阶段即明确认定辽宁省公安厅的刑事扣押行为违法，为最高人民法院后续审理提供了有力支持，充分体现了公安部与最高人民法院在落实产权保护政策上的共识。此外，本案当事人当庭达成赔偿协议，最高人民法院赔偿委员会运用远程视频手段组织讨论、作出决定并由合议庭当庭宣布决定，保证了上百本账册及2000余万元扣押款本息得以及时返还，解决了北鹏公司的燃眉之急，公司经营逐步回到正常轨道，该公司实际控制人向最高人民法院赠送了“青天有鉴”等感谢字幅，代理律师亦专门撰文赞扬最高人民法院对本案的公正审理。北鹏案圆满审结，应该说是人民法院、公安机关、赔偿请求人通力合作的结果，突出体现了最高人民法院巡回办案的公正性、高效性和权威性，有助于构建开放、动态、透明、便民的阳光司法机制，增进公众对司法的了解、信赖和监督。

二、许某某诉金华市婺城区人民政府行政强制及行政赔偿案

（一）基本案情

2001年7月，因浙江省金华市婺城区后溪街西区地块改造及“两街”整合区块改造项目建设需要，原金华市房地产管理局向金华市城建开发有限公司颁发了房屋拆迁许可证，许某某位于金华市婺城区五一路迎宾巷8号、9号的房屋被纳入上述拆迁许可证的拆迁红线范围。但拆迁人在拆迁许可证规定的期限内一直未实施拆迁。2014年8月31日，婺城区政府发布《婺城区人民政府关于二七区块旧城改造

房屋征收范围的公告》，明确对二七区块范围实施改造，公布了房屋征收范围图，许某某房屋所在的迎宾巷区块位于征收范围内。2014 年 10 月 26 日，婺城区政府发布了房屋征收决定，案涉房屋被纳入征收决定范围。但该房屋于婺城区政府作出征收决定前的 2014 年 9 月 26 日即被拆除。许某某提起行政诉讼，请求确认婺城区政府强制拆除其房屋的行政行为违法，同时提出包括房屋损失、停产停业损失、物品损失在内的三项行政赔偿请求。

（二）裁判结果

浙江省金华市中级人民法院一审认为：许某某未与房屋征收部门达成补偿协议，也未明确同意将案涉房屋腾空并交付拆除。在此情形下，婺城区政府依法应对许某某作出补偿决定后，通过申请人民法院强制执行的方式强制搬迁，而不能直接将案涉房屋拆除。婺城区政府主张案涉房屋系案外人“误拆”证据不足且与事实不符。鉴于案涉房屋已纳入征收范围内，房屋已无恢复原状的可能性和必要性，宜由婺城区政府参照征收补偿安置方案作出赔偿。遂判决确认婺城区政府强制拆除房屋行政行为违法，责令婺城区政府于判决生效之日起 60 日内参照《婺城区二七区块旧城改造房屋征收补偿方案》对许某某作出赔偿。

浙江省高级人民法院二审认为：案涉房屋虽被婺城区政府违法拆除，但该房屋被纳入征收范围后，仍可通过征收补偿程序获得补偿，许某某通过国家赔偿程序解决案涉房屋被违法拆除损失，缺乏法律依据。许某某提出要求赔偿每月 2 万元停产停业损失的请求，属于房屋征收补偿范围，可以通过征收补偿程序解决。至于许某某提出的赔偿财产损失 6 万元，因其没有提供相关财产损失的证据，不予支持。遂判决维持一审有关确认违法判项，撤销一审有关责令赔偿判项，驳回许某某的其他诉讼请求。

最高人民法院再审认为：本案虽然有婺城建筑公司主动承认“误拆”，但许某某提供的现场照片等证据均能证实强制拆除系政府主导下进行，婺城区政府主张强拆系民事侵权的理由不能成立，其应承担相应的赔偿责任。人民法院应当综合协调适用《中华人民共和国国家赔偿法》《国有土地上房屋征收与补偿条例》的相关规定，依法、科学决定赔偿项目和赔偿数额，让被征收人得到的赔偿不低于其依照征收补偿方案应当获得、也可以获得的征收补偿，但国家赔偿与行政补偿相同的项目不得重复计付。具体而言，对于房屋损失的赔偿方式与赔偿标准问题，婺城区政府既可以用在改建地段或者就近地段提供类似房屋的方式予以赔偿，也可以根据作出赔偿决定时点有效的房地产市场评估价格计付赔偿款。鉴于案涉房屋已被拆除，房地产评估机构应当根据婺城区政府与许某某提供的原始资料，本着疑点利益归于产权人的原则，依法独立、客观、公正地出具评估报告。对于停产停业损失赔偿标准问题，如果许某某提供的营业执照、纳税证明等证据，能够证明其符合法律法规和当地规范性文件所确定的经营用房条件，则婺城区政府应当依法合理确定停产停业损失的金额并予以赔偿。对于屋内物品损失赔偿金额确定方式问题，婺城区政府可以根据市场行情，结合许某某经营的实际情况以及其所提供的现场照片、物品损失清单等，按照有利于许某某的原则酌情确定赔偿数额。遂判决维持原审关于确认婺城区政府强制拆除许某某房屋行政行为违法的判项；撤销一审责令婺城区政府参照《补偿方案》对许某某作出赔偿的判项；撤销二审驳回赔偿请求的判项；改判责令婺城区政府在本判决生效之日起九十日内按照本判决对许某某依法予以行政赔偿。

（三）典型意义：保护被征收人产权促进政府依法行政

《国有土地上房屋征收与补偿条例》的颁布实施，为解决征收拆迁中的行政纠纷，实现国有土地上房屋征收补偿领域的“善治”，提供了良好的法律基础。被征收人与市、县级政府通过平等协商达成补偿协议后自愿搬迁已经成为常态，需要强制搬迁的越来越少。在婺城区政府分期分批对二七区块房屋进行征收补偿中，绝大多数被征收人在得到公平合理补偿及搬迁奖励后自愿搬迁，居住条件得到显著改善。在因建设快速公交等公共利益需要征收案涉区块包括许某某等22户1184平方米房屋，少数住户对补偿不满未自愿搬迁的情况下，婺城区政府本应依法分别作出征收决定、补偿决定，遵循先补偿、后搬迁原则，依法申请人民法院强制执行以实现强制搬迁。但在征收决定和补偿决定均未依法作出的情况下，婺城区二七区块改造工程指挥部即委托婺城建筑公司在拆除已签订补偿协议的邻居房屋时一并拆除了许某某房屋，侵犯了许某某的房屋产权。这样的事例具有一定普遍性，暴露了一些基层政府的法治意识不强，不善于用法治思维、法治方式和法律手段解决问题；同时也说明一些基层政府在征收补偿中未能做到效率与法治的统一，更多考虑行政效能，而忽视程序正义。婺城区政府在案涉房屋被拆除一个月之后才作出征收决定，至今未作出补偿决定，未给予许某某任何补偿，严重违反法定程序。由于婺城区二七区块改造工程指挥部是婺城区政府组建并赋予行政管理职能但不具有独立承担法律责任能力的临时机构，其违法侵权的责任应由婺城区政府承担。由于许某某在人民法院审理中始终主张应以在改建地段提供房屋的方式赔偿损失，故最高人民法院判决责令婺城区政府用在改建地段或者就近地段提供类似房屋的方式予以赔偿，或者以作出赔偿决定时的房地产市场评估价格为基准计付赔偿款；同时对许某某在合法的征收补偿程序中应当获得、也可以获得的可得利益损失一并予以赔偿。

本案再审判决，充分贯彻《中共中央、国务院关于完善产权保护制度依法保护产权的意见》所规定的及时补偿、合理补偿和公平补偿的原则精神，体现有权必有责、违法须担责、侵权要赔偿、赔偿应全面的法治理念，明确宣示产权人因行政机关侵权所得到的赔偿不能低于依合法征收程序应得到的补偿。与此同时，本案再审判决充分发挥司法的评价、引导功能，加大对侵犯产权行为的监督力度，防范市、县级政府在违法强拆后利用补偿程序回避国家赔偿责任，从而促进行政机关自觉依法行政，从源头上减少行政争议，既顺利推进公共利益建设，也确保房屋产权人得到公平合理补偿。

附：相关法律条文

1.《国有土地上房屋征收与补偿条例》

第四条　市、县级人民政府负责本行政区域的房屋征收与补偿工作。

市、县级人民政府确定的房屋征收部门（以下称房屋征收部门）组织实施本行政区域的房屋征收与补偿工作。

市、县级人民政府有关部门应当依照本条例的规定和本级人民政府规定的职责分工，互相配合，保障房屋征收与补偿工作的顺利进行。

第五条　房屋征收部门可以委托房屋征收实施单位，承担房屋征收与补偿的具体工作。房屋征收实施单位不得以营利为目的。

房屋征收部门对房屋征收实施单位在委托范围内实施的房屋征收与补偿行为负责监督，并对其行为后果承担法律责任。

第十七条　作出房屋征收决定的市、县级人民政府对被征收人给予的补偿包括：

（一）被征收房屋价值的补偿；

（二）因征收房屋造成的搬迁、临时安置的补偿；

（三）因征收房屋造成的停产停业损失的补偿。

市、县级人民政府应当制定补助和奖励办法，对被征收人给予补助和奖励。

第二十一条　被征收人可以选择货币补偿，也可以选择房屋产权调换。

被征收人选择房屋产权调换的，市、县级人民政府应当提供用于产权调换的房屋，并与被征收人计算、结清被征收房屋价值与用于产权调换房屋价值的差价。

因旧城区改建征收个人住宅，被征收人选择在改建地段进行房屋产权调换的，作出房屋征收决定的市、县级人民政府应当提供改建地段或者就近地段的房屋。

第二十二条　因征收房屋造成搬迁的，房屋征收部门应当向被征收人支付搬迁费；选择房屋产权调换的，产权调换房屋交付前，房屋征收部门应当向被征收人支付临时安置费或者提供周转用房。

第二十三条　对因征收房屋造成停产停业损失的补偿，根据房屋被征收前的效益、停产停业期限等因素确定。具体办法由省、自治区、直辖市制定。

2.《中华人民共和国国家赔偿法》

第四条　行政机关及其工作人员在行使行政职权时有下列侵犯财产权情形之一的，受害人有取得赔偿的权利：

（一）违法实施罚款、吊销许可证和执照、责令停产停业、没收财物等行政处罚的；

（二）违法对财产采取查封、扣押、冻结等行政强制措施的；

（三）违法征收、征用财产的；

（四）造成财产损害的其他违法行为。

第三十二条　国家赔偿以支付赔偿金为主要方式。

能够返还财产或者恢复原状的，予以返还财产或者恢复原状。

第三十六条　侵犯公民、法人和其他组织的财产权造成损害的，按照下列规定处理：

……

（三）应当返还的财产损坏的，能够恢复原状的恢复原状，不能恢复原状的，按照损害程度给付相应的赔偿金；

（四）应当返还的财产灭失的，给付相应的赔偿金；

……

3.《浙江省国有土地上房屋征收与补偿条例》

第二十九条　征收非住宅房屋造成停产停业损失的，应当根据房屋被征收前的效益、停产停业期限等因素给予补偿。补偿的标准不低于被征收房屋价值的百分之五，具体标准由设区的市、县（市）人民政府规定。

生产经营者认为其停产停业损失超过依照前款规定计算的补偿费的，应当向房屋征收部门提供房屋被征收前三年的效益、纳税凭证、停产停业期限等相关证明材料。房屋征收部门应当与生产经营者共同委托依法设立的评估机构对停产停业损失进行评估，并按照评估结果支付补偿费。

生产经营者或者房屋征收部门对评估结果有异议的，应当自收到评估结果之日起十日内，向房地产价格评估专家委员会申请鉴定。鉴定费用由申请人承担；鉴定撤销原评估结果的，鉴定费用由原评估机构承担。

4.《国有土地上房屋征收评估办法》

第二十八条　在房屋征收评估过程中，房屋征收部门或者被征收人不配合、不提供相关资料的，房地产价格评估机构应当在评估报告中说明有关情况。

三、重庆某投资（集团）有限公司与泸州市某区人民政府等合同纠纷案

（一）基本案情

2008年，泸州市某区人民政府（以下简称区政府）通过公开招商，与民营企业重庆某投资（集团）有限公司（以下简称投资公司）订立一系列土地整理项目投资协议，约定由该投资公司投资3.2亿元对该区两块土地实施土地整理。协议订立后，该投资公司陆续投入1亿余元资金用于该项目。2014年，区政府向投资公司发函称，以上协议违反国务院办公厅《关于规范国有土地使用权出让收支管理的通知》和四川省国土资源厅、省财政厅、省监察厅、省审计厅联合下发的《关于进一步加强国有土地使用权出让收支管理的通知》文件精神，要求终止履行以上协议。投资公司诉至法院，请求确认区政府终止履行协议的函无效，并要求区政府继续履行协议。

（二）裁判结果

人民法院经审理后认为：区政府解除行为是否产生效力应当依据《中华人民共和国合同法》第九十四条的规定进行审查。本案中，区政府所提及两份文件并非法

律、行政法规，且未对本案所涉协议明令禁止，区政府以政策变化为由要求解除相关协议的理由不能成立，其发出的终止履行协议的函不产生解除合同的效力，遂作出（2014）渝高法民初字第00070号民事判决：区政府继续履行与投资公司签订的相关协议。一审判决后，双方当事人均未上诉。

（三）典型意义：有约必守依法保护企业合同权益

诚信守约是民事合同的基本要求，行政机关作为一方民事主体的更应带头守约践诺。明确在民事合同的履行中作为合同主体的基本规则，对于营造良好的营商环境，维护投资主体合法权益具有重要意义。本案中，人民法院依法平等对待涉案企业与区政府，准确适用合同法关于合同解除的相关规定，支持了企业要求继续履行协议的请求，有效地维护了企业的合法权益。本案的裁判行政机关不得擅自解除合同，对于规范政府行为、推动政府践诺守信，具有积极指引作用。

附：相关法律条文

《中华人民共和国合同法》

第五十二条　有下列情形之一的，合同无效：

（一）一方以欺诈、胁迫的手段订立合同，损害国家利益；

（二）恶意串通，损害国家、集体或者第三人利益；

（三）以合法形式掩盖非法目的；

（四）损害社会公共利益；

（五）违反法律、行政法规的强制性规定。

第九十四条　有下列情形之一的，当事人可以解除合同：

（一）因不可抗力致使不能实现合同目的；

（二）在履行期限届满之前，当事人一方明确表示或者以自己的行为表明不履行主要债务；

（三）当事人一方迟延履行主要债务，经催告后在合理期限内仍未履行；

（四）当事人一方迟延履行债务或者有其他违约行为致使不能实现合同目的；

（五）法律规定的其他情形。

四、济南某置业有限公司财产保全案

（一）基本案情

原告赵某与被告济南某置业有限公司建设工程施工合同纠纷一案，人民法院依原告申请对被告进行财产保全，裁定查封了案外人济南万全啤酒原料有限公司名下的长清国有（2014）第0700038号土地（11524.7平方米）一宗，冻结了济南某置业有限公司名下的6个银行账号。济南某置业有限公司不服，认为上述财产保全行为影响了公司正常开展经营业务，损害了购房者的利益，提出书面异议，请求变更为查封该公司名下的两处商铺，解除对公司多个账户的冻结。

（二）裁判结果

人民法院依法作出（2016）鲁0124民初3078号之二变更保全裁定，查封了济南某置业有限公司名下的商业房产，解除了对济南某置业有限公司部分银行账户的冻结。

（三）典型意义：依法慎用保全措施维护企业正常经营

财产保全是诉讼中依法对债务人财产进行保全，确保债权实现的重要制度。在经济新常态下，为促进经济发展，维护企业的正常经营需要，对经营暂时困难的企业债务人人民法院要慎用冻结、划拨流动资金等保全手段，在条件允许情况下尽量为企业预留必要的流动资金和往来账户，最大限度降低对企业正常生产经营活动的不利影响。本案中人民法院根据当事人申请，依法变更保全措施，解冻了债务企业的部分银行账号，保障了债务企业的正常生产经营，兼顾了双方当事人的权益。

附：相关法律条文

1.《最高人民法院关于适用〈中华人民共和国民事诉讼法〉的解释》

第一百六十七条　财产保全的被保全人提供其他等值担保财产且有利于执行的，人民法院可以裁定变更保全标的物为被保全人提供的担保财产。

2.《最高人民法院关于人民法院办理财产保全案件若干问题的规定》

第二十三条　人民法院采取财产保全措施后，有下列情形之一的，申请保全人应当及时申请解除保全：

（一）采取诉前财产保全措施后三十日内不依法提起诉讼或者申请仲裁的；

（二）仲裁机构不予受理仲裁申请、准许撤回仲裁申请或者按撤回仲裁申请处理的；

（三）仲裁申请或者请求被仲裁裁决驳回的；

（四）其他人民法院对起诉不予受理、准许撤诉或者按撤诉处理的；

（五）起诉或者诉讼请求被其他人民法院生效裁判驳回的；

（六）申请保全人应当申请解除保全的其他情形。

人民法院收到解除保全申请后，应当在五日内裁定解除保全；对情况紧急的，必须在四十八小时内裁定解除保全。

申请保全人未及时申请人民法院解除保全，应当赔偿被保全人因财产保全所遭受的损失。

被保全人申请解除保全，人民法院经审查认为符合法律规定的，应当在本条第二款规定的期间内裁定解除保全。

五、某卫厨（中国）股份有限公司诉苏州某科技发展有限公司、屠某某等侵犯商标权及不正当竞争纠纷案

（一）基本案情

某卫厨（中国）股份有限公司成立于1994年，营业范围包括热水器、燃气灶、吸油烟机等的生产、销售。屠某某曾出资设立苏州某电器有限公司并担任法定代表人。因涉商标侵权和不正当竞争，经人民法院判决，苏州某电器有限公司被判令变更企业字号、赔偿损失等。2009年，屠某某与案外人又共同投资设立苏州某科技发展有限公司、苏州某中山分公司，法定代表人为屠某某；2011年6月，屠某某与案外人共同投资设立中山某卫厨公司。上述公司，屠某某均占股90%。2011年12月，余某某与案外人共同投资设立中山某集成厨卫公司，其中余某某占股90%。屠某某、余某某成立的上述公司均从事厨房电器、燃气用具等与某卫厨（中国）公司相近的业务，不规范使用其注册商标，使用与某卫厨（中国）公司相近似的广告宣传语，导致相关公众的混淆误认。

（二）裁判结果

人民法院认为，苏州某公司等的行为构成商标侵权及不正当竞争。在法院已经判决苏州某电器有限公司构成侵权的情况下，足以认定屠某某与余某某在明知某卫厨（中国）公司“××”系列注册商标及商誉的情况下，通过控制新设立的公司实施侵权行为，其个人对全案侵权行为起到了重要作用，故与侵权公司构成共同侵权，应对侵权公司所实施的涉案侵权行为所产生的损害结果承担连带责任。人民法院作出（2015）苏知民终字第00179号民事判决，判令苏州某公司及其中山分公司、中山某集成厨卫有限公司、中山某卫厨有限公司立即停止将“××”作为其企业字号；停止侵害某卫厨（中国）公司注册商标专用权的行为；刊登声明，消除影响；屠某某、余某某与上述侵权公司连带赔偿某卫厨（中国）公司经济损失（包括合理费用）200万元。

（三）典型意义：保护知识产权营造良好营商环境

当前，知识产权侵权易发多发，直接影响企业的正常合法经营发展。本案中，在法院已经判决苏州某科技发展有限公司等构成商标侵权、不正当竞争及停止使用有关字号等的情况下，侵权公司的法定代表人屠某某、余某某仍然通过设立若干新公司继续对该商标实施侵权行为，法院认定屠某某、余某某恶意设立新公司实施侵权行为构成共同侵权，根据《中华人民共和国侵权责任法》第八条的规定，判令屠某某、余某某与其设立的公司承担连带责任。本案判决，充分体现了司法审判对重复侵权、恶意侵权人加大惩治力度，对于严格知识产权保护，营造良好营商环境具有重要意义。

附：相关法律条文

1.《中华人民共和国商标法》

第五十六条　侵犯商标专用权的赔偿数额，为侵权人在侵权期间因侵权所获得的利益，或者被侵权人在被侵权期间因被侵权所受到的损失，包括被侵权人为制止侵权行为所支付的合理开支。

前款所称侵权人因侵权所得利益，或者被侵权人因被侵权所受损失难以确定的，由人民法院根据侵权行为的情节判决给予五十万元以下的赔偿。

销售不知道是侵犯注册商标专用权的商品，能证明该商品是自己合法取得的并说明提供者的，不承担赔偿责任。

2.《最高人民法院关于审理商标民事纠纷案件适用法律若干问题的解释》

第十六条　侵权人因侵权所获得的利益或者被侵权人因被侵权所受到的损失均难以确定的，人民法院可以根据当事人的请求或者依职权适用商标法第五十六条第二款的规定确定赔偿数额。

人民法院在确定赔偿数额时，应当考虑侵权行为的性质、期间、后果，商标的声誉，商标使用许可费的数额，商标使用许可的种类、时间、范围及制止侵权行为的合理开支等因素综合确定。

当事人按照本条第一款的规定就赔偿数额达成协议的，应当准许。

六、彭某侵犯商业秘密罪案

（一）基本案情

贵阳某科技公司在研发、生产、销售反渗透膜过程中形成了相应的商业秘密，并制定了保密制度，与员工签订了保密协议，明确对商品供销渠道、客户名单、价格等经营秘密及配方、工艺流程、图纸等技术秘密进行保护。公司高管叶某掌握供销渠道、客户名单、价格等经营秘密；赵某作为工艺研究工程师，是技术秘密 PS 溶液及 LP/ULPPVA 配制配方、工艺参数及配制作业流程的编制人；宋某任电气工程师，掌握刮膜、复膜图纸等技术秘密。三人均与公司签有保密协议。被告人彭某为公司的供应商，在得知公司的生产技术在国内处于领先水平，三人与公司签有保密的协议情况下，与三人串通共同成立公司，依靠三人掌握的公司技术、配制配方、工艺参数、配制作业流程及客户渠道等商业秘密生产相关产品，造成贵阳某科技公司 375.468 万元的经济损失。

（二）裁判结果

一审法院认定，被告人彭某伙同叶某等三人共同实施了侵犯他人商业秘密的行为，造成商业秘密的权利人重大经济损失，后果特别严重，其行为均已构成侵犯商业秘密罪。依照《中华人民共和国刑法》第二百一十九条、《最高人民法院、最高人民检察院关于办理侵犯知识产权刑事案件具体应用法律若干问题的解释》第七条第二款等规定，判决被告人彭某有期徒刑四年，并处罚金人民币 2 万元。彭某不服上诉，二审法院作出（2016）黔刑终 593 号裁定，驳回上诉，维持原判。

（三）典型意义：保护商业秘密维护诚信经营公平竞争

商业秘密是企业的重要财产权利，关乎企业的竞争力，对企业的发展至关重要，甚至直接影响企业的生存发展。依法制裁侵犯商业秘密行为，是保护企业产权的重要方面，也是维护公平竞争，保障企业投资、创新、创业的重要措施。本案被告人恶意串通，违反保密义务，获取、使用企业的技术信息和经营信息等商业秘密，造成了权利人的重大损失，不仅构成民事侵权应当承担民事责任，而且因造成了严重后果，已经构成刑法规定的侵害商业秘密罪。人民法院依法判处被告人彭某有期徒刑四年，并处罚金，对侵害商业秘密的行为进行严厉惩处，通过刑事手段对商业秘密进行有力保护，有利于促进诚信经营，公平竞争，为企业经营发展营造良好的法治环境。

附：相关法律条文

1.《中华人民共和国刑法》

第二百一十九条　有下列侵犯商业秘密行为之一，给商业秘密的权利人造成重大损失的，处三年以下有期徒刑或者拘役，并处或者单处罚金；造成特别严重后果的，处三年以上七年以下有期徒刑，并处罚金：

（一）以盗窃、利诱、胁迫或者其他不正当手段获取权利人的商业秘密的；

（二）披露、使用或者允许他人使用以前项手段获取的权利人的商业秘密的；

（三）违反约定或者违反权利人有关保守商业秘密的要求，披露、使用或者允许他人使用其所掌握的商业秘密的。

明知或者应知前款所列行为，获取、使用或者披露他人的商业秘密的，以侵犯商业秘密论。

本条所称商业秘密，是指不为公众所知悉，能为权利人带来经济利益，具有实用性并经权利人采取保密措施的技术信息和经营信息。

本条所称权利人，是指商业秘密的所有人和经商业秘密所有人许可的商业秘密使用人。

2.《最高人民法院、最高人民检察院关于办理侵犯知识产权刑事案件具体应用法律若干问题的解释》

第七条　实施刑法第二百一十九条规定的行为之一，给商业秘密的权利人造成损失数额在五十万元以上的，属于"给商业秘密的权利人造成重大损失"，应当以侵犯商业秘密罪判处三年以下有期徒刑或者拘役，并处或者单处罚金。

给商业秘密的权利人造成损失数额在二百五十万元以上的，属于刑法第二百一十九条规定的"造成特别严重后果"，应当以侵犯商业秘密罪判处三年以上七年以下有期徒刑，并处罚金。

七、某集团有限公司与某市国土资源、房屋管理局土地登记纠纷案

（一）基本案情

原告某集团有限公司与被告某市国土资源、房屋管理局于 2012 年 11 月 16 日签订了《国有建设用地使用权出让合同》。原告依据合同的约定缴纳了全部的土地出让金 7085054. 35 元，并向被告申请办理土地权属登记。被告以原告未办理《建设用地规划许可证》为由拒绝为原告颁发土地权属证书。为此，原告以被告的行为

违反了法律的规定、侵害了其合法权益为由提起诉讼，诉请判令被告履行法定职责。

（二）裁判结果

人民法院认定：土地出让合同的受让方办理土地权属证明时，需要提交建设用地规划许可证，但法律法规未规定办理土地登记必须提交建设用地规划许可证，被告要求原告办理建设用地规划许可证方能办理土地权属登记，无法律依据。遂作出（2015）崂行初字第145号判决，判令被告于判决生效之日起60日内依原告的申请事项依法履行法定职责。

（三）典型意义：依法规范政府行为保护企业财产权利

《城乡规划法》只是将规划条件作为出让土地的前置条件，并没有要求土地登记需要提交建设用地规划许可证。根据《城乡规划法》第三十八条第一款和第三款规定，出让土地之前应当确定规划条件，否则不得出让；城市、县人民政府城乡规划主管部门不得在建设用地规划许可证中，擅自改变作为国有土地使用权出让合同组成部分的规划条件。本案中，原告在与被告签订《国有建设用地使用权出让合同》前已经取得了《建设工程规划审查函意见书》，同时原、被告也在《国有建设用地使用权出让合同》第十三条中对规划条件进行了约定。在原告已经付清全部国有土地出让价款后，持国有建设用地使用权出让合同和土地出让价款缴纳凭证等相关证明材料申请土地使用权登记，符合法律规定条件，遂判决被告依法履行法定职责。本案对于督促行政机关依法履行职责，保障企业合法财产权益具有示范作用。

附：相关法律条文

1.《中华人民共和国城乡规划法》

第三十八条　在城市、镇规划区内以出让方式提供国有土地使用权的，在国有土地使用权出让前，城市、县人民政府城乡规划主管部门应当依据控制性详细规划，提出出让地块的位置、使用性质、开发强度等规划条件，作为国有土地使用权出让合同的组成部分。未确定规划条件的地块，不得出让国有土地使用权。

……

城市、县人民政府城乡规划主管部门不得在建设用地规划许可证中，擅自改变作为国有土地使用权出让合同组成部分的规划条件。

2.《城市国有土地使用权出让转让规划管理办法》

第九条　已取得土地出让合同的，受让方应当持出让合同，依法向城市规划行政主管部门申请建设用地规划许可证，在取得建设用地规划许可证后方可办理土地使用权属证明。

3.《土地登记办法》

第六条　土地登记应当依照申请进行，但法律、法规和本办法另有规定的除外。

人民法院充分发挥审判职能作用保护产权和企业家合法权益典型案例（第二批）[①]

（2018年12月4日）

一、张某强虚开增值税专用发票案

【典型意义】

我国改革开放后的一段时期，社会主义市场经济制度不够完善，一些企业特别是民营企业发展有一些不规范行为。习近平总书记在2018年11月1日民营企业座谈会上强调，对一些民营企业历史上曾经有过的一些不规范行为，要以发展的眼光看问题，按照罪刑法定、疑罪从无的原则处理，让企业家卸下思想包袱，轻装前进。中共中央国务院《关于完善产权保护制度依法保护产权的意见》（以下简称《产权意见》）亦明确要求“严格遵循法不溯及既往、罪刑法定、在新旧法之间从旧兼从轻等原则，以发展眼光客观看待和依法妥善处理改革开放以来各类企业特别是民营企业经营过程中存在的不规范问题。”本案张某强借用其他企业名义为其自己企业开具增值税专用发票，虽不符合当时的税收法律规定，但张某强并不具有偷逃税收的目的，其行为未对国家造成税收损失，不具有社会危害性。一审法院在法定刑之下判决其承担刑事责任，并报最高人民法院核准。虽然对于本案判决结果，被告人并未上诉，但是最高人民法院基于刑法的谦抑性要求认为，本案不应定罪处罚，故未核准一审判决，并撤销一审判决，将本案发回重审。最终，本案一审法院宣告张某强无罪，切实保护了民营企业家的合法权益，将习近平总书记的指示和《产权意见》关于“以发展眼光客观看待和依法妥善处理改革开放以来各类企业特别是民营企业经营过程中存在的不规范问题”的要求落到实处。本典型案例对于指导全国法院在司法审判中按照罪刑法定、疑罪从无原则以发展的眼光看待民营企业发展中的不规范问题，具有重要的指导意义。

【基本案情】

2004年，被告人张某强与他人合伙成立个体企业某龙骨厂，张某强负责生产经营活动。因某龙骨厂系小规模纳税人，无法为购货单位开具增值税专用发票，张某强遂以他人开办的鑫源公司名义对外签订销售合同。2006年至2007年间，张某强先后与六家公司签订轻钢龙骨销售合同，购货单位均将货款汇入鑫源公司账户，鑫源公司并为上述六家公司开具增值税专用发票共计53张，价税合计4457701.36元，税额647700.18元。基于以上事实，某州市人民检察院指控被告人张某强犯虚开增

① 来源于：http://www.court.gov.cn/zixun-xiangqing-133721.html。

值税专用发票罪。

【裁判结果】

某州市人民法院一审认定被告人张某强构成虚开增值税专用发票罪，在法定刑以下判处张某强有期徒刑三年，缓刑五年，并处罚金人民币五万元。张某强在法定期限内没有上诉，检察院未抗诉。某州市人民法院依法逐级报请最高人民法院核准。

最高人民法院经复核认为，被告人张某强以其他单位名义对外签订销售合同，由该单位收取货款、开具增值税专用发票，不具有骗取国家税款的目的，未造成国家税款损失，其行为不构成虚开增值税专用发票罪，某州市人民法院认定张某强构成虚开增值税专用发票罪属适用法律错误。据此，最高人民法院裁定：不核准并撤销某州市人民法院一审刑事判决，将本案发回重审。该案经某州市人民法院重审后，依法宣告张某强无罪。

案例索引：中华人民共和国最高人民法院（2016）最高法刑核 51732773 号刑事裁定书。

二、中科公司与某某县国土局土地使用权出让合同纠纷案

【典型意义】

当前，地方政府在发展地方经济过程中以“新官不理旧账”、政策变化、规划调整等理由违约、毁约，侵犯民营企业家合法权益的行为不同程度存在。对此，《产权意见》明确要求：“大力推进法治政府和政务诚信建设，地方各级政府及有关部门要严格兑现向社会及行政相对人依法作出的政策承诺，认真履行在招商引资、政府与社会资本合作等活动中与投资主体依法签订的各类合同”。《中共中央国务院关于营造企业家健康成长环境弘扬优秀企业家精神更好发挥企业家作用的意见》也明确要求：“研究建立因政府规划调整、政策变化造成企业合法权益受损的依法依规补偿救济机制。”最高人民法院《关于充分发挥审判职能作用为企业家创新创业营造良好法治环境的通知》（法〔2018〕1 号）则更具体要求：“对于确因政府规划调整、政策变化导致当事人签订的民商事合同不能履行的，依法支持当事人解除合同的请求。对于当事人请求返还已经支付的国有土地使用权出让金、投资款、租金或者承担损害赔偿责任的，依法予以支持。”本案为最高人民法院二审改判案件，针对地方政府的违约毁约行为，依法判决政府有关部门承担违约责任，有利于规范地方政府在招商引资中的不规范行为，严格兑现其依法作出的承诺，对于推动地方政府守信践诺和依法行政，保护企业家合法生产经营权益，促进经济持续平稳健康发展具有积极意义，对于处理同类案件具有典型指引价值。

【基本案情】

2009 年，某某地方政府招商引资高科技项目，中科公司与某某县国土局签订土地使用权出让合同并已实际占有、开发建设案涉工业用地。在中科公司积极投资建设过程中，当地政府调整了包括中科公司案涉土地在内的 200 余亩用地规划。案涉土地被政府单方收回并由某某县国土局另行高价出让，由其他公司拍得并开发房地产。中科公司的投资建设被拆除，其损失未获赔偿。中科公司于2013年1月以某某管委会和某某县国土局为被告提起民事诉讼，请求赔偿损失。

【裁判结果】

一审法院以本案为国有土地使用权出让合同纠纷并非民事案件受理范围为由裁定驳回起诉。中科公司不服上诉，最高人民法院裁定本案由一审法院审理。一审法院审理后，仅判决支持了中科公司地上物的基建损失，未考虑到民营企业的履行利益损失。中科公司不服，向最高人民法院提起上诉。

最高人民法院二审认为，地方政府招商引资出让土地使用权给中科公司，后又单方收回另行出让给案外人，导致案涉出让合同不能继续履行，客观上终结了招商引资进程，违背了中科公司落地投产的意愿，构成根本违约，应承担相应责任。中科公司请求解除合同并返还已经支付的国有土地使用权出让金、投资款、租金及承担损害赔偿责任的诉讼请求，依法应予支持。最高人民法院综合考虑某某县国土局因违约行为的获利、案涉工业用地的土地使用权利益、中科公司实际投入的资金数额、资金使用利益的损失及未来经营收益、市场风险等因素，判决某某县国土局赔偿中科公司直接损失及相关合同利益总计一千万余元。

案例索引：中华人民共和国最高人民法院（2017）最高法民终340号民事判决书。

三、王某平等人与某某港公司合同纠纷案

【典型意义】

《产权意见》明确要求："完善土地、房屋等财产征收征用法律制度，合理界定征收征用适用的公共利益范围，不将公共利益扩大化。"实践中，一些法院存在将同公共利益仅具有牵连关系的争议排除在民事争议范围之外的片面做法，这在一定程度上加大了产权人和企业家的维权成本，使产权人和企业家的合法权益不能得到及时保护，甚至使其合法权益无法得到保障。本案中，王某平等人积极配合相关铁路线路的施工，并得到了有关政府文件的认可，但之后的相关经营损失及员工误工和遣散费等却迟迟得不到补偿。最高人民法院审理认为，政府并未对案涉矿场进行行政征收，王某平等人和施工企业就其案涉矿场的补偿问题的诉讼，属于平等主体之间的民事纠纷，不属于行政纠纷。据此，最高人民法院依法纠正了二审判决，维持了一审判决，支持了王某平等人赔偿损失的请求，这有利于切实强化各类市场主体的契约意识、规则意识和责任意识。本案对于进一步合理界定征收征用的公共利益范围，不将公共利益扩大化具有典型的指引价值。

【基本案情】

某铁路客运专线规划线路需穿越王某平等人投资经营的水田石矿场，因采石爆破会给穿越该矿场的隧道造成安全危险，某某港铁路客运专线设计单位于2005年12月6日致函某某市政府，请求该政府协调关闭该水田石矿场。经某某市政府协

调，水田石矿场停产，就有关关闭补偿事宜由王某平等人与某某港铁路客运专线建设单位通过协商解决。某某港公司成立后，亦同意协商解决水田石矿场停产补偿事宜，并于2007年6月中旬致函某某市政府，委托某某市政府协调办理水田石矿场的补偿事宜。经某某市人民政府有关部门多次协调某某港公司与王某平等人，某某港铁路客运专线如期开工。水田石矿场于2008年2月收到预付补偿款5000万元，而对于双方此前协商的生产线机器设备残值、填土费、青苗费等补偿款和经营损失、员工误工及遣散费，则未得到补偿。王某平等人于2014年提起诉讼，请求某某港公司支付拖欠的生产线补偿费954.68万元及利息损失约229.12万元，赔偿经营损失14378万元及利息3450.72万元，赔偿员工误工及遣散费648万元及利息损失约155.52万元。

【裁判结果】

一审法院判决支持了王某平等人关于某某港公司支付尚欠补偿款、经营损失、员工误工及遣散费54410758元的诉讼请求。二审法院认为，由政府部门主导关闭王某平等人经营的水田石矿场后，双方因补偿问题引发的纠纷，应当参照适用《城市房屋拆迁管理条例》规定向行政管理部门申请裁决，不应作为民事案件受理。据此，二审法院裁定撤销一审法院判决，驳回王某平等人的起诉。王某平等人不服二审判决，向最高人民法院申请再审。最高人民法院再审认为，政府并未对案涉矿场进行行政征收，王某平等人和施工企业就其案涉矿场的补偿问题的诉讼，属于平等主体之间的民事纠纷，不属于行政纠纷。二审法院将本案案由确定为房屋拆迁安置补偿合同纠纷，并驳回王某平等人的起诉，适用法律错误，应予纠正。据此，最高人民法院再审判决，撤销二审判决，维持一审判决。

案例索引：最高人民法院（2016）最高法民再428号民事判决书。

四、北京某源公司与某某汇源公司侵害商标权及不正当竞争纠纷案

【典型意义】

“维权成本高，侵权代价低”系当前我国知识产权保护中的突出问题。为加强知识产权保护，《产权意见》明确要求：“加大知识产权侵权行为惩治力度，提高知识产权侵权法定赔偿上限，探索建立对专利权、著作权等知识产权侵权惩罚性赔偿制度，对情节严重的恶意侵权行为实施惩罚性赔偿，并由侵权人承担权利人为制止侵权行为所支付的合理开支，提高知识产权侵权成本。”近年来，最高人民法院也通过制定司法解释、规范性文件、发布指导性案例、典型案例等形式，不断倡导采用裁量性赔偿、合理开支单独计算等方式提高商标侵权等知识产权案件赔偿数额。本案最高人民法院在认定侵权事实基础上，综合考虑权利人的注册商标知名度，侵权人的主观恶意、生产销售范围以及对相关公众造成实际混淆的后果等因素，依据侵权人的获利情况判决侵权人承担了较高的赔偿额，不仅使权利人受损利益得到有效救济，也让侵权人不因侵权行为而获利，彰显了人民法院着力解决实践中存在的侵权成本低、企业家维权成本高等问题。本案人民法院在现行法律中并未规定惩罚性赔偿制度的情况下，采用裁量性赔偿方法，加大对知识产权侵权的惩罚力度，对于处理同类案件具有典型指引价值。

【基本案情】

北京某源公司系商标权利人，核定使用商品为第 32 类，主要是果汁和果汁饮料等。该两注册商标经过大量使用和宣传，具有较高的市场声誉，并经国家工商管理总局商标局认定为驰名商标。某某汇源公司在其生产销售的三种水果罐头商品上使用图文组合标识及文字标识、在网站宣传中使用图文组合标识及“汇源”文字标识。北京某源公司为证明某某汇源公司应当赔偿的损失数额，提供了来源于某某汇源公司工商档案中的《专项审计报告》，证明某某汇源公司侵权期间获得的销售利润为 1.03 亿元，营业利润为 9077 万元，同时某某汇源公司在其宣传网站记载“预计年销售额 2 亿元”内容。北京某源公司请求之一为赔偿经济损失及合理费用 1 亿元。

【裁判结果】

针对北京某源公司赔偿经济损失的请求，一审法院判决某某汇源公司赔偿北京某源食品饮料有限公司经济损失 300 万元。北京某源公司认为赔偿数额过低，上诉至最高人民法院。

最高人民法院审理认为，在确定商标侵权损害赔偿责任时，应综合考虑案涉商标的知名度、侵权产品的类型与产量、侵权人的主观恶意、侵权产品的生产销售范围以及相关公众造成实际混淆的后果等因素。一审法院酌定赔偿额仅考虑了水果罐头的生产和销售量，而没有考虑某某汇源公司还侵权生产冰糖山药罐头和八宝粥等两种侵权产品，且鉴于某某汇源公司主观恶意明显，为使北京某源公司受损利益得到补偿，让侵权人某某汇源公司的侵权行为无利可图，根据北京某源公司所提交的某某汇源公司销售额以及获利情况的证据，最高人民法院判决，某某汇源公司赔偿北京某源公司经济损失 1000 万元。

案例索引：最高人民法院（2015）民三终字第 7 号民事判决书。

五、天新公司、魏某国申请某某省某某市人民检察院国家赔偿案

【典型意义】

在刑事办案实践中，在处理企业家犯罪时混淆企业家个人财产和企业法人财产、企业家家庭成员合法财产的情况时有发生。《产权意见》对此明确要求：“进一步细化涉嫌违法的企业和人员财产处置规则，采取查封、扣押、冻结措施和处置案涉财物时，要依法严格区分个人财产和企业法人财产。对股东、企业经营管理者等自然人违法，在处置其个人财产时不任意牵连企业法人财产。”《最高人民法院关于充分发挥审判职能作用为企业家创新创业营造良好法治环境的通知》亦明确要求各级人民法院：“严格区分企业家违法所得和合法财产，没有充分证据证明为违法所得的，不得判决追缴或者责令退赔。”本案中，人民法院严格区分了企业家犯罪所得和企业经营管理的合法财产，依法纠正了检察机关在办案过程中对企业经营管理的合法财产的不当处理行为，充分将《产权意见》和最高人民法院上述司法政策落到实处，具有典型的指引价值。

【基本案情】

魏某国原系某无线电服务部经理，该服务部于2002年8月22日改制为股份合作制的天新公司，魏某国任天新公司董事长兼总经理。无线电服务部自1993年起建立账外账资金。1998年起该账外账资金由魏某国掌管使用。某某市江阳区人民法院（2006）江阳刑初字第183号刑事判决认定被告人魏某国犯挪用资金罪，并判处有期徒刑三年，缓刑四年。经某某省某某市中级人民法院审理，裁定：驳回上诉、维持原判。

某某省某某市人民检察院于2006年7月14日收取了魏某国退交的20万元赃款，另于2006年4月29日、6月21日、7月3日分别扣押天新公司资金121.20万元、15万元、25万元，并将上述扣押款项分161.20万元、20万元两笔交至某某省某某市财政局，该局《四川省行政罚没收据》处罚摘要注明为“罚没款”。

天新公司、魏某国向四川省高级人民法院赔偿委员会请求：解除扣押或返还天新公司、魏某国被某某省某某市人民检察院扣押的企业及个人银行存款及现金181.20万元，并支付天新公司银行存款106.90万元、魏某国个人银行存款4万元的同期银行存款利息。

【裁判结果】

四川省高级人民法院赔偿委员会经审理认为，某某省某某市人民检察院扣押天新公司的资金161.20万元，虽然包含魏某国个人保管的账外账资金，可能带来违规违法管理资金的相应法律责任，但所保管资金所有权并未转移，仍然属于天新公司所有，故某某省某某市人民检察院扣押该161.20万元资金系错误扣押案外人财产，应当在三日以内解除扣押、冻结，退还原主。某某省某某市人民检察院没有依照上述法律规定及时将扣押的上述资金退还天新公司，而是将181.20万元扣押资金按罚没款处理，全部缴纳至财政部门，处理不当。某某省某某市人民检察院应将扣押、处分的181.20万元返还给天新公司，并支付相应的利息。据此，四川省高级人民法院赔偿委员会决定，某某省某某市人民检察院返还天新公司扣押资金181.2万元，并支付扣押资金的利息180250.48元。

案例索引：四川省高级人民法院赔偿委员会（2016）川委赔32号国家赔偿决定书。

六、李某飞、腾飞龙公司执行申诉案

【典型意义】

在人民法院审判执行过程中，对建筑物等财产超标的查封，不允许民营企业处分该超标的部分财产的行为，既不利于产权人充分发挥其财产价值，也侵害民营企业的合法权益。《产权意见》要求：“完善案涉财物保管、鉴定、估价、拍卖、变卖制度，做到公开公正和规范高效。”本案中案涉328套房屋被查封、评估后，案涉民营企业进行了复工，使查封的房屋实现了升值。申诉人据此事由向执行法院提起异议，请求中止拍卖，重新评估并解除超标的部分的查封，理据充分。最高人民法院裁定，本案由执行法院重新对申诉人提起的事由进行审查，并根据查封标的物市场价值重新评估，解除超标的查封部分。本案处理有利于推动和规范案涉财物鉴定、估价、拍卖等制度的完善，确保被执行人的合法权益不受侵害。本案的处理，对于在执行中针对确定被查封标的物价值的同类案件具有典型的指引价值。

【基本案情】

某某港市中级人民法院在许某某申请执行李某飞、腾飞龙公司民间借贷执行案中，查封了腾飞龙公司开发的案涉楼盘的328套在建房屋，并在评估后对案涉房屋启动拍卖程序。李某飞、腾飞龙公司认为，案涉房屋被评估时正处于停工状态；评估后，案涉房屋又进行了复工并已基本完工，共投入资金逾1亿元，房屋价值已发生重大变化，但执行法院在拟处置程序中，并没有对案涉房屋重新评估，仍以复工前的评估价值对房屋进行整体拍卖，属于超标的查封和拍卖房产。李某飞、腾飞龙公司先后向某某港市中级人民法院、某某自治区高级人民法院提起异议和复议，请求中止拍卖，对案涉房产价值重新评估，并根据新的评估价格解除对超标的房屋的查封。李某飞、腾飞龙公司的申请相继被驳回后，向最高人民法院申诉。

【裁判结果】

最高人民法院审查认为，案涉房屋在评估后又进行复工，执行房产的现状及价值前后发生巨大变化，申诉人据此向执行法院提起异议，请求中止拍卖，重新评估并解除超标的部分的查封，执行法院驳回了申诉人的执行异议，有损害申诉人企业产权和其他合法权益之虞。某某港市中级人民法院、某某自治区高级人民法院对申诉人提出的相关证据材料未予审查，遗漏当事人请求。据此，最高人民法院作出（2017）最高法执监401号执行裁定，依法撤销了某某港市中级人民法院、某某自治区高级人民法院的执行异议裁定和执行复议裁定，将该案交由某某港市中级人民法院重新审查。

该案发回某某港市中级人民法院重新审查期间，某某港市中级人民法院已基于其他事由，裁定中止本案的执行，支持了申诉人的主张。

案例索引：中华人民共和国最高人民法院（2017）最高法执监401号执行裁定书。

检察机关办理涉产权刑事申诉典型案例①

（2018 年 1 月 30 日）

典型案例一

赛格集团有限公司申诉案

一、基本案情

1997 年至 2007 年期间，李建民、李子民、李健文（三人系原案被不起诉人）经共谋，以非法占有为目的，利用其掌控海南赛格集团有限公司经营管理权的职务之便，未按规定报海南省处置地方金融风险领导小组办公室审批，未经资产评估，未经公司董事会、股东会批准同意，有组织地采取暗箱操作、虚假诉讼、恶意对账、捏造付款假象、股权抵债权等非法手段，侵吞原由海南赛格子公司、控股公司 100%持有的杭州高尔夫公司股权。经资产评估，被侵吞的杭州高尔夫公司股权共计价值 15 亿余元人民币。

2000 年 11 月至 2001 年 11 月期间，吕小青（原案被不起诉人）作为海南赛格临时经营班子召集人、资产管理和公章管理负责人，未履行监管职责，导致李建民、李健文、李子民等人侵占海南赛格持有的杭州高尔夫巨额股权，收受李子民给予的好处费共计 231 万元，用于个人消费。

二、诉讼经过

海南省公安厅以涉嫌职务侵占罪于 2007 年 12 月 26 日对李建民、李子民、李健文立案侦查，2008 年 6 月 27 日决定对吕小青以涉嫌非国家工作人员受贿罪立案侦查，2008 年 9 月 23 日交由海口市公安局移送海口市人民检察院审查起诉。海口市人民检察院交由该市龙华区人民检察院办理，龙华区院经两次退回补充侦查，以犯罪事实不清、证据不足为由，于 2009 年 11 月 18 日对李建民、李子民、李健文、吕小青作出不起诉决定。海口市公安局不服先后向龙华区人民检察院、海口市人民检察院提请复议、复核，两级检察院均维持原不起诉决定。

三、监督情况

深圳赛格集团有限公司不服向最高人民检察院提出申诉，最高人民检察院交海南省人民检察院立案复查。2017 年 11 月 8 日，海南省人民检察院经检委会审议认为，李建民、李子民、李健文构成职务侵占罪、吕小青构成非国家工作人员受贿罪

---

① 来源于：http://www.spp.gov.cn/spp/zdgz/201801/t20180130_362744.shtml。

的基本事实清楚，基本证据确实、充分，责令海口市人民检察院依法撤销龙华区人民检察院对李建民、李子民、李健文、吕小青作出的不起诉决定，由海口市检察人民院对李建民、李子民、李健文、吕小青提起公诉。

四、典型意义

此案是管理人员侵吞公司企业产权的典型案例，受到中纪委、中政委、国资委等部门持续关注。海南省检察机关积极工作，组织各部门精干力量认真复查，调取复核大量证据，并充分听取各方意见，敢于依法纠错，充分贯彻和践行了党中央关于依法保护企业产权的精神。

典型案例二

赵守帅申诉案

一、基本案情

申诉人赵守帅（原审被告人，1969 年 7 月 1 日出生，因本案被判有期徒刑十六年，2010 年 7 月 14 日刑满释放）系甘肃省永昌县农牧机械总公司法定代表人，1997 年 1 月至 10 月期间，该公司与河南省新乡一拖签订合同购买各种型号的拖拉机 142 台，价值 1463530 元，共计拖欠货款 769943 元，新乡一拖多次派人催要货款，赵守帅推托避而不见。

二、诉讼经过

1999 年 1 月 15 日，河南省获嘉县公安局以涉嫌合同诈骗罪将赵守帅刑事拘留，同年 2 月 14 日将其逮捕。2002 年 8 月 18 日，新乡市人民检察院以犯合同诈骗罪向新乡市中级人民法院提起公诉。2002 年 11 月 30 日，新乡市中级人民法院判决赵守帅犯合同诈骗罪，有期徒刑十三年，并处罚金 3 万元，与另案故意伤害罪判处有期徒刑三年，合并执行有期徒刑十六年，罚金 3 万元，犯罪所得的财物予以追缴；对被告单位永昌农牧公司终止审理。

三、监督情况

赵守帅与永昌农牧机械总公司不服提出申诉。河南省人民检察院经审查认为，原审判决认定申诉人构成合同诈骗罪事实不清、证据不足；有新的证据证明原判决、裁定认定的事实确有错误；原审判决违反法律规定的诉讼程序，可能影响公正审判，据此向河南省高级人民法院提出抗诉，河南省高级人民法院经开庭审理后于 2017 年 3 月 8 日裁定撤销原审刑事判决，发回新乡市中级人民法院重新审判。

四、典型意义

办理有关产权刑事案件，必须严格区分经济纠纷与经济犯罪的界限，对于法律界限不明、罪与非罪界限不清的，不作为犯罪处理。河南省人民检察院复查认定原案事实不清、证据不足，原审裁判确有错误，依法提出抗诉，充分发挥了检察机关在产权保护中的法律监督职能。

典型案例三

月亮湾装饰设计有限公司申诉案

一、基本案情

2014 年 9 月 2 日开始，陈启熬（原案被不起诉人）到广州市月亮湾装饰设计有限公司工作，任公司副总经理职务，后任该公司 A 组负责人，负责建设工程合同签订、工程结算、业务跟进等。月亮湾公司因业务需要挂靠在深圳市国地建设工程有限公司名下。2015 年 3 月 5 日，月亮湾公司委托陈启熬以国地公司名义与广东益民城物业管理有限公司签订“广州东站货场仓库装修改造工程”施工合同。2015 年 9 月 10 日，陈启熬利用职务便利，到国地公司要求将该工程的其中一笔 92686.23 元款项转入其名下的农业银行账户。后陈启熬将该笔款项占为已有，大部分用于偿还其所拖欠他人的高利贷，并于 2015 年 12 月逃匿。另外，陈启熬还多次侵占该工程水电费 17193 元。

二、诉讼经过

广州市海珠区人民检察院不起诉决定书认定：经退回补充侦查，仍认为现有证据不足以证实被不起诉人陈启熬构成职务侵占罪，决定对陈启熬不起诉。广州市月亮湾装饰设计有限公司不服，七日内向广州市人民检察院申诉。

三、监督情况

广州市人民检察院经审查，认为陈启熬作为月亮湾公司聘请的管理人员，利用职务便利，具有侵占月亮湾公司工程款和虚报水电费的主观故意，并且实施了非法占有的行为，数额较大，其行为已构成职务侵占罪。于 2017 年 11 月 10 日决定撤销广州市海珠区人民检察院穗海检诉刑不诉〔2016〕第 167 号不起诉决定书，将案件移送广州市海珠区人民检察院提起公诉。

四、典型意义

依法严厉打击民营企业内部管理人员利用职权侵害企业利益，是产权司法保护工作的重要方面，也是民营企业发展过程中迫切需要解决的突出问题。广州市检察机关高度重视办理此类案件，认真听取民营企业申诉意见，及时纠正不当做法，对各地检察机关依法做好民营企业产权保护工作，具有借鉴意义。

典型案例四

长康实业有限公司申诉案

一、基本案情

彭玉强（原案被不起诉人）非法制造“陶华碧老干妈”牌“风味豆豉油制辣椒”和湖南长康实业有限公司的“长康香芝麻调味油”两种产品的注册商标标识的外包装约16230个，非法经营数额达73035元。

二、诉讼经过

2015年10月26日，湖南省宁乡县公安局以彭玉强涉嫌非法制造注册商标标识罪移送起诉，宁乡县人民检察院经退回补充侦查后，仍然认为该案事实不清、证据不足，于2016年5月10日作出不起诉决定。

三、监督情况

申诉人长康实业有限公司不服不起诉决定，提出申诉。长沙市人民检察院经复查，认定被告人彭玉强非法制造、销售非法制造的注册商标标识数量约16350件，非法经营额约70350元，依法构成非法制造、销售非法制造的注册商标标识罪。经长沙市人民检察院检察委员会审议，于2017年3月24日作出决定，撤销原办案单位对被告人彭玉强作出的存疑不起诉决定，指令岳麓区人民检察院依法对本案提起公诉。2017年7月27日，长沙市岳麓区人民法院作出判决，以彭玉强犯非法制造、销售非法制造的注册商标标识罪判处有期徒刑一年，缓刑二年，并处罚金人民币三万元。

四、典型意义

知识产权是建设创新型国家的驱动力。本案虽然涉案金额并不大，但涉及注册商标标识达上万件。长沙市检察机关态度鲜明地撤销下级检察院的不起诉决定，并指定异地起诉，充分表明了严格依法保护产权的坚决态度。

典型判例：榆林市凯奇莱能源投资有限公司与西安地质矿产勘查开发院合作勘查合同纠纷上诉案[①]

（2017 年 12 月 16 日）

【基本案情】

上诉人（一审原告、反诉被告）：榆林市凯奇莱能源投资有限公司，住所地陕西省榆林市榆阳区红山教育局家属院。

法定代表人：赵发琦，该公司总经理。

被上诉人（一审被告、反诉原告）：西安地质矿产勘查开发院，住所地陕西省西安市长安区杜陵西路 56 号。

法定代表人：陈磊，该院院长。

榆林市凯奇莱能源投资有限公司（以下简称凯奇莱公司）与西安地质矿产勘查开发院（以下简称西勘院）合作勘查合同纠纷一案，陕西省高级人民法院（以下简称陕西高院）于 2006 年 10 月 19 日作出（2006）陕民二初字第 24 号民事判决。西勘院不服该判决，向本院提起上诉。本院于 2009 年 11 月 4 日作出（2006）民二终字第 245 号民事裁定，撤销陕西高院一审判决，将该案发回重审。陕西高院重审后于 2011 年 3 月 30 日作出（2010）陕民一初字第 2 号民事判决。凯奇莱公司不服该判决，向本院提起上诉。本院立案后，依法组成合议庭，于 2013 年 6 月 25 日开庭审理了本案。2013 年 9 月 2 日，凯奇莱公司以其就本案重要证据之一陕西省国土资源厅作出的陕国土资办发〔2005〕65 号《关于解决“榆林市横山县波罗—红石桥地区煤炭资源合作勘查争议”的情况报告》被撤销一事申请行政复议为由，申请中止本案诉讼。本院于 2013 年 11 月 25 日作出（2011）民一终字第 81 号民事裁定，裁定中止本案诉讼。2015 年 10 月，凯奇莱公司向本院申请恢复审理。本院于 2017 年 1 月 12 日公开开庭审理了本案。凯奇莱公司的法定代表人赵发琦及其委托诉讼代理人，西勘院的委托诉讼代理人到庭参加诉讼。本案现已审理终结。

凯奇莱公司上诉请求：1. 撤销（2010）陕民一初字第 2 号民事判决，确认凯奇莱公司与西勘院签订的《合作勘查合同书》有效；2. 判令西勘院继续履行合同；3. 判令西勘院将探矿权转入凯奇莱公司的名下；4. 判令西勘院赔偿凯奇莱公司经济损失 3000 万元；5. 诉讼费用由西勘院负担。

【事实和理由】

（一）一审判决认定《合作勘查合同书》无效，属于认定事实和适用法律

---

① 来源于：中华人民共和国最高人民法院民事判决书（2011）民一终字第 81 号。

错误。

1. 一审判决认定《合作勘查合同书》的签订日期是2004年2月9日，属于认定事实错误。(1) 凯奇莱公司虽然成立于2003年12月5日，但在双方当事人缔约时，凯奇莱公司已经处于筹建中，根据公司法理论，公司的发起人有权在公司成立前代表公司签订合同，如果最后公司未能成立，则相应的法律责任由发起人承担。(2) 合同上的公章确实是事后加盖的，凯奇莱公司成立后，通过加盖公章的行为对筹备过程中发起人的行为进行追认，使其成为公司法人的行为。另外，出于备案的需要，也必须在合同上加盖凯奇莱公司的公章。(3) 西勘院在合同签订后三年的时间里从未就合同签订时间提出过异议，其主张合同签订时间是2004年2月19日并无证据证明。西勘院原法定代表人及副院长作为与本案有直接利害关系的证人，其证言不应被采信。

2. 一审判决依据《中华人民共和国合同法》第五十二条第二项之规定认定合同无效，属于适用法律错误。第一，凯奇莱公司不具有与西勘院恶意串通的意图和可能。2003年陕西省人民政府第21次常务会议纪要属于秘密文件，凯奇莱公司在与西勘院缔约前无从了解该文件内容，因此谈不上与西勘院串通规避该文件；如果事先得知该文件精神，凯奇莱公司不会与西勘院合作。西勘院于2005年3月25日致函凯奇莱公司明确表示，双方签订的合作勘查合同由于与陕西省人民政府第21次常务会议纪要精神不符而无法履行，也说明西勘院是此时才提出合同不能履行的原因，说明双方没有串通规避陕西省人民政府第21次常务会议纪要精神。第二，陕西省人民政府第21次常务会议纪要本质上就是违法的，不能成为认定案涉合同因损害国家利益而无效的依据。第三，退一步说，即使陕西省人民政府第21次常务会议纪要精神是正确的，但双方当事人在陕西省国土资源厅的主持下形成和解，后陕西省国土资源厅〔2005〕65号文表明，陕西省人民政府已经同意了双方当事人合作勘查，据此亦不应认定合同无效。第四，不设立新法人的合作勘探合同是法律允许的探矿权转让方式，仅以备案为必要手续。一审判决只引用《中华人民共和国矿产资源法》《探矿权采矿权转让管理办法》作为裁判依据，没有适用国土资源部〔2000〕309号《矿业权出让转让管理暂行规定》，属于适用法律错误。根据《矿业权出让转让管理暂行规定》第四十二条规定："合作勘查或者合作开采经营是指矿业权人引进他人资金、技术、管理等，通过签订合作合同约定权利义务，共同勘查、开采矿产资源的行为。"第四十四条规定："出售矿业权或者通过合作合资法人开采的，应申请办理矿业权转让审批和变更登记手续。不设立合作、合资法人勘查或开采矿产资源的，在签订合作或者合资合同后，应当将相应的合同向登记机关备案。"因此，在不设立合作合资法人的前提下，采用合作勘查方式转让探矿权的，批准不是必备手续，只要备案即可。陕西省国土资源厅（2004）陕国土资勘便字第159号文直接引用《矿业权出让转让管理暂行规定》第四十四条认为双方当事人之间的合作勘查合同只要备案即可，〔2005〕65号文也认为只要备案即可，为什么一审判决却认为必须经过审批。而且，在政府主管部门认为只需备案的情况下，要求当事人承担不办理探矿权转让审批手续的责任是错误的。

（二）一审判决认定案涉合同未完成备案属于认定事实和适用法律错误。

1. 根据（2004）陕国土资勘便字第159号文，案涉合同备案所需的文件中缺少“双方认可的探矿权评估报告及按省政府2003年第21次常务会议纪要要求的省发改委同意的批准文件”。而在陕西省国土资源厅〔2005〕65号文中，陕西省国土资源厅明确了发改委的同意文件不是必需的：“2004年3月，西勘院与凯奇莱公司将签订的合作勘查合同及陕西横山县波罗—红石桥勘查区探矿权评估报告摘要送我厅备案。经审查，我厅认为，双方承诺愿意承担风险，也愿意按照陕西省政府有关规定进行合作勘查，符合国家法律、法规的要求，可同意其合作勘查。”该意见表明，陕西省国土资源厅对合同进行了全面的实质性审查和评价，并作出了同意的答复，也说明双方当事人实际完成了备案。2. 陕西省国土资源厅的另一个协调意见就是“将探矿权转入双方合资成立的新公司或转入榆林凯奇莱能源投资公司，进行后期开发”。

（三）一审判决关于返还本金及利息的判项适用法律错误。根据《中华人民共和国民事诉讼法》第十三条第二款的规定，“当事人有权在法律规定的范围内处分自己的民事权利和诉讼权利。”对于当事人没有主张的权利，人民法院无权判决。凯奇莱公司一直主张合同有效，要求判决西勘院继续履行合同并赔偿因违约给凯奇莱公司造成的损失。在法院就合同效力问题释明后，亦未主张过合同无效后的返还，一审判决西勘院返还凯奇莱公司910万元，没有尊重当事人对自己实体权利的处分原则，属于适用法律错误。凯奇莱公司保留另行起诉的权利。

西勘院辩称，一审判决认定事实清楚，适用法律正确，应予维持。1. 案涉合同签订之时，凯奇莱公司尚未设立。依据《中华人民共和国公司登记管理条例》第三条之规定，未经公司登记机关登记的，不得以公司名义从事经营活动。2. 一审判决认定案涉合同系为规避2003年陕西省人民政府第21次常务会议纪要精神而倒签，因违反《中华人民共和国合同法》第五十二条之规定而无效，适用法律并无不当。3.《合作勘查合同书》的性质是探矿权转让。一审判决认定双方当事人未完成探矿权转让报批程序，适用法律正确。依据《中华人民共和国矿产资源法》第六条、国务院《探矿权采矿权转让管理办法》第十条规定，探矿权转让必须向地质矿产主管部门提出转让申请并经主管部门批准，而双方当事人并未取得主管部门批准，陕西省国土资源厅的《关于解决“榆林市横山县波罗—红石桥地区煤炭资源合作勘查争议”的情况报告》并非案涉探矿权转让的批准文件。而且案涉煤田的面积为253.61平方公里，故根据《国土资源部关于规范勘查许可证权限有关问题的通知》第2项规定，其探矿权转让的审批权人不是陕西省国土资源厅而是国土资源部。

凯奇莱公司向一审法院起诉请求：1. 判令西勘院继续履行合同；2. 判令西勘院将探矿权转入凯奇莱公司名下；3. 判令西勘院承担违约责任，赔偿凯奇莱公司经济损失3000万元；4. 由西勘院承担诉讼费用。

西勘院反诉请求：判令凯奇莱公司赔偿西勘院32万元，案件受理费全部由凯奇莱公司负担。

【一审】

一审法院认定事实：2002年2月24日，西勘院依法取得陕西省横山县波罗—红石桥地区煤矿探矿权。2003年5月15日其与山东鲁地矿业有限公司（以下简称鲁地公司）签订了《陕西省榆林市横山县波罗—红石桥地区煤炭资源合作勘查合同书》。2003年10月22日，陕西省人民政府常务会议纪要（第21次）确定，对由政府前几年已经给予一些煤田探矿权的单位，一律视作代表政府实施地质勘查，探矿权人无权处置矿权，其探矿权是否转让、转让给谁、如何转让，一律由省政府根据基地建设总体规划和转化项目落实情况作出决策。对在陕北已落实的转化项目，由省政府统一配置相应的煤炭资源；对已配置资源但又不能如期转化的项目，省政府将无条件收回探矿权和采矿权……2003年10月25日，西勘院与鲁地公司鉴于陕西省人民政府第21次常务会议纪要精神，达成终止合作勘查合同书备忘录。西勘院全额退还鲁地公司先期支付费用。

凯奇莱公司于2003年12月5日成立，领取了企业法人营业执照。2004年2月19日，凯奇莱公司与西勘院签订了落款时间为2003年8月25日的《陕西省榆林市横山县波罗—红石桥地区煤炭资源合作勘查合同书》（以下简称《合作勘查合同书》）。该合同约定，双方共同出资对陕西省榆林市横山县波罗—红石桥煤炭资源进行详查及精查。勘查许可证号为6100000210159（勘查面积为279.24平方公里），有效期自2002年5月23日至2005年4月25日。该勘查区探矿权由西勘院（甲方）依法取得，并由西勘院投资进行了煤矿普查，对已取得的探矿权，经法定评估机构进行评估，并报陕西省国土资源厅备案。双方协商确定其价值为1500万元。合同第四条合作方式及权益比例：凯奇莱公司（乙方）支付西勘院前期勘探费用1200万元，西勘院同意凯奇莱公司拥有该普查项目勘探成果80%的权益，在此基础上，西勘院与凯奇莱公司按2∶8比例出资对该区煤炭资源进行合作详查及勘探。第五条权益分配及付款方式：1. 经双方确定，在凯奇莱公司向西勘院支付探矿权总价款的80%即1200万元之后，凯奇莱公司即获得了该勘查项目80%的权益。2. 此协议生效后，该勘查区无论升值、联合开发，还是矿权转让，所产生的利益，西勘院与凯奇莱公司均以2∶8的比例分享。3. 在协议生效后三十日内，凯奇莱公司向西勘院支付30%即450万元，详查工作施工前全部付清剩余款项，即1050万元。第六条合作勘查组织机构：1. 由西勘院和凯奇莱公司双方成立合作勘查项目管理部。项目管理部设主任一名，由凯奇莱公司委派，全权负责勘查项目的日常工作；设副主任一名，由西勘院委派，协助主任工作，共同管理项目的勘查施工和勘查成果开发。2. 本合作勘查项目的详查、精查工作按市场机制运作，原则上由西勘院具体实施。第七条合作勘查费用及技术要求：（一）合作勘查费用：1. 详查工作阶段，双方初步估算，详查总投资400万元，西勘院出资80万元，凯奇莱公司出资320万元。2. 精查工作阶段：在详查工作的基础上，选择15—20平方公里有利地段进行煤炭精查工作，初步估算精查工作总费用为400万元，仍按西勘院、凯奇莱公司双方所占探矿权比例共同出资。3. 勘查费用的确定最终由双方共同确定的《设计》方案为准，若出现费用增减，则双方按比例分摊。（二）合作勘查项目管理部设立专用账户，双方必须按勘查工作结算及时足额注入所出资金，项目管理部按照工作进度支付项目工作费用。第八条双方责任、权利和义务：西勘院负责地质项目的设计编写、野外施工、成果报告的编写；对所获得的地质成果及价值有20%的权益；保质、保量、按时完成详查和精查工作；负责办理该勘查区探矿权的维护、变更、转让、延续等有关手续。凯奇莱公司按合同及时支付应付款项；对所获得的地质成果及价值有80%的权益；协助西勘院办理有关手续，处理外部关系等。第九条联合探矿期限：1. 协议自双方签字之日起生效。2. 详查与精查工作时间为2003年10月15日至2004年10月15日。3. 西勘院按照双方商定的开工日期及时组织施工，并按约定时间提交详查报告和精查报告。第十条成果和资料的保密与归属：双方联合探矿期间和提交成果报告后，原始资料和成果归双方所用，所占矿权比例不得随意转让他人。第十一条勘查成果处置：双方约定由西勘院和凯奇莱公司按所占权益比例成立有限责任公司联合开发，或由西勘院、凯奇莱公司协商，西勘院将所占权益经法定评估机构评估后转让给凯奇莱公司，由其独自开发。第十二条违约责任：（一）若西勘院违约，应赔偿凯奇莱公司的前期项目费用和投入勘查费的1.5倍。如凯奇莱公司违约，将所支付的前期费用和投入的勘查费用不再收回……（三）由于西勘院单方原因未能按时提交成果，每延迟一月，西勘院应承担凯奇莱公司已支付项目费用2%的违约金等。第十五条：本合同未尽事宜，双方可协商解决。相关补充协议与本合同具有同等法律效力。第十六条：本合同一式六份，双方各执两份，并报陕西省勘查登记主管部门两份备案。双方还对其他事项作了约定。该合同签订后，双方将合同一份报陕西省国土资源厅要求进行备案。除此之外，双方均无合同原件。

2004年3月25日，凯奇莱公司与西勘院又签订了《陕西省榆林市横山县波罗—红石桥地区煤炭资源合作勘查合同书》一份，约定双方共同出资对该勘探区煤炭资源详查，勘查面积为157.68平方公里，西勘院与秦煤实业公司合作南面121.4平方公里，该合同未报陕西省国土资源厅进行备案，未实际履行。

2004年6月10日，凯奇莱公司支付西勘院详查工作设计费10万元。2005年3月22日凯奇莱公司向西勘院转款1200万元，西勘院于同年3月25日将该款退回并致函凯奇莱公司称：“双方签订的合作勘查合同书由于与2003年10月22日陕西省人民政府召开的21次会议纪要有关政策不相一致，无法按合同约定实施，所以不能收取你公司款项。”后经双方多次协商，2005年5月26日凯奇莱公司向西勘院支付前期工作费用900万元，西勘院收款后向凯奇莱公司出具了收款收据。之后，西勘院提出不能履行合同，引发争议。经陕西省国土资源厅调查、协调，双方于2005

年 10 月 12 日达成以下意见：1. 双方同意继续以 2003 年 8 月 25 日签订的榆林市横山县波罗—红石峡（红石桥）地区煤炭资源合作勘查合同书进行合作勘查，并同意合作勘查工作结束后，将探矿权转入双方合资成立的新公司或转入凯奇莱公司，进行后期开发。2. 经查，双方“合作勘探”的范围与省发改委上报国家发改委的榆横矿北区波罗井田规划方案范围基本一致，周边部分超出。3. 西勘院应按照国务院有关规定，向省主管机关汇交前期完成的“详查工作”地质资料，并将“合作勘查”的勘探（精查）合作设计报省国土资源厅进行审查。4. 按照国家、省政府的有关法律规定，合作勘查的探矿权人为西勘院，双方依照合同的有关条款维护权利，依法履行义务。

2005 年 12 月 8 日，凯奇莱公司向西勘院《郑重致函》，恳请西勘院立即履行合同义务，尽快提供详查设计和预算，明确凯奇莱公司还应支付履行勘查合同的履行数额。西勘院于 2005 年 12 月 14 日复函凯奇莱公司：鉴于双方未拿到下游产业立项批准，不能履行合同。对于有关遗留问题，希望和凯奇莱公司尽早协商解决。

一审法院又查明，西勘院在 6100000210159 号勘探许可证原有效期限届满后，已获准续期并仍然为该勘查区块的探矿权人。凯奇莱公司、西勘院在诉讼过程中，多次表明落款时间为 2003 年 8 月 25 日的合作勘查合同就是探矿权转让合同。

一审法院认为，双方当事人所签的落款时间为 2003 年 8 月 25 日的合作勘查合同，名义上是合作勘查陕西省横山县波罗—红石桥地区的煤炭资源，实质上是探矿权转让。该合同第四条、第五条和第十一条等内容均涉及探矿权转让，且双方在诉讼过程中均认可案涉合同性质就是探矿权转让合同。既然双方明知签订合同是为了将西勘院依法拥有的探矿权转让给凯奇莱公司，那么就应按照相关法律、法规的规定，向审批管理机关提出探矿权转让申请，提供相关资料，待审批管理机关批准后方可履行合同。但双方当事人只是将所签合同报送陕西省国土资源厅备案，并未完成备案。由此可见，双方签订合同并报送备案等一系列行为，与其实现探矿权转让的真实意思不一致，目的是规避探矿权转让必须经过审批管理机关审批的法律、法规的相关规定。

另，双方当事人明知陕西省人民政府第 21 次常务会议纪要精神即没有下游转化项目，不得转让探矿权，而互相串通达成一致意见，于 2004 年 2 月 19 日签订了《陕西榆林市横山县波罗—红石桥地区煤炭资源合作勘查合同书》，为规避陕西省人民政府第 21 次常务会议纪要精神，双方将签约日期倒签为 2003 年 8 月 25 日。对此凯奇莱公司工商档案（显示该公司成立于 2003 年 12 月 5 日）、证人证言等相关证据相互印证。

综上所述，双方当事人明知自己所签合同违反陕西省人民政府第 21 次常务会议纪要精神，以报送合作勘查合同备案代替探矿权转让合同审批程序，故意规避法律、法规。其行为的实施将损害国家利益，属于《中华人民共和国合同法》第五十二条第二项规定的情形，案涉合同应为无效合同。根据《中华人民共和国合同法》

第五十八条“合同无效或者被撤销后，因该合同取得的财产，应当予以返还；不能返还或者没有必要返还的，应当折价补偿。有过错的一方应当赔偿对方因此所受到的损失，双方都有过错的，应当各自承担相应的责任”的规定，西勘院因该合同取得的910万元，应当返还给凯奇莱公司。对于凯奇莱公司的诉讼请求，因案涉合同已经被确认为无效，其不得再基于该合同主张任何权利，故其诉讼请求应予驳回。对于西勘院的反诉请求，因其在签订合同时存在过错，故其所受损失应自行承担，对其该项反诉请求，一审法院不予支持。一审法院依照《中华人民共和国合同法》第五十二条第二项、第五十八条，《中华人民共和国矿产资源法》第六条和国务院《探矿权采矿权转让管理办法》第三条、第五条、第八条、第十条的规定，判决：1. 凯奇莱公司与西勘院签订的落款时间为2003年8月25日的合作勘查合同无效；2. 判决生效后十日内，由西勘院返还凯奇莱公司910万元及利息（其中10万元从2004年6月10日计息，900万元从2005年5月26日计息，均以中国人民银行同期同类贷款利率计算至给付之日止）；3. 驳回凯奇莱公司的诉讼请求；4. 驳回西勘院的反诉请求。一审本诉案件受理费160000元，由凯奇莱公司、西勘院各半负担，反诉案件受理费6100元由西勘院负担。

【二审】

本院二审期间，当事人围绕上诉请求依法提交了证据。1. 2013年7月29日国土资源部国土资复议〔2013〕338号行政复议告知书；2. 2014年1月29日国土资源部国土资复议〔2014〕56号行政复议决定书；3. 2014年6月20日北京市第一中级人民法院（2014）一中行初字第3782号行政判决书；4. 2014年9月22日北京市高级人民法院（2014）高行终字第2521号行政判决书；5. 西勘院营业执照副本。本院组织当事人进行了证据交换。

本院认定如下事实：1. 2003年陕西省人民政府第21次常务会议纪要的密级为：秘密。送达范围中有陕西省地矿局。凯奇莱公司不在该文件发送范围内。2. 陕西省国土资源厅陕国土资办发〔2005〕65号文件即《关于协调解决“榆林市横山县波罗—红石桥地区煤炭资源合作勘查争议情况”的报告》协调处理意见部分载明：“我厅勘察处多次召集双方代表，进行协调，终于形成了以下意见：（一）双方同意以2003年8月25日签订的榆林市横山县波罗—红石峡地区煤炭资源合作勘查合同书进行合作勘查。并同意合作勘查工作结束后，将探矿权转入双方合资成立的新公司或转入榆林市凯奇莱能源投资公司，进行后期开发。（二）经查，双方合作勘查的范围与省发改委上报国家发改委的榆横矿区北区波罗井田规划方案范围基本一致，周边部分超出。（三）陕西省地质矿产勘查开发局西安地质矿产勘查开发院应按照国务院有关规定，向省主管机关汇交前期完成的详查工作地质资料，并将合作勘查的勘探（精查）工作设计报我厅进行审查。（四）按照国家、省政府的有关法律、法规、政策规定，合作勘查的探矿权人为陕西省地质矿产勘查开发局西安地质矿产勘查开发院，双方依照合同的有关条款维护权利，依法履行义务。”3. 陕西省国土资源厅陕国土资发〔2010〕67号《关于撤销陕国土资办发〔2005〕65号文的报告》对凯奇莱公司不发生法律效力。4. 西勘院提交的有关《合作勘查合同书》签订时间为2004年2月19日的证人证言，证人未到庭接受庭审质证。5. 西勘院的名称由陕西省地质矿产勘查开发局西安地质矿产勘查开发院变更为西安地质矿产勘查开发院。

本院二审查明的其他案件事实与一审法院查明的案件事实一致。

本院认为，根据当事人上诉、答辩意见，并经其确认，本案二审争议焦点为：一、《合作勘查合同书》的性质、效力；二、《合作勘查合同书》中约定的探矿权转让条件是否已经成就；三、西勘院拒绝履行《合作勘查合同书》的行为是否构成违约，应如何承担违约责任。

一、关于《合作勘查合同书》的性质和效力问题

1. 关于《合作勘查合同书》的性质。一审期间双方当事人均多次表示，案涉《合作勘查合同书》的性质是探矿权转让，一审法院对此予以确认。本院认为，人民法院在审理合同纠纷案件中，对于合同的性质、效力，无论当事人是否存在争议，都应当依职权进行审查。对于合同性质，主要应当从合同内容出发，根据合同主体在合同中约定主要事项的性质进行判断，而不能仅根据合同当事人在诉讼中的主张确认。一审判决将《合作勘查合同书》认定为探矿权转让合同是不妥的。从《合作勘查合同书》的内容看，其基本性质是合作勘查合同。因为合同的主要内容是有关由西勘院和凯奇莱公司合作勘查陕西省榆林市横山县波罗—红石桥勘查区的煤炭资源的约定，即确定在合作勘查过程中双方各自所享有的权利和应承担的义务。同时，合同中也涉及了关于探矿权转让的问题。但转让探矿权的相关内容仅仅是作为对合作勘查成果的处置出现在《合作勘查合同书》第十一条中，即取得勘查成果后，由双方按所占权益比例成立有限责任公司联合开发或者西勘院将其所享有的权益评估后转让给凯奇莱公司，由后者单独开发。因此，将《合作勘查合同书》定性为合作勘查合同，是根据该合同表述的双方权利和义务特点，对合同性质的客观认定。至于该合同第十一条所涉及的探矿权转让，是双方对合作勘查成果的处置，是双方下一步订立探矿权转让合同的意向性表示。《合作勘查合同书》第十一条所嵌入的这一意向性表示，不能影响案涉合同表述的合作勘查合同的性质。合同性质的确认，直接关系到合同效力的认定。由于国家法律对矿产资源的合作勘查与探矿权转让条件的规定存在重大区别，因此一审判决对《合作勘查合同书》的性质认定错误，导致适用法律错误。对此，本院依法予以纠正。

2. 关于《合作勘查合同书》的效力。本院认为，案涉《合作勘查合同书》是双方当事人真实意思表示，不违反法律、行政法规的强制性规定。《中华人民共和国合同法》第四十四条规定："依法成立的合同，自成立时生效。法律、行政法规规定应当办理批准、登记等手续生效的，依照其规定。"我国相关法律法规要求对于矿产资源的合作勘查合同进行备案而非审批。法律规定某些合同签订后需要向政府主管部门备案的目的在于方便政府主管部门掌握信息、进行必要的监督。备案本身并不创设权利，因而也不是合同生效的要件，故该合同备案与否，并不影响其效力。只要是双方的意思表示真实、一致，即发生法律效力。一审判决认定案涉合同无效的两点理由没有根据。第一，一审判决以案涉合同未经主管部门审批为由认定合同无效不成立。如果合同性质为探矿权转让，政府主管部门审批就成为案涉合同生效的必要条件。但如前所述，案涉合同应为合作勘查合同，其生效条件应为双方平等自愿，依法达成协议即可，无须政府主管部门审批。故一审法院认定合同未经审批无效的理由不能成立。第二，一审判决以双方倒签合同日期规避2003年陕西省人民政府第21次常务会议纪要精神，违反《中华人民共和国合同法》第五十二条第二项规定作为案涉合同无效的理由，没有根据。《最高人民法院关于适用〈中华人民共和国合同法〉若干问题的解释（一）》第四条规定："合同法实施以后，人民法院确认合同无效，应当以全国人大及其常委会制定的法律和国务院制定的行政法规为依据，不得以地方性法规、行政规章为依据。"陕西省人民政府常务会议纪要不属于法律和行政法规，不能作为认定合同无效的依据。如果双方订立合同时恶意串通，损害国家利益，援引《中华人民共和国合同法》第五十二条第二项规定认定合同无效是正确的。但是在本案中，双方订立的合同是合作勘查合同，不是探矿权转让合同，未涉及国有资产的大量流失，未出现损害国家利益情形，援引《中华人民共和国合同法》第五十二条第二项认定合同无效属于适用法律错误。基于此，双方是否倒签合同，只涉及合同成立生效的起始点，不涉及合同有效无效，与双方争议焦点并无关联。

在诉讼中，双方当事人就案涉合同签订于凯奇莱公司成立之前是否导致合同无效存在争议。本院认为，根据《最高人民法院关于适用〈中华人民共和国公司法〉若干问题的规定（三）》第三条规定："发起人以设立中公司名义对外签订合同，公司成立后合同相对人请求公司承担合同责任的，人民法院应予支持。"可见西勘院与凯奇莱公司签订的《合作勘查合同书》，不因缔约时凯奇莱公司尚未设立而无效。而且，即使是按照西勘院的主张，在2014年2月19日，双方当事人才在《合作勘查合同书》上加盖公章，也只能证明西勘院在凯奇莱公司依法成立后，通过补正合同缺陷的行为再一次与凯奇莱公司确认了合同的效力。

综上，一审判决认定《合作勘查合同书》无效，是在错误认定事实的基础上错误适用法律得出的结论，本院依法予以纠正。

二、关于案涉《合作勘查合同书》中约定的探矿权转让条件是否已经成就的问题

《合作勘查合同书》第十一条约定：对双方所取得的勘查成果，由西勘院、凯奇莱公司按双方所占权益比例成立有限责任公司联合开发，或由双方协商，西勘院将所占权益经法定机构评估后转让给凯奇莱公司，由凯奇莱公司独自开发。由此可知，合同所涉探矿权转让是有条件的，即首先由双方当事人合作完成波罗井田煤矿的详查与精查，提交详查与精查报告。探矿权转让的内容，只是作为“勘查成果处置”规定于《合作勘查合同书》第十一条。而双方当事人在履行《合作勘查合同书》的初始阶段即发生争议，致使双方合作的详查和精查工作均未依合同实际启动。因此，合同约定的转让探矿权的前提条件尚不具备。虽然双方当事人在陕西省国土资源厅的协调下，经过多次协商，就继续合作勘查达成一致意见，在陕西省国土资源厅起草的《关于解决“榆林市横山县波罗—红石桥地区煤炭资源合作勘查争议”的情况报告》底稿上签字确认“同意上述处理意见”，且凯奇莱公司一直将上述报告作为其有关探矿权转让已经获得政府批准的主要证据，但此份文件中有关探矿权转让的内容表述为：“双方同意继续以2003年8月25日签订的榆林市横山县波罗—红石桥煤炭资源合作勘查合同书的有关条款进行合作勘查，并同意合作勘查工作结束后，将探矿权转入双方合资成立的新公司或转入凯奇莱能源投资有限公司，进行后期开发”。可见，即使是在陕西省国土资源厅协调期间，双方一致的意思表示仍然是首先进行合作勘查，待勘查结束后，才进行探矿权的转让。

同时，鉴于《合作勘查合同书》第十一条对探矿权受让人未予确定，其所述探矿权转让只能是双方的意向性表示，而不是正式的合同权利义务。只有在双方确定探矿权受让人以后，再由转让人与受让人平等自愿协商并达成一致，探矿权转让合同才能依法成立。在陕西省国土资源厅协调期间，双方仍未能就探矿权受让人作出最后决定，其探矿权转让合同显然没有成立。

当事人之间转让探矿权，除了要符合合同约定条件外，还要遵守国家法律、行政法规的相关规定。国务院《探矿权采矿权转让管理办法》第八条规定：“探矿权人或者采矿权人在申请转让探矿权或者采矿权时，应当向审批管理机关提交下列材料：（一）转让申请书；（二）转让人与受让人签订的转让合同；（三）受让人资质条件的证明文件；（四）转让人具备本办法第五条或者第六条规定的转让条件的证明；（五）矿产资源勘查或者开采情况的报告；（六）审批管理机关要求提交的其他有关资料。国有矿山企业转让采矿权时，还应当提交有关主管部门同意转让采矿权的批准文件。”第十条第一款规定：“申请转让探矿权、采矿权的，审批管理机关应当自收到转让申请之日起40日内，作出准予转让或者不准转让的决定，并通知转让人和受让人。”该条第三款规定：“批准转让的，转让合同自批准之日起生效。”在整个诉讼过程中，当事人未向法院提交过以合资成立的新公司或者凯奇莱公司为受让人，西勘院为转让人，双方共同协商、平等自愿达成的探矿权转让合同；也未见当事人以探矿权转让合同为依据的探矿权转让申请书；更未见国家相关行政审批机关根据探矿权转让合同和申请书等材料所作出的批准转让文件。为此，按照国务院《探矿权采矿权转让管理办法》有关探矿权人申请转让探矿权时必须提交的“转让人与受让人签订的转让合同”和“受让人资质条件的证明文件”等规定要求，凯奇莱公司有关陕西省国土资源厅的《关于解决“榆林市横山县波罗—红石桥地区煤炭资源合作勘查争议”的情况报告》就是对双方当事人转让探矿权的批准的主张，不能成立。凯奇莱公司关于判令西勘院向其转让陕西省榆林市横山县波罗—红石桥煤矿探矿权的上诉请求，缺少探矿权转让的合同依据，不符合法律、行政法规对于探矿权转让的规定，本院不予支持。

三、关于西勘院的行为是否构成违约的问题

如前所述，案涉《合作勘查合同书》的性质是合作勘查合同而非探矿权转让合同。合作勘查合同的成立、生效、履行，均不需要政府主管部门的批准，备案亦不是该合同生效的条件。双方订立的合同生效后，西勘院以"未拿到下游产业立项批准，不能履行合同"为由拒绝履行与凯奇莱公司签订的合同，构成违约，应当按照双方在《合作勘查合同书》第十二条第一项规定，赔偿凯奇莱公司投入的前期项目费用和投入勘查费总额的1.5倍，即910万元×1.5=1365万元。凯奇莱公司请求判令西勘院向其支付3000万元违约金，并提出其请求依据是根据《合作勘查合同书》第十二条第一项、第三项约定的违约金计算方式相加后酌减得出。本院认为，《合作勘查合同书》第十二条第一项中有关违约金的计算办法是针对违约确定的，符合本案中西勘院违约行为的具体情况，而该条第三项是专门针对双方完成合作勘查后，西勘院迟延交付成果订立的专门条款，与违约条款不应叠加。而本案中的情况是，双方当事人尚未合作到取得勘查成果的阶段，故不存在因西勘院单方原因未按时向凯奇莱公司提交成果的情形。本院在已经支持凯奇莱公司提出的西勘院的行为违约，应依照案涉合同第十二条第一项的规定承担违约责任之上诉请求的同时，对于凯奇莱公司超出1365万元部分的赔偿主张不予支持。

另外，鉴于双方当事人在诉讼中均未提出解除《合作勘查合同书》的诉讼请求，故案涉合作勘查合同应当继续履行。

综上所述，一审判决认定事实、适用法律均有错误，本院依法予以纠正。依照《中华人民共和国民事诉讼法》第一百七十条第一款第二项规定，判决如下：

一、维持陕西省高级人民法院（2012）陕民一初字第2号民事判决第四项；

二、撤销陕西省高级人民法院（2012）陕民一初字第2号民事判决第一项、第二项、第三项；

三、西安地质矿产勘查开发院与榆林市凯奇莱能源投资有限公司签订的《合作勘查合同书》有效，双方继续履行；

四、西安地质矿产勘查开发院于本判决生效后十五日内，向榆林市凯奇莱能源投资有限公司支付违约金1365万元；

五、驳回榆林市凯奇莱能源投资有限公司的其他诉讼请求。

如果未按本判决指定的期间履行给付金钱义务，应当依照《中华人民共和国民事诉讼法》第二百五十三条之规定，加倍支付迟延履行期间的债务利息。

一审案件受理费160000元，由榆林市凯奇莱能源投资有限公司负担32000元，西安地质矿产勘查开发院负担128000元；反诉案件受理费6100元，由西安地质矿产勘查开发院负担。二审案件受理费160000元，由榆林市凯奇莱能源投资有限公司负担 32000 元，西安地质矿产勘查开发院负担 128000 元。

本判决为终审判决。

附：

相关问题和风险的解决、防范策略详解①

2017 年 12 月 16 日，最高人民法院就榆林凯奇莱能源投资有限公司（以下简称凯奇莱）与西安地质矿产勘查开发院（以下简称西勘院）合作勘查合同产生纠纷作出终审判决（（2011）民一终字第 81 号《榆林市凯奇莱能源投资有限公司与西安地质矿产勘查开发院合作勘查合同纠纷上诉案二审民事判决书》），最高人民法院几乎支持了凯奇莱的全部诉请。最高人民法院的这一判决，不仅彰显了契约精神，也充分体现了国家保护民营企业产权，维护公平正义的市场竞争环境的决心。

这一延宕十余载的案件究竟有何玄机？其背后涉及的法律问题又有哪些？对于民营企业家矿产资源投资又有何启示？本文将在相关生效判决的基础上，对此予以分析。本文对于该案的分析解读，重点着眼于该案所涉及的法律问题，对于其中的事实细节不作过多挖掘，目的在于提醒企业家，尤其是民营企业家更好地防范投资风险，维护自身的合法权益。

（一）关于《合作勘查合同书》的性质

对于《合作勘察合同书》的性质，陕西省高级人民法院、陕西省人民政府、西勘院、凯奇莱等都认为应认定为探矿权转让协议，但最高人民法院却另辟蹊径，认为该合同书其实包含两个不同的合同，一为矿区的合作勘察合同，一为探矿权转让合同的预约。

在陕西省高级人民法院发回重审的一审判决中，陕西省高级人民法院认为，双方当事人所签的合作勘查合同，名义上是合作勘查煤炭资源，但实质上是探矿权转让。凯奇莱在二审上诉中也主张，该协议为以合作勘察的方式转让探矿权。西勘院（西勘院的诉讼主张）、陕西省人民政府（陕西省人民政府调查组的调查结论）也认为该合同为探矿权转让合同。但为什么这份在一审中各方都认可的合同类型的定性，却成为各方争议的焦点呢？原因在于，各方都期望通过该主张支持自己的结论。

西勘院主张《合作勘察合同书》为探矿权转让合同的原因在于，根据依据《矿产资源法》第六条、国务院《探矿权采矿权转让管理办法》第十条规定，探矿权转让必须向地质矿产主管部门提出转让申请并经主管部门批准，转让合同自批准之日其生效。故西勘院认为，在陕西省国土资源厅未批准《合作勘察合同书》之前，该协议并未生效。如此，则凯奇莱主张继续履行合同并要求西勘院承担违约责任的主

---

① 本部分作者为唐青林、李舒、李元元。

张即成了无源之水、无本之木，起到了釜底抽薪的效果。

陕西省人民政府主张《合作勘察合同书》为探矿权转让合同的原因在于，根据2003年10月22日陕西省人民政府召开的21次会议纪要，转让案涉探矿权必须以符合基地建设总体规划和转化项目落实为前提。凯奇莱没有落实转化项目，即与西勘院签订以转让探矿权为内容的合同，实际上是以合作勘察之名行转让探矿权之实，属于规避政策的“虚假”合同。为证明合同的虚假性，陕西省人民政府与西勘院还提出了《合作勘察合同书》属于倒签合同的主张。因此，陕西省人民政府期望通过以政策代替法律的方式，直接否认合同效力。后来的陕西省高级人民法院在其重审的一审判决中，完全按照这一思路作出了判决。

而对于凯奇莱而言，其之所以主张《合作勘察合同书》为探矿权转让合同是期望通过证明合同合法有效，完全取得案涉探矿权。但这一主张存在一个难题，即如何绕过《矿产资源法》第六条、国务院《探矿权采矿权转让管理办法》第十条关于探矿权转让协议必须经过审批方能生效的规定？凯奇莱的二审上诉书对此颇费心思。其两位代理律师认为：不设立新法人的合作勘探合同是法律允许的探矿权转让方式，仅以备案为必要手续。理由是根据国土资源部《矿业权出让转让管理暂行规定》第四十四条关于“出售矿业权或者通过合作合资法人开采的，应申请办理矿业权转让审批和变更登记手续。不设立合作、合资法人勘查或开采矿产资源的，在签订合作或者合资合同后，应当将相应的合同向登记机关备案”的规定。因此，在不设立合作合资法人的前提下，采用合作勘查方式转让探矿权的，批准不是必备手续，只要备案即可。同时，陕西省国土资源厅65号文也认为只要备案即可，且在该文中已进行了实际的审查备案工作，故一审判决却认为《合作勘察合同书》必须经过审批，属于适用法律错误。

因此，在表面上，西勘院、凯奇莱、陕西省高级人民法院、陕西省人民政府四方对于案涉《合作勘察合同书》的性质并无分歧。但在背后，却各有各的心思，每一方都期望通过这一关键点（探矿权转让）支持自己的主张并达到相应的诉讼目的，且各有攻防策略。

重审一审判决作出后，凯奇莱向最高人民法院上诉。但最高人民法院在论证该协议的性质时，却提出了与此前各方完全不同的思路。最高人民法院认为：“人民法院在审理合同纠纷案件中，对于合同的性质、效力，无论当事人是否存在争议，都应当依职权进行审查。对于合同性质，主要应当从合同内容出发，根据合同主体在合同中约定主要事项的性质进行判断，而不能仅根据合同当事人在诉讼中的主张确认。一审判决将《合作勘查合同书》认定为探矿权转让合同是不妥的。从《合作勘查合同书》的内容看，其基本性质是合作勘查合同。”“合同中也涉及了关于探矿权转让的问题。但转让探矿权的相关内容仅仅是作为对合作勘查成果的处置出现在《合作勘查合同书》第十一条中……该合同第十一条所涉及的探矿权转让，是双方对合作勘查成果的处置，是双方下一步订立探矿权转让合同的意向性表示。”

最高人民法院的这一裁判观点无疑是正确的，其背后所涉及的法律问题其实是如何解释合同即意思表示的问题。根据《民法总则》第一百四十二第一款的规定："有相对人的意思表示的解释，应当按照所使用的词句，结合相关条款、行为的性质和目的、习惯以及诚信原则，确定意思表示的含义。"《合同法》第一百二十五条第一款也规定："当事人对合同条款的理解有争议的，应当按照合同所使用的词句、合同的有关条款、合同的目的、交易习惯以及诚实信用原则，确定该条款的真实意思。"但不难发现，《民法总则》关于意思表示解释的规定与《合同法》略有不同，其中最为明显的一点在于《合同法》认为只有双方当事人对合同的理解存在争议时，才有可能需要对合同条款的定性作出解释，确定当事人真实的意思表示。但《民法总则》的规定，却并无此点。似乎可以推断出，不管双方当事人对于合同的理解是否存在争议，都有查明当事人真实意思表示的必要。理由在于：即使双方当事人对于某一合同条款的理解并无争议，也有可能存在当事人的理解并不能表示当事人真实的意思表示情形。毕竟，对于一般的当事人而言，对于某一事实的判断可能与法律上的判断并不一致。双方当事人可能"自己错会了自己的意思表示"。

具体到本案而言，不论是西勘院还是凯奇莱，都认为《合作勘查合同书》的性质为探矿权转让合同，但这一理解是基于西勘院与凯奇莱签订《合作勘查合同书》的最终动机。即对于凯奇莱而言，其希望通过勘察最终获得探矿权，而西勘院一开始也是期望通过该合同转让探矿权。但遗憾的是，这一交易的最终动机并未在《合作勘查合同书》作为主要内容出现，而是以非常模糊不清的方式出现在了该合同的第十一条，《合作勘查合同书》最主要的内容仍旧为矿区的勘察。

虽然双方当事人都非常笃定地认为，该协议就是探矿权转让协议，但该协议的内容本身却并不能支持这一观点。之所以会出现这一尴尬的局面，是因为西勘院和凯奇莱没有意识到交易的最终目的（动机）和达成交易过程中签订的合同的目的可能存在差异。例如，购买商铺的合同，在合同目的上买受人取得房屋所有权而出卖人获得价金的合同。但在最终的交易目的（动机）上，则可能是出卖人为了招商，买受人为了开店，但双方都未在商铺买卖合同中予以明确表示，或仅有非常模糊的表示。我们不能因为商铺购买合同的最终目的是为了招商，就将该商铺买卖合同理解为招商合作协议。同样的道理，在本案中同样适用：不论是西勘院还是凯奇莱，都不能因为最终的交易动机是为了实现探矿权转让而将一份勘察合作合同理解为探矿权转让合同。这也是最高人民法院认为人民法院应当依职权审查合同性质的原因。最高人民法院的这一裁判观点，具有划时代的意义。

（二）《合作勘查合同书》的效力

在确定了《合作勘查合同书》的性质为勘察合作合同的基础上，最高人民法院也没有忽视对该合同第十一条关于探矿权转让条款性质的探究。最高人民法院认为："该合同第十一条所涉及的探矿权转让，是双方对合作勘查成果的处置，是双方下一步订立探矿权转让合同的意向性表示。”也即，该条款并非探矿权转让的本约，而是探矿权转让的预约。双方最终要实现探矿权转让，还必须另行签订新的内容为探矿权转让的协议。

最高人民法院另辟蹊径，快刀斩乱麻，为本案的正确处理带来了转机。最高人民法院在解决了《合作勘查合同书》合同性质的基础上，提出了以下两个观点：(1）我国相关法律法规要求对于矿产资源的合作勘查合同进行备案而非审批。备案本身并不创设权利，因而也不是合同生效的要件，故该合同备案与否，并不影响其效力。故《合作勘查合同书》中关于合作勘察的内容，即使未备案也不影响合同效力。(2）陕西省人民政府常务会议纪要不属于法律和行政法规，不能作为认定合同无效的依据。如果双方订立合同时恶意串通，损害国家利益，援引《中华人民共和国合同法》第五十二条第二项规定认定合同无效是正确的。但是在本案中，双方订立的合同是合作勘查合同，不是探矿权转让合同，未涉及国有资产的大量流失，未出现损害国家利益情形，援引《中华人民共和国合同法》第五十二条第二项认定合同无效属于适用法律错误。

自此，最高人民法院采用了一条既不同于西勘院也不同于凯奇莱的诉讼主张的方式，达到了论证《合作勘查合同书》合法有效的结论。这一裁判结果，其实表明最高人民法院并未对案涉探矿权的归属作出最终认定，而是要根据合同履行的情况确认最终的权利归属。

（三）政府会议纪要的性质是什么

本案中，凯奇莱重审一审败诉的原因在于，陕西省高级人民法院认定西勘院和凯奇莱签订《合作勘查合同书》是通过倒签合同的方式规避了陕西省人民政府常务会议纪要，构成恶意串通损害国家利益的行为，故该合同应属无效。这也是西勘院、陕西省人民政府的一贯主张，并被奉之为“尚方宝剑”。西勘院在2016年作出的律师声明中也反复强调这一点。因此，在一审层面，凯奇莱面临的难题之一就在于如何驳倒陕西省人民政府常务会议纪要。

在本案终审判决中，最高人民法院认为：“陕西省人民政府常务会议纪要不属于法律和行政法规，不能作为认定合同无效的依据。”但对于会议纪要究竟为何，则未作明确说明。原因在于，对于会议纪要性质的判断应基于会议纪要的具体内容而作出，会议纪要的性质并无统一性。

但许多政府机关的会议纪要，往往是对某一具体问题作出的处理意见。该处理意见对于行政机关内部相关单位和人员具有约束力，其约束力的来源在于此类会议纪要的内容构成上级行政机关对下级行政机关的命令。因此，此类会议纪要中对某一问题的处理方式实际上可以认定为行政命令，命令对象为行政机关或国家公务员，对于行政机关以外的人不具有约束力。行政机关意图在某一具体问题上约束行政机关以外的人，只能通过具体行政行为的方式实现。因此，会议纪要构成的行政命令并非具有规范性的法律文件，往往具有临时性和特定性，不具有普遍适用的效力，并不能作为人民法院裁判案件的依据，更不能作为认定某一合同有效无效的依据。只是在某种情况下，可以作为裁判说理加以引用，目的是补强法院解释适用某一法律的合理性。

本案中的陕西省人民政府常务会议纪在重审一审判决中被作为认定《合作勘查合同书》无效的依据，无疑是错误的。陕西省高级人民法院错误地将仅具有内部约束力的政府常务会议纪要的效力范围扩充至行政机关之外，并以此论证凯奇莱构成法律规避。

（四）如何避免今后“密函”再被送进最高人民法院？

本案的处理历经十余载，但在此期间，一直困扰凯奇莱法定代表人赵发琦的一个问题就是：行政干预司法。

这一此前在司法界普遍存在的问题，在2015年后迎来转机：2015年3月，中共中央办公厅、国务院办公厅印发《领导干部干预司法活动、插手具体案件处理的记录、通报和责任追究规定》；2015年8月，最高人民法院印发《人民法院落实〈领导干部干预司法活动、插手具体案件处理的记录、通报和责任追究规定〉的实施办法》，2016年8月30日中央深改组会议通过的《关于完善产权保护制度依法保护产权的意见》；2017年8月，最高人民法院发布《关于为改善营商环境提供司法保障的若干意见》；2017年9月，中共中央国务院印发了《关于营造企业家健康成长环境弘扬优秀企业家精神更好发挥企业家作用的意见》。2018年1月3日，最高人民法院发布一号文件《最高人民法院关于充分发挥审判职能作用为企业家创新创业营造良好法治环境的通知》（法〔2018〕1号），明确提出：“妥善认定政府与企业签订的合同效力，对有关政府违反承诺，特别是仅因政府换届、领导人员更替等原因违约、毁约的，依法支持企业的合理诉求。妥善审理因政府规划调整、政策变化引发的民商事、行政纠纷案件，对于确因政府规划调整、政策变化导致当事人签订的民商事合同不能履行的，依法支持当事人解除合同的请求。对于当事人请求返还已经支付的国有土体使用权出让金、投资款、租金或者承担损害赔偿责任的，依法予以支持。对企业家财产被征收征用的，要综合运用多种方式进行公平合理的补偿。”这些文件，都是为了着力解决行政干预司法，侵害民营企业家合法权益的问题。

三、启示及建议

1. 应委托专业的律师起草重大的投资协议

本案中，西勘院与凯奇莱缠斗十余年的一纸合同只有短短十六个条文，合同标的却可能超千亿。更令人瞠目结舌的是，在各方对合同性质认定都较为一致的情况下，最高人民法院竟然主动依职权否定了当事人对合同性质的主张。通过分析合同内容，得出了《合作勘查合同书》是一份以合作勘察矿区为主要内容的协议，合同仅有一个条文是关于探矿权转让的内容，且不是探矿权转让的本约而是预约。所谓的预约，是指合同双方当事人就某一事项约定未来达成某一协议的意向性协议。预约一般并无本约的实质内容，但预约的双方当事人负有在未来签订本约的义务。任何一方拒不签订本约的，均构成违约。

本案中，《合作勘查合同书》第十一条关于探矿权转让的条款，被最高人民法院认定为预约而非本约，无疑是正确的。因为该条款清晰地反映了西勘院与凯奇莱约定未来两种可能的合作开发矿区的方式，任何一个具体方式都需要以未来签订协议的形式具体落实。但不论是西勘院还是凯奇莱，都没有意识到这一条款预约的性质，仍坚持将其理解为本约。

对于凯奇莱而言，这一判断的后果是非常严重和危险的。因为凯奇莱必将费心避过《矿产资源法》第六条、国务院《探矿权采矿权转让管理办法》第十条关于探矿权转让协议必须经过审批方能生效的规定。

由此可见，对于合同性质的把握事关某一交易的成败。而之所以当事人对合同的性质把握不准，是因为当事人的交易目的（动机）可能与合同目的并不匹配。因此，为确保交易目的与合同目的相匹配，对于重大的投资合同，必须委托专业的律师起草、审查并出具法律意见。对合同签订前后可能面临的法律风险进行全面的评估，并在合同中以相应条文的形式予以防控。

2. 应在法治的轨道内谋求解决问题的方式

本案中，凯奇莱及赵发琦的遭遇不仅传奇，而且也非常值得同情。赵发琦甚至还因为本案被刑事拘留 133 天，最终无罪释放。但最令我们钦佩的是，赵发琦及凯奇莱一直在法治的框架内谋求解决问题的方式，并最终得以沉冤得雪。如果说权力和金钱是为非作歹者的武器，那么对于无权无势并饱受欺压的民营企业家而言，法律就是最强大的武器，因为法律毕竟是以国家强制力为后盾保障实施的上层建筑。

民营企业家在遇到相关问题时，应当尽量摒弃"幕后有黑手"的传统观念，应当向专业的律师寻求帮助，让律师提供最全面、最可靠、最安全的解决方案。本案中，凯奇莱及赵发琦走的每一步，都有律师相随，并最终得以沉冤得雪。这一结果既与大环境大背景有关，更与其律师的不懈努力密不可分。

任何人都不能将法律作为巧取豪夺的武器，政府不行，民营企业也不行。同在市场经济环境中的两方，应当各安其命，各司其职。尤其是政府的有形之手，必须有所收敛，努力营造健康和谐的政商关系。对于民营企业家而言，在经营过程中应当始终注重法律风险的防控，重视法务部门、专业律师的意见。对于重大的投资行为，必须由律师进行把关，有效防控投资风险。

典型判例：张文中等诈骗、单位行贿、挪用资金再审判决书①

（2018年5月30日）

【基本案情】

原公诉机关为河北省衡水市人民检察院。

原审被告人张文中，男，汉族，1962年7月1日出生，山东省即墨县（现山东省青岛市即墨区）人，博士研究生文化，原系物美控股集团有限公司董事长。2006年12月7日被刑事拘留，同年12月20日被逮捕。2009年3月30日因犯诈骗罪、单位行贿罪、挪用资金罪被判处有期徒刑12年，并处罚金人民币50万元（已缴纳）。2010年4月19日被裁定减刑3年，2012年3月19日被裁定减刑2年10个月。2013年2月6日刑满释放。

原审被告人张伟春，男，汉族，1958年4月27日出生，北京市人，大学文化，原系物美控股集团有限公司行政总监。2006年12月29日被刑事拘留，2007年1月1日变更为监视居住，同年2月14日被逮捕。2009年3月30日因犯诈骗罪被判处有期徒刑5年，并处罚金人民币20万元（已缴纳）。2010年7月28日被裁定予以假释，2012年2月11日假释考验期满。

原审被告单位物美控股集团有限公司（原北京物美商业集团有限公司，以下简称物美集团），住所地北京市石景山区实兴大街30号院3号楼8层。2009年3月30日因犯单位行贿罪被判处罚金人民币530万元（已缴纳）。

诉讼代表人徐莹，物美集团总裁。

河北省衡水市中级人民法院审理衡水市人民检察院指控被告单位物美集团犯单位行贿罪，被告人张文中犯诈骗罪、单位行贿罪、挪用资金罪，被告人张伟春犯诈骗罪一案，于2008年10月9日以（2008）衡刑初字第22号刑事判决，认定物美集团犯单位行贿罪，判处罚金人民币530万元；认定张文中犯诈骗罪，判处有期徒刑15年，并处罚金人民币50万元，犯单位行贿罪，判处有期徒刑3年，犯挪用资金罪，判处有期徒刑1年，决定执行有期徒刑18八年，并处罚金人民币50万元；认定张伟春犯诈骗罪，判处有期徒刑5年，并处罚金人民币20万元；张文中、张伟春违法所得予以追缴，上缴国库。宣判后，物美集团、张文中、张伟春均提出上诉。河北省高级人民法院于2009年3月30日以（2008）冀刑二终字第89号刑事判决，维持一审判决对物美集团、张伟春定罪量刑部分，对张文中、张伟春违法所得追缴

① 来源于：中华人民共和国最高人民法院刑事判决书（2018）最高法刑再3号。

部分以及对张文中单位行贿罪、挪用资金罪定罪量刑和诈骗罪定罪部分；撤销一审判决对张文中诈骗罪量刑以及决定执行刑罚部分；认定张文中犯诈骗罪，判处有期徒刑10年，并处罚金人民币50万元，与其所犯单位行贿罪、挪用资金罪并罚，决定执行有期徒刑12年，并处罚金人民币50万元。

判决发生法律效力后，原审被告人张文中向河北省高级人民法院提出申诉，河北省高级人民法院于2015年12月21日予以驳回。2016年10月，张文中向本院提出申诉。本院经审查后于2017年12月27日作出（2017）最高法刑申683号再审决定，提审本案。本院依法组成合议庭，于2018年2月7日召开庭前会议，于2月12日公开开庭审理了本案。最高人民检察院指派检察员尹伊君、杜亚起，助理检察员韩大书、刘文峰出庭履行职务。张文中及其辩护人，原审被告人张伟春及其辩护人，原审被告单位物美集团诉讼代表人徐莹，证人黄某1到庭参加诉讼。现已审理终结。

【一审】

河北省衡水市中级人民法院一审判决认定：

一、诈骗罪

2002年年初，被告人张文中得知国家对重点企业、重点项目实行国债贴息补贴政策，遂与被告人张伟春、物美集团副总裁张某1等人商议此事，并委派张伟春到原国家经贸委等部门进行了咨询。在得知该批国债技改贴息资金主要用于支持国有企业技术改造项目、物美集团作为民营企业不属于国债技改贴息资金支持范围的情况下，张文中与张伟春商量后决定以中国诚通控股集团有限公司（国有企业，以下简称诚通公司）下属企业的名义进行申报。为此，张文中与诚通公司董事长田某1多次联系，田某1答应了张文中的要求。在张文中指使下，张伟春等人以虚假资料编制了物美集团技改项目《可行性研究报告》，以诚通公司下属企业名义上报原国家经贸委。物流项目获得审批后，物美集团既未实施，也未向银行申请贷款；物美集团以信息化项目为名，以与其关联公司北京和康友联技术有限公司（以下简称和康友联公司）签订虚假设备采购合同和开具虚假发票为手段，获得1.3亿元贷款，用于公司日常经营，未实施信息化项目。2003年10月29日，财政部将3190万元国债技改贴息资金拨付到诚通公司，后诚通公司将该款汇入物美集团账户，物美集团将该款用于偿还公司贷款。案发后，已追缴赃款3190万元。

认定上述事实的主要证据有《国家重点技术改造项目管理办法》《国家重点技术改造项目国债专项资金管理办法》《关于组织申报2002年国债技术改造项目的通知》《关于下达2002年国家重点技术改造项目计划（第八批国债专项资金项目）的通知》、规划意见书、采购合同、进账单、发票等书证，证人张某1、田某1、李某1、李某2、于某1、杨某、张某2、于某2等人的证言以及被告人张文中、张伟春的供述等。

二、单位行贿罪

2002年，在被告单位物美集团收购中国国际旅行社总社（以下简称国旅总社）持有的泰康人寿保险股份有限公司（以下简称泰康公司）5000万股股份过程中，被告人张文中向国旅总社总经理办公室主任赵某提出让其提供帮助，并承诺给其一笔好处费。在赵某的积极协调、帮助下，2002年年底，物美集团以其关联公司和康友联公司的名义顺利收购了国旅总社持有的5000万股泰康公司股份。张文中遂指派张某1给付赵某30万元。2003年1月至2004年2月间，张某1通过物美集团的关联公司卡斯特经济评价中心以报销费用的方式向赵某支付了30万元。

2002年，在被告单位物美集团收购广东粤财信托投资公司（以下简称粤财公司）持有的泰康公司5000万股股份过程中，被告人张文中向粤财公司总经理梁某承诺事成之后给予梁某个人500万元好处费。2003年年底，物美集团以其关联公司华美现代流通发展有限公司（以下简称华美公司）的名义收购了粤财公司持有的5000万股泰康公司股份，张文中遂指使张某1通过北京敬业和康投资咨询中心（以下简称敬业和康中心）向梁某支付500万元。

认定上述事实的主要证据有物美集团出具的情况说明、股权转让协议、转账支票、进账单等书证，证人赵某、梁某、陈某1、李某3、张某1等人的证言以及被告人张文中的供述等。

三、挪用资金罪

1997年3月，被告人张文中与泰康公司董事长陈某1商定挪用泰康公司的4000万元资金申购新股谋利。后张文中指使张某1从泰康公司转出4000万元，具体负责申购新股。张文中、陈某1又与中国国际期货有限公司（以下简称中期公司）董事长田某1商定，通过中期公司所兼管的河南省国际信托投资公司（以下简称河南国投公司）的途径转款，以掩盖挪用情节，炒股所得盈利由张、田、陈三人按3：3：4比例分配。其间，中国人民银行检查，三人遂于1997年7月通过河南国投公司，又从泰康公司转出5000万元用于归还前次挪用款项。1997年8月19日，张某1归还泰康公司4000万元，同年9月3日和9日又分两次归还了5000万元。其间，炒股共盈利1000余万元。

认定上述事实的主要证据有泰康公司支票请领单、委托投资国债协议、转账支票、进账单、资金往来发票等书证，证人陈某1、田某1、张某1、李某4等人的证言以及被告人张文中的供述等。

河北省衡水市中级人民法院认为，被告人张文中、张伟春以非法占有为目的，虚构事实，隐瞒真相，骗取国家贷款贴息，数额特别巨大，其行为均已构成诈骗罪；被告单位物美集团在收购泰康公司股权过程中，给予国家工作人员好处费，其行为已构成单位行贿罪，张文中作为被告单位直接负责的主管人员，应予刑事处罚；张文中伙同他人并利用他人职务上的便利挪用泰康公司资金，归个人使用进行营利活动，数额较大，构成挪用资金罪的共犯，其在追诉期限内又犯新罪，应追究刑事责任。公诉机关指控的犯罪事实及罪名成立，应予支持。故作出前述一审判决。

一审宣判后，被告单位物美集团、被告人张文中、张伟春分别提出上诉，均认为各自的行为不构成犯罪。

【二审】

河北省高级人民法院二审判决认定的事实、证据与一审判决一致。二审法院认为，张文中、张伟春以非法占有为目的，将物美集团冒充为国有企业的下属企业，通过申报虚假项目，骗取国债技改贴息资金，数额特别巨大，其行为均已构成诈骗罪。物美集团在收购泰康公司股权过程中，违反国家规定，给予国家工作人员好处费，其行为已构成单位行贿罪；张文中作为物美集团直接负责的主管人员，应当承担相应的刑事责任。张文中伙同他人，并利用他人职务上的便利，挪用公司资金归个人使用，进行营利活动，数额较大，其行为已构成挪用资金罪；张文中的上述行为虽然发生于1997年，但其在该罪的追诉期限内又犯新罪，依法应追究刑事责任。张伟春在诈骗犯罪中，起辅助作用，属从犯，可减轻处罚。本案诈骗数额虽然特别巨大，但在案发后所骗款项已被全部追缴，未给国家造成实际经济损失，同时考虑到诈骗犯罪的目的不是为了个人占有，对张文中、张伟春可酌情予以从轻处罚。一审判决以诈骗罪判处张文中有期徒刑十五年，量刑偏重，应予改判。故作出前述二审判决。

【再审】

本院再审中，原审被告人张文中及其辩护人认为，原判认定张文中犯诈骗罪、单位行贿罪和挪用资金罪错误，应当依法改判无罪。主要辩解和辩护意见为：（1）物美集团作为民营企业有资格申报2002年国债技改贴息项目，以诚通公司下属企业名义申报只是上报项目材料的渠道；张文中未参与编制项目《可行性研究报告》，更没有指使张伟春等人以虚假资料编制《可行性研究报告》；物美集团申报的物流项目和信息化项目是真实的，信息化项目的主要内容已经实施并已达到《可行性研究报告》的主要目标，物流项目虽然遇到国家和北京市通州区物流产业园区用地调整等诸多客观障碍，但也通过异地实施的方式实现了当初申报时设定的目标；张文中没有实施骗取国债技改贴息资金的故意和行为，不构成诈骗罪。（2）涉案的30万元是给赵某的劳务报酬，500万元是给中间人李某3的中介费，且不是物美集团支付；收购国旅总社股权的是和康友联公司，收购粤财公司股权的是华美公司，物美集团在本案中不具备单位行贿罪的主体要件，不构成单位行贿罪，故张文中作为物美集团直接负责的主管人员，其行为亦不构成单位行贿罪。（3）4000万元资金系卡斯特投资咨询中心从泰康公司借出，属于单位之间的资金拆借行为，不属于挪用资金归个人使用，张文中的行为不构成挪用资金罪。

原审被告人张伟春及其辩护人认为，张伟春的行为不构成诈骗罪，应当依法改判无罪。除提出与张文中及其辩护人基本相同的辩解及辩护意见外，还提出张伟春受物美集团董事会指派负责物流项目和信息化项目的申报工作，系职务行为，不具有诈骗犯罪的主观故意。

原审被告单位物美集团的诉讼代表人同意原审被告人张文中及其辩护人提出的相关辩解和辩护意见，认为物美集团不构成单位行贿罪，应当依法改判无罪。

庭前会议听取了检辩双方意见。对于诈骗罪，原审被告人张文中、张伟春的辩护人申请证人黄某1出庭作证，并向法庭提交了3项新证据，用以支持其辩护意见：（1）证人甘某2018年1月25日出具的《关于2002年国债技术改造项目相关情况的说明》；（2）证人李某1 2018年1月25日出具的情况说明；（3）证人于某1 2008年12月16日的证言。对于单位行贿罪，张文中的辩护人向法庭提交了4组新证据，用以支持其辩护意见：（1）证人刘某1 2009年3月8日的证言；（2）泰康公司2009年3月18日出具的《关于赵某在泰康公司任职情况的补充说明》；（3）泰康公司2003年至2008年股东大会及临时股东大会签到册、股东代表委托书、授权委托书、股东投票表决记录单、董事候选人提名函、股东大会表决单；（4）泰康公司2008年股东大会决议、华美公司及和康友联公司分红款支付指令、泰康公司付款回单、银行付款系统专用凭证、华美公司及和康友联公司记账凭证。

最高人民检察院出庭检察员认为，原判适用法律错误，导致定罪量刑错误，建议依法改判原审被告人张文中、张伟春、原审被告单位物美集团无罪。主要理由为：（1）原判认定物美集团不具有申报国债技改贴息资格依据不足；物美集团申报材料中的企业基本情况表和物流项目《可行性研究报告》均有不实内容，但该违规申报行为不是虚构事实、隐瞒真相的诈骗行为，更未因该不实申报行为使国家主管机关陷入错误认识；物美集团将3190万元国债技改贴息资金用于偿还其他贷款，违反了专款专用的规定，但在财务账目上一直将该笔资金列为“应付人民政府款项”，始终没有脱离国家机关的实际管控，物美集团并未非法占有该笔资金。故张文中、张伟春的行为不构成诈骗罪。（2）物美集团是收购泰康公司股份的主体，涉案30万元、500万元分别系给予赵某、梁某的好处费，但物美集团在收购股份过程中未谋取不正当利益，赵某、梁某也没有为物美集团提供不正当帮助，故物美集团及张文中的行为不构成单位行贿罪。（3）张文中与陈某1、田某1共谋从泰康公司挪用4000万元炒股谋利，并非单位行为，张文中的行为构成挪用资金罪，但已超过追诉期限。

经再审查明：

一、关于诈骗罪

2002年初，原审被告人张文中获悉国债贴息政策及原国家经贸委正在组织申报国债技术改造项目后，即与原审被告人张伟春等人商议决定物美集团进行申报，并委派张伟春具体负责。张伟春到原国家经贸委等部门进行了咨询。为方便快捷，张文中与张伟春商量后决定以诚通公司下属企业的名义申报，并征得时任诚通公司董事长田某1同意。物美集团遂以诚通公司下属企业的名义，向原国家经贸委上报了第三方物流改造和信息现代化建设两个国债技改项目（以下分别简称物流项目、信息化项目），并编制报送了项目《可行性研究报告》等申报材料，其中物流项目《可行性研究报告》所附的土地规划意见书及附图不规范且不具有法定效力。上述两个项目经原国家经贸委等部门审批同意后，物美集团与和康友联公司签订虚假设备采购合同，开具虚假发票，获得信息化项目贷款 1.3 亿元，后用于公司经营。物流项目因客观原因未能在原计划地点实施，也未申请到贷款。2003 年 11 月，物美集团通过诚通公司取得物流项目和信息化项目的国债技改贴息资金共计 3190 万元，后用于归还公司其他贷款。案发后，3190 万元被追缴。

上述事实，有一审及再审开庭审理中经质证确认的《国家重点技术改造项目管理办法》《国家重点技术改造项目国债专项资金管理办法》《关于组织申报 2002 年国债技术改造项目的通知》《关于下达 2002 年国家重点技术改造项目计划（第八批国债专项资金项目）的通知》《关于下达 2003 年第二批国债专项资金国家重点技术改造项目投资计划的通知》《关于下达 2003 年第二批国债专项资金国家重点技术改造项目资金计划的通知》等文件，企业基本情况表、项目基本情况表、物流项目《可行性研究报告》、信息化项目《可行性研究报告》、规划意见书、采购合同、借款合同、进账单、转账支票存根、收贷凭证、银行支付系统专用凭证、发票、扣押物品清单等书证，证人张某 1、王某 1、吴某 1、田某 1、李某 1、李某 2、郝某 1、门某、甘某、黄某 1、于某 1、许某、李某 5、郝某 2、陈某 2、罗某、漆某、杨某、袁某、张某 2、张某 3、刘某 2、张某 4、于某 2、孟某、李某 6、王某 2 等人的证言，以及原审被告人张文中、张伟春的供述等证据证实。

针对原审被告人张文中、张伟春及其辩护人关于诈骗罪的辩解、辩护意见和最高人民检察院出庭检察员的意见，根据再审查明的事实、证据，综合评判如下：

（一）物美集团作为民营企业具有申报国债技改项目的资格，其以诚通公司下属企业名义申报，并未使负责审批的主管部门产生错误认识

1. 相关政策性文件并未禁止民营企业参与申报国债技改贴息项目，且身为民营企业的物美集团于 2002 年申报国债技改项目，符合国家当时的国债技改贴息政策。原判认定物美集团作为民营企业不属于国债技改贴息资金支持范围，所依据的是原国家经贸委、原国家发展计划委、财政部、中国人民银行于 1999 年制定的《国家重点技术改造项目管理办法》《国家重点技术改造项目国债专项资金管理办法》等政策性文件，但上述文件均未明确禁止民营企业申报国家重点技改项目以获得国债技改贴息资金支持。2001 年 12 月，我国正式加入了世界贸易组织，由于国有企业三年改革与脱困目标基本实现，国家调整了国债技改项目的投向和重点，在规定的范围、专题内，进一步明确了对各种所有制企业实行同等待遇，同时将物流配送中心建设、连锁企业信息化建设列入了国债贴息项目予以重点支持。原国家经贸委投资与规划司于 2002 年 2 月 27 日下发的《关于组织申报 2002 年国债技术改造项目的通知》附件《2002 年国债技术改造分行业投资重点》，国务院办公厅于 2002 年 9 月

27 日转发的原国务院体改办、原国家经贸委《关于促进连锁经营发展的若干意见》，以及原国家经贸委于 2002 年 10 月 16 日印发执行的《“十五”商品流通行业结构调整规划纲要》等，对此均有明确规定。2002 年物美集团申报国债技改项目时，国家对民营企业的政策已发生变化，国债技改贴息政策已有所调整，物美集团所申报的物流项目和信息化项目属于国债技改贴息资金重点支持的项目范围。物美集团作为国内大型流通企业，积极申报以获取国债技改贴息资金对其物流和信息化建设的支持，符合当时国家经济发展形势和产业政策的要求。

2. 有证据证实，民营企业当时具有申报国债技改贴息项目的资格。（1）一审期间，辩护人提交的中国新闻网 2001 年 11 月 16 日报道《中国国债技改贴息将对各所有制一视同仁》载明，时任原国家经贸委负责人公开表示，从 2002 年起，改革国债技改贴息办法，对各种所有制企业均实行同等待遇。（2）证人门某证实，2002 年国家没有禁止国债技改贴息资金支持民营流通企业的规定，当时的第七、八、九批国家重点技术改造国债贴息项目中，确实有民营企业得到支持并拿到贴息。（3）辩护人提交的《2003 年第二批国债专项资金国家重点技术改造项目投资计划表》和相关企业工商注册登记材料证实，在与物美集团同时获批的企业中，还有数家民营企业获得了国债技改贴息资金。（4）再审期间，证人甘某出具的《关于 2002 年国债技术改造项目相关情况的说明》证实，从 2001 年开始，部分民营企业进入国债技改贴息计划；证人黄某 1 出庭作证称，第八批国债技改贴息对企业的所有制性质没有限制性要求。上述证据足以证实 2002 年民营企业具有申报国债技改贴息项目的资格。

3. 物美集团通过诚通公司以真实企业名称申报国债技改项目，没有隐瞒其民营企业性质，也未使负责审批的主管部门产生错误认识。（1）经查，根据财政部《关于同意中国诚通控股公司财务关系单列的通知》及附件《中国诚通控股公司所属成员单位名单》，物美集团确实不是诚通公司在财政部立户的所属成员单位，但物美集团以诚通公司下属企业名义申报国债技改贴息项目，获得了诚通公司同意，且物美集团在申报材料企业基本情况表中填报的是“北京物美综合超市有限公司”（后经原国家经贸委投资与规划司审批同意，项目承担单位调整为物美集团），其以企业真实名称申报，并未隐瞒。（2）证人黄某 1 的证言及原国内贸易部《关于确定全国第一批连锁经营定点联系企业的函》证实，物美集团是原国内贸易部及原国家经贸委贸易市场局的定点联系企业；证人李某 2 证实，在物美集团申报过程中，其曾听过张文中、张伟春等人的汇报，并考察了物美的超市和物流基地，参与了审批，经审查认为符合国债项目安排原则。可见，作为审批部门的原国家经贸委对物美集团的企业性质是清楚的。张文中、张伟春将物美集团以诚通公司下属企业名义申报国债技改项目，并未使原国家经贸委负责审批工作的相关人员对其企业性质产生错误认识。

（二）物美集团申报的物流项目和信息化项目并非虚构

1. 物流项目并非虚构，项目获批后未按计划实施及未能贷款系客观原因所致，且已异地实施。（1）物流项目本身并非虚构。2002 年 4 月 18 日，物美集团在申报之后，与北京市通州区政府签署的《合作协议书》证实，物美集团积极参与通州区物流产业园区的建设，通州区政府将提供政策和资源支持，协助物美集团在通州建立大型现代化的物流中心；2002 年 9 月，清华大学环境影响评价室出具的《北京市环保局建设项目环境影响评价报告表》证实，该室受物美集团委托，对其在通州区物流产业园区的物流项目进行了环境评估。可见，物美集团申报的物流项目并非虚构。（2）物流项目未能获得贷款和未按计划实施有其客观原因，且已异地实施。证人王某 1、吴某 1、于某 1、李某 5、许某、张某 2、袁某、王某 2 等人的证言证实：物美集团在北京市通州区的物流项目起初因“非典”推迟，后来在土地出让方式方面，通州区物流产业园区要求购买，而物美集团原计划是租赁土地，因投资成本太高，双方未能达成一致。后物美集团在北京市百子湾等地建了物流中心。证人于某 1 在侦查阶段还证实，因无法提供用地及开工手续，在北京市通州区的物流项目不能取得银行贷款，后按要求办理异地实施项目的变更手续，但因故最终未能落实。可见，物美集团所申报的物流项目没能按计划在原址实施，未能申请到贷款，系因“非典”疫情及通州区物流产业园区土地由租改卖等客观原因造成。（3）物美集团报送的物流项目《可行性研究报告》虽有不实之处，但不足以否定该项目的可行性和真实性。物流项目《可行性研究报告》、北京市通州区规划局出具的规划意见书及证明等书证，证人张某 1、于某 2、孟某、李某 6、张某 2、刘某 2、张某 4 等人的证言，以及原审被告人张伟春的供述等证据证实：物美集团在联系编制物流项目《可行性研究报告》过程中，副总裁张某 1 等人到物流项目所在地北京市通州区物流产业园区考察并要求出具相关土地证明，通州区规划局出具了盖有该局规划管理专用章的规划意见书，同意物美集团在通州区物流产业园区规划建设商业项目，物美集团在规划意见书后附加了拟建项目地理位置图、平面布置图，而非规范的土地地形图。上述规划意见书和附图虽不规范、不具有法定效力，但不能据此否定整个项目的可行性和真实性。

2. 原判认定物美集团申报虚假信息化项目，依据不足。（1）物美集团申报的信息化项目主要内容包括：通过改造各业态店铺和总部计算机硬件以及对其软件系统升级改造，建立快速适应市场变化的经营组织及管理模式和运作方式，实施和完善网络支撑系统、现代物流系统、供需链管理系统、电子商务应用系统及经营决策支持系统等。经查，物美集团日常经营中在这些方面已有大量的资金投入。原判因物美集团将以信息化项目名义申请获得的贷款用于公司日常经营，即得出信息化项目完全没有实施的结论，依据不足。（2）物美集团虽然采用签订虚假合同等手段申请信息化项目贷款，但并不能据此认定信息化项目是虚假的。国家发放国债技改贴息的目的在于支持企业的技术改造项目，而物美集团申报的项目经相关部门审核属于政策支持范围。根据申报流程，物美集团申请银行贷款时，其国债技改贴息项目的申报已经获得审批通过。物美集团在此后采用签订虚假合同等手段申请信息化项目贷款，虽然违规，但并非是为骗取贴息资金而实施的诈骗行为，也不能据此得出信息化项目是虚构的结论。

（三）物美集团违规使用3190万元国债技改贴息资金不属于诈骗行为

物美集团在获得3190万元国债技改贴息资金后，将该款用于偿还公司其他贷款，但在财务账目上一直将其列为“应付人民政府款项”，并未采用欺骗手段予以隐瞒、侵吞，且物美集团具有随时归还该笔资金的能力。因此，物美集团的行为虽然违反了《国家重点技术改造项目国债专项资金管理办法》中关于国债专项资金应专款专用的规定，属于违规行为，但不应认定为非法占有贴息资金的诈骗行为。

综上，原审被告人张文中、张伟春及其辩护人所提物美集团作为民营企业有资格申报2002年国债技改贴息项目，张文中、张伟春没有实施骗取国债技改贴息资金行为，没有诈骗故意，不构成诈骗罪的辩解和辩护意见成立；最高人民检察院出庭检察员所提张文中、张伟春的行为不构成诈骗罪的意见成立，本院予以采纳。

二、关于单位行贿罪

2002年，原审被告人张文中获悉国旅总社欲转让所持有的5000万股泰康公司股份，即通过国旅总社总经理办公室主任赵某（另案处理）向国旅总社负责人明确表达了原审被告单位物美集团收购该股份的意向。张文中请赵某提供帮助，并表示事成后不会亏待赵。物美集团与国旅总社经多次谈判就收购股份达成一致。2002年6月26日，物美集团以其关联公司和康友联公司的名义与国旅总社签订了股权转让协议。根据张文中的安排，2003年1月至2004年2月间，张某1通过物美集团的关联公司卡斯特经济评价中心以报销费用的方式分三次向赵某支付了30万元。

2002年，粤财公司为缓解经营困难，决定转让所持有的5000万股泰康公司股份。泰康公司董事长陈某1将这一信息告知原审被告人张文中并建议其收购，张文中表示同意。为促成股权转让，陈某1向粤财公司总经理梁某提出，股权转让后给梁500万元好处费，并向张文中提出此要求，张文中表示接受。梁某的校友李某3（广州市华艺广告有限公司和广州市华艺文化有限公司董事长）应陈某1、张文中要求，为帮助原审被告单位物美集团收购股份，也找梁某做工作。之后，物美集团提出以每股1.35元的价格受让粤财公司持有的泰康公司股份，梁某没有同意。经梁某提议，粤财公司按规定委托广州产权交易所挂牌转让，挂牌价为每股1.45元。在无人摘牌的情况下，粤财公司与物美集团经多次谈判，最终以每股1.4元的价格达成一致。2003年3月20日，物美集团以其关联公司华美公司的名义与粤财公司签订了股权转让协议。数月后，李某3在梁某不知情的情况下，通过陈某1向张文中索要500万元。张文中应陈某1的要求，安排张某1将500万元汇至李某3的公司账户。梁某事后得知，明确表示与其无关，并拒绝接受该笔款项，该款一直被李某3的公司占有。

上述事实，有一审及再审开庭审理中经质证确认的物美集团出具的情况说明、物美集团关联公司关系图表、国旅总社会议纪要、国旅总社营业执照、国旅总社关于干部任免事项的通知、粤财公司会议纪要、关于转让泰康股份函、关于接受转让泰康股份的函、股权转让协议、中国保险监督管理委员会批复、泰康公司章程、粤财公司及其投资股东的营业执照、转账支票、进账单、记账凭证、发票等书证，证人赵某、梁某、陈某1、李某3、张某1、王某1、张某5、许某、李某7、王某3、孙某、黄某2、田某2、潘某、刘某3、刘某4、韩某、蔡某、李某8、张某6等人的证言，司法会计鉴定意见以及原审被告人张文中的供述等证据证实。

针对原审被告人张文中及其辩护人、原审被告单位物美集团诉讼代表人关于单位行贿罪的辩解、辩护意见和最高人民检察院出庭检察员的意见，根据再审查明的事实、证据，综合评判如下：

（一）物美集团实施了给予赵某30万元和向李某3公司支付500万元的行为

原审被告人及其辩护人、原审被告单位诉讼代表人提出，给予赵某30万元和李某3公司500万元并非物美集团支付，经查与事实不符。

1. 和康友联公司、华美公司、卡斯特经济评价中心、敬业和康中心等均为物美集团的关联公司，由物美集团直接控制。司法会计鉴定意见、物美集团关联公司关系图表、物美集团出具的情况说明，证人张某1、王某1、许某、张某5等人的证言，以及原审被告人张文中的供述等证据证实：张文中在物美集团注册资本中的投资比例为61.78%，且为和康友联公司、华美公司、卡斯特经济评价中心、敬业和康中心等企业的控股股东；物美集团与上述关联公司的资金由财务部在集团内部统一调度；这些关联公司的财务、记账工作均由物美集团财务人员负责兼职管理，并受物美集团主管财务的副总裁张某1直接领导。

2. 以关联公司名义收购股权的行为由物美集团董事会决定，费用由物美集团筹措，股权收购费等费用的支付均由张某1根据原审被告人张文中的安排，亲自或指派集团的财务人员操办。物美集团出具的情况说明、泰康公司章程、转账支票、记账凭证等书证，证人陈某1、张某1、赵某、李某7、梁某、韩某等人的证言，以及张文中的供述等证据证实：国旅总社、粤财公司转让所持泰康公司股权时，是物美集团与国旅总社、粤财公司进行谈判并达成收购意向。因物美集团已持有一定比例泰康公司股份，为不违反泰康公司章程关于单一股东持股不允许超过10%的规定，物美集团董事会遂决定以其关联公司和康友联公司、华美公司的名义分别与国旅总社、粤财公司签订股权转让协议；收购款由物美集团内部调度给和康友联公司、华美公司支付。物美集团给予赵某的30万元和向李某3公司支付的500万元，分别由物美集团关联公司卡斯特经济评价中心、敬业和康中心支付，其中的500万元系物美集团转至敬业和康中心。

（二）物美集团支付给赵某30万元好处费的行为，依法不构成单位行贿罪

在案的转账支票、赵某报销会议费及装修材料费的发票等书证，证人赵某、张

某1、陈某1、孙某、黄某2、田某2、潘某、刘某3、刘某4等人的证言及原审被告人张文中在侦查阶段的供述等证据相互印证，足以证实物美集团支付给赵某的30万元系好处费而非劳务报酬。张文中的辩护人再审期间向法庭提交新证据，用以证明赵某自2003年4月至2008年作为泰康公司监事、董事为物美集团的关联公司和康友联公司、华美公司提供了劳务。经查，物美集团给付赵某30万元的时间与赵某担任泰康公司监事、董事提供劳务的时间并不相符，二者之间缺乏关联性。

根据刑法第三百九十三条规定，单位为谋取不正当利益而行贿，或者违反国家规定，给予国家工作人员以回扣、手续费，情节严重的，构成单位行贿罪。物美集团给予赵某30万元好处费，属于违反国家规定，在经济活动中账外给予国家工作人员手续费的情形。但根据国旅总社转让所持泰康公司股权情况、会议纪要、股权转让分析报告、股权转让协议等书证，证人赵某、李某7等人的证言以及原审被告人张文中的供述等证据，本起事实具有以下情节：（1）国旅总社为缓解资金紧张意欲转让所持泰康公司股份，经泰康公司董事长陈某1沟通联系，物美集团决定收购并与国旅总社多次谈判后就股权转让达成一致，其间没有第三方参与股权收购，不存在排斥其他买家、取得竞争优势的情形，双方的交易没有违背公平原则。（2）在没有第三方参与、双方自愿达成收购意向的情况下，物美集团承诺给予好处费并非为谋取不正当利益。（3）国旅总社将其所持泰康公司股份转让给物美集团以及具体的转让价格等，均系国旅总社党政领导班子联席会议多次讨论研究决定，双方最终成交价格也在国旅总社预先确定的价格范围内，物美集团没有获得不正当利益，国旅总社的利益亦未受到损害。（4）赵某作为国旅总社总经理办公室主任，其在股权交易过程中仅起到沟通联络作用，没有为物美集团谋取不正当利益。综合考虑上述情况，可以认定物美集团的行为尚不属于情节严重，依法不构成单位行贿罪。

（三）物美集团向李某3公司支付500万元的行为，依法不构成单位行贿罪

1. 在粤财公司意欲转让股份的情况下，陈某1向梁某提出由物美集团收购，并让张文中给梁500万元好处费，后又向张文中提出该要求。因此，股权转让前，给梁某好处费系陈某1提出，张文中只是被动接受了陈某1的要求。

2. 在案证据证实，梁某并没有同意物美集团提出的受让价格，且提议按高于该价格挂牌转让；物美集团与粤财公司最终的股权交易价格，是在粤财公司挂牌转让未果的情况下，经多次谈判而确定的，且高于物美集团提出的受让价格。因此，梁某在股权转让过程中没有为物美集团提供帮助，物美集团也没有因此获取任何不正当利益。

3. 在案证据证实，签订股权转让协议后，物美集团并没有向梁某支付500万元好处费，梁某也未提及此事。直至数月后，在梁某并不知情的情况下，李某3通过陈某1向张文中索要该500万元，张文中才安排张某1将款汇至李某3公司的账户。梁某事后得知，明确表示与其无关，并拒绝接受该笔款项。该款一直被李某3的公司占有。因此，股权转让后，物美集团支付500万元系被李某3索要，并没有为谋

取不正当利益而行贿的主观故意。

综上，原审被告人张文中及其辩护人、原审被告单位物美集团诉讼代表人所提30万元系给赵某的劳务报酬、物美集团不是收购股份及支付款项主体的辩解及辩护意见，与再审查明的事实不符，本院不予采纳。最高人民检察院出庭检察员所提30万元系物美集团给予赵某的好处费，物美集团是收购泰康公司股份主体的意见成立，本院予以采纳。检辩双方所提物美集团、张文中的行为不构成单位行贿罪的意见成立，本院予以采纳。

三、关于挪用资金罪

1997年3月，原审被告人张文中与泰康公司董事长陈某1、中期公司董事长田某1商定，用泰康公司的4000万元资金申购新股谋利。同年3月27日，泰康公司的4000万元资金转至物美集团关联公司卡斯特投资咨询中心在国泰证券公司北京方庄营业部开设的股票账户，张某1根据张文中的安排具体负责申购新股。为规避风险，泰康公司计财部与卡斯特投资咨询中心签订了委托投资国债协议及抵押合同。同年7月，因中国人民银行检查，张文中、陈某1与田某1商定，再从泰康公司转出5000万元至中期公司所兼管的河南国投公司。河南国投公司将4000万元转至卡斯特投资咨询中心账户，用于向泰康公司归还前次4000万元款项。同年8月19日，卡斯特投资咨询中心归还了泰康公司4000万元。同年9月3日、9日，卡斯特投资咨询中心和河南国投公司又分两次共归还泰康公司5000万元。

上述事实，有一审及再审开庭审理中经质证确认的委托投资国债协议、抵押合同、转账支票、汇票、进账单、记账凭证、资金往来发票等书证，证人陈某1、田某1、张某1、李某4、吴某2、任某、师某等人的证言，以及原审被告人张文中的供述等证据证实。

针对原审被告人张文中及其辩护人关于挪用资金罪的辩解、辩护意见和最高人民检察院出庭检察员的意见，根据再审查明的事实、证据，综合评判如下：

原判认定张文中伙同他人共谋挪用泰康公司4000万元资金申购新股谋利，后又用5000万元过账还款予以掩盖的事实清楚，证据确实。但认定张文中伙同陈某1、田某1挪用泰康公司资金归个人使用、为个人谋利的事实不清、证据不足。

（一）在案书证显示，涉案资金均系在单位之间流转，反映的是单位之间的资金往来，无充分证据证实归个人使用

1. 相关转账支票、进账单、存取款凭单、记账凭证、资金往来发票等书证证实：涉案4000万元资金于1997年3月27日由泰康公司划转至卡斯特投资咨询中心在北京证券交易中心开设的账户，后转至国泰证券公司北京方庄营业部卡斯特投资咨询中心股票交易账户。同年8月19日，涉案4000万元资金又由国泰证券公司北京方庄营业部卡斯特投资咨询中心股票交易账户，通过北京证券登记有限公司、卡斯特投资咨询中心转回泰康公司。涉案资金始终在单位之间的账上流转。

2. 在案的委托投资国债协议、抵押合同，也系泰康公司与卡斯特投资咨询中心

两个单位之间签订，客观上成为泰康公司将4000万元借给卡斯特投资咨询中心的凭据。中国人民银行对泰康公司进行检查，发现该笔4000万元资金违规后，要求泰康公司尽快终止合同。泰康公司经总裁室研究决定，向卡斯特投资咨询中心出具了《关于终止委托国债投资协议致卡斯特投资咨询中心的函》，该行为亦是单位之间的行为。

3. 为掩盖4000万元资金的违规行为，泰康公司又转出5000万元资金，经河南国投公司过账，用以归还先前挪用的4000万元。该笔资金仍是在单位之间流转。

（二）无充分证据证实挪用资金为个人谋利

1. 原审被告人张文中及证人陈某1、田某1虽在侦查阶段承认，挪用资金申购新股的盈利由三人按比例分配，但张文中在审查起诉阶段、陈某1在一审阶段均推翻原供证，称申购新股是为了各自公司的利益，并非为个人谋利。供证前后不一。

2. 原判认定张文中等人挪用泰康公司的4000万元资金申购新股共盈利1000余万元与在案书证不符。国泰证券公司北京方庄营业部客户存取款凭单显示，卡斯特投资咨询中心于1997年8月19日支取第一笔4000万元时，余额为9335元，同年9月3日支取第二笔4000万元时，余额为423万余元。由于缺乏卡斯特投资咨询中心股票账户交易记录等证据，上述余额是否为申购新股所得盈利不清，且即便是盈利，也与原判认定的盈利数额存在较大出入。

3. 因无卡斯特投资咨询中心股票账户交易记录等证据在案，该账户上的具体交易情况及资金流向均不清楚，无证据证实张文中等人占有了申购新股所得盈利。

综上，原审被告人张文中及其辩护人所提张文中的行为不属于挪用资金归个人使用，不构成挪用资金罪的辩解和辩护意见成立，本院予以采纳。最高人民检察院出庭检察员所提张文中从泰康公司挪用4000万元炒股为个人谋利构成挪用资金罪，但已过追诉期限的意见不能成立，本院不予采纳。

本院认为，物美集团在申报国债技改贴息项目时，国债技改贴息政策已有所调整，民营企业具有申报资格，且物美集团所申报的物流项目和信息化项目均属于国债技改贴息重点支持对象，符合国家当时的经济发展形势和产业政策。原审被告人张文中、张伟春在物美集团申报项目过程中，虽然存在违规行为，但未实施虚构事实、隐瞒真相以骗取国债技改贴息资金的诈骗行为，并无非法占有3190万元国债技改贴息资金的主观故意，不符合诈骗罪的构成要件。故原判认定张文中、张伟春的行为构成诈骗罪，属于认定事实和适用法律错误，应当依法予以纠正。原审被告单位物美集团在收购国旅总社所持泰康公司股份后，给予赵某30万元好处费的行为，并非为了谋取不正当利益，亦不属于情节严重，不符合单位行贿罪的构成要件；物美集团在收购粤财公司所持泰康公司股份后，向李某3公司支付500万元系被索要，且不具有为谋取不正当利益而行贿的主观故意，亦不符合单位行贿罪的构成要件，故物美集团的行为不构成单位行贿罪，张文中作为物美集团直接负责的主管人员，对其亦不应以单位行贿罪追究刑事责任。原判认定物美集团及张文中的行为构成单位行贿罪，属于认定事实和适用法律错误，应当依法予以纠正。张文中与陈某1、田某1共谋，并利用陈某1职务上的便利，将陈某1所在泰康公司4000万元资金转至卡斯特投资咨询中心股票交易账户进行营利活动的事实清楚，证据确实。但原判认定张文中挪用资金归个人使用、为个人谋利的事实不清、证据不足。故原判认定张文中的行为构成挪用资金罪，属于认定事实和适用法律错误，应当依法予以纠正。

综上，原审被告人张文中、张伟春及其辩护人，原审被告单位物美集团诉讼代表人，最高人民检察院出庭检察员关于改判张文中、张伟春和物美集团无罪的意见成立，本院均予以采纳。依照《中华人民共和国刑事诉讼法》第二百四十五条第一款、第二百二十五条第一款第（二）、（三）项及《最高人民法院关于适用〈中华人民共和国刑事诉讼法〉的解释》第三百八十九条第一款第（三）、（四）项、第二款和第四百四十五条的规定，经本院审判委员会讨论决定，判决如下：

一、撤销河北省高级人民法院（2008）冀刑二终字第89号刑事判决和河北省衡水市中级人民法院（2008）衡刑初字第22号刑事判决。

二、原审被告人张文中无罪。

三、原审被告人张伟春无罪。

四、原审被告单位物美控股集团有限公司无罪。

五、原审判决已执行的罚金及追缴的财产，依法予以返还。

本判决为终审判决。

附：

最高人民法院打响了纠正企业家冤假错案的第一枪——简评物美张文中不构成诈骗罪的三点理由①

最高人民法院认定张文中不构成诈骗罪的理由为：

（1）物美集团作为民营企业、具有申报国债技改项目的资格，其以诚通公司下属企业的名义申报，并未使主管部门产生错误认识；

（2）物美集团申报的物流、信息化项目并非虚构；

（3）物美集团违规使用3190万元贴息资金，不属于诈骗行为。

综上所述，原审被告人张文中、张伟春及其辩护人所提物美集团作为民营企业有资格申报2002年国债技改贴息项目，张文中、张伟春没有实施骗取国债技改贴息资金的行为，没有诈骗故意，不构成诈骗罪的辩解和辩护意见成立。

最高人民法院的论述虽然简洁，但非常有力，均点到了诈骗罪构成要件。

一般来讲，诈骗罪的基本构成是：（1）行为人实施诈骗行为；（2）对方产生错

① 本部分作者为：唐青林、李舒、张德荣。

误认识；（3）对方基于认识错误处分财产；（4）行为人取得财产；（5）被害人遭受财产损失。只要行为人的行为不满足前述基本构造中的任何一点，行为人均不构成诈骗罪。

最高人民法院在其判决理由中，最重要的一个理由就是物美集团的对国债技改项目的申报没有使相关的主管部门产生认识错误。

申报国家奖励资金的流程通常是，申报企业编制申报材料，然后将申报材料递交到市一级的财政或发改委等相关部门，市级的相关部门会对该申报材料进行审查，即该企业是否满足申报奖励资金的条件。而此处的审查应当为一种实质审查，而不是形式审查，也即市一级的相关部门应当实地考察申报企业的实际情况，看其申报材料所述内容是否真实，是否符合申报条件，而不应仅仅是对企业单方提交的申报资料仅作形式审查。市级的相关部门同意后其要将该材料提交到省里进行审查，省里的相关部门同意后其要提交到国家级的相关部门，最终国家级的相关部门被“骗”后，陷入认识错误，将奖励资金逐级拨付到申报企业。

那么，问题来了。

第一，既然市级的相关部门已经批准了，则说明其已经进行了实质审查，其进行了实质审查，如何又被陷入认识错误呢？如果其陷入认识错误，那么相关工作人员是否也属于渎职呢？

第二，相关部门能否产生认识错误，产生认识错误的是有关部门还是有关部门的人员？一般来讲申报国家的奖励资金均需要市、省、国家三级财政或发改委等部门的审批，行为人的“诈骗行为”能否即骗了市里的相关部门，也骗了省里的相关部门，最终骗了国家级的相关部门。抑或是，申报企业骗了市级的相关人员，市级的相关人员骗了省级的相关人员，省级的相关人员骗了国家级的相关人员。

其实，最终认识错误的是国家级的相关部门，而国家级相关部门陷入认识错误是由下一级的相关部门所造成的，而不是由申报企业的申报行为所造成的。实质上，申报企业所实施的仅是一个申报行为，而其申报之后，政府的相关部门是否相信其满足申报条件，是需要进行实质审查的，当其进行实质审查时，政府的相关部门是怎么产生产生认识错误的呢？

在现实中，通常是地方相关部门（特别是市一级政府的相关部门）想获得国家相关部门给予的奖励资金。像我们所办理的案件中，地方政府相关部门专门成立工作组，全程配合并指导企业制作申报材料，甚至市领导亲自到省城和京城去游说、协调帮助企业获取奖励资金。在地方政府相关部门的支持下，企业所申报奖励资金的行为怎么能被认定为诈骗呢？即使真的属于诈骗，也应当属于地方政府相关部门诈骗国家相关部门。

最高人民法院的第二个理由是，物美集团没有虚构物流、信息化的项目。也即物美集团是否实施了虚构真相或隐瞒事实的行为。在适用这一要件时，也需要仔细区分行为人是否虚构了申报条件，还是在满足申报条件的情形下，夸大了申报条件。当行为人不符合国家专项资金政策的基本条件，在申报过程中以非法占有为目的，严重弄虚作假，虚构并不存在的企业或项目，伪造关键性申报材料，符合诈骗罪构成要件的，应当对行为人以诈骗罪定罪处罚。

但是，套取国家专项资金行为人的申报项目符合国家专项资金政策的基本条件，但在申报过程中夸大实际情况，伪造或提供了个别非关键性虚假申报材料，不应被认定为虚构真相，一般不宜按诈骗罪定罪处罚。物美集团根本没有虚构物流、信息化项目，其当然也就应当认定为没有实现欺诈行为，从而不满足诈骗罪的基本构成。

最高人民法院的第三个理由是，物美集团违规使用 3190 万元贴息资金，不属于诈骗行为。因为，如果将物美集团违规使用 3190 万元贴息资金的行为作为“诈骗行为”，则犯了一种“以果为因”的逻辑错误。因为违规使用贴息资金属于“诈骗行为”既遂后的一种后果，而不是导致政府相关部门被骗的一种原因。其实，如何使用贴息资金的行为只能在某种程度上反映行为人是否拥有非法占有奖励资金的主观目的，而不能将违规使用贴息资金当作一种诈骗行为。

政府部门相关人员明知企业不符合申报条件，而主动联系及要求企业配合提交申报材料，套取国家专项资金的，行为人可与国家有关工作人员构成滥用职权罪的共犯，但行为人并不构成诈骗罪。

正如张文中曾经说过的那样，“再审引起的热议已经不仅仅是张文中自己的事，故事的主角是企业家和企业家精神。最高人民法院再审张文中案的意义也不仅仅是案件本身，不仅仅是还我清白，而是党和国家对企业家群体的关注，对企业家精神的弘扬，对企业家创业环境的营造，是改革四十年来推进依法治国的又一个新起点。”

图书在版编目（CIP）数据

民企产权保护政策汇编与解读 / 李舒，唐青林编著. —北京：中国法制出版社，2018.12
ISBN 978-7-5093-3957-2

Ⅰ.①民… Ⅱ.①李… ②唐… Ⅲ.①民营企业—产权保护—研究—中国 Ⅳ.①D923.204②D922.291.914

中国版本图书馆 CIP 数据核字（2018）第 298652 号

策划编辑/袁笋冰　　责任编辑/王林林　　封面设计/李　宁

民企产权保护政策汇编与解读

MINQI CHANQUAN BAOHU ZHENGCE HUIBIAN YU JIEDU

编著/李舒、唐青林
经销/新华书店
印刷/三河市紫恒印装有限公司
开本/710 毫米×1000 毫米　16 开　　印张/17.5　字数/363 千
版次/2019 年 1 月第 1 版　　2019 年 1 月第 1 次印刷

中国法制出版社出版
书号 ISBN 978-7-5093-3957-2　　定价：65.00 元

北京西单横二条 2 号　　值班电话：010-66026508
邮政编码 100031　　传真：010-66031119
网址：http：//www.zgfzs.com　　编辑部电话：010-66067369
市场营销部电话：010-66033393　　邮购部电话：010-66033288

（如有印装质量问题，请与本社印务部联系调换。电话：010-66032926）